教育部人文社会科学百所重点研究基地（政治学）科研成果

《地方政府与地方治理译丛》
编辑委员会名单

学术顾问
（按姓氏拼音排序）

罗豪才	Brian Dollery	Hellmut Wollmann
王邦佐	Gerald E. Frug	Kalchheim Chaim
谢庆奎	Gery Stoker	Robert Bish
赵宝煦	Harold Baldersheim	Vincent Ostrom

主　编
万鹏飞　林维峰

编委会
（按姓氏拼音排序）

白智立	包万超	常志霄	陈　伟	褚松燕
汉　斯	江大树	李玉君	林　卡	林　震
陆　军	乔耀章	沈荣华	孙柏英	谭　融
魏明康	巫永平	杨尚宝	余　斌	余逊达
张　波	朱天飚	左　然	张召堂	

地方政府与地方治理译丛
Local Government and Local Governance Series

英国地方政府
（第三版）

Local Government in the
United Kingdom
(Third Edition)

[英] 戴维·威尔逊（David Wilson）　著
　　 克里斯·盖姆（Chris Game）

张勇　胡建奇　王庆兵　尹春吉　闭恩高　译

著作权合同登记　图字:01-2004-0507
图书在版编目(CIP)数据

英国地方政府/(英)戴维·威尔逊,(英)克里斯·盖姆著;张勇等译. —北京:北京大学出版社,2009.3
(地方政府与地方治理译丛)
ISBN 978-7-301-14989-8

Ⅰ. 英… Ⅱ. ①戴…②克…③张… Ⅲ. 地方政府-概况-英国 Ⅳ. D756.132

中国版本图书馆 CIP 数据核字(2009)第 029291 号

Local Government in the United Kingdom (Third Edition)
ⓒ David Wilson and Chris Game
Published by
PALGRAVE MACMILLAN
Houndmills, Basingstoke, Hampshire RG21 6XS and
175 Fifth Avenue, New York, N.Y. 10010
本书中文版权已由作者正式授予北京大学出版社

书　　　　名:	英国地方政府
著作责任者:	〔英〕戴维·威尔逊　克里斯·盖姆　著
	张　勇　胡建奇　王庆兵　尹春吉　闭恩高　译
责 任 编 辑:	倪宇洁
标 准 书 号:	ISBN 978-7-301-14989-8/D·2258
出 版 发 行:	北京大学出版社
地　　　　址:	北京市海淀区成府路 205 号　100871
网　　　　址:	http://www.pup.cn　电子邮箱: ss@pup.pku.edu.cn
电　　　　话:	邮购部 62752015　发行部 62750672　编辑部 62753121
	出版部 62754962
印 刷 者:	北京山润国际印务有限公司
经 销 者:	新华书店
	650 毫米×980 毫米　16 开本　28 印张　363 千字
	2009 年 3 月第 1 版　2009 年 3 月第 1 次印刷
定　　　　价:	45.00 元

未经许可,不得以任何方式复制或抄袭本书之部分或全部内容。
版权所有,侵权必究
举报电话:010-62752024　电子邮箱: fd@pup.pku.edu.cn

译丛总序

万鹏飞

地方政府是一个国家政治制度的重要组成部分,不了解前者,就不能了解后者。每一个国家只有一个中央政府,却有多个地方政府。地方政府与民众的日常生活更为息息相关,与多样性的地理和社会生态环境的联系更为密切。

在欧美,地方政府被视为民主政治训练的场所、公民道德和意识培养的基地、切合公民需要的公共产品和服务的提供者、中央政府集权倾向的制衡者之一。二战结束以来,地方政府在现代发达国家中的地位越来越重要,其承担的公共服务职能随着福利国家的出现而越来越多,公共开支不断增加。地方政府与中央政府的关系更加紧密和相互依赖。这种情形使地方政府成为公众关注的焦点,成为各种潜在矛盾的对象。到20世纪70年代中后期,地方政府管理体制中的问题由于全球性的经济危机而变得越来越明显。地方政府开支紧缩,而公民的服务需求仍在增加,地方政府要求改变对中央政府的依赖和减轻其负担,公共服务传送中存在的协调困难和目标偏离问题越来越突出,公民中弥漫着对地方政府与政治的冷漠情绪。在这种背景下,一股从英国开始的地方政府改革浪潮席卷全球,并持续至今。

地方政府改革体现在以下几个方面:第一,地方政府职能的转变是许多国家地方政府改革首先必须面对的问题。综合各国的情况看,地方政府职能转变的途径有以下几种:(一)通过出售的方式将原来由政府承担的职能直接交由私人来承担;(二)基于购买和生产、掌舵与划桨的区分,地方政府将所要提供的公共产品和服务通过公开竞争或委托的方式承包出去;(三)将一部分地方政府

英国地方政府

职能交由准自治的、非政府组织去承担;(四)设立最基层的、自治性的邻里或社区机构,将地方政府的部分服务职能下放给它们去行使。第二,各国还很重视地方政府绩效的评价。从初期对效率和节约的强调转向同时关注公平、对公民愿望和要求的反映和回应程度。第三,一些国家尤其是英联邦成员国家如英国、加拿大、澳大利亚和新西兰,都将合并地方行政区划作为地方政府改革的一项重要内容。第四,除英国外,几乎所有国家的政府间关系呈现一种分权趋势,目标是扩大地方政府的自主决策权。北欧国家的"自由市镇试验"、法国和日本地方分权法的颁布和实施,都体现了加强地方政府权威的制度性安排。美国和德国的政府间关系相对来讲比较稳定,但是,州向地方分权也有目共睹。第五,加强地方民主政治建设。在过去二十多年的地方政府改革中,几乎所有的发达国家都把加强地方民主作为一项重要目标。在英国保守党执政的20年间,地方民主曾一度削弱。1997年布莱尔领导的工党政府上台后,地方民主重新得到加强。地方政府的权力有了实质性的扩大。地方政府重新具有了征税的权力,法律也为地方自主权的行使提供了更积极的空间,地方政府行为中的问责制再次得到重视。地方政府还可以就政治管理和服务供应进行试验。2000年春天,伦敦市长首次由选民直接选举产生。在北欧四国,除了扩大地方政府的权力外,它们还采取多种措施,加强地方民主政治建设:建立多种公民表达和退出机制,除传统的选举外,民意调查、消费者圆桌会议、消费者委员会、服务电话、城市规划论坛、互动电子媒介、邻里委员会、消费者选择机制成为地方民主建设的重要内容;制定市民宪章,强化政府服务意识,提高服务质量;通过非完全的公民创制权和复决权让市民直接参与到地方公共事务的决策中。

在联邦德国,地方民主的发展主要表现在以下几个方面:地方公民复决权不断扩大,从原来的一个州扩展到全国所有州;市长和县长由选民直接选举产生;有3个州(萨克森、勃兰登堡和石勒苏

译丛总序

益格—荷尔斯泰因）的市长可由地方市民通过公民创制权加以撤换。

在美国，地方民主的发展和德国相似，只是公民复决权和创制权的应用更为广泛，市长直接选举也更为普遍。目前，美国有一半州的选民在行使复决权和创制权这两项民主权利。加利福尼亚州现在更是规定，所有地方政府的岁入筹措行动（征税、收费）都必须由2/3或更多的选民投票通过。在人口10万以上的城市中有90%以上的市实行市长直选。

透视这场全球性的地方政府改革，有以下几个特点值得注意：

（一）改革的发起者在单一制国家和联邦制国家中各不相同。在前者，地方政府改革大多由中央政府发起；在后者，地方政府改革通常是由州政府或地方政府自身发起。

（二）改革的进度以渐进改革战略为主，少数国家的改革则较为激进，如英国和新西兰。

（三）改革的视角从地方政府转向地方治理。人们越来越意识到，地方公共事务的有效治理决不能仅仅依赖于地方政府，需要将视野扩展到地方政府与其他横向和纵向的政府间关系、地方政府与私人部门、志愿部门和市民之间的关系。传统的由政府主导和影响的地方公共舞台成为多重组织和个人与政府共同表演的场所。政府更多的是助推者和协调者而不是指挥者和控制者，是掌舵者而不是划桨者，是服务的供应者而不必是生产者。因此，传统的地方政府全能角色必须进行分解和重构。总之，从地方政府到地方治理意味着人们治道思维方式的转变，这种转变表现在：从国家角度转到国家和市民社会两个方面；从公共部门角度转到公共部门、私人部门和志愿（第三）部门共同参与角度；从静态的制度转向动态的过程；从组织结构角度转到政策和结果角度；从"划桨"、直接提供服务到"掌舵"和让其他部门或个人来提供服务；从命令、控制和指挥转向领导、推动、合作和讨价还价；从等级和权威关系转向网络和伙伴关系。

英国地方政府

（四）从私营（商业）部门的经营之道中寻求公共部门问题解决的灵感和办法。所谓的新公共管理学就是这样一种努力的结果。传统公共行政强调公共部门与私营部门的区别，特别强调程序规则，以此来限制官僚和政客的斟酌处理权。新公共管理学则要淡化、模糊甚至消除两者之间的界限，要求把注意力从程序规则转向结果，认为私营部门的组织管理原则可以运用于政府部门。在这种背景下，城市行政首脑把自身定位为某种形式的CEO，行政辖区内的市民不把自己看成公民而把自己当成服务的消费者，公共部门改革特别强调公共服务的消费者/顾客导向（consumer/customer orientation）；地方治理则强调目标管理。公共产品与服务应尽可能地引进竞争机制，使消费者受益更多，公共部门最关心的事情应是服务的质量。

（五）重视地方政府立法，推进地方政府改革。纵览各国的地方政府改革，有三点令人印象至深：一是制定或修改地方政府法，推进地方政府改革，如英国、澳大利亚、新西兰、加拿大、法国、日本。二是通过立法将地方政府改革的成果制度化，如北欧四国。三是各国地方政府法具体、规范、详实，如加拿大不列颠哥伦比亚省地方政府法分30个大部分，1 040个条款。瑞典地方政府法分10章，258个条款。内容涉及地方政府的界定、层次划分、市民资格的认定、地方政府的成立和解散、地方政府的组织和权力、地方议会的组成、议员的选举与任期、地方行政机构构成与职责、地方议会和行政机构工作程序、地方公共经济的管理、地方税收和财政、审计、行政行为的合法性评估。

近二十多年，全球性的地方政府改革既有成功的经验，也有失败的教训。这些经验和教训可以概括为以下几点：

（一）政府职能的转变应放在地方治理的广阔背景下去思考。地方治理的概念告诉人们，地方政府职能的转变决不仅仅是地方政府自身的事情，它取决于政府间的横向和纵向关系，还取决于政府和各种非营利性组织、私人、企业的关系。只有把地方政府放到

译丛总序

与其自身相关的复杂关系网中,政府职能的转变才会有广阔的视野和多样性的选择,才能最终得到实现。

(二)地方政府需要在代议/政治角色和管理/服务角色之间寻求一种平衡。在一些国家的地方政府改革中,曾经出现过专注后者而忽视前者的倾向,片面强调商业运行思维,强调民营化,强调效率和标准化,地方政府的政治角色和责任被置于一边。现在,越来越多的学者已经意识到,政府不是商业组织,需要代表公共利益、承担公共责任。而且,有关民营化好处的论证往往是理论多于实证,甚至成为一种"政治秀"的安排。解决地方政府角色平衡问题的一条有效途径是区分供应(provision)概念和生产(production)概念。地方政府首先应被看作是供应单位,一个承担着公共选择任务的单位,它们的主要职能是:(1)建立多种机制,表达和汇集地方居民的愿望和要求,做他们利益的代表者;(2)在此基础上,决定应该提供哪些服务、服务数量和质量标准的类型;(3)根据财政公平原则决定政府的公共收支;(4)制定规则用以约束公共产品和服务消费中的个人行为;(5)选择公共产品和服务的生产类型和对生产者加以监督;(6)建立监督机制使政府官员能够在公共事务的处理中向其委托人——地方居民利益共同体负责。很明显,衡量政府作为供应单位绩效的标准是回应程度、公平和向地方居民负责。不管公共产品和服务是由政府内部组织生产还是由政府以外的其他组织去生产,都不能忘记地方政府所承担的政治和公共职能。公共产品和服务的生产强调的是效率,绩效标准自然和供应不同。

(三)合并地方政府和扩大其规模并不是解决公共事务问题的最佳办法。首先,公共产品和服务的类型多种多样,劳动密集型的不同于资本密集型的,它们所需要的组织规模大小也不一致,要想建立一个单一的适应所有服务的组织模式(one for all)不但不切实际,而且有违规模效益原则。其次,对于劳动密集型的公共服务来说,组织规模的扩大会减低官员的回应速度。事实上,上述

英国地方政府

改革运动在美国遇到了强大的阻力,合并运动未能真正实行。近来,越来越多的人对合并地方政府和扩大其规模的做法持批评性的反思态度,认为这种改革行动经常以牺牲参与性的民主为代价,而且,也没有证据表明合并的确导致了地方政府公共开支的减少。总体而言,合并改革在各国并不能算很成功,留下后遗症不少。因此,地方政府的合并应慎重行事,不能抽象地从一种概念出发,组织越大越好。地方政府规模大小应是对多种因素如公共产品和服务的类型、历史和地理环境、组织交易成本、地方民主参与等进行考量的结果。

(四)地方政府改革应采取自上而下与自下而上相结合的战略。大多数国家的地方政府改革或是由中央政府发起或是由州政府发起,采取的是一种自上而下(top-down)战略,但是这种战略经常忽视地方社区的利益和偏好,对地方自然、社会和历史环境的多样性视而不见,将整齐划一的组织模式推广到全国或全省,英国和加拿大就存在着这样的问题。相反,在北欧四国,地方政府改革采取的是一种自上而下和自下而上(bottom-up)相结合的战略,中央政府的改革是对地方政府所反映问题的一种回应,改革的立法充分考虑到了地方意见和要求,地方政府的斟酌处理权由于中央的立法支持而进一步扩大,而且,在中央政府设定的框架下,地方政府被允许进行一些大胆的试验,试验的方案和计划由中央政府和地方政府共同制定。得益于上述改革战略,北欧四国的改革显得平稳有序。

(五)地方政府改革不应过多地寄希望于组织结构的变革。组织结构变革是地方政府改革的重要内容,但地方政府改革是否达到预期目标却取决于多种因素。一般而言,改变正式的组织结构比较容易,改变与其组织结构相应的人们的观念、行为却比较难。另外,地方政府改革是在既定体制下的变革,而地方政府体制是过去几个世纪演变而成的,承载着传统的文化心理和民间习惯法。如何继承和发扬传统体制中的合理因素,革除其存在的弊端,成为各国改革者必须面对的问题。用抽象的原则自上而下地重塑地方政府的组织结构很容易忽略地方政府结构所赖以存在和运行的习惯、社会心理,以为只要变更正式的组织结构就能解决原有体制下的所有问题,这样的改革不仅动摇了原有地方政府的根基,而且使新建立的地方政府组织结构难以按预期目标运行,甚至会产生相反的结果。地方政府的有效运转并不仅仅取决于组织的正式结构,更主要地决定于地方政府所处的一系列正式和非正式的制度背景,包括地方政府与其他各级政府和公共组织之间的关系,地方政府与非政府组织和个人之间的关系,在上述关系中所发展起来的信任、合作和互助等社会资本形式。

（六）在地方政府改革中应特别注意区分相似问题(similar problems)和共同问题(common problems)。相似问题有着相似的过程和影响,而共同问题则同时对一个社区的所有人都有影响。前者如无家可归者问题、残疾人问题、老龄化问题、失业问题等,而后者如空气污染问题。相似的问题更需要通过具体的、适合地区的、个案的方式加以处理,而共同问题的解决则需要运用宏观的、统一的办法加以处理。如果把这两类问题混为一谈,就会将地区性问题当成为全国性甚至全球性的问题,忽视具体时空背景的具体分析,企图用整齐划一的组织模式来解决个案性较强的相似问题。对问题诊断的失误必然会导致对策的失败。

很明显,国外地方政府改革的经验和教训与中国地方政府改革具有很大的相关性。改革开放以来,我国的地方政府也经历了重组与改革的历程,时至今日,改革仍没有停步。从时间上看,中国地方政府改革倒也与全球性的地方政府改革浪潮相吻合。当然,国外的地方政府改革与中国的地方政府改革无论是在背景上、改革的理论基础上,还是在改革的具体措施上,都有很大的不同。但这并不妨碍两者在学术上的相互参较、实践上的相互学习。在今日中国迈向更完善的社会主义市场经济体制的进程中,了解那些有着成熟市场经济体制国家的地方政府及其改革,也是关心中

英国地方政府

国行政改革的学者和官员的一种必然诉求。如果我们的这套丛书能够为学术界提供一些基础性的信息和最新的学术动态,能够为我们广大的地方政府官员进行制度改革和创新建设提供一些思路上的启发,我们将会感到由衷的欣慰。

这套《地方政府与地方治理译丛》大致分为四个部分:一是国外地方政府导论,为读者提供各国地方政府的全景式介绍。所选图书多系名家名作、多次再版的专著或教材。一时没有这方面的合适图书,我们就请相应国家地方政府研究的权威给我们"量身定做"。二是地方政府法,内容涉及各国地方政府法的历史和现状、各国地方政府法的法律条文和判例。三是地方政府改革,旨在介绍各国地方政府改革的最新理论和实践动态。四是地方政府专题,按照地方政府所承担的重要职能进行分类介绍,如地方政府的经济管理、地方政府人力资源管理、地方民主、地方财政、城市规划等。

本套译丛由北京大学地方政府与地方治理研究中心组织,编委会成员以北京大学政府管理学院的青年教师为主,同时邀请了香港大学、台湾暨南大学、清华大学、中国人民大学、浙江大学、苏州大学、南开大学、国家行政学院的一些志同道合的朋友参与其中。组织地方政府与地方治理的译丛在国内尚属首次,涉及国家多,工作量大。好在我们得到了北京大学政府管理学院领导王浦劬教授、傅军教授和北京大学政府管理和发展研究所所长谢庆奎教授、北京大学首都发展研究院常务副院长杨开忠教授的大力支持。同时,许多国外从事地方政府与地方治理研究的著名学者在书目推荐、版权问题等方面对本套丛书也给予了关键性的支持,他们是:美国印第安纳大学政治理论和政策分析中心主任奥斯特罗姆教授(Vincent Ostrom)、哈佛大学法学院弗鲁克教授(Gerald E. Frug)、德国洪堡大学社会科学学院沃尔曼教授(Hellmut Wollmann)、英国伯明翰大学地方政府研究所盖姆教授(Chris Game)、英国曼彻斯特大学政治学系斯托克教授(Gery Stoker)、挪威奥斯

译丛总序

陆大学政治学系巴德塞姆教授(Harold Baldersheim)、加拿大维多利亚大学地方政府研究所所长比什教授(Robert Bish)、麦吉尔大学政治学系萨贝蒂教授(Filippo Sabetti)、澳大利亚新英格兰大学地方政府研究所所长多利教授(Brian Dollery)、以色列巴尔-伊兰大学地方政府研究所所长哈伊姆教授(Kalchheim Chaim)。北京大学出版社的副总编辑杨立范先生、金娟萍女士、耿协峰先生在本套丛书的策划方面也给予了充分的支持和鼓励。没有他们的帮助,组织这套丛书根本没有可能。在此,谨向他们表示深深的敬意和衷心的感谢。

第三版序言

在十一年的首相生涯中,玛格丽特·撒切尔(Margaret Thatcher)政府先后任命了至少九名负责地方政府事务的大臣:这对一位宣称不喜欢内阁重组的人来说,绝对是个纪录。这些大臣现在变成了一个个难解的问题:"他们现在何处?"这些大臣上台、下台的速度反映了撒切尔夫人对他们的看法,很明显地,也反映了她对地方政府的看法。

如果仅仅从上述标准来看,那么本书的第二版和第三版之间的时期,正好处于科学家们所谓的动态平衡,即稳定的平衡时期——贯穿工党1997年内阁的始终,仅有一位负责地方政府的大臣,希拉里·阿姆斯特朗(Hilary Armstrong)。然而,从其他的标准来看,变革的程度与前两版所记录的同样巨大。

因此,我们总是确信,这一版的修订至少同前一版的修订一样多。我们已经拥有一个新的、自称现代化的政府四年了,该政府以其空前激进的权力下放的改革宣言而当选,而这个变革可能会,也可能不会渗透到地方层面上去。我们已经看到了这个政府在2001年6月进行的压倒性的重新竞选,以及它在第二个任期的议事日程。如果这一版和它的前一版一样,囊括了最新信息的话,那么任何一章都毫发无损地保留下来是不可能的。没有一章是不作改动的,以前二十章的版式也发生了变化。

为了将苏格兰、威尔士、北爱尔兰和伦敦市进行的机构改革包括进去,加上执行性地方政府的出现,前版中关于当前结构的一章被一分为二。而关于地方财政的部分则相反,这会让有的学生更乐于学习。本书增加了几乎全新的一章,用来论述伙伴关系和地方治理中日益增长的复杂性。然而,最大的变化出现在第三部分。

英国地方政府

我们试图从侧重"管理"还是侧重"政治"的角度,把新工党的整个"现代化议程"与先前的改革区分开来。这是个粗略的划分,但这种划分的意义一来已被2001年12月的白皮书所确认,二来是希望能够帮助读者去弄懂一系列令人困惑的倡议和变革。

英国之外的世界也在前进,我们最初考虑第三版时讨论的一个关键问题就是应该如何处理网站上的参考文献,这多少反映了世界发展的速度有多快。对于写于1992至1993年间的第一版,这还仅仅是一个初露端倪的问题。即使在我们于1996至1997年间编写第二版时,仅仅是那些最具创造性的地方当局和其他公共机构才具有对我们的读者真正有价值的网址。就这一版来说,我们原以为大量的网站引用将是不可避免的了,然而Google出现了。

如果我们要献辞的话,那么最合适的对象就是拉里(Larry)和瑟吉(Sergey),他们的朋友这么称呼他们,或许对整个世界来说,更知名的应该是劳伦斯·佩奇(Lawrence Page)和瑟吉·布瑞(Sergey Brin)。他们获得无与伦比的声誉是因为他们是Google核心技术的开发者,而Google是网络搜索引擎中最出类拔萃的。我们要感谢他们的是,他们使我们免于一系列的麻烦:先罗列、再复查那些出现在我们教材里的众多政府、组织和其他主题的网址。现在已没有必要再将诸如交通部、地方政府和地区事务部或是地方政府联合会等网址加入到你的收藏夹了,因为Google不但可以直接帮你链接到它们的主页上去,而且把你所需的主题或文件都链接出来。你也无需精确记住地方当局在"gov.uk"前面的各自独特的网名,Google对此了如指掌。

当然,还有好的搜索引擎,但Google是不收代理费的。我们的答谢主要是对下述问题的解释——不必有歉意——你难道不希望发现一系列含有关于政府运作的最新文本的网址吗?我们并非认为它们不重要,或者仅仅是一个选项,恰恰相反。这是跟上"真实"世界中地方政府实践步伐的最好手段,而这正是在前两版中,我们试图介绍给读者的。在修订这一版时,我们自己不断地"掠

第三版序言

夺"网络资源,我们希望你们也能够如此。

然而,在这反复无常的世界里,有些东西是不变的——那就是在出版一本如此形式和级别的著作过程中所引发的感激之情。首先要感谢我们的学术同仁,最先要谢的是约翰·斯图尔特(John Stewart)教授和乔治·琼斯(George Jones)教授。如果没有琼斯教授,第一版以及后来的修订版将会以完全不同的、低劣的形态问世。如果没有斯图尔特教授,这本书将不会存在。其他为本书作出贡献的同仁还有许多,在后面的参考书目中也不能枚举,其中最应该感谢的是格里·斯托克(Gerry Stoker)教授和斯蒂夫·利奇(Steve Leech)教授。

还要特别感谢德·蒙特福特(De Montfort)大学公共政策系的兰吉娜·米斯特里(Ranjna Mistry)——感谢她出色的管理和秘书工作、她的勤奋和好脾气。艾莲·科瓦尔(Aileen Kowal)和卡罗琳·莱尔德(Caroline Laird)也提供了高质量的秘书工作。还有我们的出版商史蒂文·肯尼迪(Steven Kennedy)。与科林·德克斯特(Colin Dexter)发现莫尔斯(Morse)检察官的名字是"努力"(Endeavour)一样,我们可以确信史蒂文的中间名字为"耐心"(Forbearance)。对于卡通画的制作,我们和出版商将十分愉快地感谢帕特里克·布洛尔(Patrick Blower)和《地方政府年鉴》允许我们使用他们的内容,以图5.1和9.2的形式在书中出现;还有约翰·克拉克(John Clark)和"地方政府资讯小组"允许我们使用他们的内容以图10.1的形式出现;以及哈里·温宁(Harry Venning)和《卫报》,允许我们使用他们的内容以图13.1的形式出现。

我们相信这些图示和其他的图示为本书的意趣和价值作出了贡献。当然,如果您发现书中表述的观点有缺陷和错误,我们将对此负责。

戴维·威尔逊
克里斯·盖姆

目　录

第一部分　地方政府——基础篇

第 1 章　导论——我们的目标和方法　　/ 1
第 2 章　地方政府的主题和议题　　/ 14
第 3 章　为什么要选举地方政府　　/ 38
第 4 章　地方政府的发展　　/ 54
第 5 章　外部结构　　/ 72
第 6 章　内部结构　　/ 104
第 7 章　变化中的职能　　/ 126
第 8 章　治理和合作　　/ 149
第 9 章　中央—地方政府关系　　/ 167
第 10 章　地方财政　　/ 201

第二部分　地方政府的政治与人民

第 11 章　地方选举　　/ 239
第 12 章　议员——选择之声　　/ 261
第 13 章　地方政府工作人员　　/ 291
第 14 章　政党　　/ 312
第 15 章　谁制定政策？　　/ 337
第 16 章　地方压力集团——影响力的运用　　/ 354

第三部分　从变革到现代化

第 17 章　管理沿革　　　　　　　　　　　　　　／368
第 18 章　民主复兴？　　　　　　　　　　　　　／395

参考文献　　　　　　　　　　　　　　　　　／419

第一部分　地方政府
——基础篇

第1章
导论——我们的目标和方法

从汽车牌照看英国地方政府

对大多数美国人来说,汽车牌照就把他们想要了解的英国地方政府的一切告诉了他们:

> (英国的)汽车牌照是没有想象力的,它不提供任何信息。这里没有"肯特:花园郡",也没有"坎布里亚:湖泊上的陆地"。我真不知道英国小孩在漫长的路途中能玩什么游戏。(Seitz,1998,p.270)

持这种观点的作者是雷蒙德·塞茨(Raymond Seitz),他是近年来美国驻英大使中众多亲英派中的著名一员。这里提及的小孩

英国地方政府

游戏是指他对孩提时候的随车横跨美国各州,专门识别各种牌照的侦探游戏的追忆。游戏中,每个牌照都代表了与它所在的州的起源相关的某个标语或绰号——"纽约:帝国州","田纳西:志愿者州",更令人吃惊的是"新罕布什尔州:不自由毋宁死"。从这样的经历中,塞茨对政府形成的早期认识是:每个州都有自己的特征和身份。州甚至一些地方政府都拥有真正的权力,在同一区域里,它们的居民都为自己州与邻近的州或地方政府不同而感到极度自豪。美国各州拥有自己的宪法和立法机构,拥有融资和自行征税的权力。美国是一个联邦的、真正多元化的国家。

通过对比,塞茨发现英国是一个一元化的统一的国家。地方政府经常被调整,在不经意之间,地方政府的区域边界和管理机构都在发生变化。各个地方的服务、福利、税收,甚至牌照都差异不大:

> 在这个同质性的社会里,中央政府有权分配公共资金和基金,地方政府能得到什么,由中央政府决定。(p.270)

塞茨总结认为,平等主义也许值得赞赏,但是,平等主义的代价就是地方政府的"孱弱"和政策制定过程中的"过度集权",在这种情况下,"地方政府就像半殖民地一样听从伦敦的指挥"(p.274)。

兴奋的教授

对于塞茨提出的观点,我们稍后再进行更为详细的分析。这里我们只是用这种观点与另一种相对立的观点进行比较。该观点由一位更有经验的英国学者约翰·斯图尔特教授提出,在前言中我们已经称赞过这位教授。英国议会上议院为调查英国地方政府,组成了一个超越党派的特别委员会,斯图尔特教授被邀请来提

导论——我们的目标和方法 第 1 章

供调查的证据,他用下面的评论来介绍自己的观点:

> 读了你们的报告,给我的印象就是有些人认为地方政府是一个枯燥无味的世界。如果是从国家的层面来看地方政府的话,我能够理解。因为,一旦用一种整齐划一的观点来看地方政府,它确实是一个枯燥无味的世界。
>
> 我有幸在最近几年里调查了300个地方当局,访问了它们的领导者和行政长官。地方政府给我留下了令人兴奋的印象。这种兴奋在于如何通过自然条件和领导人素质将一个地方政府同另一个地方政府区别开来。地方政府改革的广度也让我记忆犹新,这些改革有时是响应政府的立法,但是有时是地方当局自己要改的。当看到城镇的领导人致力于解决艰巨的城市问题时,这很令人兴奋。我不希望你们得到的印象是地方当局的世界是枯燥无味的。(英国议会上院,1996,Vol. II,pp. 461—2)

斯图尔特教授后来在其名为《英国地方政府的本质》一书中对这种多样性和统一性并存的观点,以及令人兴奋的地方改革进行了更为详尽的阐述(Stewart,2000)。在越远离伦敦的地方,越能获得有关地方政府的更真实的情况,这大概是他对前美国大使所提观点的回应。当然,英美两国地方政府的大小并不一致,美国地方政府的规模几乎是英国的四十倍。诚然,同美国或欧洲大多数国家的地方政府相比,英国地方政府受中央政府控制和指挥的程度更大一些。但是,仔细观察一下,你会发现除了构成统一性的因素之外还有许多构成多样性的因素——不同的地理位置、历史、文化、经济、社会阶级结构和政治,所有这些因素使哪怕是相邻的地方议会也不至于成为塞茨所认为的那种没有区别的"行政单元"(p.271)。

如果这种情况在过去是真实的,那么将来更会是这样。因为,根据2000年的《地方政府法》,地方当局首次获得了在管辖范围

英国地方政府

内制定法律的权力,即"提升本地区经济、社会和环境等方面福祉"的权力。这听起来也许没什么特别,在大多数欧洲国家这并不是什么大不了的事情。但是对于比以前更为主动更有远见的英国地方议会来说,这项权力为他们认识和回应本地区独特地理环境和特殊的需求提供了一个前所未有的机遇。

枯燥无味的世界?不再是了!

本书的一个主要目的同斯图尔特教授在英国议会上院特别委员会的谈话目标恰好一样,即消除那种认为地方政府是狭隘的、雷同的、枯燥无味的观念。事实上,情况恰恰相反。

地方政府从来都不是狭隘的。那种认为地方当局提供了"从摇篮到坟墓的照顾"的说法虽说有点陈词滥调,而且还体现了地方议会什么都要管的那种过时的家长式作风,但是它所表达的却是事实。因为,地方政府会登记每个公民的出生、死亡和婚姻状况(如果必要的话),死后根据自己的意志实行土葬或火葬。更多的情况是,这些地方议会以及他们所提供的服务同议会关注的那些"大"问题比起来,对我们的日常生活有着更直接、更持久、更广泛的影响。

地方议会从来也不是雷同的。除非从足够远的距离来观察,否则地球上的大陆板块看上去也是相同的。地方政府具有地域特征,这是对许多不同特征的制度化认识,这些特征包括地理、人口、社会、经济,当然更少不了政治上的特征。我们不可能让人们去亲身经历斯图尔特教授那样的、对地方当局的游历,但是我们会尽可能用事实证明地方政府之间的区别,包括那些属于同一种类型和具有同等规模的地方政府之间的差异。同时,也鼓励人们去探询自己所在地的地方议会,以及寻找那些被认为是地方政府微观形式的独特性。

导论——我们的目标和方法 第 1 章

至于说到地方政府是枯燥无味这一点,那些过去几年里在地方政府工作或与地方政府共过事的大多数人都会流露出无可奈何的苦笑。他们不禁想问,有哪些私营部门,在所有方面直接面对过这么多的改革和变化?这些改革包括私有化、合同外包、强制性竞争投标及现在的最佳价值、公房租赁人及学生家长对学校管理方式表决,还有短暂实施的人头税、后来的市政税及税收封顶、邻里事务办公室、消费者签约、投诉热线、一站式服务、服务承诺、环境监察、授权议会、公私合作伙伴、绩效评估等,所有这些改革和变化都是在地方政府财政收入持续下滑,中央政府事实上已经进行或施加压力,要求地方政府进行改革、重组的大背景下进行的。

即使是在十几年前出版的书中也难以找到这些关于地方政府的新观念和发展。它们的来源是混合的,有些来自地方政府自身,但正如塞茨和斯图尔特指出的,许多都源于中央政府和近年来针对地方议会的、数量空前的立法。正是中央政府的这种干涉主义做法,抬高了地方政府的影响,使其成为定期的头条新闻,因此:

> 成功地完成了这件不可思议的事情,把学生们从对地方政府的说教产生的极度厌倦中解脱出来,使地方政府这个主题变得有趣,甚至对于那些喜欢黑色喜剧的人来说变得富有幽默感。(Rhodes,1991,p.86)

但是,谁有责任消除这种对地方政府的"极度厌倦"的形象呢?在一定程度上应该是地方政府自身。地方政府总是不能通过很好地表现自己,来激发它们所声称要代表和服务的人们的兴趣,更别说获得人们的同情和支持了。事实上,许多地方政府现在接受这种批评,并承诺要尽全力去改正。我们应该注意到本书中提到的他们那些很有意义的努力。

然而,作者们对改变地方政府的形象也负有责任。我们的部分任务必须是使公众对地方政府的行为感兴趣:尽可能直接地向公众传达对地方政府的"感受"和氛围。那么,我们的公众是

英国地方政府

谁呢?

你们和我们

我们假设大多数读者自己将不在地方政府工作,或者至少不在里面工作很长一段时间。假设对于你们中的大多数人来说,对地方政府的主要体验是作为顾客(customers)、消费者(consumers)、委托人(clients)和公民(citizens),也许可以加上第五个C,即抱怨者(complainants)。你们也许曾经与地方市政官员和雇员,也许还包括地方选举产生的议员,有过各种各样的、多多少少难忘的接触。你们肯定具有下列身份的至少一种,可能还有好几种:市政税的纳税人、教育津贴的接受者、公立学校或大学的学生、公房租赁者、社会服务的顾客、图书借阅者、体育和娱乐中心的使用者、步行者、公交车乘客、汽车驾驶员、出租车司机、计划的申请者或反对者、生活垃圾的制造者,等等。你们也许是登记了的地方选民,也许是真正的投票者。然而,奇怪的是,虽然我们列出了个人参与的范围,你们仍有可能认为自己是地方政府的"局外人"。

如果是这样,那么在这个意义上说,我们也都是局外人。我们也不受雇于地方政府,但是我们与地方政府关系密切。我们通过各种途径(教学和演讲,进行研究和提供咨询)实际上天天与地方议会、议员和工作人员打交道。我们工作的一个关键部分就是努力将对地方政府的"学术"领域和"实践者"领域连接起来,或者至少缩短两者之间的差距。这也是我们在此书中给自己设定的任务。

我们的目标是呈现一幅由事实和"感受"共同组成的地方政府的图画。我们相信,二者的平衡是至关重要的。当然,我们拒绝"葛擂硬"(Gradgrind)式的方法,这种方法是以查尔斯·狄更斯的小说《艰难时世》中的校长的名字命名的,即"现在,我要的是事

导论——我们的目标和方法 第1章

实。教给这些学生们的只是事实。唯有事实是生活中所需的。"尽管我们说光有事实是不够的,但有些事实又是必不可少的——它们并不只是用来应付考试的。因此,要让我们的读者在事实上精通地方政府是干什么的以及它是如何运转的。可是,更要让你们能够了解我们所说的地方政府的"感受",正确评价地方政府所涉及的利益、观点、动机、成就和挫折,认识地方政府所面临问题的范围、本质和复杂性。

欢迎访问英国政府网

按照本书的这个目标,我们现在提出几个重要的建议。首先,你们应该根据自己居住的位置,尽可能地利用一切可以利用的条件。你们自己至少属于一个地方议会,也可能是两个或三个。这些议会就他们提供的服务和涉及的行为(工作)以不同的方式提供着大量的信息。它们也许会创办并发行自己议会的报纸,或者在某个地方日报或地方周报中定期插入几页信息。他们在要求你们缴纳地方税时,的确会亲自寄给你们一份年度预算报告书。

他们也提供多种宣传手册、卡片、宣传单,来介绍你自己所在的镇或郡所能够提供的各种服务项目,所以赶快去看看吧!这就是本书前两版的建议,现在这样做仍有益处。但是,像地方政府一样,形势已经发展了,实际上现在所有重要的地方议会都已经有了自己的网站。这确实是托尼·布莱尔改革的关键部分,中央政府的要求大致是:保证到2002年,25%的公共服务项目要实现电子化提供,而到2005年,全部公共服务,不管使用人力或电话是否更合适,都要实现电子化管理。这意味着,一般情况下没有什么方法比网上冲浪和对众多分类的议会网站进行比较的方法能更好地帮助我们了解自己地方上的议会和政府(参见表1.1)。

表1.1 测试你自己所在的地方议会的网站

进入地方议会网站的四种方式(实际有许多进入的方式)

1. 最全面的:政府官方网站——www.open.gov.uk
   机构索引列出了所有公共部门的网址——通常它显得枯燥和过时,但绝对是不可或缺的,你会逐渐适应的。
2. 比较简洁,但仍然很全面:标签式目录——www.tagish.co.uk/links/localgov.htm
   以字母顺序排列地方当局的地址,包括城镇议会和教区议会,还有其他有用的与地方政府有关的地址。
3. 有趣的:基思·艾德肯斯家族索引——www.gwyrdir.demon.co.uk
   在点击式的地图中找到的地址;也包括大量的选举材料、议会中政治组织的大纲,等等。
4. 最有趣的:沃尔伍德地方政府网站索引——www.oultwood.com
   能够通过地图和字首字母进行检索,还能同澳大利亚、新西兰、加拿大、南非和爱尔兰的议会网站进行比较。尤其要寻找"迅速到达"某处的交通路线——有名的地方,它将含有各种巴士路线的内容,以及无法通行、避开"无线路"的标记——这只在主页上才找到。它把没有网址的议会也列了出来,还可以看看有些地方议员的个人网页(不过仍非常少),例如布兰德福德镇议员论坛的艾克凡·斯多科姆,在其访客留言簿上留言,添加她的联盟网站发布的信息,来获得更详细的资料。

对地方议会网站测试的问题

1. 网站面向的目标群体是未来的商业投资者还是期望解决问题的居民?
2. 网站最近一次升级距现在有多长时间?有清晰的资料日期吗?
3. 如果你想查找长期照顾老人的信息,你能如愿以偿吗?
4. 你能够清楚地知道哪个政党或哪些政党控制着地方议会吗?
5. 如果不是碰巧知道自己所在的选区名字的话,你能发现你们的议员仅使用你们的地址和邮政编码吗?
6. 从A到Z的服务项目,是由处于这个地区的其他地方议会或机构提供的吗?
7. 有列出的垃圾收集服务项目吗?能查出来哪天是你们那收集垃圾的日子吗?
8. 除了英语之外,你还可以用什么语种获得信息?
9. 可以下载关于市政府区域的有用地图吗?
10. 委员会的文件,包括议程、报告、备忘录都能在网上看到吗?
11. 你能搜索到计划申请书吗?
12. 能够找到如何投诉或称赞该地方议会的细节吗?
13. 能够查出谁是该地区最大的雇主以及当前该地区的失业率情况吗?
14. 该地方议会在可持续发展问题上有什么相应政策吗?

| 导论——我们的目标和方法 | 第1章 |

英国教育系统的各大学的网站也是不尽相同,所提供的东西从长长的课程表、院系介绍到校园观光等五花八门,各有千秋。地方议会网站通常连在英国政府网上,更是千姿百态,相应地提供了更多的直接和间接信息。如果你们的议会本来就有自己的网站并直接或间接宣布几个月之前刚刚升级,它正是以自己的方式证明自己就是表1.2所列举的那种拥有优秀网站的议会。通过将你自己地方议会的网站同别的网站进行比较,以及采用表1.1中列出的简要问题,你可以自己判断你们那里的议会网站是否有效、实用和充满活力。

表1.2 泰姆塞德(Tameside)和其他好的地方议会网址

泰姆塞德区议会(曼彻斯特东部)和它的"消费者至上"项目在2000年赢得了公共部门最佳使用IT技术的微软数字奖。"消费者至上"项目内容远不止IT技术的使用,但是它的核心目标就是通过网络技术为辖区221 000居民提供迅捷、高效的信息和服务。除了利用网络之外,还有电话、通信以及直接同政府工作人员接触等方式。

在泰姆塞德网站(www.Tameside.gov.uk)上可以得到哪些服务?
当被问到这个问题时,他们的回答是:
1. 能够方便地得到一般的个人需要信息——如市政税的收支情况、图书馆的开放时间、垃圾收集的日期、计划申请的进展等。
2. 能够方便、迅速地向议会或其他有关机构通报信息,比如变更自己的地址或发生了什么事件等。
3. 能够方便地提出服务要求。比如向计划和福利官员提出申请;向环卫部门要求清除体积庞大的废弃物或被抛弃的汽车等。
4. 能够在网上快捷、安全地支付所交款项。比如:市政税、房租、商业税、违章停车罚款(这是英国第一个提供此项便民服务的地方议会)

如何进入地方议会网站?
1. 从地方议会专门设计的5个消费者服务中心中的任何一个进入。
2. 从横跨行政区的一些辅助服务中心进入,比如图书馆、网吧等。
3. 从家庭电脑联网进入。

英国地方政府

(续表)

2000—2001年其他一些值得浏览的网站（作者自己编制，按字母顺序排列）

Brent LBC——在地方民主问题、公共咨询以及同其他网站链接方面比较好。

Camden LBC——第一个提供在线支付违章停车罚款、议会税服务项目的网站。

Dundee CC——苏格兰第四大城市，最早开辟"生活百事"网页的网站之一。

Gwynedd CC——两种语言在线播放关于市政议会和委员会的情况。

Hampshire CC——比较好的综合网站，覆盖整个汉普郡。

Kirklees MBA——特别重视带给使用者便利。

Newtownabbey BC——北爱尔兰最好的网站之一。

Oldham MBC——在最佳价值和最佳价值咨询方面非常突出。

Rutland CC——2000年地方政府协会网址。

Wavency DC——查看它的公墓索引。

Westren Isles——趣味横生的网站，有许多精彩领域，还使用两种语言。

早期的定义

几乎每个议会网站都能够提供一个按字母A—Z顺序排列的服务表，以及关于议会组成方法的内容和一个有关最近和短期内活动的新闻网页。我们认为，按照我们建议的方法，你在这种政府网站上用不了半个小时的时间，即使你以前对英国地方政府一无所知，也能够对地方议会是一个什么样的机构形成合理的初步印象（框1.1）。虽然这绝不是一个对地方议会及其运作过程完整全面的界定，但这是一个良好的开端。

导论——我们的目标和方法 第 1 章

> **框 1.1 你们的地方议会**
> - 一个面积很大的、依据地理位置界定的、多重功能的机构，
> - 追求多样化的社会、政治和经济发展目标，
> - 要么是通过直接方式提供服务，
> - 要么是通过合作伙伴间接资助、规制和监控，
> - 为地方社区提供的非常广泛的服务项目范围。

你们地方议会的年度报告

不管是亲自造访还是通过电子网站，你至少能够获得议会年度报告的概要。这个文件就是经过审计的一套年度账表，法律规定所有地方议会都要有这个文件。至于地方议会网站上的其他内容，大部分根据地方政府自己的意愿和偏好来确定。你会发现这些年度报告的格式各不相同，从总收入图表、开支说明到说明性更突出的简易报纸新闻，这些都是当地居民非常容易了解的格式。但是，不管是什么格式，一个议会的年度报告就像它的网站一样，能够给你提供大量的信息，既有关于那些机构类型的信息，也有你期望得到的。就像一个大学的简介一样，它是公开展示一个地方政府具体事务和成就、内部管理、外部关系、将来打算、过去业绩的绝好机会。

一个好的年度报告尤其包含两个显著的特征，因为后面章节里还要详细论述，所以在这里仅作简要介绍。第一，它能够显示出一个地方议会的预算和总的财政状况，即：钱是从哪儿来的，开支是多少，都花在什么上了。因为这些钱里你至少也要出一份——地方税、国税、地方收费、罚款以及租金等；此外，你也是政府所提供的服务的使用者，所以我们感到真正掌握地方政府财政情况的最佳方式之一就是通过地方议会的预算和账目来了解。在了解到你的钱是怎么花的，得到了哪些服务之后，你就能很好地理解这个

英国地方政府

体制。

议会年度报告的第二个特征是它们可以比较。所有议会都要把他们提供的服务范围、成本、效率等绩效指标同别的同类机构进行比较。一些议会是以年度报告的形式提供进行比较的信息,但是所有议会都要通过新闻媒体来公布这些信息。所以,尽量拿到你们议会最近公布的绩效指标,你自己检查比较一下,比如,把你们的师生比例、托儿所设立、人均图书数量、住房租金、生活废物利用以及税收比率等指标同其他地方进行比较,看看怎么样,要重点看那些明显不满意的数字是怎样解释的。

本书的结构

本书共分三部分。第一部分是关于地方政府的基本介绍。目的是使你对地方政府的起源、目标、结构、功能、财政、运行的背景有一个基本的了解,在这部分的最后,我们希望你能够相当熟悉地掌握地方政府的基本理论。

第二部分关注的是地方政府发展的动力:是什么在推动地方政府前进?关注焦点转向那些制定政策、提供服务以及寻求影响地方事务的人和机构。我们开始更直接地关注政治,因为我们的目标是要了解地方政府的各个利益相关者如何认识自己所处的位置以及他们的目标是什么。

第三部分转向研究改革。2001年的改革已经开始实施,但有点浮躁和急功近利。不久的将来,还可能出现新的改革。虽然在重新当选的工党政府的第一次女王讲话中并没有提到任何重要的地方政府法案,但这对近年来一直热衷于此议题的人不会产生误导。不要说十年,单就在本届议会任期内,地方政府至少会像20世纪80年代至90年代那样,产生巨大的变化和发展。

导论——我们的目标和方法　第1章

进一步阅读指南

第一，为了更好地理解塞茨大使的观点，应阅读几个关于地方民主政府的可读性强的新闻评论并掌握其价值所在。一是西蒙·詹金斯（Simon Jenkins，1995）的评论，他曾是《时代》杂志的编辑，他将撒切尔夫人执政时的地方政府全部排列了出来。二是《卫报》杂志的专栏作家乔纳森·弗里德兰（Jonathan Freedland，1998）的评论，他将英国地方政府与美国地方政府进行比较。上述两人的文章都十分注意内容的趣味性。另外一个可以增强你对地方政府和政治了解的方法是阅读他们的行业期刊，这些主要是供地方政府人员阅读的每周或隔周的政府公报，里边含有许多工作广告。最有用的是阅读《地方政府新闻》、《市政杂志》和《公共财政》。如果你有机会阅读这些第一手资料，我们建议你一定要认真阅读，尤其是从头到尾的那些新闻，同时，千万不要忽略那些工作广告，它们（包括那些工资水平）很能说明问题。《地方政府新闻》有自己的网站（www.lgcnet.com），《公共财政》的网址是www.cipfa.org.gov.uk/publicfinance，地方政府协会（LGA）的网址是 www.lga.gov.uk，其他有价值的东西还有新闻简报和报纸等。《地方政府新闻》和地方政府协会都有一些需要密码才能打开浏览的网页，但是不要放弃，这些网上还是有大量的免费资料的。更重要的是要利用全国性和地方性的新闻媒体，尽量搜集关于地方政府的信息，哪怕关于地方政府的某一天的一个或两个新闻都不要漏掉，因为这些都是对本书的例证、充实和发展。

第2章
地方政府的主题和议题

引言——遵循那些大字标题!

本章介绍英国地方政府当前主要的主题和议题,并对地方政府体制的特征进行界定。我们将借助全国性和地方性的媒体来试着论证我们在地方政府问题上的观点的价值。例如,如果你曾经注意过2001年的新闻,那么你一定会觉得那些可能曾经引起你关注过的标题,几乎都已经包含在表2.1之中。

表2.1 2001年的一些新闻标题

1. 伦敦市长呼吁减少行政区 伦敦市长肯·利文斯通呼吁将伦敦33个行政区减少一半以提高工作效率,并预言新的大伦敦当局将变成一个主要的医疗服务机构,这将影响到英格兰其他选举出的地区政府。
2. 雷斯科特接受较小的行政区做出的选择 环境大臣约翰·普雷斯科特勉强同意86个人口在8.5万人以下的区议会保留修改的委员会体制,而不必采用中央政府推荐的三种选择之一的行政长官负责(三权分立式的)的政治管理模式。
3. 托利党要架空地方教育当局 保守党宣布了一项赋予学校更大自由的计划,准备将预算经费绕过地

(续表)

方教育当局直接划拨给学校,从而有效削弱地方政府在教育上的作用。
4. 地方议会的新许可权
《政府现代化白皮书》授权法提出,由地方议会而不是行政执法官来发放酒类经营许可证,包括全天候营业的酒店。
5. 苏格兰大臣限制租房者的购房优惠权
为阻止地方议会失去低成本的租住房屋,苏格兰大臣温迪·亚历山大说,新的租房者必须等待5年而不是2年才能申请购买住房,而且还要接受较低的折扣优惠。
6. 威尔士拆散学校联盟
威尔士教育和终身学习大臣简·戴维逊宣布,按照协商的意见,议会将不再遵循习惯上将学生考试成绩公布的做法。
7. 三分之二的爱尔兰地方议会将被撤销?
在地方政府重组中,可能将北爱尔兰的26个地方议会减至10个,议会的政务委员会成员也将被减少三分之二。
8. 医疗服务受到民主监督
政府的国家医疗服务计划提出,没有经过选举的区医疗委员会应该撤销,议会的评审和监督委员会同时要监督地方医疗服务机构和医院的工作。
9. 税收外包影响了税收征收
政府统计数字显示,1999—2000年度议会的税收征集比率从99.9%降至67.9%,两个影响最严重的地方——海克尼和索斯沃克都把税收征收承包给了私营公司。
10. 大臣赞扬布鲁姆的噪音地图
伯明翰市议会推出了"声音释放显示图",对跨越本市的公路、铁路、航空制造的噪音进行监控显示。这个项目被环境大臣迈克尔·米彻推荐到其他城市和地区。
11. 给种族主义亮红灯
牛津郡议会、牛津郡种族平等委员会、牛津联合足球俱乐部联手举行反种族主义活动,他们向本郡的青年人和社区组织散发了1万张印有"对种族主义说不"的红色卡片宣传单。
12. 海伦斯市首设市政牛奶供应站
海伦斯市是第一个设立自己的牛奶供应站的地方当局,同时还按照出生登记,安排市政雇员到所有新生婴儿家里,向新生婴儿的父母提供喂养婴儿的建议。

英国地方政府

变化和不确定性

我们搜集的新闻标题集中显示了世纪之交地方政府面临的最重要的主题①,实际上也是地方政府永恒的追求。几乎在每个方面都像20世纪80年代和90年代一样,持续的变化成为地方政府的主题,其中许多都是最根本的变化(见表2.1中的1—3,5—7条)。

在20世纪90年代中期,地方政府的数目也在不断地发生变化,具体说来就是一年比一年少。当本书第一版于1994年出版的时候,在英国有540个地方议会,同其他国家相比这个数目很小。到1998年,当本书出版第二版时,有77个地方议会已经不见了,占了七分之一,它们成为中央政府机构改革的牺牲品(Wilson and Game,1998,p.14)。在威尔士,地方议会被裁减的数目超过一半,从45个郡和行政区缩减至仅有的22个单一议会或单一层级的议会。在苏格兰,以前的65个地区和行政区被缩减成32个单一议会。在英格兰,46个新的单一议会取代了以前的5个郡、58个区。只有北爱尔兰地方政府原封不动,但是随着中央政府直接控制的结束,北爱尔兰也将会发生变化,这种转变就是将职能转向数量虽少但运转更有力的地方议会(第7条)。

作为读者,也知道这种结构上的调整可能会引起混乱和不确定。设想一下,如果你自己是一名议会的工作人员,却不知道雇你的组织在未来几年内是否还能存在下去,更别提它本该有什么权力和责任(第3、4条),或者说,它应该如何被管理和组织了(第2条)。

结构变化自然不会在1998年停止,相反,1997年工党政府上台后提出了世纪性的、最具有长远意义的宪法改革议程,包括一个

---

① 就像善于思考的读者能够猜测到的那样,第12条中的服务项目最早出现的时间是1900年夏天!

第 2 章 地方政府的主题和议题

激进的权力下放计划。在两年之内,苏格兰人 300 年来第一次拥有了自己的立法议会和自己的行政领导(类似内阁),这些大臣已经准备好为了苏格兰的利益而同英国中央政府的政策拉开距离(第 5 条)。威尔士也有自己的议会,尽管它没有改变征税和通过原始立法的权力。但是它有补充立法的权力(第 6 条)。如果它 10 年以前就存在的话,那么它就很可能选择取消人头税。

北爱尔兰的新议会是自 1972 年始,爱德华·希思政府建立直接统治方式以来的第一个议会。它始终处于磕磕绊绊的状态,1998 年 7 月选举产生,1999 年(7 月)召集并被推迟,1999 年 11 月再次开会,2000 年 2 月休会,2000 年 5 月再次召集起来。同苏格兰议会一样,北爱尔兰新议会拥有立法权,包括那些能使地方政府体制发生巨大转变和得到加强的立法权。

英格兰也经历了结构改革,将来还会有更多的改革。自撒切尔政府在 1985—1986 年撤销大伦敦议会以后,就没有一个处在首都地区的、经过选举的地方当局,而现在又有了。2000 年 5 月,伦敦人选出了一个由 25 人组成的议会和全国第一个由直接选举产生的市长,曾经做过大伦敦议会工党领袖、而现在却以独立候选人身份竞选的肯·利文斯通赢得了选举。

不出所料,新市长很快推出自己对伦敦以及整个英格兰地区未来的设想(第 1 条)。但后者(即地区改革设想)是应工党政府的地区发展部(RDAs)的要求,由议会的议员、商人、工会活动家、任命的宗教领导人等组成,而不是由直接选举产生的。如果这些地区议会像政府政策设想的那样,部分或全部都是最终由直接选举产生,那么必然和苏格兰、威尔士一样,改革后在整个国家建立的都将是单一地方政府,简言之,就会实现地方政府的进一步重组。

2001 年,地方议会在内部结构上发生了更加直接的变化。按照 2000 年《地方政府法》的要求,为了推动地方政府真正发挥促进本地福祉的作用(见第 1 章),布莱尔政府对地方议会的组成和运作方式更实施了进一步的现代化改革。以前,地方议会自行组

英国地方政府

织,管理自身事务,所有选任的议员都要以他们所在的委员会成员的身份参与议会的决策。后来,政府要求地方议会的决策要么像大伦敦当局那样由单一的选任的行政市长负责,要么由人数较少的一个内阁委员会负责。那些保留的非行政委员将代表他们的社区和选民,负责检查和审查议会政策(包括医疗服务政策——第8条)。至少在刚开始的时候,这些法定的原则没有受到地方政府的欢迎。尽管获得下院多数同意,政府还是被迫做出让步,以满足那些相对较小的地方议会的要求。

除了这些组织结构上的变化,地方政府在立法上也是如此,其法律权限、法律责任也在或多或少发生变化。例如,强制性竞争投标(CCT)在 2000 年正式废止,在撒切尔时代,它要求地方政府将一些服务提供给私人竞争。现在,尽管地方政府可以继续主动实行合同外包(外部采购)的服务方式,但是得承受并非都是有益的后果(第 9 条)。2000 年,强制性竞争投标被工党的最佳价值(BV)模式所替代,这是要采用更综合的、较少财政驱动的方式达到同样的目标。还有一种建议给地方议会相应的新特许权力(第4 条),以及可能导致更糟糕后果的措施——某一个未来的保守党政府,可能会取消所有地方政府对教育的管理权限,这无论从哪个方面看都是十分严重的。因为,对一个习惯于长期稳定的政府机构的国家来说,如此幅度、规模和速度的变化,至少在宪法和民主意义上的威胁是值得关注的。这是本书不可避免的一个重要主题。

非选举的地方政府和"地方治理"

就像我们前面通过医疗服务和英格兰地区(第 8 条)改革所看到的,在最近的变化中,许多地方都建立了非选举或直接选举的地方政府,这是一个明显能感觉到的发展趋势。对英格兰地区来说,这本身不是什么新鲜事物。但是自 1974 年以来,最早的国家医疗服务机构、新出现的自我管理的医院、初步诊断基金的托管机构都不是选举的,新城镇发展合作公司、苏格兰、威尔士发展机构也不是选举的,所以说,英格兰地区的这些发展机构就成了典型。

然而,非选举的地方政府数量在20世纪80年代和90年代迅速增加,它们的支出经常来自选举的地方议会。中央政府不管是哪个党执政,都是将服务职能由地方当局转给政府指定的单一目标的机构,这些机构如负责城市内部发展的城市发展公司、培训和事业委员会,住房基金、国家拨款的学校和继续教育的专科院校,等等。总体来看,这些机构一直被认为是地方的半官方机构——准自治的非政府组织,毫不夸张地说这种机构正处于迅猛发展之势,具有特定目标的这种机构大约是6 000个,它们任命的委员会成员超过7万人。在这两个例子中,任命人员的数量是经过选举产生的市政议会议员的几倍。琼斯和斯图尔特(Jones and Stewart, 1992, p. 15)经过统计后认为,我们的地方政府体制已经发生了"根本"的变化:

> 政府正在采用一百多年以前就已经被取消的"新地方行政官"的管理体制。选举的代表正在被大量任命的不知名的管理者所替代。

这种变化是如此剧烈,结果使得地方上提供的服务变得十分零碎。对此一些政治学者宣称,地方政府已经进入到一种听起来很好的地方"治理"阶段。许多人认为,"地方治理"这个新概念能够更有效地表明当前在次中央级的地方管理中,公共部门、志愿组织、私营部门共同制定公共决策和提供公共服务的状况(见Rhodes, 1997; Stoker, 1998, 1999a, 2000; Leach and Percy-Smith, 2001)。我们不同意这样的分析,但是我们也不会急切地去重新命名和重新调整本书的重点。在相当关注非政府组织的同时,本书的焦点仍然是选举的地方政府,我们认为,选举的地方政府作为民主的、负责任的服务提供者和主要的资源控制者处于地方治理过程及网络的核心位置。

这些新的非选举机构对选举的地方政府而言,是一种蓄意的挑战,因为公民对他们太不了解了。但是这种挑战已经以一种积极合作的工作伙伴形式出现。在一直争论半官方组织运作更加开放、民主、负责任的同时,地方议会正在越来越多地同这些外部组织合作,让他们来提供服务、监督其他组织的服务状况以及申请政府基金等。

缩减了的自由裁量权

随着地方政府的一些权力被剥夺,那些保留的权力也越来越受到了限制,这主要表现在中央政府的指导和控制方面。尤其是20世纪80到90年代,地方政府在财政问题上呈现为"之"字形变化。中央强制地方政府接受苛刻的条件,政府大臣和公务员越来越直接介入地方政府在不同服务项目上的开支问题。结果就像图2.1看到的,地方议会在自由裁量权上受到削减,无论在决策上还是在有效为本区居民提供服务的财政问题上,地方议会的自由裁量权都受到了缩减。

我们还能够在后面看到许多在图2.1中详细列举的政府行为的具体动机。我们要注意,英国这种集权化的趋势与大部分欧洲国家中央政府正在追求的分权化政策之间的对比,当然,即使在大部分其他欧洲国家也有许多例外的情况。现在,我们仅关注那些被称为"地方政府自由裁量权漏斗"的一般情况。

漏斗的原理大家都知道,从一头到另一头的过程中有一个明显缩小的现象。所以这并非表明,所有的地方自由裁量权都被废除了。图2.1表明,地方议会仍然有机会决定自己的政治偏向,并按照自己的政策意愿来回应辖区居民的需求和期望。他们感到中央政府指令的压力越来越强,他们也会抵制这些不公的要求,但无论如何,他们绝不会失去所有的主动性和自己的个性。

地方政府的主题和议题　第2章

1980	1983	1986	1989
1980年《地方政府规划和土地法案》根据对各个地方政府财政支出的需求和资金控制能力的评估,设置新的街区		1987(苏格兰)《废除地方税法案》1988地方财政法案,以人头税取代地方税,1989年在苏格兰,1990年在英格兰和威尔士施行;非地方税的国家统一收支	
1982(苏格兰)《地方政府规划法案》1984《税收法案》首先在苏格兰,之后在英格兰和威尔士推行"课税上限"1981(苏格兰)(混合,条款)《地方政府法案》1982《地方财政法案》财政开支目标或授权地方议会罚款,首先在苏格兰,之后在英格兰和威尔士			
	课税上限的选择使用,1985,90 地方政府自由裁量权		
1982《社会保险和住房补贴法案》住房补贴责任转移给地方政府			1988《地方政府法案》强制性竞争投标(compulsory competitive tendering,CCT)的扩展 1988年《住房法案》租房委员会能够"挑选房东",《住房信托法案》(HATs)能接管地方政府的功能 1988《教育改革法》全国性课程,学校的地方管理;废除内伦敦教育局(Inner London Education Authority,ILEA)

(续表)

1985《地方政府法案》,撤销大伦敦理事会(Great London Concil,GLC)和大都市郡议会 1985年《运输法案》,解除客运管制			
1980《地方政府规划和土地法案》强制性竞争投标开始实施;介绍都市开发公司(Urban Development Corporations,UDCs)和企业区,依据1980地方政府住房法案 推行"购买权" 1980《教育法》 推行"教育券"	(No.2)1986年《教育法案》 学校董事会管理职能的强化	国民卫生服务体系(National Health Service,NHS)和1990年《社区保健法》将社区医疗保健的责任转移到地方政府,大量增加合同外包	
		住房"购买权"的扩展;议会的30%	
		1989年《地方政府住房法》,控制房屋税和资金开支	
1992	1995	1998	2001
			财　　政
		在教育和住房上有更多的资金来源, 放松贷款控制,商业税的非地方化。	
中央政府权力下放			
1992年《地方政府财政法案》, 以市政税和统一商业税取代了人头税, 设置地方收支的限额,到目前为止,超过80% 的地方财政依靠中央政府	1999年《地方法案》, 取消了一般的税收上限,保留了大臣原有的权力, 对基层的直接拨款削弱了地方政府在教育和医疗卫生方面的作用。		

地方政府自由裁量权

在苏格兰和威尔士进行结构重组,实行统一的组织形式,英格兰实行混合的地方组织制度。 1992《教育法》,实施半私人化的检查体系。	苏格兰、威尔士、北爱尔兰和伦敦区的地方发展 1999年《地方政府法》, 强制性竞争投标被最佳价值和更多的检查所取代。 2000《地方政府法》 福祉权;内部结构改革; 2000《学习和技能法》 学习和技能委员会负责成人和社区的教育, 并取代技术教育委员会。 1998年《学校标准法》 中央政府有权接管地方兴办不力的学校 教育活动区。 地方政府在住房福利方面的权限进一步被削弱。
1994年《警察和地方法院法》,削弱地方政府在警察系统的影响	

地方政府的主题和议题　第 2 章

（续表）

1992	1995	1998	2001
	1996年《教育法》，赋予了新的选择权，并扩大了公立学校的规模	非财政性立法	
至1997年，有220万家庭享受了住房补贴。1993年《教育法》。设立维持公立学校的国家基金机构			

图 2.1　地方政府自由裁量权漏斗

多样性和创新

我们可以从图 2.1 所列举的那些新闻中，找到对上述观点的佐证，你也可以自己去发现类似的例子。这些例证包括一些重要的和有争议的事件，也包括那些仅仅有新闻价值的事情。但是，许多事情，比如伯明翰的噪音显示服务（第 10 条）、对 5 岁儿童进行的自愿测试（Wilson and Game, 1998, p. 12）以及牛津郡举行的反种族主义足球比赛（第 11 条）等，都表明现在的地方议会已经同以前不一样了，他们正在自己决定做什么事情，既要同其他地方议会不一样，也不再仅仅满足中央政府的指令要求。就像第 12 条所证明的，地方议会已经采取了这么多的创新举措。这里并不是由于时代要求 21 世纪的市政官员，更应该是社会工作者而不是简单的卫生监督员，而是因为他们自己乐意这么做，是自己的意愿，若不是这样，也不会出现现在的情况。

英国地方政府

签约、竞争、授权

当代地方政府从外表上看,必然是中央政府的隶属机构,但绝不是懦弱的屈从者。地方议会的自由决策权可能比以前要少,但是还远没有失去自己的活力。

至于将来,由于保守党政府过去在20世纪80年代给地方政府设定的目标具有两面性,既取消了地方当局的一些直接控制功能,又鼓励他们实行合同外包的形式将服务项目承包给私人部门,两者结合起来就导致地方政府成为具有两面性的"签约当局"。所以,无论从规模上还是从本质上来看,地方当局在未来必然是一个合同政府。

到20世纪80年代末期,在用语上有了一些细小的变化。合同仍然是目标,合同外包始终是主要的方式,但是有了一些新的方法,从1987—1989政府的立法项目上就可以看到,评估成为一个使用率比较高的词汇,这表明地方当局在角色和操作上有一个根本的变化。

在英格兰、苏格兰和威尔士,社区居民费或人头税普遍成为争论的热点问题,后来实行的全国统一商业税也在地方上引起了争议,这些在第10章中还会看到很多。争论还涉及那些由地方政府提供的更具有长远意义的项目,如教育、住房、技术服务和发展规划等。公房租住者更愿意自己决定住在哪里而不受地方当局的控制;同样,公立学校的学生家长们可以用投票的方法使学校摆脱教育当局的管理,而直接接受教育部的财政拨款。诸如垃圾收集、街道卫生、学校配餐等服务项目,过去大部分地方议会都是依靠自己的公共部门来提供,现在必须对私营部门实行开放性竞标的方法,也就是实行强制性竞争投标。

所以,地方政府的未来就成为"竞争的政府"(审计委员会,

第 2 章　地方政府的主题和议题

1988），地方议会自己如果还想提供一些长期的服务，就必须同私营部门、志愿组织甚至中央部门竞争。在 20 世纪 90 年代出现的另外一个情况，就是对城市创新的激励活动，比如光荣城市和城市挑战活动。这是让地方议会之间相互展开竞争，去争夺大臣手里掌握的资金。

这个阶段，要比前面提到的合同政府和竞争政府更受欢迎，它们可以称为授权政府（Clarke and Stewart, 1988; Brooke, 1989; Ennals and O'Brien, 1990; Wistow, et al., 1992; Leach, Davis et al., 1996）。地方当局的传统角色——提供大范围的服务和主要依靠公共部门提供服务的功能，在不久的将来都会被削减，他们将扮演授权者的角色。在许多情况下，他们将承担服务提供的最终责任。但是，这种责任不是表现在什么事情都自己亲自做——依靠公共部门工作人员来做，他们要做的主要是激励、推动、支持、规划、影响（及授权）其他的组织或机构代表政府来提供服务。授权的政府是一种有活力的体现，这个词看起来是一个具有新意的词，同前面的词的意义有很大的不同。这个词代表了今天的地方政府不断增强对伙伴和合作伙伴关系的重视。这虽不能算一个思想创新，但是对本书来讲，毫无疑问这将使这一版比以前的版本有更多的参考价值，因为我们发现本书第一版根本就没有注释该词！

对质量的要求

并非所有的地方政府最近的变化都由外部力量推动。在过去的 20 年里，地方议会已经开始主动对自己的服务进行绩效评估并不断寻求改进服务的方法以提高自身在社会中的形象。他们吸取前两个阶段的经验但并没有像过去那样乱糟糟的，而是努力寻求以公共服务为导向，或建立服务顾客文化。

地方议会现在承认，过去他们在许多方面经常处于不可挑战

英国地方政府

的垄断性公共服务的提供者地位,公众处于被动状态。这个区别才是最重要的。直至最近,公众作为服务的使用者,才实际上被征询他们所需的公共服务类型、数量和质量的意见,过去,这种征询的情况很少。这些服务都是依靠地方税收或财政来提供的。简而言之,过去很少把公众看成消费者:公众能够进行选择,有权利得到影响自己选择的信息,有权利对不满意的服务提出赔偿,有权利寻求别的服务提供者提供的服务。

过去,地方议会的服务大部分都是专业化管理的,有充分提供的能力,在效率上也还可以。但是这种服务强调的是数量而非质量,它极少考虑问题的灵活性、多样性和与顾客的相关性。现在的强调重点完全变了,既超前于1992～1997年保守党执政时约翰·梅杰提出的《公民宪章》,也可以说是对《公民宪章》的回应。

地方当局已经在实施一个庞大的计划,以提高公共服务的质量和"接近消费者"。这包括:设立邻里办公室、"一站式"服务、社区会议、公众意见调查、同居民选举组织就有关问题进行专题讨论、发布议会新闻公报、建立投诉热线、接受公众质询,还有最近在梯穆塞德郡刚刚出现的消费者服务中心。所以我们再强调一下,应该从自己所在的地方议会正在做的事情中,发现所有有价值的东西。

当前体系——特征界定

在确认了当代地方政府一些关键的议题和关心的问题之后,我们暂停一下,以进行总结。如果地方政府正在发生像我们上面提到的那些根本变化,那么他们从哪里开始变化?从广义上来看,当前的体制看起来像什么?他们的主要特征和模式是什么?在本章下面部分,我们将介绍地方政府体制的具体特征。

地方政府，不是地方行政

我们要从一个重要的特征开始，解释为什么用"地方政府"而不是"地方行政"。进一步讲，这也就是为什么我们所在大学的研究机构叫"地方政府研究中心"（INLOGOV），而不是地方行政研究。

所有具有相当规模的国家都发现，将治理权力下放和实行权力分散是必要的，有些国家更是热衷于此。瑞士就是个例子，尽管它是一个特殊的例子。瑞士从来都没有一个国家意义上的教育部和医疗保健部（Allen, 1990, p.1）。瑞士人将这种服务完全交给地方当局控制，这些地方当局的规模比英国的还要小。

中央政府下放权力的时候，采用的方式不同，下放权力的程度也不同：

- 行政分权或权力委派

中央政府可以选择将行政决策权委派给对中央部委依赖较强的派出地方机构。所有重大的决策仍然集中由中央制定，但是服务的提供和日常决策则由在地方工作的、受雇于中央政府的公务员来完成。在英国，采取这种办法的典型例子就是劳动保障部，其支付给患者、残疾人、失业者的现金来自劳动和社会保障部的地方办公室或北爱尔兰社会保障机构。同其他许多国家不一样，中央政府向同样的人提供服务，他们的服务同地方当局提供的服务是相分离的。

- 职能分散

第二，中央政府可以设立半独立的机构来实施某种特殊的服务。这种办法最明显的例子是国民健康保险制度（NHS），医疗当局和医院托拉斯在管理结构上由任命的或提名的董事会成员监管。这有点像地方议会的结构，而在许多国家这种医疗服务则被完全纳入地方政府管理体制中。尽管这项工作与地方政府联系密

英国地方政府

切,而且可能在将来由地方政府管理,但英国的医疗机关和医院托拉斯却是与其他服务相分离的,资金来源于中央并最终对中央政府负责。这样,就成为前面提过的"准官方机构"。

- 政治分权或权力下放

第三,中央政府可以在广泛的服务领域内,将决策制定权下放给自治的或直接选举的地区、省或地方政府。这种政治分权——产生了苏格兰议会、威尔士和北爱尔兰议会以及大伦敦议会,在这个过程中具有较高宪法地位的组织,把权力转交给宪法上具有依赖性的机构。这种政治分权,同联邦主义具有明显的不同。在联邦制国家中,中央和州的权力是由宪法来平等地划分和区分的,而英国的这种权力下放已经明显同以前的地方行政也不一样了。

地方当局已经不再是简单的派出边远部门或中央政府的隶属机构——专门按照中央大臣的命令将大臣的工作标准细化落实。权力下放以后,像公民选举的代表一样的,地方政府的作用就是自己作出决策,依照自己的政策优先排序来治理。如果不是这样,在地方议会的年度报告上服务成本和绩效评估就不会有很大的差别,在地方议会统计排名上也不会有多大的变化。如果不是这样,在我们的图2.1中也不会出现那些例子。这表明,地方政府有着自己的前进动力。

地方自治政府?

选举的市政委员会依照本地区的利益制定决策,这种地方政府体制等同于地方自治政府吗?地方和社区是否有权利和资源,依照利益最大化来管理自己的公共事务? 一些学者认为是这样的,在他们的著作中,"地方政府"和"地方自治政府"是可以互相替代使用的。

但是别的、更多的学者对此充满疑虑。他们认为地方政府应该意味着地方或社区实现自治,意味着那些由民主选举的代表来

第 2 章　地方政府的主题和议题

集体决定如何最好地回应本地区居民的不同利益需求和愿望。事实上,这并不是英国的实际情况。让我们看看伯恩斯委员会早在20世纪70年代的有力引证,这是战后在地方政府问题上最有影响的报告:

> 按照我们的观点来看,地方政府并不局限在为地方社区提供各种有限的服务……**在它的权限范围内应该促进社区的经济、文化和自然有一个整体的良好发展。**(Bains, 1972, para. 2.10,黑体为我们所加)

这听起来就像只回答了问题的一半,后面应该接着讨论20年来的英国地方政府。如果是一个论文的题目,你肯定将重点放在"权限范围"这个词上。因为它至少有两个方面的意义:一是像伯恩斯委员会早已有的,即关注的范围。他们认为,地方政府应该适时关注和介入地方的所有事务,而不仅仅是议会分配的那些事务。

这是许多国家都存在的情况,尤其是一些在历史上由多个小共同体相互支持和帮助才构成的国家中——比如瑞士和北爱尔兰、意大利以及斯堪的纳维亚国家。总体上看,这些国家的地方政府或市政当局,比英国的地方政府要小得多,但它们具有英国地方政府历史上所没有的普遍权限。他们有权依照本地区公民的利益处置任何事务,除非这些行动是被禁止或已分配给其他组织了。同公民个人一样,它们可以做任何没有被明令禁止的事情。这些国家的情况正如艾伦说的(Allen,1990,p.23):

> 地方政府是不能被仅仅看做一个机制工具的。相反,它是人民表达自己的组织,并且人民的权力不是来自于中央,而是由一个国家每个地区的公民自己保留的,其目的是为自己提供必要的地方服务。

英国有一段长期专制的历史,正式的宪法地位正好反了过来:地方政府只能做法令允许的事情,他们的权力和适用范围并非普遍性的,而是特定的。再来看阿伦的论述,他几乎是强调塞茨大使

英国地方政府

的观点：

> 地方政府在本质上是被看成国家为了自己的便利而设立的隶属机构。它不过是让家长式的中央政府,用来为臣民提供服务的一些可相互替代的机构之一。

强调地方政府的隶属地位,是因为规制地方政府运转的普通法原则是公认的"越权原则"（ultra vires,这是一个拉丁术语）。如果一个地方政府的行动或开支没有得到法令的许可,那就会被认为是超越了自己的权限范围,它们就是不合法的。而且,在2000年的《地方政府法》废除该实际做法之前,选举的市政议员如果超出法令的许可,个人就要受到处罚,并有责任用个人罚款来补偿不合法的开支。

提到英国地方政府的法律框架,我们还需要再提一下伯恩斯委员会的看法。因为权限具有特定的法律含义,即代表主体的地位,包含有相互作用的意义。这些含义可能并非如伯恩斯委员会所认为的,但却能够不断警示人们:从法律和宪法上看,英国地方政府只有在议会授权的情况下才能关注"本地区所有经济、文化和卫生方面的福利"。但是,细心的读者会发现,这里并非第一次提到社区"福利"。按照2000年的《地方政府法》第一章的规定,取消地方议员的附加费,地方议会现在有推动本地区经济、社会和环境的"福利权"。换句话说,在某种意义上,地方议会已经具有普遍的权限。虽然他们在得到这种权力的同时并没得到额外的资源,也没有拓宽自由裁量权漏斗的瓶颈,但是这种"福利权"对准备使用它的地方议会而言,的确提供了一个潜在的、具有长远意义的机会。

法律的创造物

同地方议会的其他特殊权力和权限一样,尽管这种"福利权"

地方政府的主题和议题　第2章

也是来自于立法,并且不断得到了加强,但地方议会必须在政治体制中处于隶属地位。这条议会至上的法令基于的事实是:和世界上80%以上的国家一样,英国也是一个单一制的国家,而不是联邦制国家。宪法权力和权威只能有一个来源——威斯敏斯特议会,并由议会中获得多数席位的政党来组成政府,议会占据立法权,能够制定或否决包括地方议会在内的所有法律提案。

在联邦制国家,比如美国、加拿大、澳大利亚、印度、德国以及瑞士,立法权是分离的,由联邦中央政府和分权的各州或地区政府分享。英国不存在这种分享,宪法规定地方政府以及苏格兰议会、威尔士和北爱尔兰议会都同样处于隶属地位。它们确实是议会法令的创造物。它们的边界、责任、权力、成员以及运转模式都由议会的法律所决定。因此,就像我们看到的那样,它们能够轻易地被议会予以废除、重组和重构。

部分自治

总之,在英国政体中,地方政府处于隶属地位,历史上英国没有出现像许多欧洲大陆的国家那样,地方政府拥有广泛的权力。但英国却拥有远远超出其他欧洲大陆的中央政府拥有的派出地方机构,这种情况可以被称为半自治状态。

有些讲究词义的学者坚持认为,这种情况不属于部分半自治状态,但是我们发现描述一种政体比另一种政体具有较少的自治程度,或比它历史上曾经有过的状态自治程度少的做法是有用的。实际上,这种模糊不清的术语非常适合我们这种非成文法和以传统惯例为基础的政体。大部分欧洲国家具有正式的成文宪法,其中大都包括关于地方自治的内容条款、地方自治的保护和地方自治的原则。

但在英国,由于没有可以进行对比的单个宪法文件,在理论上议会主权是没有限制的。相应的,也就没有对地方政府的宪法保护了,它既没有对单个的地方政府权力的保护也没有对整个地方政府体制的保护。

但是在实践中,就像我们将要在第4章中看到的,历史上多数时期,尤其是在20世纪前10年的大部分时间里,英国地方政府通过政府决定和议会立法,发展了自己的权力和责任。像艾伦所描述的,人们看到地方政府在提供各种服务上是一个有效的、有用的和民主的"附属工具",它可以向公众提供由中央政府决定的各种各样的服务。

成文法规定的权力呈现为多种形式,在某些极端的情况下,这些权力规定得很详细并且是强制性的。中央政府可以要求地方议会严格采取某种行动达到强制性标准。另外,有些情况则是宽松或自行决定的,地方政府可自己决定是否提供某些特定的服务以及该达到什么标准。传统上,大部分影响地方政府的立法都具有较高"自由裁量因素"。在某些情况下,地方议会对如何提供服务或是否该这样做,具有很大的发言权。但是这种自由裁量权没有得到保障,它可以被减少和被收回。因此,英国地方政府被看成"部分自治"是很恰当的。

直接选举

对具有任何程度自治的地方政府而言,典型的责任机制最主要的就是直接选举代表,他们不包括常驻地方的公务员和中央任命的官员,他们由当地人民构成,由人民按照规则或规定的定期选举对他们进行选择,让他们来代表自己所生活、工作的社区的利益。

这些代表现在被称作地方议会议员,他们构成了地方议会并拥有法律权威。在此之后,他们广泛招募、雇佣工作人员,包括专业化的官员、其他管理者、技术人员,由这些人来执行或提供议会制定的决策和服务。

地方政府的主题和议题   第 2 章

在英国的单一制政府体制下,直接选举并没有使地方议员具有同国家议会议员相同的法律地位。地方议员面对选民的次数要比国家议员更频繁,有时候多达 40 次。但由于地方议会在任何时候,都可能因中央政府通过国家议会的法令而被废除,因此选举经常被中止。一直到这种情况发生为止,选举产生的地方议员所具有的合法性,同任命的卫生官员或城市发展协会的官员是完全不一样的。

地方议员必须表现他们自己,提出选民赞同和考虑的政策建议。因此,地方上的民主赞同成为政治谈判中独特的有力筹码,不管谈判的对象是大臣、白厅官员还是地方上的官员。也许出于某些原因,一些批评者质疑地方选举中,选民对问题能否真正理解以及选民在选举中较少转变自己投票倾向的情况。但实际上,在任何理想的民主社会中,选举中的参与者都拥有自己的看法和判断。

多重服务的组织

如果对选举负责是地方当局首要的显著特征,那么第二位的就是他们的责任范围。他们以这样或那样的方式体现责任,有时可以发现,责任总伴随着变化多样的各种服务。

我们前面提到过地方议会提供着从摇篮到坟墓的服务。另一种途径是,大部分地方议会提供了 A—Z 的服务指南。这种指南的目的是为了更好地让本地区居民了解各种服务项目:公布居民可能需要的服务,更重要的是告诉他们在哪里能找到这些服务,以及应该同谁联系得到这些服务。有人估计,这种类型的单一制当局至少有 700 条"工作热线",比最大的跨国公司还要多,这样它可以回应更多的管理需求。如果你有怀疑,看看表 2.2,这个表只展示了以字母 A 开头的部分服务,该有的都有了。

英国地方政府

表 2.2 以字母 A 开头的地方议会服务项目

服务需求项目	联系部门
收集处理废弃汽车	环境和消费者服务部门
额外超载	公路部门
虐待儿童	社会服务部门
残疾人通道	建筑规划设计部门
交通运输	旅行信息中心
事故预防	环境和消费者服务部门
交通事故处理	公路部门
旅店宾馆住宿	旅游部门
为无房户提供住房	房屋管理部门
会计服务	财政部门
针灸注册服务	环境和消费者服务部门
入学和转学	教育部门
收养儿童	社会服务部门
养护公路	公路部门
成人教育	教育、休闲和文化部门
老年人保护	社会服务
游乐场	休闲和社区服务部门
广告和路标管理	规划和发展控制部门
邻里办公室的咨询	邻里建议和福利部门
咨询办公室（区议员组成）	议员服务
课外活动	休闲和社区服务
艾滋病	社会服务部门
空气质量测量	环境和消费者服务部门
酗酒	社会服务部门
租金分配	休闲和社区服务部门
建筑改造	规划和发展控制部门
铝废品回收	环境和消费者服务部门
休闲娱乐设备办证	环境和消费者服务部门
动物权利保护监控	环境和消费者服务部门
古董市场	环境和消费者服务部门
控制蚊害	环境和消费者服务部门
承包人与服务供应商许可表	财政部门
建筑物记录在册	规划部门
艺术和娱乐	休闲服务部门
石棉清除	环境和消费者服务部门
工业补助	经济发展部门
学生奖学金	教育部门

多重功能的组织

在表 2.2 中列举的所有服务,地方议会都有一定程度的介入。但是,这绝不是说这些服务都是地方议会自己提供的。从历史上看,地方议会确实是这些服务的直接提供者,它们自己购买土地,提供楼房和设备,雇佣了必要的负责提供服务的工作人员。

虽然地方议会也有其他角色和功能,而且正是这种服务功能现在相对变得更加重要了。在许多情况下,地方当局是其他机构和组织的规制者和监督者,它们为公共娱乐场所、剧院、电影院、商贩、出租车、动物饲养、公司、理发店、午夜咖啡屋、马戏团、宠物店、活动房屋扎营位置及针灸医师等事项颁发许可证。同样的责任还有为私人建房注册、为体育场所的安全认证,因为公众担心再发生像布雷德福德和黑尔斯巴拉那样的足球惨剧。

从长远来看,地方政府是一个推动者的角色。它们向那些同地方议会采取一致行动的个体或组织提供建议、帮助和力所能及的财力资助。这样,议会的地方执行队伍就能够把提供信贷帮助当做消减贫困和债务工作的一部分来做,还能够对新建立的业务机构以及工人合作协会提供补助和贷款,补助金也会发给那些艺术组织、娱乐消遣和社会、社区组织。所以,未来的地方政府会进一步摆脱直接服务的模式,而合同服务将成为地方政府的主要功能。

征税的权力

我们认为,选举的地方政府在根本上具有一种道义上的力量,这是很重要的。但更加实际而有效的问题是征税的权力。所以,未来地方政府最根本的一个特征是有权力向地方居民征税,而其

英国地方政府

他的地方机构则由中央补助的或有自己的业务收入,地方当局确实也主要依靠这样的财政来源。但是,大约四百年来,地方政府一直能够设立自己的税收标准并征收地方税。

然而,自从1980年以来,地方税收制度已经发生了一系列前所未有的改革。这些改革的部分后果就是地方当局不再有不受约束的征税的权力。就像地方当局的分权漏斗一样,保守党的大臣在20世纪80年代运用法律手段限定了地方议会的开支及征税的权力,有效地控制了他们的预算。1997年工党政府上台后,废除了被称为"粗鲁和总量封顶的"预算制度。但是如果中央政府的大臣认为地方议会开支过大的话,仍然可以使用专断的权力来干涉和限制地方的预算和征税标准。所以,征税的权力仍然是区分地方议会与其他公共管理机构的主要特征,这种权力是在中央政府严格监督下的权力。

小结

本章我们主要研究地方政府的界定问题,我们分别和集中论述了一系列地方政府的特征(框2.1)。这一章的界定同第1章相比更加精细,这对理解本书后面的内容将有很好的参考作用。

框2.1 英国地方政府的界定
- 在地理上和政治分权上的一种形式
- 有直接选举的市议会
- 由国家议会创立并隶属于国家议会
- 具有部分自治权力
- 提供多种不同的服务
- 提供服务的方式包括直接和间接的形式
- 资金部分来自于地方税收

地方政府的主题和议题 | 第 2 章

进一步阅读指南

首先,我们推荐的是在第 1 章中已经提出的那些读物。同时,要从自己所在的地方议会中探询地方政府在实践中的运行情况,到实地调查或通过消费者的网站调查消费者的反映。要经常注意报纸上的信息,包括《卫报》、《独立报》、《每日电讯》、《时代周刊》等,这些信息都可以在网上了解到,注意不要忽视地方上的新闻,包括你所在的地方议会的报纸,尤其是 1~2 月间的预算时间和 4~5 月的选举时间的报纸。如果要得到更激进和强烈的观察分析,那么在"腐败城区"中专门有一个栏目叫做"个人观察"。另外,能够综合了解地方政府"如何运转"的综合性教材就是伯恩 2000 年的著作(Byrne, 2000)。但是,地方政府的世界是不断变化的,如果你想随时接触它们并始终掌握最新的发展动态,最好的方式还是利用网络。从地方政府协会网站(www.lga.gov.uk)开始,还有交通部和地方政府和地区部的网站(www.dtlr.gov.uk)。如果你的确感兴趣,你可以在网站 www.info4local.gov.uk 上免费注册一个每日电子邮件公告,这是由相关政府部门公布的关于地方政府信息的一种一站式服务方法。

第3章
为什么要选举地方政府

引言

在第2章,我们对英国地方政府体制的特征进行了界定和认识。本书关注的重点主要限定在选举的地方政府上,而不是界限不清的地方行政系统,对此我们已经作过了解释。在这个原则下,现在我们讨论地方政府的合理性和价值。我们不可避免(但不是盲目的)要阐述选举的地方政府的好处和优点,这体现了我们自己的思想倾向,即赞成分权和反对过度的集权。

地方政府诸问题

对中央政府而言,地方政府最普遍的问题就是拒绝按照中央的意志行事,即地方政府追求的目标同掌握国家政权的政党的目标不一样。还有一种观点认为,这种矛盾反映着一个政府体制的健康和力量状况。这远不是一个结构组成问题,而是表明地方政府到底处于什么样状况的问题。那些地方选举产生的责任代表,应是依据本地区的最大利益来制定政策,而不是按照中央意志来制定政策。

我们自己对"地方政府诸问题"的解释,表明这个问题是相当微妙和复杂的。我们认为,任何决策方面的行政责任的下放都涉及潜在的成本和考量,更不要说政治权力了。在某些情况下,这种潜在的成本仅仅是可能带来利益的对立面。然而,这对于了解艾伦(1990,Ch.1)提出的分权所造成的不利因素,仍然是有用的。

反对分权的第一个理由就是财政成本,因为分权会造成对稀缺的财政和人力资源的重复安排。批评者指出,许多事情让中央来管理可以降低更多的成本,这个中央对全国而言就是指正在谈论的英国中央政府,而对一个地区或一个邻里办公室来说,就是指自己所在郡的首脑机关。

同财政密切相关的是效率。反对分权者认为,在分权的情况下,地方政府很难吸引有经验的人员和富有企业精神的管理者,尤其在又小又穷的地方政府,情况更是如此。但是,这个观点在许多事实面前是没有说服力的。因为中央政府在许多管理上也存在低效率的尴尬情况,像千年穹顶工程,祝贺千禧年的火墙只有在直升机上才能看到;朱比里(Jubilee)地铁线的扩建实际费用是预算 21 亿英镑的两倍;在科索沃,士兵使用 SA80 步枪在速射时卡了壳,卡拉丝蔓的无线电不能传送和接受信息;铁路信号采用十分难懂的行话缩略语和人头税。这些都说明,至少在英国,政策的无效率并不是哪一级政府所特有的。

另一种观点与上述观点不同,它强调的是不公平。一项服务的权力越分散,必然越容易在不同的地区和群体之间造成不一致。这些不一致导致公众和选民要求获得更大范围的"公平"和最低限度的国家标准。这就会影响中央政府进行资源分配的模式,造成以牺牲地方政治和财政自由裁量权为代价的较大范围内的公平。国家明确不容许地方服务有差异,这是典型的英国现象,这也是地方政府改革者面临的最大的两难境地,无论是本能的中央集权赞成者或是废除者都面临这样的两难。

# 英国地方政府

最后是潜在的腐败问题。腐败在地方政府比在中央政府更可能发生,至少当今新闻界同20世纪70年代发生臭名昭著的鲍尔逊事件时期的新闻界一样,都是这样认为的。1974年,一些政治领导人和公共部门的高级管理人员,被发现犯有腐败罪,他们在同约克郡的私人建筑师约翰·鲍尔逊签订合同中有腐败行为。这个事件导致国家对地方议员和官员提出了行为准则规范。也许是这个原因,给人以地方政府就是腐败的印象,尽管这次腐败的人员除了地方政府的议员和官员之外,还包括政府的内阁大臣、两党的议员、公务员、卫生部门和国有企业的雇员。

同样被用来证明分权的地方政府容易发生腐败的事件,是发生在20世纪80到90年代的"安居投票"事件。这件事是为了政治利益而不是为了获得个人钱财上的好处,它涉及威斯敏斯特地方政府领导人戴姆·舍利·波特。威斯敏斯特地方政府的地区检察官发现,戴姆·舍利以及5位市议员,花费地方政府数百万英镑的资金来操纵特殊的住房销售政策,目的是为了保守党的选举利益。这个裁定在1999年被上诉法院推翻,在此前的1996~1997年,由诺兰勋爵担任主席的政府公众生活标准委员会,对这个案件进行了各方面的考虑。但应该记住,该委员会首先调查的是"宫廷"的误导言论和不光彩行为,即那些没有用地方议员道德行为规范,来同样约束自己的下院议员和政府大臣,而不是针对作为地方政府的威斯敏斯特市。

我们认为,任何一派的政客,不管他们是在地方还是中央政府,不管是男性或女性,也不管是政党A还是政党B,都很难说在根本上断定谁比谁更优秀或更腐败。这表明我们应该做的是加强监督,并对艾伦下面提出的警告,给予特别的重视(1990, p.12),因为它已经不断地被所有的国际和国内实践所验证明:

> 与地方政府一样,中央机构也经常是无能力的、低效率的、腐败的。地方当局经常被报道有腐败和受贿的存在,……但是一个或两个臭名昭著的案件,就足以使整个地方政府变

第 3 章 为什么要选举地方政府

得声名狼藉。

地方政府的价值

尽管这些被认为是分权带来的"问题"丝毫没有减少,但是它们却能够被分权积极的一面所制约。就像许多学者所论述的,这种积极的一面就是地方政府的正当性(Smith,1985,Ch. 2;Young,1986b;Clarke and Stewart,1991,Ch. 3)。在本章的后续部分,我们将按照表3.1的方法分成7个类别的专题进行论证。这个分类源自斯密和密尔的著作。

表 3.1 选举的地方政府的价值和正当性

选举的地方政府在以下诸方面,比中央政府与地方行政结合的管理体制有优势:
1. 构建社区认同
2. 强调差异性
3. 促进革新和学习
4. 反应迅速,适当和合作
5. 推动参与和公民权利意识
6. 提供政治教育和训练
7. 权力分散

构建社区认同

在第2章,我们专门将地方政府和地方行政进行了对比。现在我们集中讨论地方政府。我们认为,地方政府是指具有特殊地理区域的政府,如果一个相对边界已经被划出来的话,它实际上就成了一个社区政府。地方政府机构不但应该反映人民对本地区的意见,而且应该不断强化这种意识。

英国地方政府

一个地方当局,就是要有能力塑造一个地区,并保护这个地区、发展这个地区、改变这个地区,在这个过程中为居民提供一个新的认同。(Clarke and Stewart,1991,p.29)

要构建社区认同,既要持之以恒,又要不懈努力。近年来,地方政府在这两方面都十分重视。在第 2 章,我们对欧洲一些国家的地方政府自下而上进行了对比,这些地方政府都是在地方社区相互帮助和支持中形成的。相反,英国则是从上到下的过程,这源自议会的法令和边界地图的划分。过分频繁地自上而下地对地方政府进行重组,一个不可回避的危险就是切断了地方当局与社区认同的联系,最明显的表现就是强制一个地方接受外来地区的名称,这样做的结果是使人们产生许多迷惑,甚至在最坏的情况下会引起愤恨。

20 世纪 70 年代的重组,产生了无数的这种"人工"地名,本地的居民根本就不熟悉这些地名,这使他们感到自己像外来人一样。这种地名中有的在 20 世纪 90 年代的重组中消失了,比如非大都市地区的埃文(Avon)、克利夫兰(Cleveland)、哈伯赛德(Humberside),还有威尔士那些短暂的、有些发音甚至都弄错的克卢伊达(Clwyd)和达费德(Dyfed)。但是,大量的郡都保留下来了,都市地区的考德达尔(Calderdale)、凯莱克斯(Kieklecs),它们分别在海利法克斯(Halifax)和胡德斯费尔德(Huddersfield)的周围。还有利物浦(Liverpool)东边的诺斯里(Knowsley)和西米德兰德(West Midlands)的桑德威尔(Sandwell)。在许多非都会区中,有西萨塞克斯(West Sussex)的奥德(Audr)、北约克郡的科雷文(Craven)、肯特郡的科雷文晒姆(Cravesham)、赫茨(Herts)的斯瑞夫尔(Three Rivers),而兰开夏郡海岸的怀尔河(Wyre)与伍斯特郡的怀尔森林(Wyre Forest)是容易混淆的两个地名。

在重组过程中,边界委员会考虑到,这些原来的镇太小以至无法自己治理,就把这些镇组合起来,把原来的名字取消,换成混杂的地理名称。这样就有许多地名成了"带方向的地名",比如北赫特福德郡(North Hertfordshire)、南萨默塞特(South Somerset)、东北安普顿郡,西兰开夏郡等。当这种情况发生时,这四个地方都各有一个3万人的镇,分别是里奇沃斯(Letchworth)、耶威尔(Yeovil)、拉士丹(Rushden)和斯凯默斯达克(Skelmersdalc),像这样的市镇在其他一些西欧国家都符合自治的要求。但在英国,这样做是为了国家政治文化的建设,这种建设和重组就是要把地方政府体制"建立在更加专业化和官僚化的基础上,而不是建立在地方需要和社区认同的基础上"(Lowndes,1996,p.71)。

强调差异性

一个地名和它的过去本身就意味着一种与众不同——如该地区特有的地理、历史、经济、社会和政治文化,以及在此基础上形成的偏好和考虑问题的先后次序。正是在这种认识的基础上,即使同样类型的、具有相同的法律权限和责任的地方当局,从根本上讲也是互不相同的,并且在要求上也是完全不一样的。

在一个像美国那样的联邦制国家,地方议会可以提出和通过自己的立法,地方需求和环境的差异性显得十分突出,有些甚至古怪。在印第安纳州,吃过大蒜后四个小时内乘坐公共汽车是违法的;在南卡罗莱纳州去酒吧喝水、在肯塔基州用袋子装冰激凌都是违法的。英国地方也完全具有这么多的差异,如果有机会的话,可以想象出,他们也会制定同样奇怪的法律。

巴西尔登(Basildon)、伯维克-厄庞-特威德(Berwick-upon-tweed)和博尔索夫(Bolsover)都是英格兰的非都会地区,他们除了名字的开头字母相同之外,几乎没有什么相同的东西。巴西尔登是英国战后设立的第一个新城镇,经过50年的发展,人口超过10万人,总数达16.5万人,在英格兰238个非都会地区中排第三,但是它还必须使用地方上的两个镇名比利瑞凯(Billericay)和维克夫德(Wickford)。它位于伦敦城以外的地区,尽管外资公司作出的

英国地方政府

撤资决定使本地经济十分脆弱,并影响了经济的繁荣,但是地方经济仍然兴旺发达,地方政府认为本地区具有发展工业的潜力,并在购物中心、假日休闲公园、国家汽艇博物馆上也投入大量资金。2001年,在41个市政委员中,工党仍然像历史上那样占据支配地位。

伯维克-厄庞-特威德作为英国自治市,覆盖了大约9倍于巴西尔登的面积,但是却只有其六分之一的人口。尽管它的球队进入了苏格兰足球联盟,但是按照人口标准,它几乎是英格兰最小的自治市。这种古老的城镇仅处于苏格兰南部边界2英里远,但是其大部分都是农村,经济上靠农业、渔业和轻工业,以及夏季的旅游(它那美丽的城堡和诺森伯兰国家公园很有吸引力)。在有29名成员的市政委员会中,绝大多数是自由民主党人,其次是独立人士。

与此完全不同的是,在东北德比郡(Derbyshire)的博尔索夫选民,从来就没有选过一个自由民主党的市政委员,偶然有也仅仅是一个保守党人。这里之所以有名气,可能是因为这里出了一名众所周知的众议员——被称作"博尔索夫野兽"的丹尼斯·斯金纳(Dennis Skinner),而不是因为它作为国家采矿业的中心已经有100多年的历史,尽管它的城堡和市场特许执照的历史可以追溯到13世纪。今天这里已经没有了矿藏,也没有铁路了。一个大型公园在原来煤矿的地方出现,小的商业正得到发展,采矿的地方得到了改善,原来无用的地方得到了重新利用。这个市政当局,显然作为该地方的最大雇主,在一个缺煤的时代,正带领人们寻求新的认同。

在以B开头的地区中,任何一个都具有很大的差异性。但是中央政府却倾向于关注那些相当少的相似性,而忽视其明显的差异性。大臣和政府公务员致力于设计一种框架,从而使所有这种类型的地方政府按照同一种模式运转;而实际上,一个运转良好的地方政府的实际情况正好与此相反,它强调、突出、表达的正是一

· 44 ·

个地方政府的独特之处。我们可以称之为差异性政府、多样性政府或者更准确地说是多元政府。

促进革新和学习

为了回应地方环境的差异性并采用不同的治理方式,地方当局倾向于增强政府的学习能力。他们提出自己的建议和创新方法,其中有的只是适合当地的特殊情况,但是其中有些也是适应性很强的,无论是对别的地方政府还是对中央政府都是适用的。

地方政府坚持相互之间的学习。通过诸如审计委员会、促进和发展局这样的官方机构,来推广"最佳实践"的典型经验。还通过创办各种专业杂志、报纸,召开会议、论坛等方式相互学习,有时每月会出些简讯。回头再来看我们在表2.1中选出的新闻条目,你会发现,不管有没有中央政府大臣的鼓励,别的市镇过不了多久就会提出自己最好的经验,这就好像是另外一种环境的激励。伦敦的海默斯密斯区和福海姆区在处理路边的废草问题上,很乐意学习邻近地区——凯姆登区和威斯敏斯特提供的指导。

英国几乎每一个地方当局都发展一些新的服务,这些新的服务自然被别的地方学习和采纳。布雷德福德市在本地房屋上安装了薄窗户、钢门,减少了盗窃现象的发生。布拉克内尔福里斯特郡首先采用一种叫做"BT"的多功能智能卡,实现购买服务、借阅图书、参与地方零售计划于一体。诺福克(Norfolk)的布雷德兰斯(Broadlands)区开辟电话指导。兰拜斯(Lambeth)建立街道小队进行巡逻,处理公众关心的乱涂乱画、非法倾倒(垃圾)、废弃的汽车以及其他街道问题。利物浦(Liverpool)自称建成了"英国最便利的图书馆城市",在星期天开放多个图书馆。邻近的诺斯里(Knowsley)推出了一个"快餐、经典、流行"的早餐服务项目,伴随着经典、流行音乐,为不在家吃早餐的学生提供服务;它还推出了一个"增加挑战"的激励计划,奖励学生通过市政网站的复习网络

英国地方政府

及课程信息服务来提高他们的 GCSE 结果。

这类情况不计其数,我们希望有人能发现,一个在推行服务创新上名不副实的地方当局。实际上,大部分当局是喜欢参加一个或更多的引导计划的,这些计划在工党大臣的鼓励下得到了进一步增强,因为这些工党大臣比其前任更加看重由地方政府提供的学习和检验机会。"我们的引导者比英国的航线都多",这种承诺成为地方行政首脑的巨大压力,在大臣倡导的最佳价值中,地方当局推出了邮寄投票、解决离家出走的孩子问题、"为老人建设一个更好的政府"、改进服务质量、地方"绿色"公交服务以及降低暖房空气释放的级别等一系列服务创新项目。

快速、恰当、合作地回应

距离可能产生延误。它同样会导致事情失真。具有多重服务功能的地方市政委员会能够比中央政府更快、更好地回应地方的任何情况。他们也能够依靠自己的力量快速、协调、最大限度和更加节约地对地方上的需求作出回应。夏普(Sharp,1970,pp. 155—156)将这种能力概括为地方政府的"了解实情的价值":

> 中央政府不善于掌握各个地方千差万别的情况,而地方政府恰好有这个优势,因为地方选举出来的机构能够更好地理解和掌握地方上的情况和需求……而外部机构无法协调他们之间的行动。

从一件意外突发事件的处理上就可以看到地方政府在这方面的优势。1989 年 9 月,驻扎在迪尔(Deal)的皇家海军兵营发生大爆炸,死亡 11 人。事件发生后,肯特郡市政委员会紧急协调了几乎所有的市政部门:

- 消防。
- 警察部门,接到报警后立即到位。

- 应急计划部门(the Emergency Planning Unit),负责协调保障工作,在需要时电话通知像英国红十字会、多佛区的市政委员会这样的机构。
- 社会服务部门,负责为撤出的人员提供临时避难所,送饭上门,提供医疗和心理帮助。
- 教育部门,当需要征用学校作为休息场所时。
- 学校的伙食部门,负责为救援人员和被救援人员提供伙食和热饮。
- 建筑设计和高速公路管理部门,要求建筑工程师对部分坍塌的楼房提出建议。
- 供应部门,负责购买防水设备及其他防护设备。

按照传统的管理术语,这种协调叫做"水平整合",就像威蒂考伯(Widdicombe)委员会的报告中解释的:

> 地方当局能够对地方上的多维度的问题进行综合协调回应,比如城市内部问题,国家很少提供这样的服务。这是官僚体系下很难做到的一种多目标政府管理的优势。这样,在地区和中央之间单一的、垂直整合医疗服务的可能实现效率最大化时,地方政府会具有在一个范围内对多重服务进行水平整合的优势。(Widdicombe, 1986a, p. 52)

用一种具有当代色彩的术语表述这种现象就是"整体主义"政府或"合作共建"政府(Perri 6, 2002),同这种组织结构对立的就是"塔"式组织结构。"塔"式组织结构的政策供应链很长,像垂直的塔那样在互相独立的各个层级之间传递服务。那些身处多功能地方当局的人们,对身处明显缺乏效率的中央部门(塔式结构)的大臣,对合作共建式政府优点所作出的描述深感不安。我们面临的是许多难以处理的问题,包括犯罪、社区防范、种族排斥、就业、吸毒等(表3.2),这都要求地方当局在具有广泛的责任、权力和服务基础上提供一种横向的多重介入,不仅需要提供单一的服务,而且需要各方面良好的合作协调。

表3.2 地方政府在反毒品行动中的合作

社会服务部门——为吸毒者提供社会保健。
住房部门——为康复的吸毒者提供住房;在公共房屋管理中控制毒品的使用。
教育和青少年服务部门——在校内校外进行毒品警示教育;利用年轻人和志愿工作人员,以及社区发展官员,研究制定社区预防毒品战略。
环境服务部门——负责收集并安全处置废弃的注射器;为公共娱乐机构发放许可证;进行家庭监督员登记等。
休闲娱乐部门——为年轻人提供恰当的、更多的休闲设施。
培训和人事部门——参与预防毒品战略;为本部门有毒品问题的雇员提供帮助。
经济发展部门——提供就业机会,防范毒品交易和使用。
青少年犯罪挽救团队——直接将吸毒的青少年送去戒毒。
联合上述各部门,地方当局是最有能力协调各方面关系的组织,包括警方、消费者和税务局、缓刑以及监狱服务、卫生官员、志愿组织。

促进公民权利和公民参与

地方行政(local administration)是关于接受的:地方官员接受国家的既定政策,而公众接受的是地方官员对国家政策的执行。地方政府(local government)则是关于选择和挑战的,尤其在今天,它积极鼓励公民的介入和参与。夏普(Sharpe,1970,p.160)认为,"民主至上原则"应放在中央政府之上,"因为它确实能够使更多的人参与到自己政府的治理中"。

毋庸置疑,公民与选举的地方政府之间的联系就是选民与代表之间的联系。在通常的地方选举中可以发现,在众议员选举中只有少数人参加投票,但公民投票选举自己市政官员的机会却要比选举众议员的机会频繁得多。有趣的是,同其他国家的情况相比,英国的地方政府选举很少有较大的变化,大部分选民都十分熟悉自己地方上的议员和市政委员;相比之下,只有少数人熟悉自己选举的那些国家议会的众议员。因为,在这些市、区、自治市、一元化地区等主要的市政委员中,大约每40人才能产生一名众议员或议员候选人。

而且,这个数字还不包括9万多最基层的教区、镇和社区选出的市政委员。因为,在英格兰有8 000个教区和镇议会,在威尔士和苏格兰有2 000个社区议会,平均每个议会都有9名选举的人员,他们有些既是市政委员又是地方议员。有些这样的教区比那些较小的行政区人口还要多,有的社区人口超过3万人。这种最基层的教区或社区,在许多国家都是很有权力和很重要的机构。在英国则相反,就像我们在第5章将要看到的,它们受到了很大的限制,自由裁决权仅限于很小的、非常地方化的服务,其主要责任是代表本地居民向那些重要的市议会和机构反映意见。在这种情况下,许多选举没有丝毫的竞争性一点也不奇怪,但是这些教区和社区仍然具有民主的结构和责任体制,并向绝大多数公民提供直接参与地方社区治理的途径。

无论怎样,参与地方治理要比参与地方选举多得多。选举只是参与的冰山一角,就像德蒙特福特(De Montfort)大学的研究者论述的那样。这些研究者对当代地方政府促使人们参与决策过程的许多方式进行了分类对比(见表3.3),发现促进公民参与的一些活动也是不成功的,因为许多人认为自己没有必要参与,自己的利益早已被充分代表了,自己生活中还有比这更重要的事情要做。但是选举产生的地方政府正在采用真正有效的新方式给公民提供参与的权利和机会,这些真正"接近社区"的行动在布莱尔推出政府现代化方案之前,就已经在做了。

表 3.3 地方当局是如何促进公民参与的

（1997 年地方议会采用，百分比）

1. 传统方式	
• 公众会议/咨询材料	85 +
• 同市政委员会双向选择	60
• 在地方议会或市政委员会接受和解答公众的质询	45
2. 消费主义方式——主要是在服务提供方面	
• 投诉和征集建议计划	90 +
• 服务满意度调查，针对某一部门或整个地方当局的调查	85 +
3. 咨询方式	
• 用互联网咨询	25
• 公民调查，在居民中进行 1 000 份以上的抽样问卷。	20
• 公民表决	2
4. 公民论坛——让有共同背景和经验的人聚集	
• 服务使用者论坛	60 +
• 邻里论坛	60
• 议题论坛	50
• 兴趣爱好者论坛	40
5. 审议方式——鼓励进一步考虑问题	
• 重点小组，由 10—12 名选举出的居民构成	50
• 社区计划/需要分析，针对地方服务的优先排序	45
• 长远规划，让公民参与本地未来发展规划	25
• 公民评审，针对一些政策表现和考虑进行评估	5
6. 使用者管理——公民直接控制地方服务	
• 比如，房屋租赁合作管理，社区护理以及青年俱乐部	20 +

资料来源：Lowndes et al.（2001）。

提供政治教育和培训

公民参与本身就是政治教育的一种形式。在英国，学校的政治教育已经在很大程度上被忽略了。不久前，这种形势有了改变，公民教育已经成为中学课程的必修科目,并在小学教育中作为个人、社会、健康、公民准则教育的部分内容。这些措施的发展最终很有可能提高政治文化和社区参与水平。所以,政府机构自身,尤其是地方政府在鼓励政治学习上仍然扮演关键的角色。

地方选举对政治教育和训练尤为重要。即使不参加投票的人,也乐意通过选举期间媒体关注的地方问题和候选人,来增加自己的政治意识和政府知识。所有的英国地方政府选举都在4月或5月进行;其后不久,市政委员会就会拿出新财政年度的财政预算方案,并提出地方税收的要求。市政议员或候选人通过自己的演讲和纲领,为自己的政策目标进行辩护。人们对各种数据进行分析,提出挑战和进行辩论。调查显示,确实有许多人对谁将是当选市政议员,以及市政委员会将要干些什么仍然不大清楚,但是如果没有选举,人们将一点也不知道。

地方政府提倡的这种非常积极主动的参与,不仅仅是一种教育,对形成政治经验而言,参与本身就是一种培训和实习。在最近的大选中,没有哪种现象比地方政府招募人员更重要,各个政党都十分重视在地方网罗人才。在1997年的记录中,补选259名新的众议员,其中161人(占62%)曾经做过地方市议员,加上众议院原有的做过地方市议会的议员,总数达到368人(占56%);在这个数字中,工党议员占三分之二,比自由民主党多60%,比保守党多30%。

尽管这些数字引人注目,但是他们毕竟是"曾经当过",对62%新当选的众议员来说,他们中绝大部分都会很快辞去在地方市政委员会的职务,哪怕是国家议会正好就在他们的地方市政委员会领域之内也是如此。由于这种情况,使得英国在国家和地方政治中很少有重叠现象,与其他国家的地方政府相比,英国的地方政府在国家政治中的声音还是比较微弱的。

英国地方政府

分散的权力

最后,我们讨论颇有争议的地方政府的基本价值或正当性问题,也就是多元主义问题。现在我们还是引用在地方当局管理论坛上威蒂考伯的报告:

> 多元主义是指权力不应该被集中在国家的某一个机关,而应该被分散,所以才提出政治监督和制衡,约束专横的政府和专制的政体。(Widdicombe, 1986a, p.48)

另一个是 10 年前政府的报告,这个报告是由莱菲尔德(Layfield)委员会就地方政府财政提交的调查报告,其中对地方政府的角色描述同上述观点几乎一样:

> 地方政府向各种有不同政治追求的人提供参与制定决策的机会,……它在政府决策上实质上扮演着专制制衡器的角色,因为它使政治权力得以扩散。(Layfield, 1976, p.53)

同样的思想在任何一本政治辞典的开篇都能看到,正如阿克顿勋爵的著名格言:权力导致腐败,绝对的权力导致绝对的腐败。虽然格言也经常被错误引用,但是对我们的目标而言,这种思想是很有洞察力的。分散的权力也可能导致腐败,但阿克顿勋爵的断言是针对集权而发的。

小结

首先澄清一点,本章我们并非要对分权的地方政府作一个理想的、不加批判的肯定。我们可以在表中列举的内容里,看到地方政府分权的不利因素,也可以看到实践这种价值是很困难的。地方政府作为多元主义的操作机制、强化公民参与的平台以及基层社区利益的捍卫者,实际上它们的不足之处仍是很明显的,这也是许多学术著作关注的热点问题(比如金和斯托克,King and Stoker,1996)。我们也无意挑战在第 2 章中提出的单一制国家、议会主权以及地方政府在国家的隶属地位。但是现在我们建议,通过增加选择性、鼓励革新和创新、强化积极参与,使来自中央的权力得以分散,很可能要比集权体制更有利于提高治理的质量,推动民主的健康发展。毕竟,分权民主所导致的问题同集权产生的问题相比是很小的。民主分权的发展历程集中在第 4 章讨论(如选举的地方政府)。

进一步阅读指南

关于地方政府价值的最好读物是夏普(L. J Sharp, 1970)的文章。希尔(Hill,1974)也用整本书论述了这个主题。金和斯托克(King and Stork,1996)的书是最新、内容最丰富的一本,一些很有用的章节是由斯托克、金和比瑟姆写的(Stork, King, and Beetham)。在乔治·琼斯教授和约翰·斯图尔特教授的书中,有 20 年来的地方选举的最丰富内容,琼斯教授(1997)编辑的那本《我们反对和拥护什么》也很有用。1995 年,在独立的地方民主委员会的激进报告中,设计了一套推进地方民主的进程,包括选举市长;在普拉切特和威尔逊(Pratchett and Wilson, 1996)的书中,对这种授权的研究进行了概括总结。

第4章
地方政府的发展

现代制度的古代起源

为什么我们要在研究当代地方政府的书中安排一章不可缺少的历史章节呢？为什么我们不是像第5章那样集中关注当前的体制和结构呢？答案很简单，如果不了解现在的制度是从哪里来的、如何发展的、与过去有什么不同，我们就很难正确地理解现在的制度。对任何一个国家都是如此，对英国尤其是这样。因为英国的地方政府制度同其他制度一样，是经过几个世纪不间断地逐渐演变和发展而来的，这个过程从没有被可能形成的正式宪法制度或暴力革命打断过。

在英国，没有成文的宪法文件来规定地方政府的权力、责任以及同中央政府之间的关系，相反，几百年来，在回应环境的变化过程中，形成和发展出了一套制度和实践，有些郡的边界可以追溯到盎格鲁—撒克逊时代。在最近关于地方政府重组的争论中，许多人明确表示不愿意使原来的地方政府被新的单一的地方议会所替代。有许多历史城市，像布利斯托尔、牛津、纽卡斯尔、诺里奇、阿伯丁和邓迪都是在12世纪被授予自治权的，而且它们确实是自治地方政府的中心，一直到20世纪70年代早期，在地方政府重组中才被迫整合进各自的郡和地区。

早在 14 世纪,地方行政官和治安官作为王权的代表机构而被任命,这个时间几乎比政党的产生早五百年。这就可以理解为什么中央政府在现代警察机关问题上坚持派出自己的独立代表。出于此意,琼斯和斯图尔特用"新行政官"来描述非选举地方政府机构。过去地方政府涉及的主要问题常常是财产税的税率问题,这个问题起源于 1601 年的伊丽莎白《济贫法》。显然,在 1988 年保守党政府废除财产税之后,人们普遍认为新的社区有一个显著的优点,那就是很少征收地方费,到后来财产税几乎逐渐都被废弃的时候,实际上以市政税的形式出现了。

所以,这种历史起源以及历史连续性是重要的。然而这只是对当代地方政府的初步解释,我们要进一步关注地方政府的主要发展趋势和方向。

19 世纪的混乱状态

具有讽刺意义的是,在英国地方政府的历史上,"地方政府"这个词本身直到 19 世纪才形成。这个时候,地方政府的范围正在发生变化。不仅如此,19 世纪早期也是我们最合适的研究起点。而在英吉利海峡的对面,在 1789 年大革命之后的法国,不仅清晰地存在着地方政府制度,而且基本上一直延续至今:

- 在每个市镇、行政区、教区或乡村社区以及 3.6 万多个村社,无论是最小的村社还是那些教区都有相同的法律地位。
- 每个市镇都有自己经过普选产生的议会,以及一名同时对中央政府和本区负责的市长。

相反,英国根本没有这种体制,即使在 19 世纪的大部分时间里也没有形成这种地方政府体制。英国的现实就如帕特丽夏·霍利斯(Patricia Hollis)生动地描述为"一种混乱状态"(Hollis,1987, pp.2—3），它们主要包括英国传统的三个地方政府单位——教区、郡、市镇。

19世纪30年代英国有1.5万多个教区,那些被任命的没有工资的官员,包括治安官、公路检查员、教会执事济贫助理、教区非教徒委员等,负责维护法律秩序、公路维护、为穷人提供工作或财政救济。在中世纪,国家的大部分都划分为这种郡,并由治安官来管理。治安官作为国王任命的官员具有法官的角色,而且通过地区法庭来执行。但治安官的管理责任也在不断增加,包括公路桥梁维护、度量、教区的监督等。在《大宪章》颁布后,有200个这种教区、镇依据《大宪章》摆脱了治安官的管理,而开始通过市议会来实施有效的自治。这样,他们有权决定自己的政府体制,不管是采用选举的办法还是任命办法,都由他们自己决定;而且,他们还自己决定如何为国王筹款、如何运作自己的法院。同样,按照地方自治原则,苏格兰也出现了大量的自治市、自治市政委员会,地方政府得到了快速的发展。

依照议会的地方法,各地方还出现各种专门的地方机构,每个专门机构在特定的领域内提供服务,它们的界限同其他机关不一样,如公路理事会,它专门负责路税征收,以便维护和建设新路;还有政府专员,负责按比例对地方提供服务补助,比如路面、路灯、街道清洁、消防、汽油和水的供应等。

工业革命的发展也给城市带来很大的压力,城市中贫困、失业、拥挤、贫困者的公共卫生、疾病和犯罪都成为突出问题,显示出一种"混乱"景象,并且那些拼凑的简单机构难以应对发展中的工业社会的要求,这就带来了改革的急迫性和必要性。

政府的回应主要是采取两种相对立的模式,并表现在19世纪30年代的两项主要改革法案中。一方面,1834年的《济贫法》修正案预示着将产生更多的单一目标的专门机关。法案取消了原来用700个济贫联合会来管理教区的方法,将教区置于选举产生的委员会的管理之下。这些委员会常常得到济贫委员会专员强有力的集中指导。但是,恰恰是这种选举和由此带来的选民责任,将他们同大部分最近成立的单一目标的机关区别开来。其他大量的专门团体,紧随在地方卫生医疗委员会、公路委员会、小学教育委员会、公共卫生管理局等之后,也开始先后出现。

19世纪30年代的第二个改革法案是1835年的《市政合作法案》。按照这个法案,选举产生了78个多重目标的地方政府,但它们并不关注司法行政。这个法案可以被看成当今地方政府的基础,并且是构成我们在表4.1中看到的地方政府结构的首次立法。这种新的地方政府的权力是受约束的,这些地方的选举权更是如此,只有在该地区居住满三年的男性纳税公民才有选举权。尽管如此,选举的地方政府的自治原则还是这样确立下来了。

表 4.1 现代地方政府的发展——主要立法

1835	《市政合作法》——产生了英格兰和威尔士中直接选举的合作市镇,以取代自行选举和频繁发生腐败的中间组织。
1888	《地方政府法》——建立了62个选举的郡议会,其中在英格兰和威尔士的61个是全功能型的自治市议会,同时实施的还有1889年的《地方政府法》(苏格兰)。
1894	《地方政府法》——在郡内建立包括535个城区议会网络(UDCs)、472个农村社区议会(RDCs)以及270个非郡属自治市议会。苏格兰的同样结构是依据1900年的市镇(苏格兰)议会法建立的。
1899	《伦敦政府法》——完成了地方政府的现代结构。在伦敦郡议会(LCC)的区域内,建立了28个大城市自治议会(加上伦敦市合作组织),来取代原来的38个教区委员会和区委员会。
1929	《地方政府法》——废除了济贫法指导委员会并将责任转到地方当局。在1929年《地方政府法》(苏格兰)的影响下,苏格兰出现更剧烈的重组和权力转移。
1963	《伦敦政府法》——1965年建立大伦敦议会(GLC),含32个伦敦自治市镇,以及在过去伦敦郡领域内的教育机构(ILEA)。伦敦市城市合作组织(第33个自治市镇)没有变化。

(续表)

1972	《地方政府法》——1974年被废除,在英格兰和威尔士,郡自治市镇以及郡减少到47个,合并了333个非都会区议会。在大城市,英格兰建立了6个都市议会和36市区议会。
1972	《地方政府法》(北爱尔兰)——在北爱尔兰,取消了根据代表比例方法选举的73个地方当局、26个单层级区议会。
1973	《地方政府法》(苏格兰)——通过此法改革苏格兰地方政府,从1975年5月开始由9个地区议会、53个区议会和3个岛议会,来取代从1929年开始存在的400个当局。
1985	《地方政府法》——废除了大伦敦议会和6个都市郡议会,从1986年4月生效,其中伦敦教育局在1990年被取消。
1994	《地方政府法》(苏格兰、威尔士)——1996年被取代,并在苏格兰和威尔士实行两级体制,分别拥有32和22个单一议会。同时,依据《议会法》,英格兰产生46个新的单一议会,发展成了英格兰的"混合"制度。
1999	《大伦敦当局法》——产生了第一个直接选举的伦敦市长。

双重体系的出现

尽管有19世纪30年代的改革,但是直至19世纪末期,英国仍然没有可以大致被称作地方政府体制的东西。它仍然处于由数千个任命的机构和选举的机构同时并存的"混乱"状况中,这些机构中既有单一目标的,也有多重目标的(见 Wilson and Game,1998,p.45)。

很明显,地方政府的合理性是早就有的,在19世纪的最后12年,这种合理性以议会通过一组法案的形式出现。1888年的《地方政府法案》产生了62个郡议会,包括伦敦和61个郡自治市,这些郡都是直接选举自己的郡议会。郡议会在规模上各不相同,从兰开夏郡的300多万人到拉特兰郡(Rutland)的2 000人不等。刚开始,这些郡的权力是有限的,主要负责公路与桥梁的维护、收容所、度量测绘以及对警力的部分控制。但是就像我们将看到的,进入20世纪后,郡议会的权力不断得到稳步发展。

郡所属的市镇议会是全功能型的地方政府,并独立于郡。郡自治市镇的地位最早仅仅授予人口超过15万人的大市镇。在立法通过期间,尽管标准降低到仅仅要求5万人以上,但还是引起了郡议会相当大的怨愤。因为,即使这些郡哪怕只丢掉一个区,也会对它们的财政收入造成损失。依据同样的立法,苏格兰建立了33个郡议会,其中格拉斯哥、爱丁堡、邓迪、阿伯丁这四个最大的自治市变成了全功能的城市郡,并且实际上变成了像英格兰的郡自治市那样的"独立岛"。

1894年的《地方政府法》通过选举城区议会和乡村区议会,完成了伦敦以外的英格兰和威尔士的地方政府改革。即使这时区议会的许多权力被转到大的地方当局手中,但是它们仍努力在农村地区恢复教区。在农村地区,每个超过300人的教区要求有一个教区议会,那些没有议会的教区也要有教区全体会议。

尽管有一段时间,就像在英格兰和威尔士那样,苏格兰一直有一套复杂的专门机构网络,包括学校董事会、警察委员会、郡道路委员会、区联合委员会等负责运作,但同样的立法在1894年到1900年期间,促进了教区和市镇的选举。

1899年的《伦敦地方政府法》,建立了28个城市区议会作为大伦敦区议会下属的地方政府。唯一没有改变的是有700年历史的伦敦城市政委员会,包括它的贵族市长、议会法院和有立法权的议院,这些在随后的伦敦政府改革中才受到影响。

这些法案在19世纪结束之际,实际上已经带来了轻微的宪法革命。在整个国家内都出现了选举的二元制地方政府,一种是在除伦敦以外的大城市建立了全功能型的郡级市或自治市,另一种是从责任和供给由国家、地区、议会等分享权力的二级、三级市镇。这种二元体制不一定是最和谐的制度,但基本上它一直持续了整个20世纪的大部分时间。

结构的修补与职能的增长

在20世纪早期,英格兰和威尔士人口增长率超过了千分之一。更重要的是,这种增长明显不平衡,首先集中在城市,然后逐渐向农村蔓延。19世纪制定的自治市镇人口标准明显已经过时,城市和农村之间的利益矛盾不可避免,越来越多的市镇符合了条件,它们不断寻求得到郡自治市的地位。在1889年和1925年之间,建立了21个新的郡自治市,100多个郡自治市的边界扩大了。伯恩(Byrne,2000,p.36)对这些变化进行了描述,"郡议会估计,人口减少300万,税金流失达145万英镑"。为了减轻压力,1926年,获得自治市身份的最低人口标准提高到7.5万人,而且程序变得更加困难。结果,在1927年和1964年之间,没有新的自治市建立。

其他结构上的变化是由1929年的两个立法带来的。《地方政府法》(苏格兰)完成了改革和上述合理化的过程。令人眼花缭乱的自治市减少成两种类型,一种是21个大的自治市,她们除了由国家一直直接管理的教育之外,大部分地方服务都由自己负责;另一种是176个小的自治市,只负责住房、治安、公共医疗和环境卫生,二者以人口达到2万为界限标准。在乡村地区,教区、区、联合委员会一律被200个区议会所替代。这样,在整个苏格兰,除了4个大城市之外都完成了两级体制的建立。

在英格兰和威尔士,1929年的《地方政府法》开始着手处理城乡之间地方当局的平衡问题,尤其是那些很小的当局。重新审查边界的结果是使城市区减少到159个,乡村区减少到169个,几乎有1300个区的分界线被修改。不管怎样,许多小的市政当局仍然保存了下来。事实上,像这种涉及整个郡当局结构的改革,必须以协调的方式来处理矛盾,但是直到二战后才真正做到这一点。

1929 年的政府法案的第二个重大影响是废止了当时仅有的专门机构，即济贫监督部门。这个部门的功能是实施济贫法、公民登记、医院服务。改革后，这些功能都转到郡和自治市当局。为了缓解日益增长的汽车数量同不充足的公路之间的紧张，乡村区的公路权力也被用相似的方法由郡收了回去。

这种功能性的变化，以及郡、郡区议会服务责任的不断增加，要比小的结构改变更成为 20 世纪上半叶地方政府历史的典型特征。这个过程就像一个正在升起的对称拱形，如果说这个拱代表了"现代"地方政府一百年前的立法和作用过程，那么它的基石或拱顶点的形成是在 20 世纪 30 年代早期，在一些评论中，这个时期被称为地方政府发展的"黄金岁月"。

随着 1889 年新选举的郡议会的建立，这些地方政府迅速增加了自身的服务职能，这个过程至少持续到 20 世纪 30 年代。这些服务职能的范围包括：技术教育、公路维护、小学教育、汽车和驾照管理、学校伙食、母婴救济、就业咨询、心理健康服务、中学教育、"家庭关怀"计划、图书馆、失业救济、计划和发展控制、社会治安等。与此同时，郡之下的区也带头建设公共住房，并积极投建公共服务设施，像自来水、液化气、电力、公交等，有些地方还包括船坞码头、机场、电信、剧院、殡仪馆、屠宰场等。

形势发生变化的转折点，或者说这个拱形开始下降的点是在失业救济金问题上。1931 年，失业迅猛上升，三年后中央成立失业救济署，地方政府失去了这个功能。但是地方政府真正的作用下滑是在第二次世界大战之后，工党政府积极推行医疗、福利和国有化改革项目，地方政府的服务功能由此大为削弱。

最终的重大结构改革

二战结束后,20世纪20年代和30年代就已经明显暴露出来的结构问题变得更加尖锐。随着社区居民居住方式的变化,地方政府结构越来越不合理。在两个相同类型的地方当局之间存在巨大的规模差距,尤其是许多当局自身太小以致不能提供充足的服务。大量的地方当局引起了许多混乱,服务提供零零碎碎,合作机制迟钝笨拙,要求变革的压力越来越大,并首先从伦敦开始爆发。

伦敦

经过皇家委员会三年的审查后,1963年的《伦敦政府法》引入了一种新的两级结构,一个更大的大伦敦市政委员会(GLC)从伦敦周围的郡中脱离出来,取代了过去的伦敦郡议会(LCC),它下分32个伦敦区(见表4.1)。同19世纪90年代一样,伦敦市委员会在改革中原封不动,所以实际上大伦敦区包含33个区。这些区中,12个(或13个)在内伦敦市区,取代了原来的都会区;20个属于外伦敦市区,他们具有大量的服务职能,包括住房、社会服务、城外道路、图书馆等。大伦敦区议会具有更多的战略功能,如消防、救护、主要道路维护、垃圾处理等。没有明确划分的是教育服务,普遍的希望是将这项高荣誉的服务仍然由伦敦郡议会负责。所以,当外城区自己负责教育时,内城区就将自己的这项服务交给大伦敦议会的一个特别委员会——伦敦内城教育局(ILEA)管理,这个委员会由内城12个区的市区议员组成。

自然,1963年《伦敦政府法》引起的反应是不同的。有些人强调改革没有必要;另一些人认为改革还不够彻底,大伦敦市政会的界限拉得太紧了,这无助于解决由于两级之间的隔离所造成的服务划分问题。但是,不管这次改革有什么优缺点,至少它证明了在没有造成服务整体变动的情况下,大规模的改革还是能够进行的。它也证明了一个道理:"像伦敦这样有 800 万人口的一个包含卫星城的城市,应该作为一个单独的单位来管理"(Elcock,1991,p. 28)。几乎不可避免的是,随后在其他地方对原有地方政府体制的改革也开始了。

英格兰和威尔士

1966 年,两个独立的皇家委员会建立,一个针对英格兰(雷德克利夫·莫德勋爵领导 Lord Redcliffe-Maud),另一个针对威尔士(惠特利勋爵负责 Lord Wheatley)。1969 年,二人都提交了报告。在威尔士,就像 90 年代后期的重组所看到的,它同英格兰并不一样。人们认为完全没有必要成立一个委员会,来自威尔士大臣的白皮书将完全能说明问题。

英格兰的皇家委员会提交了两个报告,一个是委员会的多数意见,赞同采用镇、郡两级的全功能单一制地方政府方案;另一个意见是德里克·西尼尔(Derek Senior)提出的异议备忘录,提倡建立多层级地方体制,这些层级分别是省议会、城市地区、行政区、地方议会。但是,由于 1970 年 6 月工党政府在选举中失败,在还没有机会实施多数意见的时候,其赞成的单一制地方政府的方案也就不了了之了。

在这种情况下,保守党政府承诺保留两级体制。同亚历山大所注意到的那样(Alexander,1982,p. 336),"由于保留郡议会在哲学上和党派竞争上的好处,使得保守党政府在最后提议建立以郡为基础的两级体制"。的确如此,1971 年初的政府白皮书建议,在整个英格兰和威尔士建立以既存郡为基础的两级体制。

1972 年通过的《地方政府法》决定,从 1974 年开始废除英格兰和威尔士的所有郡区议会,将郡议会的数量由 58 个减少到 47

英国地方政府

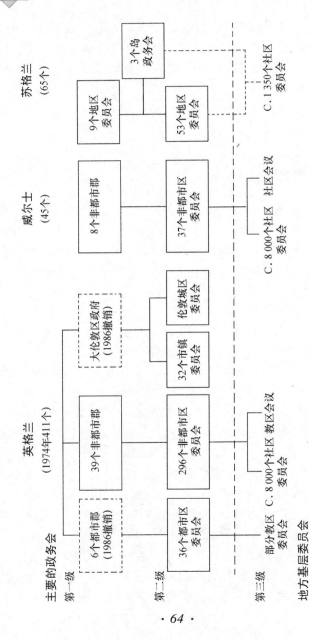

图 4.1 1974—1995 年经过选举产生的英国地方政府

个,人口从波伊斯郡(Powys)的 10 万人到汉普郡(Hampshire)的 150 万人不等。47 个郡下辖 1 250 个区,原来的城乡行政区被 333 个区议会替代,人口多少大不一样,少的像雷德诺(Radnor)只有 1.88 万人,多的像布里斯托尔(Bristol)达到 42.2 万人。在主要城市建立 6 个都市郡——大曼彻斯特、墨西赛德、西米德兰、泰恩—韦尔、南约克郡和西约克郡,还建立了 36 个都会区,它们的人口从 17.2 万的南泰尼塞德(South Tyneside)到几乎 110 万的伯明翰。

在都市郡之外,工党控制着大部分传统的郡区,这次被作为区议会而整合进新的郡议会中。这些传统的、一般具有几百年自治历史和公民荣誉的"独立岛",在失去服务功能之后也就失去了它们过去的地位。教育和社会服务功能转向保守党控制的郡,这的确是令人有些难受。实际上,两级体制的保留仍然没有解决政策协调和管理中的难题,在那些郡和区共同拥有服务权力的地方,矛盾尤其尖锐。

在英格兰,主要城市之外的地区保留了教区作为第三个层级。在数量超过 10 000 个的教区中,约有 8 000 个是选举产生的教区议会;其中,一些本身就是早已熟悉的镇议会。在不足 200 个选民的小教区,可以召开全体居民参加的教区会议。在威尔士,1974 年以社区取代了教区,这些社区拥有社区议会,或者像英格兰教区那样召开社区全体会议。另外,在一些城区中,还出现了邻里委员会的形式,并成为一种表达地方意见的良好组织。

苏格兰

惠特利皇家委员会关于在苏格兰实行地方政府两级管理体制的建议,大部分被保守党政府采纳进 1973 年的《地方政府法》(苏格兰)中,并于 1975 年开始实施。同英格兰一样,苏格兰委员会也认识到大量的小地方当局的存在,已成为现存体制的功能性弱点。在最后的立法中,小的地方当局被撤销的数字超过了英格兰和威尔士。431个郡、都市、自治市、行政区被整合为9个大行政区，人口从博德斯(Borders)的10万人到斯特拉思克莱德(Strathclyde)的250万人；大行政区下辖53个区，人口从拜德诺奇(Badenoch)的9 000人到格拉斯哥的85万人；另外还成立了三个全功能的岛屿行政区——奥克尼群岛地区、设得兰群岛地区和西部群岛地区(参见图4.1)。作为第三层级的是1 350个按照自己意愿建立的社区议会，它们没有法定权力，地位甚至比教区议会还要低。

惠特利建议的地区和区议会结构，迎合了保守党建立两级地方政府的倾向。但是，在规模和距离上，地区层级受到了指责，比如像英格兰的区和地区在一些服务的共同负责上面临着许多困难。虽然在20世纪80年代初期有一些小的结构调整，但最终这种1975年形成的体制一直原封不动地延续到1996年4月。那时，巨大的斯特拉斯克莱德地区几乎囊括了整个苏格兰人口的一半。

北爱尔兰

从表4.1中可以注意到，北爱尔兰在其他地区改革的同时也进行了地方政府改革。这些改革产生的结构具有明显的不同，这是因为在20世纪60年代，北爱尔兰的统一党人同天主教团体之间的矛盾非常尖锐，只有结合这个历史背景才能很好地理解北爱的地方政府改革。

从1898年的《地方政府法》(爱尔兰)开始，北爱尔兰具有像英国大陆一样的地方政府体制。从那时起，北爱尔兰有两个全功能的郡级自治市——贝尔法斯特和伦敦德里(Londunderry)，以及两级管理的6个郡(不是历史上北爱尔兰省的9个郡)、55个城乡区议会。主张统一的多数人认为，这种划分能够控制大部分地方议会，同时将天主教人任何的重要影响排除在外。

这种服务提供上的不同,尤其是住房分配上的差别,引起了公民权利捍卫者的强烈不满。最后在1969年成立了一个由帕特里克·麦克罗利(Patrick Macrory)领导的评审组织来评估。受惠特利委员会的影响,麦克罗利建议进行选举基础上的两级地方政府改革。大部分服务,包括教育、图书馆、规划、公路、自来水、污水处理、消防、医疗以及社会服务等,都由选举的地区机构提供,这将大大削减小区议会的数量。

1972年的《地方政府法》采纳了上述报告中的一些建议,但是随着斯托蒙特(Stormont)政府在这一年的下台以及威斯敏斯特对直接管理的引进,报告中建议的选举地区一级实际上并没有落实。在地方层级上努力消除派别偏见的过程中,大部分地方当局在住房、社会个人服务、医疗、教育和规划上的权力,都掌握在各种非选举的北爱尔兰部委员会、局和部门手里。

所以,北爱尔兰的地方民主,过去和现在都局限在26个区议会上。他们采用比例代表制实行一次性投票方法选举议会。但是,同他们在英国大陆上的同类地方政府相比,他们的责任是非常有限的,除了收集和处理垃圾、打扫公共卫生、殡葬之外,还有休闲娱乐、文化设施的建设与维护、消费者保护、环境健康、社会治安,后来增加了旅游服务。在民主程度不够的情况下,地区委员会、半官方组织承担了所有其他的服务,总计有116个组织,"由6个郡的政府大臣来任命,这些郡连一名议员都没有"(Vize,1994,p.16)。在一些委员会中,区议会任命的成员超过40%,但是"政策决定权还由威斯敏斯特和斯托蒙特城堡的前哨站掌握"(Vize,1994,p.17)。

撒切尔时代:无休止的变革

在20世纪70年代中期,19世纪末建立、20世纪大部分时间

英国地方政府

未有根本变动的地方政府城乡二元结构得到了综合改革,两级体制几乎在整个英国得到普及。当时的形势也是势在必行,各个地方相互之间竞争授权、攀比资源、服务责任模糊,我们很难就这样走向新千年。从表 4.1 和图 4.1 中可以看到,原来设计的部分新结构几乎在有机会建立之前,就已不适应形势的要求了。

尽管此时保守党拥有更多的地方市政议员,也比其他政党控制的地方议会多,但 1979 年上台执政的保守党并没有能够处理好地方政府问题。大臣们认为地方政府"浪费、挥霍、不负责任、追求享乐、难以控制"(Newton and Karran,1985,p. 116)。结果,保守党政府出台了大量的法律,来改造地方政府的财政,而不是按起初设想的地方政府的实际结构来推进。

此后,保守党在 1983 年 5 月的竞选宣言中提出,要废除 6 个英格兰的都会郡议会以及大伦敦议会。如同埃尔科克注意到的(Elcock,1991,p. 39):

> 对这种匆匆提出的动议,官方的理由是这些地方当局几乎没有什么作用,他们是多余的。但是,到 1981 年所有这 7 个地方当局都控制在工党手中,肯·利文斯通作为大伦敦议会的领导,作为撒切尔夫人的富有魅力和有力的对手,他的总部办公室在泰晤士河对面与撒切尔夫人的办公室隔岸相望。

换句话说,同 20 世纪 70 年代发生的情况一样,在结构改革中受到了政党因素的影响,这种情况在一个集权制国家的地方政府重组中很容易出现。我们不应该对政治家的政治行为感到奇怪。

在这个事件中,政府的观点及宣传体现在 1983 年 10 月公布的《精简城市》白皮书中(DoE,1983)。这个白皮书的标题十分醒目,它表明政府关注的是减少官僚化、重复、浪费,提倡"回归国家"。通过在都会地区废除最高层级的地方当局,将早已限定范围的功能转到下一级区议会,使政府更加接近人民,更容易得到人民的理解,这样就更加强化地方民主。同时,这样也将会清除中央和大城市的最高层级政府,在由不同政党控制时在政策矛盾上的敏感性。

尽管在上、下两院都有反对意见,但是1985年的《地方政府法》最终仍获得通过,并从1986年3月31日开始实施,大伦敦议会和6个都会郡从此不复存在。他们的责任一部分被伦敦城区议会和都会区议会取代,一部分被那些合作委员会、联合委员会、专门机构以及中央政府部门所取代。结果造成一定程度的复杂化,好像没有达到城市"精简"的目的,反而像回到了19世纪管理"混乱"的年代。例如,赫伯特和特拉沃斯(Hebbert and Travers, 1988, p.198)指出,在使用21种不同办法来获得、提高收入的几乎100个提供服务的大伦敦区部门中,其中中央任命的部门占到24个之多(如大伦敦艺术局),有16个部门的人员是在整个伦敦地区范围内获得提名的(如伦敦消防与民防局),并包括来自选区议会的市议员。此外,在伦敦的某些特定地方,有些地方的任命机构由一个城区议会牵头,其他城区议会参与(北伦敦废物处理局,由卡姆敦城区议会牵头,其他7个城区参加)。

伦敦以外的都会地区,情况没有那么复杂,半官方机构几乎很少承担什么功能。但是那些被转移走的都是最花钱、最显眼的服务。比如在6个都会地区中,每个地区都有3个合作局来负责旅客运输、警察、消防和治安防范。在大曼彻斯特和墨西赛德,废物处理都是由联合理事会负责。另外,联合委员会还负责处理娱乐休闲、艺术和经济发展的问题。这些联合机构没有一个是选举产生的,它们大都被来自都会选区任命的议员控制着。现在,直接选举的地方政府同1986年之前相比,更加弱化和零碎,间接选举和任命的机构已经越来越多、越来越重要。

但从1992年的选举结果可以看到,1986年的部分改革并没有成功。就像我们看到的,对大伦敦议会的废除增加了部分伦敦机构的数量。伦敦内城教育局曾经是大伦敦议会的下属委员会,当大伦敦议会被废除之后,必须有一个新的调整。如何调整呢?

英国地方政府

我们所应做的,在20世纪对这个国家来说是非同寻常的,就是设置了一个进行直接选举的单一功能委员会,就像美国西部、中西部选举学校董事会那样。这可以作为地方民主的替代形式,从而值得进行有价值的研究。在这种情况下,由于总处于工党控制之下、开支过大以及实施"渐进式教育"改革等,致使伦敦内城教育当局在《1988年教育改革法》中很快就被废除了。从1990年4月1日开始,教育职能转到了每个内伦敦城区议会的手中。

小结——进入20世纪90年代

1990年的11月,梅杰取代撒切尔夫人成为保守党领袖和新首相。在梅杰所面临的地方政府问题中,最头疼的显然是如何取缔很不受欢迎的人头税和社区费。相比而言,此时的地方政府体制结构应该是合理的、没有问题的。

在英格兰的非都会地区和威尔士、苏格兰的大陆地区,都实施了类似的选举地方政府结构(见图4.1)。在这些地区中,都实行两个主要的管理层级,并各自有自己的职能范围。当然,他们的划分方式并不一样,苏格兰同英格兰、威尔士就有一些不同。在英格兰和威尔士,上级地方当局就是"郡";在苏格兰就成为"地区",下级地方当局叫做"行政区",有些由于历史上的原因,也称为"市"或"镇"。在英国许多非都会地区,还有第三管理层级,这种当局在英格兰叫教区议会,在威尔士和苏格兰则叫社区议会。

在英格兰和伦敦的都会地区,只有单个选举层级的地方政府,即都市行政区和伦敦市区,它们都是单一的或多功能型的地方当局。它们不同于其他选举当局那样共同承担服务的职能,而是与那些选举或任命产生的机构一样各自运行。这种单一层级的管理远没有表面看起来那么简单,因为即使有那些拼凑起来的联合机构、委员会来负责一些诸如消防、治安、公交等大型服务,我们最好还是用"多功能"而不是"全能"来形容这样的地方政府。

在北爱尔兰,至今有 26 个单一层级结构的区议会,它们的职能权限即使同英国大陆的非都会区议会相比也是很有限的,其主要的服务职能包括医疗、社会服务、教育、图书馆等,并且它们都由区议员和大臣任命的官员组成的委员会负责,前者大约占委员会人数的三分之一,而后者大约占三分之二。此外,所有 6 个地区的公共住房管理都由任命的北爱尔兰住房官员负责。

进一步阅读指南

基斯·卢卡斯和理查德(Keith-Lucas and Richards,1978)对 20 世纪英国地方政府的历史提供了一个很好的全面介绍。对战后时期的研究主要有扬和劳(Young and Rao,1997)。如果想要更好地认识历史的影响,可以看看斯坦耶(Stanyer,1999)以及斯图尔特(Stewart,2000)的第 2 章,其中有对 60 年代至 70 年代早期结构改革的一些解释分析。还可以看亚历山大(Alexander,1982)、伍德(Wood,1976)的著作。关于伦敦,可以看罗兹(Rhodes,1970)的著作。迪尔拉福(Dearlove,1979)的书中提出了许多政治性的、批评性的评论。对废除大伦敦议会、都会郡议会的详细描述,在弗林(Flynn)等人的著作中可以看到(1985),还可以看大伦敦议会领袖、同时也是首任伦敦市长肯·利文斯通(Ken Livingstone,1987)有趣而没有成见的自传。对"废除后"复杂的政府结构的研究,可以看利奇(Leach)等人(1992)以及特拉沃斯(Travers)等人(1993)的著作。还有一些有趣的公开出版的备忘录,包括扬(Young,1989)对 100 年来郡政府历史的论述,以及盖姆(Game,1991b)对英国 39 个郡中的 28 个所作的百年评论集。最后十分重要的是,还要看看帕特丽夏·霍利斯(Patricia Hollis,1987)对早期英国地方政府中妇女所发挥作用的描述。

第5章
外部结构

值得用两章来讨论的变革

在本书的前一版,以下两章的内容原本只用了一章的篇幅。这充分显示了1997年至2001年这届工党政府所发起的变革——不管是对地方政府的外部结构还是对其内部的工作机制——的程度之深。本章讲述的是所谓的外部结构。它首先对英国地方政府制度的历史进行了回顾,并用文字绘制出一幅21世纪初英国地方政府的图景——最终结果是以独特的选举方式产生了独具特色的大伦敦地区政府。

本章还对工党政府所进行的卓有成效的宪政改革的成就进行了简要叙述。通过改革,权力和责任分散到了苏格兰地方议会、威尔士和北爱尔兰地方议会及英国地区发展机构等部门。在本书的前一版中,我们仅在论及工党1998年的宣言时(Wilson and Game, 1998, p.276)简单提及过上述部门。可就在这两年中,这些部门就已经运作起来了。至少在英格兰,人们没有预料到这么快就发生了重大的宪政改革:这真是一个奇迹。

第 5 章　外部结构

英格兰——杂交物,还是改革走得太远?

在第 4 章中,我们已经指出,结构变革只要被纳入国家政治讨论的议题范围内,就会自动向前推进。这也许可以最好地解释为何继伦敦地方政府在 20 世纪 60 年代进行改革、其他地方在 70 年代进行改革、英国城市地区在 80 年代进行改革之后,又发生了 90 年代的全国性结构变革。挑剔的观察家们将雷德克利夫·莫德委员会所面临的情形与三十年之后的情况进行了一番对比:

> 在 20 世纪 60 年代,曾经有很多确凿证据表明改革已经势在必行。许多地方政府,尤其是那些都市化程度更高的地区,不能有效地解决与增长相关的发展和流动问题。在目前的改革中很难发现类似问题的存在,现存的两层体系主要有冲突、职能重叠和设置重复等想象的"问题"。(Leach,1995,p.50)

不像对人头税、教育和社区服务、强制性竞争投标的改革那样感到迫切,地方政府中很少有人急切感到有必要进行下一步结构改革。利奇认为,改革的动力主要来自一个人,他叫迈克尔·赫塞尔廷,曾于玛格丽特·撒切尔辞职后竞选保守党领袖,但却第二次当选为环境大臣。由于他,地方政府的改革成为"1992 年保守党宣言"中的一项突出承诺。宣言称:"我们将设立一个委员会,逐个地区地考察英国地方政府的适当组织方式。"考察的主要目的是决定"地方政府的单层结构形式是否在任何地区都可以提供更多的责任和更高的效率"。

我们曾指出,该宣言的措辞尤其发人深省(Wilson and Game,1998,Ch.17),它似乎以结构导引或地图绘制的方式指出了地方政府存在的问题和不足:在还没有对未来地方政府的作用和目的

英国地方政府

做出正确的决定之前,就急于对地方政府进行改革。委员会——对苏格兰和威尔士来说,则是政府大臣——将决定地方政府将来要做些什么、如何做、在哪里做。

如果说政府有关于改革的蓝图,那么在1991年的白皮书《为质量而竞争》中有最为清楚的表述:

> 20世纪90年代和21世纪的中央政府,对地方政府的要求模式是授权型的地方权力机构。地方政府的任务在于分清职责、确定优先项目、制订服务标准,并以最好的方式达到这些标准。这意味着地方政府不再沿用那种几乎提供所有服务的传统地方政府模式,而是将其服务与战略职责区分开来。

结构改革就是授权——但是在实践中,"授权"究竟有什么含义呢?问题在于,无论是过去还是现在,这一术语都极富弹性,对于不同人来说意味着完全不同的事情。一种意见认为其起码有以下含义:授权的主要作用就是让其他机构——最好是私营组织——提供服务并实施职责。另一种意见则完全不同,其内容要宽泛得多,认为授权的主要作用应该是让社区具有能力满足居民的需求,并采取最有效的方式解决其面临的问题——至于地方政府是否亲自提供服务则是无关紧要的。

1991年的白皮书中曾提及要采取"最好的方式"工作,似乎更倾向于内容更为宽泛的第二种观点。但这种观点尚存争议,是否可以在此基础上在全国范围内建立一种全新的、以单层结构为主的地方政府还存在疑义。然而,改革的进程已经启动。作为前环境大臣迈克尔·赫塞尔廷的继任者,迈克尔·霍华德(Michael Howard)和约翰·格莫(John Gummer)似乎并没有他那样的改革热情。即便如此,改革依然得以持续下去,当然影响远没有预先料想的那么深远。

为了大幅度增加地方政府的数量,中央政府曾要求英格兰地方政府委员会(LGCE)对各郡逐一进行调查。该委员会曾初步建议成立100个新的单一层级地方议会,总共涉及的人口占全英格兰非都市郡总人口的三分之二。就在该建议几乎要成为事实的时候,政府要求英格兰地方政府委员会咨询公众的意见。公众显然对此信心不足,尽管他们中的许多人喜欢地方政府的创意,但在被问及地方政府委员会对其所在的郡进行改革的具体实施计划时,更多的人却表示反对,担心改革可能会引起局势动荡并增加开支。结果在大多数郡,维持现状的意见都占了上风。

当时,梅杰政府在国内并不受欢迎,在议会席位中仅占微弱优势。在这样的情况下,结果几乎是注定的——那就是,收回该政策。单一层级地方政府并没有在英格兰得以广泛推行,借用一句技术术语来说,它类似一种"杂交物"或者说是大杂烩。图5.1所表现的正是这样一种大杂烩的景象,如漫画所示,LGCE第一任主席约翰·班汉姆(John Banham)爵士正举着锤子,试图完成他的最后一块改革拼版。

图5.1 漫画——令人疑惑的解决方式

来源:《地方政府新闻》,1994年9月16日。

公正地说,图5.2和表5.1所表现的真实情况并没有漫画表现的这样糟糕。在1995年至1998年间,英格兰共建立了46个新的单一层级政府,占全英格兰非都市人口的四分之一。在从前的39个郡政府委员会中,只有4个完全从地图上消失了。在20世纪70年代初进行的改革中才新成立的埃文、克利夫兰和哈伯赛德三郡以及伯克、赫里福德和伍斯特等郡被再次分割,而怀特岛则成为独立的单一层级郡。14个郡维持现状,而另外19个郡则采用

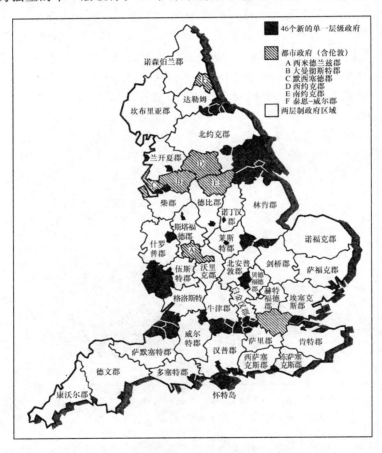

图 5.2　1998 年以来的英格兰地方政府图

了混合结构:一个或两个大的城镇采用单一层级结构,而其他则是不变的双层郡。因此,除了在废除大伦敦市政会和6个都市郡议会之后而成立于1986年的36个都市地区和32个伦敦城区之外,还有一些第二代城镇单一层级政府。这种安排听上去可能有点熟悉,其中一部分安排正是我们在第4章中曾经描述过的1974年之前的结构。当时,在两层结构的郡中,那些城区是独立的"岛屿"。

表5.1 议会又被改组了吗?英国第二代单一层级地方政府和被取代的政区

郡	新的单一层级地方政府	旧政区
1995年 怀特岛郡	怀特岛	麦地那区;怀特区
总数	1	2
1996年 埃文郡	布里斯托尔	布里斯托尔市
	南格洛斯特郡	金斯伍德区;北埃文区
	北萨默塞特郡	伍德斯普林区
	巴斯—东北萨默塞特郡	巴斯市;旺斯代克区
克利夫兰郡	哈特尔浦	哈特尔浦区
	米德尔斯伯勒	米德尔斯伯勒区
	雷德卡—克利夫兰	兰宝区
	斯托克顿	斯托克顿区
哈伯赛德郡	赫尔河畔金斯顿市	赫尔河畔金斯顿市
	东赖丁约克郡	东约克郡
		赫尔德尼斯区;比弗利区
		布斯菲利区(部分)
	北林肯郡	格兰得福德区;斯堪索普区
		布斯菲利区(部分)
	东北林肯郡	大格林斯比区;克利索普区
北约克郡	约克	约克市(包括莱代尔、塞尔比、哈洛盖特的部分地区)
总数	13	20

 **英国地方政府**

（续表）

	郡	新的单一层级地方政府	旧政区
1997年	贝德福德郡	鲁顿	鲁顿区
	白金汉郡	米尔顿凯恩斯	米尔顿凯恩斯区
	德比郡	德比市	德比市
	多塞特郡	伯恩茅斯	伯恩茅斯区
		普尔	普尔区
	达勒姆郡	达林顿	达林顿区
	东萨塞克斯郡	布赖顿和霍夫	布赖顿区；霍夫区
	汉普郡	波特斯茅斯市	波特斯茅斯市
		南安普敦	南安普敦市
	莱斯特郡	莱斯特市	莱斯特市
	拉特兰	拉特兰区	
	斯塔福德郡	特伦特河畔斯托克市	特伦特河畔斯托克市
	威尔特郡	斯文登	萨姆斯汤区
	总数	13	14
1998年	伯克郡	布莱克内尔森林	布莱克内尔森林区
		西伯克郡	纽贝里区
		雷丁	雷丁区
		斯劳	斯劳区
		皇家温莎—梅登黑德	温莎—梅登黑德
		沃金汉	沃金汉区
	剑桥郡	彼得伯勒市	彼得伯勒市
	柴郡	哈尔顿	哈尔顿区
		沃灵顿	沃灵顿区
	德文郡	普利茅斯市	普利茅斯区
		多拜	多拜区
	埃塞克斯郡	南海	南海区
		瑟洛克	瑟洛克区
	赫里福德和伍斯特郡	赫里福德郡	赫里福德市；南赫里福德区；利奥明斯特区（大部）迈尔文希尔斯区（部分）

(续表)

郡	新的单一层级地方政府	旧政区
肯特郡	梅德韦	罗切斯特市
		吉灵厄姆区
兰开夏郡	布莱克本和达温	布莱克本区
	布莱克普尔	布莱克普尔区
诺丁汉郡	诺丁汉市	诺丁汉市
什罗普郡	特尔福德和雷金	雷金区
总数	19	22
合计	46	58

至于地方政府委员会，它曾经一度继续存在，但其职责已不是进行结构改革，而是定期对选举工作进行评估，包括对议会委员的总数、每个选区委员的数目、选区的界线、它们的名称以及选举时间等进行审查。现在，新成立的选举委员会已取代该委员会行使上述职责。成立于2000年11月的选举委员会是一个独立的机构，其职责是对英国所有的选举法及其执行情况进行评估。

苏格兰和威尔士——议会数量减少，民主赤字增加

在苏格兰和威尔士，没有哪个委员会逐个地区地听取意见并提出建议，但却有国务大臣分别在那里进行检查。1991年，苏格兰和威尔士事务办公室发表了初步咨询报告，建议成立单层政府结构，并声称这会使地方政府更具地方特色、更有效率和更负责任。在与地方政府协会进行协商，向议会提交并通过两个法案的过程中，咨询报告得到了某些修订。由于在议会席位中占绝大多数的保守党议员投了赞成票，政府期望的单一层级制度在全国范围内建立起来了，其中32个在苏格兰，22个在威尔士。如图5.3和图5.4所示，在1995年选举之后，这些地方议会于1996年4月

英国地方政府

开始全面发挥作用。

图 5.3 苏格兰的 32 个单一层级政府,自 1996 年 4 月开始运作

外部结构 第 5 章

1 斯旺西郡
2 尼思塔尔伯特港
3 布里真德郡
4 朗达卡农塔夫郡
5 梅瑟蒂德菲尔郡
6 卡菲利郡
7 布莱奈格温特郡
8 托法恩郡
9 纽波特郡
10 加的夫郡
11 格拉摩根谷郡

图 5.4 威尔士的 32 个单一层级政府，自 1996 年 4 月开始运作

在苏格兰和威尔士,部长们推动的改组使议会的数量减少了一半。由于选举产生的议会数量减少了,其管辖的面积无疑比以前的地区要大,而议会的委员数量却比以前少得多。英格兰的改革效果是同样的,但规模要小一些:经选举产生的议会的数量减少了不到6%(见图5.2和图5.3)。通过20世纪70年代和90年代所进行的两轮改革,英国成为西欧各国中地方政府最大而公民和议会委员比率最高的国家。"民主赤字"这一术语原来通常指欧洲议会自身的缺点,但似乎在这里更适用一些。

表5.2 规模不断增长的英格兰地方政府

	1974/75年之前	1974/75年—1996/98年	新结构	自1974/75年来增长的幅度
英格兰				
议会的数量	1 246	c. 410	387	
每个议会的平均人口	37 000	113 000	121 000	3.3倍
苏格兰				
议会的数量	430	65	32	
每个议会的平均人口	12 000	78 000	153 000	12.8倍
威尔士				
议会的数量	181	45	22	
每个议会的平均人口	15 000	62 000	128 000	8.5倍
全英国				
议会的数量	1 857	520	441	
每个议会的平均人口	29 000	106 000	128 000	4.4倍

表 5.3　一元制政府的议员——失去的三分之一

	议员数量		民主赤字	
	新单一层级政府	从前的两层体系	No.	%
英格兰非都市地区	2 391	3 476	1 085	31
苏格兰	1 245	1 695	450	27
威尔士	1 273	1 977	704	36
总数	4 909	7 148	2 239	31

大伦敦市政府——战略型地方政府

20世纪90年代产生的"英格兰第二代单一层级政府"并不能完全反映20世纪最后十年中地方政府改革的全貌。我们还没提到伦敦这个唯一缺乏自己的民主声音的西方国家首都。在大伦敦市政会废除时,工党占有多数席位。工党一直致力于在大伦敦地区以某种形式直接选举产生政府,并终于在1997年得到了机会。该党在宣言中许诺:

> 在举行反映公众愿望的公民投票以后,伦敦将有一个新举措,那就是产生一个具有战略型眼光的政府和市长,而两者都将经直接选举产生。他们都将成为市民的代言人并对城市的未来作出规划。他们不是重复各城区的工作,而是对全伦敦的事务承担责任,包括经济重建、规划、警察、交通和环境保护。

这些建议意在建立一套崭新的、独特的机构——战略型地方政府。这是地方政府改革和地区政府雏形的混合,也被视为是"杂交物"的一个最佳范例。与政府计划在英格兰其他地区立法成立的"现代化"的市镇和城市议会相比,大伦敦市政府是完全不同的。它也没有获得能够与同期苏格兰、北爱尔兰和小部分威尔士地方政府发展的权力相媲美的自治权。

我们在第4章中曾经强调,每次地方政府机构改革都有党派政治因素的影响。大伦敦市政会之所以被废除,是因为撒切尔政府不喜欢利文斯通领导的"城市社会主义者"当局对议会的管理方式。对于新成立的大伦敦市政府,尤其是对其组织形式来说,党派和个人性格作为政治因素发挥了同等重要的作用——只是这一次属于新工党的内部政治,而且特别涉及同一个人——肯·利文斯通。在大伦敦市政会消失之后,利文斯通成了左翼的、不拘旧习的工党议员。他随时都准备对其政党前进的方向及其领导者提出质问。因此,那些领导者也继续认为肯·利文斯通本人、他的大伦敦议会和其他曾在20世纪80年代风光一时的工党议会,应该对工党失去民心和失去一系列大选负责。

不管是否有道理,托尼·布莱尔和他的部长们决定,在任何情况下,他们都不允许成立第二个大伦敦议会——一个民主的合法机构,它拥有权力和税收基础,具有挑战国家政府的能力。其他城市和城镇的市长们将以广泛的服务来取代现存的、通常是具有庞大预算的单一层级议会。在伦敦,大多数服务项目——教育、社会服务、住房、环境健康和消费者保护、休闲、娱乐和艺术——将继续由32个伦敦城区来提供,许多城区将来也许会有他们自己的市长。大伦敦市长在很大程度上只是一个有名无实的领袖,是国家资本的发言人,在任命新行政机构负责人的时候,通过市政府发挥监护人的权力和影响力。但是市长的直接权力和征税权将会有限。由于党的领导层——尤其是当政时——对于本党派的控制,利文斯通受到了斥责,根本没能成为市长候选人,更不用谈当选了。

德国剧作家伯陶特·布莱希特(Bertolt Brecht)在名剧《母亲的勇气》(*Mother Courage*)中曾经提到,最好的计划总是被那些实施者的小肚鸡肠所破坏。"帝王本身实际上做不了任何事",大伦敦市政府事件就生动地告诉我们，他们当然不能够让我们违背自己的愿望投票。在这里，帝王指的是政府部长，他们首先出台了一份题为《伦敦的新领导》(1997)的咨询报告，然后又出台了一个题为《伦敦的市长和市政委员会》(1998)的白皮书。1998年5月在全伦敦进行了全民公选投票。虽然投票率只有34%，但其中有72%的投票者赞同政府的建议。随后进行的是立法——事实上，这是战后议会历史上耗时最长的一次立法——反对党曾几次试图阻止其通过，但因为现任政府在下议院占绝对优势，因此1999年11月通过了《大伦敦市政府法案》。

凭借工党在伦敦大选中拥有将近50%的选票，及在74名众议员中占57位的优势地位，不管保守党最初提出的候选人是阿切尔(Archer)勋爵还是他的继任者斯蒂文·诺里斯(Steven Norris)，工党都有信心赢得市长的席位。因此工党的下一个任务就是保证提名一位"在政治上可被接受"的党派候选人。由于工党领导层唯一的明确目标就是不惜一切代价"遏制利文斯通的提名"，提名过程经过了戏称为"小肚鸡肠"、痛苦的安排。利文斯通被前内阁大臣弗兰克·多布森(Frank Dobson)险胜而出局，但工党也付出了党派诚信的代价，多布森本人也失去了当选资格。

但民意调查显示，在党派斗争中成为牺牲品的利文斯通几乎是不可战胜的，这使得他改变了先前不与本党候选人竞选的承诺，以独立竞选人的身份参选。民意调查证明这是正确的。在两轮选举(补充投票)中，多布森在第一轮中名列第三，被淘汰出局，而在第二轮的投票中，利文斯通当选为大伦敦的第一任市长，得票超过776 000，而诺里斯的得票数为564 000。尽管媒体对于这次选举进行了大张旗鼓的报道，但投票率甚至比全民公选时还低。不过利文斯通还是成为了历史上在选举中赢得票数最多的英国政治家——一个具有巨大影响力、但是只有有限权力的职位。表5.4简要列举了这位市长所具有的权力，以及他与议会、承担大伦敦市政府主要工作的"职能机构"之间的关系。

表 5.4 大伦敦市政府

它是什么？

伦敦全市范围的一种独特的战略型政府形式。包括：

- 经直接选举产生的行政市长——开英国所有城市之先河。2000 年 5 月选举产生了第一任市长肯·利文斯通（独立候选人）。
- 单独选举由 25 个成员组成的议会。2000 年选举的成员组成如下：保守党 9 名，工党 9 名，自由民主党 4 名，绿党 3 名。

市长和委员会由不超过 500 名的常任工作人员协助工作。常任工作人员在首席执行官（这一名称也许容易令人混淆）的领导下开展工作。

它做什么？如何做？

主要职责是战略规划指导——主要的方面包括交通、治安、消防和应急计划、经济发展、计划等，次要的方面包括文化、环境、卫生等。伦敦城区政府继续对教育、住房、社会服务、地方道路、图书馆和博物馆、垃圾收集、环境健康等负责。

大伦敦市政府通过 4 个职能机构行使其主要职责。职能机构的成员主要由市长任命并对市长负责：

- 伦敦交通局——负责伦敦的大多数公共交通，包括收费制度和未来投资等。
- 大都市警察局——此前对内政部长负责。
- 伦敦消防和应急规划署
- 伦敦发展署——这是一个新的机构，其职责是促进就业、投资、经济发展和伦敦的振兴。它与英格兰其他地方的 8 个地区发展机构相似。

由谁负责——市长还是市议会？

市长决定政策——准备交通、土地使用、环境、文化等方面的计划，对职能机构进行人员任命和预算安排。

市议会对市长的活动和预算进行监督，并可提出质疑。它可以经三分之二多数表决推翻预算。它还可对与伦敦人相关的其他问题进行调查，并向市长提交政策建议。

它花费多少钱？

它从其他机构接手的服务——交通（7.8 亿英镑）、治安（22.5 亿英镑）、消防（7.8 亿英镑）、经济发展（3 亿英镑）——在 2001/02 年总共花费 370 万英镑。大伦敦市政府本身的开支大约是 3 600 万英镑，其中大部分来源于中央政府，另外 11% 由伦敦人自己支付（每个纳税人每周付 6 便士）。

外部结构 第 5 章

（续表）

它在哪里？
从 2002 年起，"市政厅"将搬至伦敦一幢最为壮观的新建筑物中——它位于塔桥旁，墙壁用类似于防雾灯的玻璃建造，由福斯特勋爵设计，该建筑曾获得大奖。

大伦敦市政府的成立至少暂时完成了英国地方政府的结构改革。20 世纪 70 年代所成立的 521 个主要议会（见图 4.1）减少到 442 个，削减了将近 1/6，而它们的平均人口则增加到 13 万人。

联合安排

对于伦敦来说，重新增设一层新的民选政府可以明确服务职责，并增加民主责任感。这些职责过去是由几家不同的机构承担的。正如我们在论及废除大伦敦市政会（GLC）和英国都市地区的郡议会时所提出的那样，"单层"并不一定意味着简化。对于那些被废除的地方政府而言，其服务功能和职责并非都可以轻易地进行分割或是合并，也很难轻易地移交给新的或是不同的民选议会。因此，除直接选举的机构外，还可以有任命的或是间接选举的机构所组成的联合机构网络，议会也可以通过其他方式联合起来。如第 4 章提到的那样，在 1986 年大伦敦市政会和都市地区的郡议会消失以后，英国都市地区的警察、消防和公共交通都曾经由这些机构进行管理。当然，在伦敦以外，这些职责继续由这些机构进行管理。如表 5.5 所示，以斯特拉斯克莱德（Strathclyde）地区为例，苏格兰、威尔士和英格兰部分非都市地区两层结构的废除，都曾起到过相似的效果。

表 5.5　建立了单层结构但很难精简——斯特拉斯克莱德的例子

- 直至 1996 年 4 月：
  斯特拉斯克莱德地区议会
  含 19 个行政区议会
- 1996 年 4 月后：
  12 个新的单层或单一层级议会，范围从格拉斯哥（627 000）到东伦弗鲁（88 000）
  7 个治安、消防、交通联合董事会——由从 12 个议会中任命的议员们共同组成
  3 个战略计划联合委员会
  2 个新的准自治管理机构：苏格兰西部水务局，接管从前由地区议会负责的自来水和污水处理方面的服务；也包括一个任命的水务顾客委员会
  1 个新的准自治管理机构：为儿童专门小组提供服务

不对最初就由苏格兰事务办公室接管的干线公路负责。

　　议会共同提供服务的联合安排有三种主要形式：

　　联合理事会。这是指两个或两个以上议会通过法律手段联合起来，提供其职权范围内的服务。它们根据政府部长的命令组建，其成员和管理须经部长批准。但它们具有独立的财政，包括运用其法定权力进行筹款。在英国都市地区，主要设立了消防和公共交通的联合理事会。如表 5.5 所示，"1994 年（苏格兰）地方政府法案"意识到，一些新的单一层级政府本身不能提供治安和消防服务，于是组建了联合理事会提供这些服务以及其他方面的服务。

　　联合委员会。两个或两个以上地方政府可以决定设立议会联合委员会，行使其法定职责。这些委员会和联合理事会不同，它们不是独立的法定机构，不能雇佣工作人员。一些新的单一层级政府太小，自己不能提供那些从前由郡或地区议会提供的所有专业服务；而联合委员会是解决上述问题的一种形式。譬如，位于某议会范围之内的专业学校或是居民住房等一类的设施也可以由其他议会共同使用。

　　行政合同。地方政府之间可以签订服务方面的合同。这种形

式已存在一定时间(譬如郡议会和区议会签订公路机构的协议)，但随着更多的议会对作为"授权者"这一角色进行推进和探索，这种形式可能会继续增加。

在第4章结尾时我们提到，正是由于这些不同形式的联合安排使得批评者们质疑，是否可为单一层级议会贴上"全能政府"的标签。这些议会可能是本地区惟一经直接选举产生的地方政府，但将它们视为"多功能"可能比"全能"更加合适。联合理事会和联合委员会经常可以提供迅速有效的服务，有的试图让各组成政府参与决策过程，但这却不可避免地导致了地方政府的分裂，混淆了公众的视听，并淡化了选举负责制的作用。对此表示关注的人很快指出，就像在其他方面一样，英国在这方面也不寻常：在西欧国家中，只有卢森堡和芬兰拥有单一层级地方政府制度。

基层政府

虽然本书集中讨论的是英国"主要"地方政府的活动，我们却不应该忽视英国非都市地区的许多基层政府。这些基层政府——英格兰的行政堂区委员会、苏格兰和威尔士的社区议会——在近期机构改革的冲击中得以继续存在，而且作用和权力有所增强。

英格兰大约有10 200个行政堂区，其中约9 000个——主要在农村地区——有行政堂区或是镇议会，它们共有75 000名议员。这些"公民行政堂区"与盎格鲁堂区教会委员会的堂区不同，是英国地方政府制度的重要组成部分，它们是经村庄、小型城镇和郊区选举产生并对其负责的独立民主机构。"城镇议会"与"行政堂区议会"这两个名称有时容易混淆。这两者意思相同，任何一个"行政堂区议会"都可将自己称为"城镇议会"。有些堂区比一些小的区议会要大，规模最大的人口可能超过40 000人。但大多数堂区规模较小，大约2/3的堂区人口在1 000人以下，40%的堂区人口在500人以下(Ellwood et al.,1992)。与英格兰的堂区不同,威尔士有900个社区,其中大约有750个已经建立了社区议会。但威尔士的社区议会是不同的地方政府,它们没有法定基础,也没有征税和获取公共基金的权力。

苏格兰社区议会的主要功能不是提供服务,而是进行咨询和行使代表权:摸清本地居民的意见并表达出来。这些职责对于任何堂区、城镇或威尔士社区议会而言显然同样重要。然而,后者还具有某些权力,比方说,就地方计划的实施接受区或郡议会的咨询。不管是以自身的名义或是作为郡和区议会的代理,它们提供服务的权力范围可能大些,最常见的服务项目包括向居民提供村政厅和社区中心、小块园地、操场、体育馆和洗澡堂、小路、公园和其他空地、战争纪念馆、街道照明、停车场、教堂和墓地等方面的服务,并进行日常维护。

上届保守党政府将上述服务项目扩展到了交通和预防犯罪方面(Wilson and Game,1998,pp.69—70)。现在,堂区可能会提供以下服务:为残疾人供餐、提供回收设备、组织社区公共汽车、安装用于预防犯罪的中央电视监视系统、开设本地邮局和商店,或在本地建立诊所等。

但所有这些服务项目都是自愿选择的。对于服务项目的类型,并没有一个统一的要求。这些服务项目的经费来源包括直接收费,也包括通过区议会向本地区的纳税人征取税收。税收的数额在全国各地相差很大,从10英镑以下到100英镑不等,这反映了各议会的服务范围区别很大。本书关注的主要是堂区和镇议会服务范围的随意性特征,而不是服务范围的大小。它们不具普遍性——涉及人口只占不到英格兰和威尔士人口的1/3——也没有特别的义务去提供服务和设施。但这些议会不仅仅是提供服务:

> 它们是接近人民的一种民主方式。其合法性来自选举,其权力体现在反映、激发和采纳公共意见以及直接提供服务上,包括独立提供或是通过与更大的地方政府合作来提供这

些服务。(Coulson,1998,p.248)

尽管堂区和镇议会的这些措施来得较迟,也实施得非常谨慎,到1997—2001年工党政府执政末期,这种号称所有地方政府中最民主的方式——尽管还有争议——已经逐步得到了认可。部长们在2000年11月就英国城市和农村的未来同时发表了两部白皮书。"农村白皮书"《英国农村的公平交易》重新强调了此前部长们所提出的堂区议会是"我国地方民主政府结构的基本部分",并致力于"共同使政府更加接近其人民"(DETR,1998a,para 2.14)。不仅如此,它还为重新当选的工党政府设立了各项任务,包括在本地政府的框架之内创建一个新的"质量议会"。任何堂区或镇议会都可创建这个委员会,以便加强提供服务的作用。

质量议会应该证明它自身是既能干又有效的——比如,举行竞争选举、召开定期会议、开设主要人员的训练项目和建立有效的公共咨询机制等。在通过这一"质量考试"之后,不管它是单独工作还是通过与主要政府合作开展工作,都能够扩大为社区提供服务的范围。由于代表堂区选民的工党议员数量特别多,部长们制订该项任务会有些压力。

苏格兰和威尔士的权力下放——通往准联邦主义之路

对于一个经常被批判为过于谨慎而不是激进的政府来说,对于一个以前从未表示过对改革有兴趣的党派而言,1997年工党政府创纪录的宪政改革是非凡的。在四年之中,它就改革了贵族院(上院),通过了"人权和信息自由法案",整顿了资助政党和选举的方式,并引入了大量新的选举制度。正如我们所看到的那样,它还继续对地方政府进行结构改革。在所有的改革中,影响最为深远的恐怕还是在苏格兰、威尔士和北爱尔兰实施的权力下放计划

(虽然对此还存在一定争议),因为它改变的不仅是英国宪法的内容而且是其根本性质:英国现在确实已经成为一个准联邦国家。威斯敏斯特议会在宪法上仍然是至高无上的,但在实践中,它对于联合王国的四个组成部分则有着不同的意义。在苏格兰、威尔士和北爱尔兰——尽管是以不同的方式——"许多权限已不再由部长和议员们掌握"(Bogdanor,2001,p.149)。

除了对大伦敦市政府的改革外,政府在1997年的宣言中还简要勾勒了对苏格兰和威尔士进行权力下放的意图:

> 选举一完成,我们就会制定法律,让苏格兰和威尔士人民对我们在白皮书中提出的建议分别进行全民公投。在苏格兰,我们建议成立拥有立法权的议会,它在改变税收方面具有有限的财政权力。苏格兰议会将对目前由苏格兰事务办公室行使的责任进行民主的掌控。威尔士议会将对目前威尔士事务办公室的职能进行民主的掌控。它具有二级立法权,由另一机构的成员选举产生。根据全民公投的多数意见,我们将在议会立法的第一年中提出实质性的权力下放建议。

对于一个阔别国家权力18年之久的政党而言,权力下放是一个无法预料的优先行动。但是宣言的议程几乎是完全按照计划实施的。政府在就任两个月之内就发表了白皮书,并于1997年9月进行了全民公投。苏格兰就两个问题进行了全民公投,60%的选民参加了投票,其中74%的选民赞成成立议会,而64%的选民赞成对议会改变税收的权力进行限制。与之相反,威尔士议会的成立仅以极微弱多数通过,投票率只有50%,而其中赞成票只有50.3%。

和1999年5月第一次选举成立新机构一样,紧接着便进行了立法。从表5.6和表5.7中,我们可以看到"一级"苏格兰议会和"二级"威尔士议会之间的区别。在成立后的两年中,人们对两个议会的态度褒贬参半,这并不让人感到吃惊。国家主义者和激进的分权主义者几乎肯定对它们不满,而联合主义者则认为,哪怕权力下放相对平和,也不可避免地会成为导致联合王国最终分裂的第一步。但无可争辩的是,两个议会让人们感觉到了它们的存在,它们已经改变了世界。

表 5.6　权力下放后的苏格兰政府

它是什么？ 它是一种在法制上分权的形式:英国议会的宪法主权仍然没有变化,但它不再对权力已经下放给苏格兰的问题进行立法,包括卫生、教育、地方政府、经济、发展、交通、法律和内政、环境、农业、渔业和林业、体育和艺术等。

苏格兰议会——由 129 名议员组成,由选举产生。其中 73 人(56.5%)代表个人的选区,另外 56 人则代表 8 个选举地区。1999 年举行了第一次选举,产生了"无多数党"议会(各党势均力敌),包括工党 56 人、苏格兰民族主义党 36 人、保守党 18 人、自由民主党 17 人、其他党派 3 人。女议员 48 人,占 37%,女议员比例仅排在瑞典和丹麦之后,在世界上名列第三。

苏格兰行政部门——苏格兰政府,负责权力下放之后的所有问题。它的组成包括:
- 第一部长——经议会全体选举产生;实际相当于苏格兰的首相。首先是唐纳德·杜瓦(Donald Dewar)担任,2002 年由杰克·麦康奈尔(Jack McConnell)(工党)继任。
- 由 11 名部长组成的内阁/行政部门,由第一部长任命,并经议会批准。作为"无多数党"议会的反映,最初的内阁成员中还包括工党和自由民主党议员,他们共同组成联合行政当局。
- 指导性的公务员制度,由 6 个主要部门组成——包括财政和中央服务部,负责处理与地方政府之间的关系。

威斯敏斯特保留的职责,由苏格兰事务大臣行使,内容包括:联合王国的宪法、外交政策、欧洲、国防、财政和经济政策、就业、福利和养老金、交通安全、广播电视政策、国家彩票等。

财政安排——威斯敏斯特向苏格兰议会拨款,用于权力下放后的服务(约 200 亿英镑)。议会也可以改变苏格兰居民的基本收入税收,最多为 3 便士,相当于约 7 亿英镑。议会的税收和非国内的税收各为 16 亿英镑左右。因此,苏格兰行政可获得 40 亿英镑的税收,共相当于总开支的 1/6。

（续表）

议会委员会——议会的许多工作都是由委员会完成。因此，委员会比威斯敏斯特议会更有权力——既有立法权，又有监督/调查权，从而也更加积极。委员会的主席职位根据各党在议会中的席位进行分配。

如何管理地方政府？ 财政和公共事务部长（Andy Kerr，2002）以及议会地方政府委员会可以对部长提出质询，并监督立法。

它在哪里？ 从2002/03年起，已搬至霍利鲁德（Holyrood），与圣十字宫相邻的一栋专门建筑物中。尽管它大大超出了原有预算，而且没有大伦敦市政府那么气派，但它是一栋现代化的、独创性的建筑，原材料使用的多为苏格兰特产，如苏格兰橡木等。

表 5.7　权力下放后的威尔士政府

它是什么？ 它是一种行政分权形式：英国议会仍然控制着主要的立法权，但将就某些问题立法的权力下放给威尔士议会——这与苏格兰的情况很相似——在那里，部长们对许多问题已不再进行干预。

威尔士议会——由60名议员组成，和苏格兰议会的议员一样，由附加成员制选举产生。其中40人（67%）代表个人的选区，另外20人则代表5个选举地区。在1999年举行的第一次选举中，没有哪个党派获得绝对多数，包括工党28人、威尔士民族主义党17人、保守党9人、自由民主党6人。

议会行政——威尔士政府，负责权力下放之后的所有问题。但和联合王国的政府和议会不同，行政是议会的一部分，而不是独立的机构。它的组成包括：

- 第一部长——经议会全体选举产生，故通常是最大党派的领导。2000年2月阿伦·麦克（Alun Michael）辞职以后，由罗德瑞·摩根（Rhodri Morgan）（工党）继任。
- 由9名议会部长组成的内阁/行政部门，由第一部长任命。阿伦·麦克的第一任内阁是完全由工党组成的少数党行政当局，但在2000年10月内阁决定增加2名自由民主党成员之后，罗德瑞·摩根结束了为期三年的与自由民主党共享权力的经历。内阁中有5名女性，可能是女性占多数的唯一的西欧政府。内阁非常开放，出版有《内阁会议纪要》和《对下属委员会的建议报告》。
- 指导性的公务员制度，大约由3 000人组成。

(续表)

财政安排——威斯敏斯特向苏格兰议会拨款,用于权力下放后的服务(约120亿英镑)。议会没有改变收入税的权力。

议会委员会——通常具有包容性,部长是相关下属委员会的成员,但不是主席。不从事行政工作的议员对政策的参与比威斯敏斯特议员要更多些。委员会的主要职责是制定政策——和内阁一道——并对部长和公共机构的工作进行监督。委员会主席由工党和自由民主党共享。议会的所有工作都以两种语言进行,其中大多数通过数字频道对外广播。

如何管理地方政府? 财政、地方政府和社区部长(Edwina Hart,2002)是地方政府委员会的成员并受其监督。地方政府的权项包括:控制议会的税收、为地方政府提供资金、形成"最佳价值"、发放议员的津贴、制订有关住房的规定。议会通过 26 人的伙伴议会和地方政府共同工作。伙伴议会包括议员和地方政府的代表。

它在哪里? 这是一个很好的问题。艺术品般的议会大厦坐落于卡迪夫海湾滨水地区,由理查德·陶泽斯(Richard Togers)设计。理查德·陶泽斯曾经设计了法国的蓬皮杜中心和英国的千年穹顶。但是威尔士议会议员不像苏格兰议会议员那样大度,由于议会大厦严重超出预算,解雇了理查德·陶泽斯。看看卡迪夫海湾的宽阔美景吧!

许多读者都知道苏格兰议会的影响要更大一些。它最先采取的行动是取消在苏格兰学习的苏格兰学生的学费。这与布莱尔政府的政策截然不同。首相生气地说:"你们不应该使苏格兰的所作所为和英国其他地方不同……我已经看到了权力下放的缺点"(Ashdown,2001)。他的话非常具有预见性,因为到了 2001 年,英格兰也不得不和苏格兰统一政策,尽管这是首相并不愿意看到的。当然,苏格兰在许多其他政策的制订方面都与爱丁堡和威斯敏斯特不同。比如,苏格兰对所有老年人,不管他们的收入情况如何,都实行免费个人医疗服务;对于教师实行 21% 的工资奖励;禁止体罚 3 岁以下儿童等。

地方政府也不例外。苏格兰议会并没有被要求改变其政治管理方面的安排。相比而言,北部比南部,直选的市长更少些。苏格兰以自己的方式对地方政府财政进行改革,废除了先前制订的收

英国地方政府

入支出指导原则,并使经费的分配方式稳定下来。总的来说,苏格兰议会在前两年通过了20项法案,相当于威斯敏斯特可能通过的10倍之多。

如表2.1所示,威尔士议会取消了学校排名,明确表示反对专业学校,并扩大私人对教育的投资。但是最为公众所熟悉的,恐怕还是威尔士议会对儿童福利院进行的调查,调查反映了一些令人吃惊的问题,在此之后,就决定设立在社会服务方面代表儿童利益的儿童专员,以确保将来虐待儿童的事件得到彻底调查。苏格兰和北爱尔兰也可能做出类似的安排。在卫生改革方面,威尔士和苏格兰也独树一帜,在其他方面进行结构创新的同时,两者都选择了保留社区卫生委员会。

北爱尔兰——无计划的权力下放

在20世纪90年代苏格兰、威尔士和英格兰部分地区纷纷建立单一层级的议会时,北爱尔兰没有对地方政府进行改革。如第4章所说的那样,直到2002年,选举产生的地方政府依然限于26个区议会,相对来说数目较少,负责提供的服务也比英国其他地方类似机构要少得多。关于这一点,请参见图5.5。与人们日常生活相关的大多数服务项目由指定的地区委员会进行管理,其中9个负责卫生和个人社会服务,5个负责教育、公共图书馆及其他诸如住房管理这样的公共机构。

区议会的态度越积极,议员们就越会充分利用有限的权力。在各省没有选举议会之前,区议会是讨论影响北爱尔兰一切重要问题的主要论坛。不管是在促进本地区的发展还是在帮助居民个人方面,它们都发挥着重要的作用,因此当地选举的投票率远比其他地区要高得多。1994年,作为对联合主义者支持梅杰政府推动议会投票批准《马斯特里赫特条约》的回报,它们掌握了在经济发

外部结构　第 5 章

图 5.5　北爱尔兰的 26 个地区议会

展中支配经费的重要权力。北爱尔兰的一些区议会与爱尔兰方面的区议会密切合作,在关于欧洲发展基金的谈判中发挥了有效的作用。当然,更多的权力下放完全取决于所谓"和平进程"实质性的巩固和进展,这一点一直是很清楚的。

工党在 1997 年的宣言中承诺了对北爱尔兰的尊重,但比对苏格兰和威尔士的态度含糊得多。宣言仅仅提及已经经过英格兰和爱尔兰政府同意的一揽子建议中所包括的"新下放的立法机构"。然而,经过紧张磋商并最终于 1998 年 4 月达成了著名的贝尔法斯特"耶稣受难节"协议之后,北爱尔兰议会在三个权力下放的地区议会中率先进行了选举。

英国地方政府

"耶稣受难节"协议包括三个组成部分,即北爱尔兰议会、全爱尔兰南北大臣级议会和英格兰—爱尔兰议会(O'Leary,2001)。协议在几周之内在爱尔兰的两个部分同时通过公民全投,并于不到一个月之后的1998年6月选举产生了议会。该议会和苏格兰议会很相似,是行政和立法全权下放的例子。它负责以前分属北爱尔兰事务办公室六个部门的职权,包括农业、经济发展、教育、环境、财政、人事、健康和社会服务等。与苏格兰议会相比,它只是少了安全方面的职责,包括治安和法院等。

议会的108名议员是从北爱尔兰的18个议会选区中通过按比例代表的单一可转让投票(STV)形式选举产生的。为了全面反映天主教徒/民族主义者和新教徒/亲王主义者社区的不同意见,自1973年以来,单一可转让投票方式就用于北爱尔兰地区所有非威斯敏斯特议会的选举中。可以预见,没有哪个党或派别在议会中占有完全多数席位。赞成协议的方面赢得了最多的席位,包括北爱尔兰联合主义党(28)、社会民主和工党(SDLP)(24)和新芬党(18);而由伊恩·佩斯利(Ian Paisley)领导的民主联合主义党不赞成协议,它获得20票。

通过选举,上述四党进入了北爱尔兰政府中由10人共同组成的部长执行委员会。其中,北爱尔兰联合主义党、社会民主和工党(SDLP)各占3席,新芬党和民主联合主义党各占2席。执委会采取双重领导体制,其中联合主义党领袖戴维·特林布尔(David Trimble)担任第一部长,谢默斯·马龙(Seamus Mallon)担任第一副部长。这种新体制比较复杂,并不是特别成功。

涉及地方政府的政策从前是由环境部负责的,因此地方政府的管理属于环境部长的职责范围(Sam Foster,2002)。和其他权力下放的部门一样,议会成员们通过部门委员会在制定政策——比如,形成北爱尔兰自身的最佳价值系统——和监督方面,比威斯敏斯特议会议员们发挥的作用更大。

如表2.1所示,对于地方政府的结构改革,人们一直有不同的意见。行政机构的"政府计划"强调,"权力下放以后,不同机构都对当地服务承担着更大责任"。当然,这些改革只有等到议会和行政机构本身的地位更加稳固、更加被认可后方可进行。

英国地区政府

如果说1997工党政府及时兑现了权力下放的承诺——在北爱尔兰的问题上甚至表现过火了些——那么没有及时兑现的可能是关于英国地区政府的改革。1997年宣言涉及两个独立的政治问题。在促进地区经济增长的部分,它承诺:

> 建立一站式的地区发展机构,协调地区经济的发展,帮助小企业,并鼓励对内地投资。

在权力下放的部分,宣言则阐述了在保守党建立政府地区办公室的基础上,工党应该如何继续开展工作:

> 通过建立地区事务所对交通、规划和经济发展进行协调,申请欧洲基金,制定土地使用规划。
>
> 英国各地对于直接选举地区政府的需求不同,因此采取一种单一的体制是错误的。我们将及时进行立法,以逐个地区通过全民公投的方式,让人民决定他们是否需要直接选举地区政府。只有在公众明确表示同意的地区,才作出有关直接选举地区政府的安排。

工党政府在第一任中完成了它在经济方面的承诺,但在政治方面取得的进展却不明显。《1998年地区发展机构法案》产生了8家新的地区发展机构——它们是由部长任命的机构,任务是发展本地区的经济和增强竞争力——见表5.8。与此同时,还建立了一套地区事务所(chambers)——现在通常称作"议会"(assemblies),以便对地区发展机构进行监督,增加地方政治的可信度。

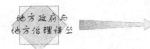

英国地方政府

但它们同样也是任命和指定的,而不是经选举产生的。

表 5.8　英格兰地区"政府"

9 个地区发展机构(RDAs)——存在责任难题的地区准自治机构。成立于 1999 年(伦敦于 2000 年),目标是提高各地区的经济竞争力。有一些直接取名为发展机构,也有一些采用更为宏观的名称,以反映其成员主要由男性和商业界人士组成——譬如"前进约克郡"(Yorkshire Forward)、"西米德兰兹优势"(Advantage West Midlands)等。

法定目标:
- 推进经济发展和振兴
- 提高商业效率、投资和竞争性
- 促进就业
- 加强发展和运用与就业相关的技能
- 促进可持续发展

特定职能包括:
- 制订地区战略
- 制订技能行动计划,确保技能的训练与劳动市场的需求相适应
- 在寻求欧洲资金的资助方面发挥主导作用

董事会成员:8—15 名,其中 4 名来自地方政府,由国务大臣任命。报酬为 300 英镑一天,通常一个月工作两天。对于任职资格并没有正式的要求,但本地区的商业经历和/或从事志愿社区服务的经历还是有用的。妇女、残疾人和少数民族优先。

地区委员会:
与地区发展机构同时建立的志愿组织,这些组织由(非直接选举产生的)本地议员和来自其他相关行业,如商业、工会、教育和培训、志愿服务、文化和环境保护等行业的代表组成。它们唯一正式的作用是就地区战略发表咨询,但在某些地方(如东米德兰兹郡,北、西约克郡和亨伯赛德郡),作用可能更为广泛和积极。

地区发展机构的责任
他们对大臣们负责——自 2001 年 6 月以来对贸易和工业大臣负责,而此前是对环境部长负责——并接受委员会的咨询。他们在准备经济战略的时候应该尊重委员会的观点,接受委员会的监督,但不对其负责。

1997—2001 年的这届议会在直接选举地方政府方面没有采取进一步举措。内阁对此意见不一,总体上持一种怀疑的态度。

地方政府的许多人对此事也不热心。如果先决条件包括进行另一轮边界改革,以及在任何希望建立民选议会的地区建立单一层级地方政府,情况恐怕就更是如此。2001年工党宣言指出,如果仔细对现存政策进行分析,这些的确是先决条件:

> 由于地区发展机构获得的权力更大,我们致力于强化地区事物所的审查功能。在有的地区,这种程度的政治代表性恐怕就足够了。然而,在国家的另外一些地区,它们的地区身份感更强,有更强烈的愿望在政治上发出本地区的声音。
>
> 1997年我们曾说过,该条适用于直接选举的地方政府。在那些已经经过全民公投建立起单一层级地方政府的地区,我们将这么做。这依然是我们的承诺。(pp. 34—5)

至少到选举之前,情形依然非常糟糕。2001年1月,环境部长贝弗利·休斯(Beverley Hughes)曾经建议,地方政府的改革不一定非得在选举地方政府之前进行(Hazell, 2001, p. 20)。2000年9月工党大会批准了一份关于不进行全民公投的政策书,但仅称"得到了大家明确的同意"(Hazell, 2001, p. 19)。副首相约翰·普雷斯科特(John Prescott)许诺白皮书将提出"与苏格兰和威尔士议会类似的一种机制"。

白皮书对选举产生的地区议会的权力有清楚的阐述。在成员资格以及组成方式上,它们大体上与大伦敦市政府相似,这使得人们开始对经过选举产生的地区政府的优缺点再次进行讨论。主导这场争论的更多的是一些主观的和对立的判断,因此事实和研究证据更显得珍贵。争论的主要问题详见表5.9,我们希望您自己得出自己的结论。

英国地方政府

表 5.9 英格兰选举产生的区域性政府的优点和缺点

优 点	缺 点
民主	
通过对中央政府和未经选举的机构进行分权,责任感得以增强	由于向地方政府分权,责任感降低
成为表达不同地区需要的更加直接的渠道	在英格兰并不存在根深蒂固的地区意识
经济	
将通过发展地区经济策略和对发展需要进行协调,成为经济表现的主要推动者	政治分权将加强地区之间的竞争
可以协调处理一些诸如经济发展、交通战略和可持续发展等跨部门的问题	
欧洲	
由于地区在欧洲内部的重要性不断增加,可以获得资金援助和参加决策	国家依然是最重要的,没有地区这一层政府的国家并非明显处于劣势
	其益处并不明确,不值得以国内政府的动荡作为代价
技术专家治国	
某些职能要求采取一种在战略上协调的地区手段	英格兰地方政府的规模已经很大了地区这一层是没有必要的
地区政府可以增加效能和效率,从而成为"更好的"政府	并没有证据表明在政府的大小和管理有效性方面具有明确的关系

主要来源:DETR(2000),第二章。

进一步阅读指南

关于 20 世纪 90 年代进行的各种改革,最好的文献读物是两期杂志特刊:《公共管理》(1997 年春季号)和由斯蒂夫·利奇(Steve Leach)主编的《地方政府研究》(23.3 卷,1997)。关于苏格兰议会、苏格兰行政部门,以及威尔士、北爱尔兰议会,可登陆它们各自的网站查阅。泰勒(Taylor)和汤普森(Thomson)曾写过几篇文章,对苏格兰和威尔士的权力下放有深入研究;而盖姆(Game)(2001)的文章则对这些机构及大伦敦市政府选举的具体情况有所介绍。达西(D'Arcy)和麦克林(Maclean)曾在题为《噩梦》(2000)的文章中对"竞选伦敦市长"做过非常生动的描述。

第6章
内部结构

政治管理"革命"

最近地方政府制度的外部结构改革幅度很大且影响深远,与之相匹配的是地方政府制度的内部结构改革,包括对议会的政治管理结构的内部改革,及"行政政府"的出现。事实上,在今后几年中,许多议会的日常工作方式将发生很大的改变,从这个意义上说,"改革"这个术语似乎还太中庸了些。全面的——很可能是不可逆转的——崭新的市长式(mayoral)或内阁执行(cabinet executives)方式取代了两个世纪以来传统的委员会决策机制,这几乎构成了一场革命。我们将在本章和第18章对此进行介绍。

在这种性质的书中,要对改革进行简要介绍并作出评价,会不可避免地出现一些问题。譬如,为了让您感受到新制度和机制的规模及重要性,我们首先就需要对原来的制度进行描述。但在你所在的地区,旧制度可能正在迅速消失。因此,本章一开始要先介绍议会的传统机构和运作方式,然后介绍从2001年2月开始进行的改革。这一改革将在全国范围内逐步推广。

第6章 内部结构

一些解释和澄清

现在我们有必要对一些已经提及却没有解释的术语稍加注释,如地方政府(local authorities)、议会(councils)、议员(councillors)、当选成员(elected members)、委员会(committees)、部门(departments)、官员(officers)等。一个"地方政府"可以是,也可以不是美国大使赛茨(Seitz)所说的"政府矛盾修辞手法"(1998, p. 272)。与第2章一样,它在这里指由议会批准成立并行使议会所赋予职责的半独立、在政治上权力下放和多功能的机构。该术语经常和"议会"一词替代使用。严格说来,"议会"是地方政府的法律体现:在英国地方政府体系中,选举的议员集体决定并最终负责政府的政策和执行。考虑到这种法律责任,"议员"经常被称作"政府中当选的成员",以体现他们与领取工资的雇员、官员和其他工作人员的不同。

正像我们已经看到的那样,英国地方政府大多规模庞大,随着单一层级政府的普及,它们还在变得更大:全联合王国共有468个单一层级政府,也就是说,每12.5万人就有一个议会。其中,几个议会拥有超过100名议员和成千上万名全职和兼职的雇员,他们共同组成人们所指的地方政府的"两个世界"。对大多数政府而言,如果没有内部分工,议员就不可能在议会全体会议上做出必要的政策决定,官员们也不可能管理和提供地方政府众多的服务项目。在传统上,英国地方政府的组织方式包括由议员组成的委员会和按职能分工的部门。

英国地方政府

议员和委员会

提到"委员会"这个词,许多人首先就会想到地方政府——它通常带有贬义,但有时也是褒义的。委员会制度是"继承下来的"多功能政府的主要特征之一(Stewart,2000,ch.4),可以使政府高效率地开展工作,同时也民主地开展工作,就是说,当选的议员并不是将所有制订政策的工作都交给非选举产生的官员。委员会可被视为议会的工作小组,议员根据对当地的了解和对当地需求的评估,再加上官员们的专业性建议,才有可能制订出反映民情的、可能实施的政策。

因此,议会由经过选举产生的议员们组成,并由他们主持工作,但官员们可以提供咨询。在本书的上一版中,我们曾用图表的方式对委员会的典型结构进行了介绍(Wilson and Game,1998,pp.72—3)。一些委员会是"法定的",比方说教育和社会服务委员会,它们必须由负有这些责任的议会设立。但大多数委员会都是"开放式"的,议员们自己可以决定如何安排和分配议会的工作。有些议会尽管拥有同样的服务职责,但它们的委员会和次委员会结构却可能相差极大。你可以试着查一下:通过登录网站或查阅图书馆中任意一本近年来出版的《城市年鉴》(第2卷)(政府和成员),将你所在地区的议会数量和名称,与那些同样类型的议会作一番比较。

对于一个不是分管教育或社会服务的议会而言,并没有哪部法律规定它们必须要将工作指定给委员会去做。事实上,进行单一层级改革之前,在苏格兰和威尔士,一些面积较小的区议会(尽管只有十几位议员)选择完全通过议会全体会议开展工作。但普遍的做法可能是相反的:议会逐步形成了许多委员会和次委员会,相应也举行许多会议。由于它们所讨论的问题经常重复,常常使决策复杂化并延缓了决策的过程,通常过于耗费时间,这些是我们下面将要提到的改革的主要动力。

无须赘言,正如我们已经提出的,媒体对这些委员会的印象很差。在"实现现代化"和改革的进程中,我们不能忽视或者说抛弃那些在历史上曾对地方政府起到积极作用的委员会的特色做法和实践经验。我们在上一版中对此曾作过具体介绍(Wilson and Game,1998,pp.236—7)。委员会可以:

- 使议员获得特定政策领域的专业知识,从而使决策更加专业化;
- 帮助议员培养当众演讲、主持和其他必要的领导技能;
- 让决策置于公众的监督之下;
- 允许持反对意见的议员提出可供选择的建议;
- 体现专门的利益;
- 提供一个让官员和合作者对自身行为做出解释的论坛。

当然,这些积极的特点也有消极的一面。议员们可能由于过于专业化而受到蒙蔽,而对议会工作的看法不够全面。委员会会议集中讨论的可能是一些操作细节,反而忽视了对一些主要的政策问题、策略和服务质量的监测。委员会也可能更多地受党派政治所左右,形成一种"监督缺陷"(Leach,1999,p.82),原因是多数党成员经常不愿意公开批判本党的领导,而反对党的成员人数又太少,往往不足以有效地进行监督。

对于一个试图向世界展示统一组织形象的多功能政府来说,最不能忽视的问题恐怕是以服务功能或是部门为基础的委员会,可能会由于不同的部门利益而难以协调。那就是为何近年来几乎所有的议会都设立了某种"中枢管理委员会",通常叫"政策和资源委员会"、"财政和管理委员会",或者其他类似的称呼。这种常为多党派的委员会通常由议会的领导主持,并由一些最有经验的成员所组成,其目的就是协调专业委员会的工作,为议会提供总的政策指导。但一些批评家认为,如果没有经直接选举产生的领导,

英国地方政府

哪怕是最统一的政策也很难给当地居民、用户和选民们留下什么印象。

官员和部门

地方政府在各个方面互相补充、互相作用。我们要介绍的第二个方面是议会雇员,尤其是镇和郡政府部门的官员们。尽管近年来战略管理发展迅速,许多地方政府依然按照工作重点来划分部门。每个部门由一名主要官员或主任领导,他们通常是在相关专业领域内称职的专家,并雇佣相关的专业人员和一般工作人员协助他们进行工作。服务部门——比如教育、社会服务、休闲、公共安全——直接向公众提供服务;而中央部门——譬如首席执行官、财政、人事、建设和设计——更多地对其他部门提供服务。

就委员会而言,地方政府在它们的机构结构和任命官员方面相当审慎。《1972年地方政府法案》授权他们可以任命那些"被认为能够妥善完成其职能的官员"。这一法律以及其他的法律要求相关地方政府任命某些主要的官员——一名主要教育官员、主要消防官员、社会服务主任——但这些在很大程度上是这些法律规定之外的。在实践中,和委员会的制度一样,议会的部门结构也是多种多样的。

主要官员总体负责实施议会与其所在部门有关的政策。他们训练有素,在专业方面称职,而且按照许多标准来说都可谓待遇良好。但他们和最新雇佣的体力工人一样,都是议会的雇员和"公仆"。和议员们不同——议员所受的正式教育通常要少得多,工资也要低得多——官员们不是经选举产生,他们的作用就是确保议员们制订的政策和法定职责得以实施。需要强调的一点是,在传统体制下,政策由整个议会负责,因此官员们自然是对整个议会负责,而不是对任何一个特定的党派负责,不管该党是否在议会中占有多数。如同我们所看到的那样,执行政府的到来给我们长期珍视的政治中立和统一的官员结构等原则带来了一些挑战。

近年来多数地方政府都有一个首席执行官。他或她——在2002年我们有50名妇女首席执行官——是总体负责议会及其部门的首席官员,或者说是"雇员的头"。《1989年地方政府法案》出台了一项新规定,就是所有议会都必须有一位"监督官员",保证议会的行为符合法律。这一角色也常常由首席执行官承担。首席执行官是"官员团队"的领导,一般都领导一支由大多数或所有主要官员所组成的管理队伍。尽管各个政府的具体结构各不相同,但它们几乎全部都具有某种确保部门之间的有效联络和政策协调的机制,原因是各部门很容易成为自我封闭的小型帝国,具有各自鲜明的文化特色和操作风格。

照传统来看,部门在内部组织方面有两个特点:专业化和等级化。部门中的高级职位常由部门中最重要的专业所把持,而专业的界限使部门之间的区分更加明显。除此之外,部门一直致力于实行正式责任制和等级控制。在服务性的部门之中,员工无一例外都按照其责任大小,分成从基层工作人员到首席官员、从首席官员到委员会的不同等级。在这样的制度中,任何一位官员的控制权都是有限的,要实现从低层官员到高层官员之间的沟通非常困难。因此,有些更加成熟的政府已经开始简化部门结构,减少官员的层次。我们将在第16章中对这些问题进行探讨。同时,表6.1总结了"现代化"改革之前地方政府的内部结构,我们将在本章剩下的部分对此着重进行探讨。

英国地方政府

表6.1 内部管理结构:传统制度

委员会	部 门
• 地方政府由议员或经选举产生的成员领导,他们定期召开公开的议会全体会议,制订本地区的权威政策,并作出预算方面的决定 • 许多议会指定由政策委员会和议员次委员会承担大量工作。议员次委员会专门负责议会在某一领域的工作,并负责决定议会在该领域的政策 • 每个委员会都有一名主席。主席主持会议,代表委员会开展工作,并负责与有关官员的联系。主席不能个人决定政策 • 议会会议由礼仪性的市长或议会主席主持。主席每年由全体议员选举产生 • 议会的领导是关键政治人物。他通常是经选举产生的多数党或议会中最大的党团领袖 • 多数政府都有一个起协调作用的政策(和资源)委员会。该委员会由资深议员组成,通常由领导主持工作。	• 地方政府以部门的形式进行组织。 • 这些部门的工作人员包括任命的官员和其他雇员,包括,行政、专业、技术和办事人员及体力工人。从法律上说,他们都是领取工资的公务员,为经选举产生的议会服务。 • 这些官员和雇员执行由议员决定的议会政策,并负责政府的日常运作。 • 部门可分为服务性部门和中枢或协调性部门。服务性部门向公众提供直接服务,而中枢或协调性部门为整个政府提供服务。 • 每个部门都有一名主要官员。他通常是本部门工作的专家,负责本部门工作,并对委员会和主席负责。 • 多数政府都有一名首席执行官员。他是雇员的头,通常依靠一支由各部门主要官员组成的小组,负责协调议会的运作和政策。

一个议会的政策是经选举产生的议员和任命官员之间互相进行沟通(以正式形式或非正式形式)的产物。

议会对其内部组织机构具有相当影响力。因此,不会有两个议会拥有相同的部门和委员会结构。

内部结构 第6章

以前内部管理改革的方法

本章开始时提到,21世纪初内部管理改革都是关于推进政府内部机制的,包括内阁、选举市长、议会经理、审议和监督委员会等。

改革的形式几乎完全都是由《2000年地方政府法案》所决定,该法案是1997年工党政府上台后的最初几年中出台的一系列咨询文件的产物。但这并非是地方政府内部管理体制改革的最初尝试。表6.1总结的"传统"制度——政策和资源委员会,首席执行官,官员管理队伍——都是从更早的政府报告和问卷中发展而来的。在本书前一版中,我们非常详尽地描述了这些制度的改革(Wilson and Game, 1998, pp.76—80)。现在我们面临着更为重要的改革,对此只作简要论述。

莫德在1967年的改革——建立首席执行官制度,出台管理董事会制度

地方政府管理委员会由约翰·莫德(John Maud)爵士主持,后来由雷德克利夫·莫德勋爵主持,他们都是第4章中提到的皇家改革委员会的成员。该委员会预料到了目前遭到的一些批评:委员会倡导选举的成员过于关注日常管理的细节,却忽视了大的政策和策略。它提出的处方是激进的,对于许多人来说,甚至太过激进了。

委员会报告称,除了最小的地方政府之外,所有地方政府都应当拥有一个由5—9名高级议员组成的、具有广泛权力的管理董事会(Management Board)。对于委员会和部门也应当大力进行精简,每个政府都应当任命一名首席执行官——他不一定非得是传

英国地方政府

统市镇委员会的律师,但却应当是政府雇员中无可争辩的头目。

多数地方政府对于报告的第一反应是敌视的。报告被认为是要形成一种精英型政府,正如目前朝着执行政府这一目标进行的改革那样,许多议员害怕成为执行政府中的二等成员。然而,莫德确实对改革起到了促进作用:许多政府对委员会制度进行了合理化改革,有一些还任命了首席执行官。20世纪70年代初贝恩斯(Bains)报告(英格兰和威尔士)和帕特森(Paterson)报告(苏格兰)的出台进一步促进了改革,这两份报告的方向非常相似。

贝恩斯1972年改革和帕特森1973年改革

贝恩斯和帕特森这两个委员会成立于1971年,任务是为新地方政府的内部管理机构提供建议。这些新地方政府是根据"1972年英格兰和威尔士地方政府法案"及"1973年苏格兰地方政府法案"所建立的。人们对于他们的报告的反应比对从前莫德报告的反应要积极得多。总的说来,贝恩斯和帕特森认为渗透于地方政府的那种传统的部门性的态度需要让位于更加全面的、能够反映整个组织面貌的观点。莫德具有争议性的"精英型管理董事会"观点没有再次复活。

根据贝恩斯和帕特森的建议,大多数新成立的政府都任命了首席执行官。同样,许多都设立了政策和资源委员会以及高级官员管理团队。因此,许多政府都按照贝恩斯的建议进行了许多内部结构的改革,尽管很难说清楚这对日常工作会产生什么影响。对机构进行重新设置相对较容易,但要使长期存在的组织文化适合实际工作情况则很不容易。一种新的、显然更具公司性的管理方式出现了,但是由于根深蒂固的部门文化继续影响着许多政府,贝恩斯所设计的那种由首席执行官发挥强有力的、协调性作用的情况并没有出现。

内部结构　第6章

威蒂考伯1986年改革——迟到的政党政治认可

威蒂考伯(Widdicombe)委员会是撒切尔政府对于一些都市工党当局的政策和竞选活动的关注而带来的回应。伦敦和其他城市中有一些年轻的工党议员，他们就职后致力于将地区议会作为实验场，试验他们在经济发展、住房、交通和计划方面激进的、干预性的政策，并捍卫其社区，以避免受到中央政府削减开支的影响。

莫德、贝恩斯和帕特森委员会的改革，主要集中于组织结构方面，他们在管理方面的改革在很大程度上忽视了两个因素：地方政府中经选举产生的成员的作用及其责任，以及不断增强的党派政治因素。威蒂考伯则没有回避这些问题。他看到了地方政府中党派政治的扩展并对此进行调查，他还对其显示出来的优点表示欢迎：更加激烈的选举、更明确的民主选择、更多的政策一致性、更直接的责任感。同时，委员会也关心如何保护少数党、个人以及非党派人士的立场。

在《1989年的地方政府法案》中，威蒂考伯的建议取得了成果：有效取缔了由一党组成的委员会和次委员会，禁止高级官员参加一切公共政治活动。总的来说，委员会的影响就是引入一些"检查和制约"，而不是对多数党的决定和实施政策构成挑战。它为关于地方政府管理的讨论注入了现实主义的新鲜空气，但要全面承认多数党控制的有效性，还需等待新千年的到来。

新工党的"现代化"处方——独立行政

事实上，在新工党执政以前，关于地方政府管理的严肃讨论并不多，至少在中央政府这一级不是这样。正如第5章提及的那样，

英国地方政府

梅杰政府的重点更多的是外部结构改革。但是,除了其向地区转移的宪政计划以外,工党宣言中对于地方政府的改革还有一整套"现代化议程",包括"最佳价值"服务、社区计划、财政改革,以及——我们特别关注的——"民主复兴"等。

1998年初发表的一套咨询报告对新政府的思维进行了初步的介绍。《地方政府的现代化:地方民主和社区领导》(DETR,1998b)是这套报告中的第一部,后来以之为基础出台了"2000年地方政府法案"。要了解政府改革的方式,这本书还是值得一读的。新工党希望强调的是它对民主地方政府的信心和承诺——它声称,这些主张可以同保守党前任政府相对照。但同时,它认为地方政府体系"并没有挖掘其巨大的潜能"。比如:

> 地方政府的投票率总的来说在40%左右,有时还要低得多,地方民主受到了冷遇。尽管议员工作很努力,但由于委员会会议常讨论一些细节问题而不是集中讨论基本问题,他们的工作负担过重,而且效率不高。议会正在丧失代表地方政府发出更大的声音的机会。(DETR,1998b,para.1.3)

咨询报告的第五章《议会工作方式的现代化》更加详尽地介绍了"一个多世纪以前为一个逝去的世纪所设计的"制度,其特点是低效率、保密性强、不透明和缺乏责任感:

- 议员花费在直接与社区相关的工作方面的时间比例太小,但其实这是他们最重要的角色;
- 他们所花费的大多数时间是无效的——尤其是在准备环节、路途之中和参加委员会会议方面花费了大量的时间,而这些会议却经常没有作出真正的决定。对多数议会而言,许多决定是党派通过闭门会议决定的,这使得反对党或是选民公开进行民主监督都不太可能。
- 传统的委员会在发展和体现社区领导方面动力不强。他们将议员的行政(政策制定)职能和代表性职能混淆起来。人们

内部结构 第6章

并不清楚谁是决策者,当然也没人知道谁是地方政府的领导——或者,谁是教育委员会的主任。当地的人民在选举地方领导方面没有发言权。

咨询报告认为,几个比较成熟的议会已经提出了一些独创性的方式。它们对委员会的结构和公众参与决策的进程进行了反思,但改革还不够迅速和全面。按照政府的观点,改革应在将行政和议员们的代表作用分开的基础上进行——摈弃那种一贯认为应平等对待所有议员的看法,当然,这具有一定争议性,也会带来一定的后果。这种职能的划分将使得诸如在哪里作出决定,由谁作出决定,由谁对此负责等问题更加清楚。这也将使这些决策受到更多的监督。事实上,职能划分的程度越高,利益也可能更大:

> 因此政府非常喜欢这种直接选举市长的模式。这样的市长权力很大,是一个经常抛头露面的人物。由于他或她由人民选举产生,他/她的注意力更多地集中在外部,而不是集中在议员身上。市长是强有力的政治和社区的领导,选民们对此予以认可。市长应为选民所了解,而选民则可以帮助市长增加对于地方政府的兴趣和了解。(para.5.14)

选择权在你们手里

咨询报告曾经暗示,政府可以允许议会对许多管理方面的安排进行试点:内阁制度、领导成员制度、经过直接和非直接选举出来的拥有不同职权范围的市长等。然而,1998年7月的白皮书《现代地方政府:与人民进行接触》(DETR,1998a)则指出,立法应当更加细致和具体。英格兰和威尔士的地方政府须从三种具体的行政模式中选择一种,或者是提出一些可以为各部所接受的安排。请参见表6.2。

 英国地方政府

表 6.2 政治管理的新"独立行政"模式

传统的以委员会为基础的结构

　　官员们可被授权作出议会的决定,但议员作为个人——甚至议会的领导或委员会主席却不能被授权这样做。未经授权的决定必须经议会全体会议或者经由议员组成的委员会或次委员会会议作出。因此,在法律上,所有议员都是决策进程的一部分。

　　《2000年地方政府法案》——第一次对议会决策的制定、实施和监督工作进行明确的划分。行政机构首先提出建议,但议会的政策框架和预算须由议会全体同意。随后,由行政机构负责实施这些已经同意的政策框架。

三种(或更多)可能的行政安排的模式

　　英格兰和威尔士所有的议会——除了一些人口少于 85,000 的郡区议会——在对本地居民进行咨询之后,均须选择这三种行政安排模式中的一种,或者是提出一种可被接受的安排以供选择。

(1) 市长和内阁行政——先由全体选民直接选举产生市长,再由市长任命由 2—9 名议员组成的行政机构。

(2) 领导和内阁行政——议会全体会议选举产生一名行政领导(通常是多数党的领袖),再加上 2—9 名议员组成内阁。内阁成员可以由行政领导指定,也可经过议会选举产生。

(3) 市长和议会经理——市长由全体选民直接选举产生,把握总的政策方向。议会再任命一名官员,负责日常管理工作。

(4) 其他安排——是另外的行政形式,须经国务大臣批准。这种安排应比上述模式更加适合该议会的具体情况。

更小的郡区还有第四个选择:

(5) 其他安排(不包括独立行政)——经国务大臣批准,可继续保留委员会制度,但决策方式应该是高效、透明、负责的,并应该有对决策进行审查和监督的规定。

　　只有经相应政府范围内的全民公选同意,方可引入市长制的做法。举行全民公选可由议会提出,也可经本地 5% 以上的选民签名提出,或者由国务大臣指示进行。

审查和监督委员会

　　所有实行行政安排的议会,都必须设立由非行政机构成员组成的审查和监督委员会,以便确实使行政机构负起责任来。这些委员会可以针对议会工作的任何方面或者针对影响当地或居民的所有其他问题,向行政机构或政府本身提出报告和建议。

内部结构 第6章

选择范围的局限性,再加上对于具有争议的直接选举市长这种做法的明显偏爱,导致议会对这一法律的激烈反对,政府被迫作出一些让步。这一点可以参见表2.1。一些小的郡区经许可,可选择第四种"经过改进"的委员会制度,条件是必须能够证明它们有当地社区的支持。英格兰和威尔士的所有其他政府都必须以三种行政模式中的一种为基础起草计划,在2001年提交部一级批准,并于2002年开始实施。

苏格兰此时已有了自己的议会和行政机构,能够独立行事。它也出台了一份报告——由麦金托什(McIntosh)委员会起草的(McIntosh,1999)——并提出了一些相关的建议。设立麦金托什委员会就是为了研究苏格兰议会对苏格兰地方政府可能产生的影响。麦金托什委员会于1999年6月向苏格兰行政当局进行了汇报,其中最引起重视的建议就是在地方选举中实行按比例的代表制。但是它同时也对议会的工作方式和政治决策过程进行了研究,并建议32个议会都应当按照公开和责任制的原则对自身的管理方式进行总结。

因此,当威斯敏斯特议会为400多个英格兰和威尔士议会提供了三种行政模式的同时,苏格兰行政明确对任何"中央的蓝图"表示拒绝,鼓励通过"不同模式展现丰富的多样性"。特殊领导建议小组负责接受单个议会的报告,并于2001年4月向行政当局进行汇报。这些报告中包含有一些共同的思想,包括坚定地支持独立审查机构,以及在更加偏远的农村建立权力更大的地区委员会等。但仅有几个议会表示支持"英格兰风格"的行政制度、市长制等,大多数都倾向于支持精简的委员会制度。

市长在哪里?

我们必须记住,早在两年前人们就意料到了《2000年地方政

英国地方政府

府法案》的大多数内容。因此尽管政府依然向当地居民进行了咨询,还是可以从种种迹象中看出它们具有与目前"传统安排"不同的一些偏好。这可以从一项调查中看出端倪,请参见表6.3。

表6.3 过渡政治管理结构,1998—2000

	控制政党	行政模式	行政机构		非行政机构
			人数	党派	
布雷克兰区	保守党	领导+内阁	9	多党	5个监督小组
伯恩茅斯区	无过半数多数党	领导+内阁	7	多党	服务检查小组、政策咨询小组、地方论坛
贝里	工党	领导+内阁	8	一党	5个监督和审查小组、6各地区委员会
切斯特菲尔德区	工党	领导+内阁	7	两党	4个监督小组、9个社区论坛
科普兰区	工党	领导+内阁	7—9	由领导任命	政策监督委员会+审计委员会,3个常设政策发展小组
达德利	工党	领导+内阁	13	一党	4个选择委员会、5各地区委员会
东萨塞克斯郡	无过半数多数党	领导+内阁	6	两党	6个监督委员会+审计监督委员会
恩菲尔德区	工党	领导+内阁	10	一党	6个监督小组
哈默史密斯—富勒姆区	工党	市长+市长委员会	7	一党	议会中的委员会;5个监督小组
肯特郡	保守党	领导+内阁	7	一党	4个监督委员会;12个地区委员会
利兹市	工党	领导+执行委员会	9	多党	5个领导成员来指导行政;3个监督委员会;16个社区小组
中萨福克区	自由民主党/工党	领导+行政	6	多党	监督委员会;4个政策小组+最佳价值小组
威尔特郡北区	无过半数多数党	领导+内阁	7	一党(自由民主党)	监督委员会;5个地区委员会
雷丁	工党	领导+执行委员会	10	一党	6个监督小组;5个地区咨询委员会

·118·

内部结构　**第 6 章**

（续表）

控制政党	行政模式	行政机构 人数	行政机构 党派	非行政机构
罗奇代尔	工党	领导＋内阁 10	多党	9个政策及审议小组；城镇委员会
斯劳	工党	领导＋内阁 6	一党	监督审计委员会＋小组；5个社区/行业咨询论坛
斯塔福德郡	工党	领导＋内阁 9	一党	监督委员会；地区委员会
斯托克昂特伦特市	工党	领导＋内阁 12	一党	5个审议委员会；政策委员会
维克菲尔德区	工党	领导＋内阁 9	多党	6个监督小组；社区会议

注：NOC＝非全面控制（任何单一政党席位都不超过半数）。
资料来源：IDeA（1999）；Game（2000a），p.146.

　　政府部长们明显喜欢直接选举市长的做法，民意调查也表明至少公众喜欢这种方式。直接选举市长也曾经是地方民主独立委员会（1995）提出的主要建议之一，然而地方政府对此则不太支持。议员们对此持有特别的批评和关注态度，他们批评的是权力集中于某个人的手中，而关注的则是，如果市长们不是少数执行议员中的一员，他们就会从政策的制订过程中完全排除出去。他们感到更保险的方式是采取领导/内阁模式，尽管这也会涉及行政/非行政的区别，但这种方式是他们更为熟悉的。

　　市长/议会经理模式至少在初期具有双重缺陷：一是选举产生的市长，二是议会经理，这是英国地方政府制度中的新事物。议会经理制度是美国城市政府最为流行的一种形式——在美国的许多城市中都采用了这一制度，如达拉斯、圣地亚哥、堪萨斯、凤凰城都是这样——新西兰也是这样。它们的吸引力是显而易见的。这种制度可以将两方面的因素结合起来，一方面是经选举产生的市长在政治和政策方面的领导能力，另一方面是由议会任命的、负责日常决策的职业经理在管理方面的才能和经验。那些小的、受党派政治影响较小的郡区议会更容易倾向于这种做法。但显然，经选举产生的党派政客对此并不是特别感兴趣，他们不愿意将大量权力赋予任命产生的官员。

因此,在 IDeA 研究过的 191 个各种规模和类型的政府中,除了位于伦敦的哈默史密斯—富勒姆区选择了市长制以外,其他的都选择了领导/内阁制。人们可以清楚地看出,对于这种模式的理解和实施方式还存在很大的不同。内阁/行政机构的规模(有时比将来立法许可的要大)、政治组成、监督机制、地区或社区论坛的存在—这些模式的组成部分在各个政府之间都相差很大。从它们多样化的地理位置、历史和政治中,我们很容易想到这一点。

哈默史密斯—富勒姆区最先改变以委员会为基础的决策机制,它们是采取市长/内阁制度(至少在名义上)的主要议会——尽管"市长"是经议会选举产生的。如表 6.3 所示,行政机构不是内阁,而是市长董事会,它的 6 个成员都是指定代表,这可以清楚地将他们与从前委员会的主席区分开来。代表们最为重视的包括最佳价值、经济振兴、社会包容度、教育、住房、环境和合同服务等。在听取建议和咨询后,市长和代表可以提出建议。这些建议在经过至少两名议员、或者 10 人以上(含 10 人)注册选民的讨论之后,再接受议会中各党派委员会的具体审查。如果委员会对此不满意,可能会将建议驳回,以待进一步审查。

尽管哈默史密斯—富勒姆区的模式非常富有创意,跟随者却很少。虽然在 2001 年对该模式进行了进一步咨询,但这并非意味着它会发展为一种全面的市长制。作为咨询的一部分,或者是在 5% 的选民请求下,有几个议会举行了全民投票。但是最初的结果(主要是来自农村的议会,如切尔腾纳姆,格洛斯特和特威德河畔贝里克等地显示),多数人不赞同市长制政府:沃特福德的选民在 2001 年 7 月最先在全民公选中支持选举市长——随后紧跟的是唐克斯特,哈特尔浦,刘易舍姆,米德尔斯伯勒和北泰恩赛德。但与此同时,大多数地方议会却准备正式采用领导/内阁制度。

莱斯特郡议会为我们提供了该制度的范例(请参见表 6.4 和表 6.5)。莱斯特郡的新宪法——《2000 年地方政府法案》提出的

内部结构　第 6 章

另一个目标——于 2001 年开始生效,它比过去更清楚地描述了议会应如何工作。虽然莱斯特郡的议会没有领导/内阁制度那么典型,但它给我们提供了熟悉和了解新结构和术语的机会。你可以将它与网站上其他议会的宪法进行比较。你也可以对表 6.5 和莱斯特郡截然不同的"前现代主义"的委员会结构进行比较(Wilson and Game,1998,p 72),它的政策和资源委员会、6 个主要的服务委员会,再加上那些多得数不清的次委员会和工作小组——现在全都消失了。考虑到英国地方政府的情况,以那样的规模与过去决裂——甚至不直接选举市长——的确是近乎革命式的。

表 6.4　莱斯特郡议会的领导/内阁制

郡全体议会(54 人)
- 是议会的最终政策制定机构;
- 是能够批准和改变议会宪法的唯一机构;
- 批准议会的政策框架,包括一系列主要计划及预算;
- 批准和拒绝行政/内阁提出的、在所批准的政策框架和预算之外的建议;
- 接受监督委员会就行政/内阁的活动提交的报告

郡议会的行政作用
- 主要授权行政/内阁集体和首席官员行使有关权力;
- 行政机构包括议会的领导——由议会选举产生,因此通常是最大党派的领袖——和由议会任命的内阁(目前有 8 人)。它负责在行政方面作出决定,实施经议会批准的政策框架和预算。
- 内阁成员可代表内阁在某些具体问题上发挥领导作用。但权力不得授予任何内阁成员个人,包括领导(这一点和传统的委员会制度一样)。
- 如内阁的建议不符合政策框架或预算,都应该提交全体议会进行讨论。
- 行政机构召开任何作出行政决定的会议,都应当公开举行。

议会的审查和监督作用
- 监督委员会对此进行指导和协调。监督委员会由非行政机构的成员组成,在政治方面比较平衡,主席为最大反对党的领袖。
- 4 个常设审查和监督委员会——教育和遗产、卫生和社会服务、规划和环境、财政——它们也由非行政机构的成员组成,在政策的制订和审查、监督方面发挥作用。

英国地方政府

(续表)

- 它们可以对行政机构和首席官员的决定进行监督,还可以监督他们的表现。它们可以向内阁成员和首席官员就某个特定问题,他们关于一些问题和建议的观点,以及他们总的表现提出质询。它们可以对问题和可能的解决方案进行深入分析。它们还可以与本地区其他公共机构进行联系,或是对本地区其他公共机构的行为进行监督。
- 监督委员会还可以临时任命一些 5 人检查小组,对某些主要问题进行有针对性的检查。

议会的监管作用
- 监管——规划和保护、卫生和安全、颁发许可证等——这些工作由一系列"监管委员会和其他委员会"承担。比如,发展控制和公路监管委员会、养老金管理委员会等。
- 标准委员会——至少由 2 名议员 + 不属于议会的 1 名独立并拥有选举权的成员组成——监督所有经选举产生的成员和官员的操守标准。

议员个人的代表作用
- 确保他们所代表社区的福祉;
- 将选民的观点、关心和不满反映给相应的机构;
- 在对议会的政策和表现进行审查和监督方面发挥作用;
- 在制定政策和采取地方行动方面发挥作用。

表 6.5 莱斯特郡议会的领导/内阁行政机构

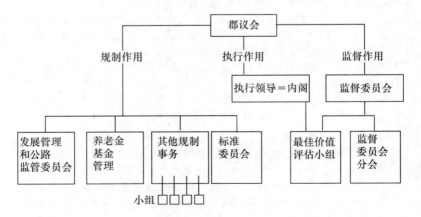

内部结构　第6章

戴着两顶帽子的官员？

关于执行政府的争论几乎完全是关于政治人物的,不管各个政府采取什么结构,他们的世界都发生了很大的变化。通过比较,官员们的"世界"相对稳定些。在这方面,莱斯特郡是个很好的例子。在本书的前一版中,郡议会的政治管理结构尚不明了,它的部门(见表6.6)从12个减少到了10个,但其他方面没有变化。

表6.6　莱斯特郡议会的领导/内阁体制部门结构,2001

服务部门	核心部门
教育	首席执行官办公室
图书馆和信息	郡财政办公室
博物馆、艺术和档案	信息制度
规划和交通	财产管理
管理服务——包括出生、婚姻和死亡登记,制订贸易标准,向消费者和贸易者提出建议	
社会服务	

这种表面上的稳定完全可能是欺骗性的,原因是执行政府的到来可能对官员和议会产生深远的影响。由于市长制和内阁执行制的独立性,地方政府变得愈加像中央政府,中央政府的高级公务员首先要对他们的部长负责,而不是对议会这一整体或者所有的党派负责。在"地方公务员"制度的发展方面,情况也是这样,原因是首席官员至少首先应对行政机构负责。假如真是这样,政府也不愿意承认这一事实。

与立法草案同时出台的还有一份冗长的文件《地方领导,地方的选择》(DETR,1999),其中只用了6个简短的段落来陈述有关官员的作用。这中间透露的信息是:我们并不需要大的变化。

 英国地方政府

官员们拥有的权力可能比以前要大些,接受地方人民进行直接咨询也显得越发重要,这些都有可能对官员们提出新的要求。但他们有望实施各种职责,这期间他们一直戴着两个帽子:既为行政成员服务,也为非行政成员服务;既参与政策制定过程,又对这一过程进行挑剔的评判:

>在地方政府管理的所有新形式中,议会继续由一名专业首席执行官负责管理专业队伍。一个大型的多功能组织要有效提供现代化服务,就离不开这支队伍。议会官员为行政和其他议员提供服务时,身份应该是不同的。因此,他们必须保持政治的中立性。(para. 3.82)

福克斯与利奇(Fox and Leach,1999)曾对这些问题进行过实质性的研究。他们指出,实践证明在一些政府中——尤其是那些采取市长/内阁制度的政府中——很难保持这种平衡和政治中立。他们提出,员工有可能需要以某种形式对内阁予以支持。同许多事情一样,不同的地方政府可能会衍生出不同的解决方式。虽然政府在立法中只提出了三种行政模式,但为了使这些模式适合自身的情况,各议会提出了无数的创意。

进一步阅读指南

由于地方政府的行政"现代化"几乎完全由工党政府倡导,我们应该首先查阅一些主要的官方出版物(DETR,1998a,1998b,1999)。地方政府协会(LGA)的网站上在"地方政府法案—新政治协议"这一栏,上边有许多可供下载的材料。"改进与发展机构"(IDeA)定期收集和发表关于地方政府有效性的研究,请参见汉布尔顿(Hambleton,2000),斯纳普、利奇等人著作(Snape,Leach,2000)。本章也引用了该机构的研究成果。汉布尔顿还著

有一本专著,它是对政治管理制度进行国际性比较的少数几部著作中的一部,该书由苏格兰事务办公室(1998)组织出版。普拉切特(Prachett,2000)和利奇(Leach,2001)曾进行过有益的学术研究,他们都来自德·蒙特福特(De Montfort)大学。利(Leigh,2000)在他书中的第七章从法律的角度对这个方面有非常好的阐述。行业性的出版物——《地方政府新闻》和《市政杂志》——将使您对该领域的主要发展情况——如市长制、全民公投和选举、监督研究等——有及时的了解。各议会的网站对它们的宪法和新的组织机构也有详细介绍。

第7章
变化中的职能

引言——服务提供的持续优先原则

我们已经着重介绍了英国地方政府制度的选举、民主历史及其特点。我们选举的地方议会和议员构成了我们城市、乡镇、郡或区的"政府",以同样的方式,部长们和内阁构成了这个国家的政府。但是,两者间最大的区别在于国家政府在总体上不是一个大型的服务提供者。也存在着某些例外的情况,最典型的如劳动和退休保障部以及内政部,但多数部长们和英国政府的各部门主要是制定政策而非提供服务。它们通过立法来决定应该向我们这些公民提供什么样的服务、由谁提供和如何负担经费。其他的部长和部门大体上做实际的服务提供工作,而贯穿整个20世纪且至今为止,地方服务最大的提供者一直是地方议会。

虽然在第2章中我们已经看到了事物在快速变化,但是这种情况依然存在。地方议会已经完全失去了自己的某些职责,它们其他的责任也已经面临和继续面临来自私营部门的竞争。有些是出于议会自身的选择,有些则不是,地方议会现在正在愈来愈多地同一系列本地的服务提供机构并肩工作。用于区别地方政府这种分工更细的、多机构的服务模式,同早期的"近似垄断的议员"模式的专门用语就是地方或社区治理。

社区治理意味着地方当局作为服务提供者的作用降低了。我们已经进入了一个有多种服务可供选择的体制的时代,该体制中包括了地方当局、志愿部门和私营部门所提供的服务。与非选举的、私营的和志愿部门之间的合作发生了彻底的改变,然而,虽然地方层面的服务提供往往比过去更复杂,而且服务不一定是通过直接雇佣和内部管理的方式进行的,但它仍然是地方当局需要发挥的主要作用。虽然梅德文特(Midwinter)所指的是苏格兰(1995,p.131),但其关于服务提供的持续优先论断却适用于全英国的地方政府:

> 尽管存在着各种言论、激进的改革观念、新公共管理的语言以及营销和公共关系的游说,地方当局的中心作用还仍然没有变化——即提供地方服务。

变化中的作用——从服务提供者到专员?

在第1章中,我们看到了一个议会是如何试图对其市民的需要做出反应的,或者通过直接提供服务,或者通过赞助、间接提供资金、管理或监管服务(p.10)。在第2章,我们又增加了一些更多的作用,如担任许可人、登记员、发证人、服务商、承包商(p.31)。现在该是把这个越来越长的名单排好顺序的时候了。利奇和斯图尔特(Leach and Stewart, 1992b)为地方政府确定了4种主要作用(框7.1)。

英国地方政府

框 7.1 地方政府——4 种主要作用

1. 服务提供：单独的地方服务项目的直接或间接的规划、寻找资源和供应。
2. 管理：出于公共利益对独立单位或其他机构的经济行为的管理，坚持使其服从有关物资和服务的交流和供应的各种标准、规定和程序。此时即开始涉及发给许可、检查、监管、登记和认证。
3. 战略计划：提供一个长期计划框架，以影响内部各部门和外部组织有关单独服务领域或权力范围问题的活动。
4. 宣传和支持：劝说一个或更多的其他组织（如私营工业、志愿团体）开展可能有益于地方的活动（如为小型企业提供贷款、为志愿组织提供补贴）。

资料来源：Leach and Stewart,1992b, pp.10—19。

不同于学术分析家利奇和斯图尔特，戴维·柯里（David Curry）1994 年 7 月在英国国会下议院是作为保守党部长代表地方政府发言的，实际上，虽然他本人当时并不知道，曾在保守党执政 18 年的 11 位地方政府部长中，他是最后一位同时也是任职时间最长的一位保守党部长。他选择了稍有不同的专门名词，但却强调完全不同的侧重点，这并未使人感到意外：

  第一种作用是**管理者**的作用…很明白，那种作用应当保留。第二种作用是**服务专员**的作用（我是有意使用这个词的），因为一系列服务的提供是由地方政府组织的，不论各种服务是直接提供的还是通过竞争过程提供的。第三种作用是**改革者**作用，与某些农村地区相比，这种作用与城市地区的关系更大，地方政府有责任与其他机构进行更多的合作……以便利用该地区的资源解决具体的问题。（英国议会议事录，1994 年 7 月 21 日，Cols. 616—19,黑体为我们所加。）

对当时的保守党部长来说，管理是第一位的，它不仅仅是保持下来，正如我们在第 6 章中所看到的，而且是在政府之下继续通过"传统的"委员会进行着管理。接之而来的就是服务提供，它所起的作用只是一个更大的服务委托作用中的一部分。如同服务委托一样,革新涉及与其他机构的协商和合作,在这位部长的首选计划中,革新包括减少地方当局自己的活动和开支。

仍是一宗大生意

即使是在近些年来完成了所有的约束性立法、服务转让、不动产出售和强迫竞争之后,英国的地方政府仍然是一宗非常之大的生意,虽说这是老生常谈,但却是实情。其2001年的综合性开支就超过了800亿英镑,比全部政府支出的四分之一还要多。如果将各地方当局的支出单独列出的话,它们中有近100个可以跻身于英国500强公司之列,仅以一例说明:肯特郡议会在其20世纪90年代中期改组之前,其150万人口就比联合国中大约40个政府的人口还要多,它的年营业额超过了10亿英镑,拥有5万名雇员和1400个服务点,使其成为不仅是肯特郡最大的雇主,而且比许多国营公司和国际公司还要大。

像肯特郡这样的郡议会是属于地方政府的"生意"中最大的生意,属于此类的还有较大的单一政府当局:大都市管区、伦敦的行政区以及一些新的大城市中的单一城市。正如在表7.1中所看到的,这些政府当局是属于那些负责本地区内由议会提供的大部分服务的当局,或至少是负责劳动力密集型和开支最大的服务(尤其是教育和社会公益服务)的当局。

英国地方政府

表7.1 英国地方政府的分工和主要服务责任

	大城市/伦敦当局				郡/单一政府当局		
	大城市区	联合当局	伦敦各区	大伦敦市政府	郡议会	区议会	单一当局
教育 包括学校、青年服务、成人教育、5岁以下	*		*		*		*
住房 包括翻修、再开发、无家可归人员	*		*			*	*
社会公益服务 包括家庭和社区保健	*		*		*		*
公路 包括交通规则、行车安全、街道停车	*		*	*	*	*	*
客运		*		*	*		*
战略/结构计划	*		*		*		*
地方规划/开发管理	*		*			*	*
火灾和救援 包括交通事故、安全检查和认证		*		*	*		*
图书馆	*		*		*		*
博物馆、美术馆	*		*		*	*	*
休闲和娱乐 包括艺术、休闲中心、运动场、公园	*		*			*	*
废物收集	*		*			*	*
废物处理	*	*	*		*		*
消费者保护	*		*		*		*
环境卫生 包括食品安全、污染控制、议程21	*		*			*	*
家庭税稽征	*		*			*	*

注意:本表仅作为通例指导,为避免本表过于复杂,我们没有做一连串详细的技术性脚注。如欲了解您所在区域的某种服务是如何提供的,请访问贵区议会网站。

第 7 章　变化中的职能

在英格兰的非大都市,了解郡/区的划分是重要的。这种区划是不分等级的。尽管在第4、5章我们的组织机构图中,郡和以前苏格兰的区是高于现在的区的,但这两个等级应当被视为地位平等才恰当,它们各自负责一套认为应该以最适当的方式提供的服务,服务规模可以较大,也可以更地方化。这种划分虽然极不平衡,很有可能会使郡提供服务的成本达到4或5倍于任何行政区域内区提供的服务。

原则上,单一当局负责英格兰其余两级部分中的所有这些服务,服务被分开归入郡和区。如同我们在第5章中所看到的,在实践中,还存在着一个复杂的各联合委员会组成的网络,该网络只部分记录在我们有意简化了的表7.1中,它们有助于服务的提供:这些机关由非直接选举的议员组成,议员由各自所在的议会推荐。

还有其他一些杂乱的组织,这些组织现在有望参与某一地区的管理:它们是非直接选举产生的,其中许多组织没有选任基础。虽然这些组织的准确数字和财政意义还不易确定,但是它们确实是很大的生意,一次早期、权威的所谓"准自治政府"研究(Democratic Audit, 1993, p.36)估计它们的地方服务开支超过了当选地方政府总支出的一半,而且,随着近来更多的行动区的出现和不同形式服务合作的过剩,该比例当然已经下降了。在某些情况下,这些机关使地方政府服务的管理和提供方法发生了巨大的变化,因此有益于第8章中的单独处理,特别是有益于地方管理。首先,让我们利用本章的剩余部分来看一看这些服务本身。

服务分类——英国的特殊性

在本章中,我们一直在试图再次强调在评价地方政府现在的责任时采取平衡观点的重要性,我们在第2章中集中介绍地方当局自行处理的情况时也是这样做的。与欧洲国家相比,英国的地

英国地方政府

方政府本质上是建立在一个较弱的基础之上,这是实情;同时,其行动的范围和自由度由于中央政府政策的原因近年来已经在很大程度上缩小了。还有就是地方政府的规模仍然超大,各种机构预算庞大,耗用大量的劳动力,负责着数百种服务。

正如我们在第11章中更加详细的说明,就人口而言,我们的地方当局实际上比欧洲任何国家的地方当局都大,而其提供的服务范围则不一定大。在这点上,最好只将其视为差异,例如,英国的地方当局对医院和预防卫生服务没有直接责任,而我们国民医疗服务制度(NHS)内的完全分离的机构则提供这两种服务。这个国家内大部分的社会救济金是由劳动和退休保障部来管理的,而不是由市政当局管理,这也是欧洲的习惯做法。

但是,假如说我们的卫生和社会公益服务在制度上的整体性不如欧洲大陆,那么我们教育制度的情况或许更甚。到目前为止,教育一直是英国地方政府内最大的挥霍者,因为一个提供教育的地方当局(即地方教育局)其实提供了所有的教育服务,从学校的建筑、教师雇佣一直到书籍和铅笔。在南欧和中欧许多地方,地方当局负责提供和维护房屋,而中央政府负责雇佣教师。对小学、中学或至少是高中的责任经常分属于不同等级的地方当局。在美国和加拿大,许多学校是由选出的特殊当局或委员会管理的。

英国作为例外的另一个方面是公共设施的提供。在几乎所有的其他欧洲国家中,市政当局保留了提供一种或更多的水、电和煤气供应的责任,在20世纪40年代进行国有化立法和80年代的私有化之前,所有供应都属于地方政府的服务。今天,即使地方当局的代表权也是限定于苏格兰供水当局。另一方面,英国的治安从历史上延续至今,比许多国家更为地方化。在斯堪的纳维亚、荷兰、澳大利亚和新西兰,治安不是一个地方职能,然而,即使对于1995年后的独立警察当局,还存在着多数地方议员代表权。

在我们简短涉及主要的地方政府服务时,记住这些两国和多国间的不同还是值得的。部分出于方便起见的原因,我们应该遵循表 7.2 中总结的 4 类服务,这就意味着从"需要性服务"开始,此类服务占英国地方政府纯支出总额的一半以上,反映出议会作为我们这个福利国家主要组成部分的交付人的作用。

表 7.2 地方服务分类

1. 需要性服务:如教育、个人社会公益服务、住房福利。以任何方法为所有人提供的服务,因此,这种服务有助于一个地区的资源再分配。
2. 保护性服务:如火灾和救援、在 1995 年建立独立的警察当局之前的治安。
   为人民安全、国家指导方针提供的服务,接受这种服务不能受到限制,而且一个人使用这种服务不影响向其他人提供服务。
3. 生活福利设施服务:如公路、街道清洁、规划、公园和露天场所、环境卫生、垃圾处置、消费者保护、经济发展。
   主要按照地方确定的标准提供的服务,以满足各地方团体的需要。
4. 设施服务:如住房、图书馆、博物馆和美术馆、娱乐中心、垃圾收集、墓地和火葬场。
   如果人们希望就可以利用的服务,有时与私营服务进行竞争。

需要性服务——是以任何方法为我们所有人提供的服务

教育——地方教育局衰退中的作用

我们现代教育制度的依据是《1994 年教育法》,该法在最重要的一款中要求负责教育的国务部长:

在其管理和指导之下,确保地方当局有效执行国家政策,为该地区规定一套具有多样性的综合教育制度。

请注意责任的划分。中央政府负责立法和制定国家政策的框架,部长就政策的全面实施对议会负责,但对学校具体的供应、人员配备和管理则由地方议会（地方教育局）负责。在没有任何进一步指导的情况下，这些地方教育局可以自行决定何种样式的学校可以构成一套"具有多样性的综合教育制度"。

在很长一段时间内都没有进一步的指导。大部分地方教育局执行"选择性制度"，即利用一种"11＋"的考试将学生分配到不同的中等学校、现代中学和技术学校。其他当局采用了它们自己的非选择性方法，其中尤以莱斯特郡最为引人注目。多年以前，工党政府第一次曾在1965年提出劝告、其后又在1976年通过立法尝试建立通用"综合性"中等教育，玛格丽特·撒切尔新任的保守党政府取消了该政策，结果产生出我们今天的这个混合制度。在大约28个地方教育局下尚有166所"选择性"中等学校，最值得注意的有伯明翰、特拉福特、里蓬，以及伦敦的巴内特和萨顿两个区，而在英格兰的其他地方和威尔士全境，都是综合性学校。

继1979年的立法之后，在20世纪80和90年代间，每年平均至少产生一部《教育法》：足以证明教育自行处理情况的大量减少是合理的。这种立法带来的冲击极大改变了地方议会的作用，改变了英格兰各郡、伦敦和大城市的区和那些单一当局的地方教育局职能，使它们失去了对工艺学校、高等教育机构、高等中学和进修学院的控制，这些学校大部分已经成为自治的法人，而地方教育局在学校管理中的作用也急剧下降了。

主要的立法是大规模的《1988年教育改革法》，它引进了全国课程，将核心和基础科目以及学生测验作为成就目标，推行学校地方管理计划（LMS），要求地方教育局将至少85％的教育预算转到或授权给学校的管理者，地方教育局从而负责监督其学校的运转和财务经营，更能引起争议的是，该法使得学校可以通过一次父母投票"脱离"地方教育局的控制，而成为由中央政府直接提供资金的国立学校（GM），而后成本计入地方教育局的账上。

在这个国家24 500所学校中的绝大多数正在热心于投票表决以切断与自己的地方教育局的所有关系时，这些父母投票就是保守党部长们期望的、为进行一次教育革命而选择的手段,但它只是一次从没有真正发生的革命。到 1998 年时,当国立学校的地位被取消,只有 1196 所退出地方教育局的学校,少于所有全部国立学校的 5%。可是,虽然地方教育局继续保留着其余 95% 的学校,它们的权力却减少了许多,部分权力是通过学校地方管理计划减少的,因此,对该计划不会产生什么误解,部分权力是由于该立法的措辞而减少的。《1994 年法》的部/地方教育局的合作关系已经成为了过去。到了制定《1993 年教育法》的时候,国务部长已经负有促进英格兰和威尔士人民的教育的职责,而该法却对地方教育局只字未提。

1997 年的工党政府改变了教育管理的许多方面,但是却不包括地方教育局对国务部长(现在正在负责教育和就业)渐增的从属关系。事实上,那时已经起草了一个教育法案,其中包括一个众人皆知的"零条款",该条款会将地方教育局一扫而空(Smith,1999)。最终的立法做了重大修改,截至目前,对于那些负责教育的地方当局,教育依然是非常重要的服务,但其责任不再过多涉及日常的学校管理。地方教育局负责提供和维护学校的房屋,组织某些进修和面向青年的服务,将资金转至学校管理机构并且保证学校遵循全国课程。

在工党第一次综合教育立法所采用的许多措施中,《1998 年学校标准和框架法》是对学校的重新分类。郡立学校(那些地方教育局自己建立的学校)变为"社区学校"。受控的或公款补助学校(通常是由英国国教或独立教会建立的)各自有地方教育局的会议和全部或部分的运转成本,现在成为"自愿受控学校"或"自愿资助学校"。国立学校的维护重归其地方教育局,这些学校大部分成为"靠捐助基金所维持的学校"或"自愿资助学校"。

对于一个先前忠于综合教育原则的政党来说,更易引起争论的是 1998 年法案还为加强中学生的选择作出了规定。除非又一次遭到父母投票的成功挑战,否则会允许选择性"中等学校"继续存在下去。这里涉及了两种形式的投票,人们普遍表示两种形式都是为了反对潜在的"废除主义者":居住在某区域内所有父母的"区域投票"以及在前三年中向中等学校至少转送 5 名学生的父母的"供给学校投票"。

对于非中等学校来说,1998 年法案引入了"容许选择"的概念。通过在"能力"和"能力倾向"选择之间进行的有些诡计多端的区分,该法使学校可以为某个特别科目提出某个专业领域(技术、艺术、语言、体育)以便根据学生对该科目的能力倾向进行挑选,挑选数量可达招生数量的 10%。如表 7.3 所示,改选的工党政府视此类专门学校为代表着国家中等教育的未来,同时可以稳步增强私营部门管理的作用。

表 7.3　中等国立教育的未来——专门学校、挑选和私营部门管理?

专门学校:第一所学校是 1986 年由保守党政府开办的城市技术学院(CTCs),它是为城市地区而特别设计的,注重技术、科学和数学,独立于当地的地方教育局之外,接纳所有的学生,资金部分由中央政府提供,部分由私营工商企业赞助单位提供。后者的资金远没有预期的那么容易得到,因此只建立了 15 所城市技术学院,而不是预先计划的 200 所。
工党的构想:将可能的专业领域扩大到包括语言、体育、表演艺术、工程技术、科学、商务和企业,引入对 10% 的 11 岁学生的选择。政府的 2000 年绿皮书设想在 2003 年前建立 1 000 所专门学校,2006 年前建立 1 500 所,这相当于靠政府维持的学校的 40%,批评家说该设想将不可避免地建立起一个两级附属制度,实际上就是"抵押选择"。
未来过早的例子?
撒里郡阿戴尔斯通镇的兰尼米德商务与企业学院
这所学校是由保守党控制的撒里郡议会在原来一所综合学校的基础上建立的,该议会与一家叫做 Nord Anglia 的私人公司达成了一项 7 年的"合伙"合约。Nord Anglia 早期的学校管理经历是混杂的:声称在唐开斯特市和威斯敏斯特区取得了成功,但是公司在哈克尼郡受到了督学的批评。该议会同意为新楼投资并且付给 Nord Anglia 公司一笔管理费,如果学习成绩提高了、逐出率降低以及父母首选本校的人数上升,还会另外付给该公司奖金。

主要消息来源:2001 年 5 月 24 日的《卫报》。

变化中的职能　第7章

个人社会公益服务——从家庭到社区保健

在这里要强调的关键是服务,正如在第2章中我们注意到的,在英国,给贫穷和易受伤害人群的大部分现金付款是由劳动和退休保障部的职业介绍所及其地方机构支付的。地方当局现在经常与志愿组织、私人组织合作并通过它们开展工作,地方当局负责向老年人、有学习困难的人、有心理健康问题的人、儿童、年轻人和被认为有危险的家庭提供服务。所提供的服务包括家庭护理、日托,以及诸如做饭、洗衣、房屋修缮和其他实际的帮助,这些帮助使人们在家中面对面的咨询、抚养与收养,看护好孩子。

像教师一样,现在,社会工作者忍受着新立法的要求、公众期望和可用资源严重短缺的持续压力。这两个群体已经变得习惯于这种例外情况,即一个或两个不幸的个人、某个单独机构或部门,并且间接使整个行业被推上全国媒体头条新闻的显要位置。对教师来说,他会成为被称为"失败学校"的那种情况,在需要点名和使其蒙羞的时候,国务部长会挑出这种学校。对社会工作者来说,如果涉及不履行儿童保护义务,那么情况会更不幸,随之还要对不适当的或误入歧途的热心职业行为进行调查。这些情况很明显是反常的,正因为如此,所以才会引起关注。但正是对其报道的深度,特别是如果将这些情况纳入一份官方调查报告,就会披露出有关议会部门的许多日常运转情况。

家庭保健一直是而且继续是任何社会公益服务当局工作的核心,但重心已经逐渐向住处和社区转移,尤其在《1990年国民健康保险制度和社区保健法》颁布之后。该法就是近年来增加给地方当局新责任而非减少责任的一个最明显的例子。社会公益服务部门开始负责评价所有要得到家庭和疗养院保健(这两种保健是靠政府提供资金的)的要求,还评价人们总的需要以及协调适当的服务。社会公益服务部门还要与国民健康保险制度当局紧密合

英国地方政府

作,制定年度社区保健计划,评价各种组织和部门的资源是如何有效地利用于满足当地人民不同需要的。

政府的构想(自然使人要表示对联合制定政策的关注)是建立一套单一而完整的健康和社会保健制度,并且使之成为许多未来发展的主题。将会有更多的立法来影响国民健康保险制度和地方当局的社会公益服务,就像《2000年保健标准法》那样,改善着英格兰和威尔士的保健服务管理制度。还会有更多的联合任命出现在地方和地区层面,有更多的非正式联合工作和预算共享安排,著名的例子就是2001年部长们的决定,即绕过国民健康保险制度并直接向议会付款,通过建立更多的保健场所来避免冬天的"床位阻塞"危机。

保护服务——为我们的安全提供的服务

警务——日渐远离

在1985年以前,英国的治安维持完全是一种地方当局的服务,警力主要布置在各郡;伦敦是例外情况,伦敦的都市警察直接向内政部长汇报,到2000年改由新成立的大伦敦当局负责,郡警察局局长对郡议会的治安委员会负责:除成员组成外,治安委员会与其他的郡属委员会相似,其成员组成包括2/3的议员和1/3的地方法官。

《1994年维持治安和治安法院法》通过将警察当局建成独立当局,改变了警察当局的作用和职能,警察当局对其自己的服务提供拥有了相当大的权力,并且更加独立于和脱离各自的议会。它们的组成通常包括9个议员、3个地区法官和5个指派的内政部成员,这是一个勉强选任多数,是间接选举而不是直接选举,而且地方政府利益在中央政府、地方政府和郡警察局局长的"三方结

变化中的职能 第7章

构"中已经普遍成为最薄弱的环节(Loveday, 1996)。它们仍然依靠地方政府实际征收其收入,同时,我们还能在第10章中看到警察当局是如何征收一种被称为"令状"的税种,议会被要求将"令状"包括进议会发送给居民的征税单中。在确定本地的治安目标时,它们首先要遵守的是内政部的全国目标,而后服从的才是本地议会的政策。

火灾和救援服务

直到20世纪30年代后期,消防队才开始作为地方当局提供保护服务的法定力量加入警察部门。从此,警察当局开始希望我们更多地将其视为一种服务而非一种完全的武力,与此同时,消防当局关注于强调自己所做的远远超过了消防。极为不幸的是,它们现在还要处理道路交通事故、化学品泄漏和个人(以及小猫)救援。它们有应急计划和消防安全宣传责任,并且通过其对商店、办公室、工厂和旅馆的消防认证,有助于地方政府的监控和管理作用。

生活福利设施服务——针对我们的社区需要

公路、运输和交通管理

这或许是所有公共服务中最共有的一块了,从高速公路到不通车辆的马道无所不管,而且涉及政府的各个层次,从运输部门、地方政府与地区部,再到行政堂区委员会。国务部长负责干线公路和汽车高速公路,决定经常由相关地区办事处作出,大部分养护工作由公路局承包出去,公路局是代表部长行事的一个执行部门。郡、单一城市和大城市行政区,以及伦敦的区和GLA对其他主要

英国地方政府

干道和二级公路负有责任。这里的"责任"包括路线设计,同时需要考虑费用、环境影响、住宅与工业需要和安全;筑路、道路改进和养护;公路管理,包括停车限制、速度限制、街道照明、交通标志、街道清扫和垃圾收集;冬天公路养护及公路安全。实际上,"代理合同"很普通,上述职责中的数项有望在两级地区由区议会实行。

在其另外职责条款内的政策优先项目,将是推进其可以承受的综合交通政策,尤其是提高公共交通的使用率。所以,同其他政策领域相类似,议会将提出计划——在此即地方交通计划——包括公路使用者与拥堵收费、公交服务质量合作、交通管理与噪声控制,以及提高空气质量。

计划与发展

这是另一项在地方政府不同层次之间的适当之处进行分担的责任。实际上,存在着两种主要的规划作用:预先计划或战略计划与开发管理。战略计划是地方当局决定如何在比方说 15 年内使本地区取得全面发展的过程。经广泛征求意见后,由郡议会草拟结构计划,地方计划由区议会草拟,在单一当局内两者是结合在一个单一计划内的。这些计划给不同地区划拨未来的住房、工业、商业和休闲等发展项目,同时考虑国家和地方保护环境的政策。住房地区的划拨很有可能会引起强烈的争议,因为开发商希望得到更多"绿色土地",而受当地居住和环境压力集团支持的议会则通常倾向于更多"褐色土地"的再开发。政府也对这些事情有自己并非永远一致的看法,而国务部长有权力"要求"修改或否决某个结构计划。

开发管理是议会通常根据有关开发计划,对申请进行现有土地或建筑使用的重大修改,或进行如建造、改造和拆除建筑物等实际开发的答复。计划部门应该在 2 个月内对申请作出答复,无争议的开发项目要正常委托给工作人员,有争议的复杂项目由议会的计划委员会确定,该委员会是所谓的"管理"委员会之一,即使是在议会实行新的行政安排后,它还将继续存在下去。议会可以作出各种答复,从无条件同意、有条件的或大致同意,直到拒绝,未获批准的申请人有权向国务部长任命的一位计划审查员并最终向高等法院提出申诉。

环境卫生和消费者保护

这是历时最久的地方政府服务之一,因为包括自治城市和区的现代制度是由健康和卫生当局的地方委员会而来的,而健康和卫生当局是根据19世纪70年代的《公共健康法》设立的。在1948年和1974年,地方政府失去了其大部分的卫生职能,随着国民健康保险制度的建立和整顿,地方政府"仅"负责环境卫生了。但是,如表7.4所示,同任何其他的机构和制度相比,包括国民健康保险制度,该责任仍然给予了议会更大的卫生宣传和疾病防治的潜力。

表7.4 如果这不是卫生保健,那什么才是呢?

> **现在英国的卫生保健是国民健康保险制度的责任,难道这不是地方议会的责任?**
> 是!除非你按照狭隘、否定的意思把保健仅仅定义为治病。如果你更肯定地将其定义为改善环境条件和生活的整体质量,你就会发现地方当局一致参与其中并起主要作用。在19世纪,它们领导了公共卫生革命,减少了传染病,改善了住房和公共卫生条件,提供了公共洗涤设施,采用了气体照明。今天,它们在履行各自不同的环境卫生责任中,发挥了相当的作用,它们的环境卫生责任包括:食品安全和卫生、公共卫生、废物管理、住房标准、职业健康和安全。
> **中央政府是否承认这种积极的卫生保健作用?**
> 承认,这很明显。地方当局在促进本地区经济、社会和环境发展中的新"活力"证明并加强了疾病防治和健康促进的作用。

英国地方政府

(续表)

> **地方当局承认其作用吗?**
> 是的,在许多情况下,不需要《2000年地方政府法》的提醒。
> 部分例子:
> 埃德区的儿童家庭安全项目:议会与西萨塞克斯郡卫生当局的健康促进部合作,向那些无力承担使孩子免受意外危险伤害设备费用的家庭提供设备。
> 布伦特区的出院小组:议会对出院计划采取主动态度,要求医院直接向其出院小组转交所有要求社区服务或长期居民服务的布伦特居民。
> 克鲁—楠特威奇区的健康改善工作人员:与一系列伙伴进行合作,合作伙伴包括全科医师、医院的营养和理疗部门、克鲁妇女援助组织、中风协会,以鼓励目标群的个人参加休闲和锻炼活动。受过产前水中有氧运动培训的医院助产士在区内游泳池提供每周一次的训练。
> 达林顿区的年轻母亲产前/产后团体:议会的社会公益服务和教育部门与地方的最初保健护理机关以及其他机构进行合作,以满足离校的怀孕女生的产前产后需要。

主要消息来源:SOLACE, *Healthy Living: The Role of Modern Local Authorities in Creating Healthy Communities*(2001)。

这就是议会环境卫生责任的全面性,所以在本书以前的版本中,我们提出了无所不包的服务,从废弃的车辆、狗粪、树木保护到动物园的注册登记(Wilson and Game, 1998, p.26)。整个明细涉及了检查、管理、登记、许可和认证的所有职能,在发生一场食品污染危机、对危险狗的恐慌或某些传染病传入之前,所有职能一般不会引起人们的注意。

因此,在废物收集和街道清扫这两种我们大多数人很少会马上与地方议会联系到一起的服务外,现在有了对出售和配制食品的房屋进行检查;对传染病爆发的调查以及口岸检查;对空气、水和噪音污染的控制,以及对不适合人类居住的过度拥挤和房屋的评价;对工商场所的卫生、安全检查;对性用品商店、骑马运动的马厩、狗舍、赌博游戏机、出租车和私人雇用车辆的许可;害虫防治。

变化中的职能 | 第 7 章

经济发展

查看一下某些议会的网站,你的感觉会是:拥有它们的那些商业区和工业区、商业财产档案、重新安置补贴、咨询和后勤服务,它们的主要活动是经济发展和创办企业。它们的重要性也似乎会被议会新的活力所证实,其重要性就是促进本地区的经济、社会和环境的发展。但事实上,只是在《1989年地方政府和住房法》之后,法令上才对议会在经济发展中的关键作用给予了明确的承认,这种作用涉及的方面较多,包括与私营部门和其他团体密切合作,这些部门和团体包括商会和零售业公会、知识和技术委员会,以后可能还会更多地涉及地区开发局。它将继续作为一种准许或自由决定的责任,而不是强制性责任,同时,一种用以检验一个议会严肃性的手段有望继续使用下去,它既引人注意又不牵扯财务问题,那就是看其网站的某个部分翻译成了多少种语言,汉普郡已经率先有了俄语和日语网页。

设施服务——如果我们愿意,是为我们所有人提供的

住房:最后的时代?

如果我们不是按功能而是以它们在历史上的重要性为顺序来看待,那么住房问题在本书一开始就应该占据主要位置了。但就其未来的重要性而言,这些服务明细靠后的位置可能正是最适当的位置,因为一些住房问题专家预计,作为我们这个战后福利国家整体特点之一的简易住宅可能将于2015年消失。导致这种发展的可能会是两项重大的国家政策:即20世纪80年代保守党的"购

买权"立法和由保守党发起、新工党推动的大规模房屋转让。

按照《1957年房屋法》,考虑地方住房条件并提供所需的更多住房是地方住房管理局的职责,无论是靠自己建设或购买、改造和改善现有房产。其后20年,全国简易住宅总量已经接近700万套。而后,在1980年,新任撒切尔政府的《房屋法》赋予了简易住宅承租人买下其房屋的权利,承租人可以根据租期的长短以最高70%的折扣购买。工党议会反对这项政策并试图抵制它,它们担心下降的住房总量会使人们不能私下租房,但议会被迫服从。如果国务部长认为某议会没有准允承租人购买其住房的法定权利,就会像发生在克莱克罗斯(Clay Cross)那里的一样,派去一位住房问题专员接管销售过程并将费用记在该议会的账上。这项"购买权"立法在1988年被延长了,到20世纪90年代中期,已有超过200万套以前的简易住宅属于私人所有,从那时起,该数字以每年增加约6万套的速度持续上升。

议会当然也有责任维修和养护其住宅,但由于政府逐渐加强对地方当局收入的支出和借款的限制,大量积压的修理工作开始增加。政府没有准许各议会借入资金自己处理积压工作,而是宁愿采取转让的方法。《1988年房屋法》提出了"由承租人选择",允许新房东们特别是被准许进行私人筹资(与议会不同)的住房协会,在承租人投票同意后接收简易住宅,这种投票的规则对地方当局极为不利。在更大范围内,只要投票表决的多数人决定退出地方当局所有制及其管理,国务部长就有权指定某地区为住房行动机构(HAT),比如伯明翰的城堡谷和布伦特的石桥。如今已成立了6个住房行动机构,接管地方当局房屋及其附属修理和管理职能。

在1997年之前的10年里,有25万套简易住宅转让给了住房协会,这些住宅协会迅速成为新出租房屋的主要提供者。但是,那时真正大规模的议会房东都是工党控制的主要都市和大城市的议会,这些议会的领袖希望一个新任的工党政府将放松对借款的控制,并且允许他们解决自己的修理积压工作。实际上,正如我们在表7.5所见,部长们鼓励大规模自动转让(LSVTs),除非转让被2001年政府推翻,这有可能导致我们已经知道的简易住宅的最终消失。

表7.5 大规模自动转让意味着简易住宅的结束吗?

什么是大规模自动转让?
大规模自动转让:房东允许议会将自己对房屋的所有权和控制转让给"注册社会业主"(RSLs),主要指住房协会或地方房产公司,前提是所涉及的这些房屋的承租人投票赞成转让计划。

为什么工党议会也愿意转让其住宅?
为筹集应对积压的修缮和改造工作所需的基本建设投资,全国估计要200亿英镑。继任的中央政府已经禁止地方当局以资产抵押借款进行必要的修缮和养护,而注册社会业主是最合意的解决途径。工党政府非但没有放松借款限制,反而积极鼓励大规模转让,同意勾销贫困区累积的住房欠债。

那么,所有人都在做转让这件事了?
对。转让主要以保守党议会开始,但到2001年,有超过100个英格兰地方议会已经按股份转让方式卖掉了它们所有的房屋,总数近60万套。大部分房屋转让给了议会自己成立的住房协会,这是为了强调该过程的"自动"性质,通常情况是议员占新管理委员会的1/3。
现在,所有业主中最大的议会业主已经参与进来:格拉斯哥市(9.4万所房屋和积压的修缮工作需要12亿英镑)、伯明翰(8.8万所房屋及修缮费10亿英镑)、布雷德福、利物浦、设菲尔德(由自由民主党控制)。政府计划每年转让20万所房屋,该数字是上届保守党政府数字的两倍,并在2001年选举结束后立即批准27个议会,让承租人对转让32.8万所房屋的计划进行投票表决。如果政府的计划能够得到响应,注册社会业主的房屋数量就将很快超过议会控制的房屋,到2015年,后者将真的所剩无几了。

这种情况会发生吗?
可能不会完全发生。部长们可能会放松他们对议会借款的限制,而且经常会有来自承租人和一些议员对股份转让的强烈反对。该政策被视为一项不能取消的、不民主的、中央政府领导的社会工程,它将有利于银行和建房互助协会、咨询方和鉴定人、建筑师和经营建筑业者,但是会削弱承租人的权利并导致房租上涨。以前数次承租人的投票失败了,这样的失败投票无疑会更多。

主要消息来源:M. Weaver (2001)。

英国地方政府

图书馆

虽然公共图书馆在过去的150多年中一直由地方议会提供资金,但只是到了1919年地方议会才获准花费大量资金购置书籍装备图书馆。具有讽刺意味的是,近年来在支出上没有法令限制,但实际中的限制却比以前任何时候都严格,图书馆被关闭,服务时间缩短,购书资金被削减,随之人们对图书馆的利用和借书相应减少了。尽管如此,大约仍有1000万人至少每两周去一次图书馆,这使得去图书馆成为人们的休闲活动之一,甚至比观看英式足球还受欢迎。

还有某些迹象显示,电子革命非但没有减少图书馆的作用,反而有发展它的作用。被工党第一位文化部长克里斯·史密斯(Chris Smith)称为"街角大学"的图书馆,为实现政府的主要目标作出了贡献:终身学习,在线提供公共服务,反对社会排外,鼓励社区复兴并且使更多人能够在线访问国家和国际博物馆的珍藏。出借图书还将是重要的服务内容,但在扩大图书馆作为信息、查阅和资料来源中心的作用的同时,图书馆还要担当学校、盲人和部分失明人员、医院、少数民族,以及社区文化和艺术中心的特殊服务提供者。还需要注意的是,图书馆还要继续接受和展示议会服务的详细内容、议事日程和报告的拷贝、有关议会开会时间、议员的联系电话号码以及联系地址。

休闲、艺术和娱乐

或许正确的看法是,最后讨论的这些服务是我们已经谈到的服务中最具自行决定性的服务,所有其他服务的某些方面是自行决定的,因为不同的议会赋予了服务不同的优先范围,提供服务的方法不同,效率标准不同。但是,有关休闲和娱乐的大多数立法是

变化中的职能 第 7 章

授权性质的而不是强制性的。议会可以供给博物馆和美术馆;它们可以同其他当局一同供给;可以成立交响乐团、建造音乐厅、宣传旅游业和提供各种体育运动和休闲设施。作为一个公民来说,如果你恰巧生活在服务标准相对较少或者对设施使用高额收费的当局之下,这种自行决定就会给你带来烦恼,但要是作为地方政府的一名研究者,从政府休闲支出的范围和形式上,你就会学到许多有关一个议会政治的、社会的和文化的价值。

结论——分享更多的地方势力范围

这个有关地方当局服务的概观不可避免地有些沉闷,用它来结束始于强调议会作为大规模服务提供者的持续作用的这一章,我们感觉是适当的。我们提到的几乎所有服务在过去几年中已发生了重大的变化,在某些情况下,议会以前巨大的独有作用正在被许多其他的服务提供者所分担。几乎在所有的地方,人们都能强烈地感受到财政紧张和政府鼓励性竞争的压力,但是,这在任何情况下都不能真正地说明,作为一个整体的政府在确定和提供服务中已经不再发挥其主导作用了。正如戴维斯所说的,平衡和许多细节当然已经改变了而且必然会进一步发生同样的变化,可是"传统的"样子还是可以辨别得出来的:

> 还从来没有出现过这种情况,地方当局已经在所有地方行使了所有的政府权力。其他人一直被包括在其中,但在过去,地方当局自信自己才是本地区合法的和无可争议的领导者。现在,它们的地位正在受到挑战,它们正在与许多在地方上行使政府权力的机关团体分享当地的"势力范围"。(Davis,1996,p.1)

进一步阅读指南

扬和劳(Young and Rao,1997)提供了一个有关主要地方政府服务的很好的历史概观,同时,芬尼(Fenny,2000)写出了最新的报道,而且这个作为见习记者测验内容的报道,资料充实且定期修改。大多数教科书由于篇幅所限只能简短提及个别服务,然而,所有主要的议会,也许包括你自己所在地的议会,在自己的网站上有其自己无所不包的服务,浏览一下几个这样的议会网站是到目前为止了解议会做什么工作和如何工作的最好方法。

第8章
治理和合作

引言——球场拥挤，但比赛尚未结束

第7章略述了地方当局的职能，其中许多职能现在是通过与私营部门和非营利组织或其他公共团体履行的。本章将进一步展开管理与合作的主题，强调当选的地方政府是由各组织组成的复杂综合物中独特的一部分，它与通常所说的地方管理有关。这个综合物内还包括住房协会、成人教育学院和靠捐助基金维持的学校、卫生当局、最初保健护理团体、知识和技术委员会、警察当局、行动区、合作关系，其中无一是直接选举产生的，因此无需对选举负责。戴维斯(Davis, 1996)使用过的比喻说地方当局正在习惯于"分享势力范围"。或许是因为私营部门在托尼·布莱尔心目中的突出位置，使他的形象有些过于好斗(1998, p.10)："地方球场上有各种各样的运动员在争夺位置，而以前的球场上，地方议会才是城镇中的主要运动。"但是，与肯尼斯·沃斯坦霍姆不朽的1966年世界杯决赛评论不同的是，这次的球场侵入并没有向当选政府发出"比赛结束"的信号，只不过是因为交锋规则中已经确实做出了大量的修改。本章将介绍这些变化中的规则以及这个政策网络的世界、合作关系和遍布各处的准自治管理机构并作出评价。

英国地方政府

地方的准自治统治——五千个机构介绍

在保守党执政的年代,选举产生的地方当局数量减少了,但非选举的或间接选举的团体却在损害经直接选举产生的议会的情况下得到迅速发展。正像韦尔和比瑟姆(Weir and Beetham)在他们所著的《英国的民主审计》中所总结的那样(1999,pp.251—2):

> 地方准自治管理机构大量存在,已经接管或篡夺了地方当局提供的许多服务。在社会住房方面,房产公司已经控制了地方当局大部分的新住房投资,还负责监督住房协会,住房协会已经成为地方对新社会住房项目进行投资的主要渠道……少数住房行动机构已经取代了地方房屋管理部门,来对一些政府为低收入者所建的住宅区进行管理。在教育方面,国立学校已经脱离了地方当局的管理……以前由地方当局管理的所有成人教育学院已经合并和转变为准自治管理机构;工艺学校已经脱离了地方当局的管理变成高等教育资助委员会职权范围内的大学;学校就业服务已经从地方政府中分离出去并转给了私人公司。在规划方面,英格兰建立了12个城市开发公司负责接管市中心区的规划……就业服务处于地方政府管理之外,是由培训和企业委员会(TECs)及其苏格兰同行地方企业公司(LECs)发展起来的……地方当局失去了它们在卫生当局委员会中的代表;而且它们在新的警察当局中的作用变得更小。

这些新的协会、理事会、公司、法人、委员会和机构都结构不同,工作方法不同,但它们都是中央政府直接或间接指派的团体,都在履行职责、提供服务,而这些工作直到最近还主要由地方当局负责或由其独家负责。这些机构因此绕过了地方当局并彻底与其

治理和合作 第8章

地方当局发生冲突。它们增加了地方政府的复杂性并提高了各自地方"赞助"部门的影响力,而如果地方的行政管理与中央的做法相左时,这种影响力就特别有用。在某种意义上,它们是中央政府的代理人,或者正像韦尔和贝塔姆将它们形容为"政府富有灵活性的朋友"(1999,p. 196),总的来说,它们已经成为通常所说的"地方准自治政府"。

"准自治管理机构"这个词本身是可以变通的词,有多种解释,这取决于政治目标要将解释的范围最大化还是最小化。政府就是那些空洞地许诺要"肃清准自治政府"的部长们,如果他们像新工党一样掌了权则尤其如此(Skelcher et al.,2000,p. 13)。民主政治的审计员们倾向于广义的解释。正如表 8.1 中提出的,只要它们拥护在前面段落中提到的所有那些"未经选举的地方团体花费公款",我们就不必拘泥于详细的定义。

表 8.1 是一千个还是五千个——什么是准自治管理机构?

我们已经顺便提到"准自治管理机构",而且第 8 章包含了有关这些机构的更多内容,但这里却似乎是适于作出一个初步定义的地方。

什么是准自治管理机构(quango)?
准自治非政府组织的简称。

它的含义是什么?
你可以从内阁办公厅的准自治管理机构网站上了解到:
> 在中央政府的工作程序中担负某项任务的一种机关,但它不是一个政府部门,或部门中的某个部分,因此工作时与部长们保持一定距离。

当然,这是一种官方的定义,中央政府使用这种定义。对未经选举产生而且不承担选举责任的政府,中央政府渴望尽量缩小其规模。根据内阁办公厅提供的消息,在 2001 年,联合王国只有一千多个机关团体符合该定义,它们被官方称为非政府部门公共团体(NPDBs),它们的支出总额仅 2 400 万英镑,被任命的委员会成员总数约为 3 万人。

一种选择性的而且更加有用的定义
下议院公共行政特别委员会在详细规划准自治政府时(下议院,2001 年),使用了一个更广义而且更有用的定义:

 英国地方政府

(续表)

> 负责发展、管理或提供公共服务或政策、或履行公共职责的[任何机关团体]，在主管团体内拥有一个以上的成员人数，成员应完全或主要是指定人员或自行指定人员。
>
> 该定义使得该委员会可以描绘这样一个拥有超过五千个"地方公共开支机构"(LPSBs)的"地方准自治政府"，它数以10亿英镑计的开支比非政府部门公共团体数以百万英镑计的开支都要大。
>
> **直截了当**
> 有关类似于该委员会的易于理解的英文定义，请查询"宪章88"网站：
> 　　花费公款的未经选举产生的机关团体。
> 就是这样的！

在过去10年中的几乎任何时候，此类定义将会在联合王国总共产生大约五千个地方准自治管理机构。描述所有这些机构最系统的尝试是下议院公共行政特别委员会做出的，该委员会的主席所处的特权地位使他可以通过在议会质询部长而得到想了解的情况。即使是该委员会也会在有些地方将其下面的委员会、理事会和公司搞糊涂，但是表8.2总结了该委员会的调查结果，该表可能是2000年4月有关地方准自治政府的最准确的介绍。

表 8.2　英国的地方准自治政府，2000 年 4 月

成人教育机构	511
靠捐助基金所维持的学校（前国立学校和自愿捐助学校）	877
城市技术学院	15
知识和技术委员会（于 2000 年取代了培训和企业委员会）	47
地方企业和就业服务公司（苏格兰）	39
注册社会业主	2 421
住房行动机构	4
警察当局	49
卫生当局/委员会	114
国民医疗服务制度机构	387
最初保健护理团体/机构	488
总数	4 952

资料来源：下议院公共行政特别委员会 2001 年 1 月第 5 份报告：《准自治政府介绍》。

治理和合作　第 8 章

这五千个左右的地方准自治管理机构是由 6 万多名"准自治管理机构官员"负责管理的,这些人主要由各部任命或自行任命,几乎为每一位议员任命三位准自治管理机构官员。早些时候的《民主审计》报告表示了对这种新"地方行政官"、对准自治管理机构委员会成员任命的任意性和党派性的方式,以及对许多委员会严重缺乏责任和公开性的关注。中央政府成立了诺兰任职标准委员会并且启动了一个渐进的改革进程,但正如上文所指出的,新工党允诺要更进一步并进行一次"准自治管理机构的选择",实际上,新的准自治管理机构还在继续,相当重要的原因是英格兰地区开发署以及新的威尔士和苏格兰的团体,都在跟随进行授权代理。

因此,在一年的时间里,在内阁办公厅文件《准自治管理机构》的前言中,选择的目标已经修改为尽量减少政府工具的增加,而当权的工党已经认识到这些工具的重要和适宜:

> 虽然准自治管理机构在履行重要的职责,但是我们将继续仔细检查所有有关设立新机关团体的建议,以确保这些机关团体的设立能使我们以最适当和节省成本的方式履行我们的职责。我们有义务将这些机构的数量控制在所需的最低程度。(内阁办公厅,1998a)

所以,这件事取决于你如何定义"所需"。地方政府的定义与工党部长们的定义相比,趋向于更加具有限制性。如斯克尔彻等人认为的,准自治政府已经在继续推进了(Skelcher et al.,2000,p.5):

> 工党的部长们正在扩大准自治管理机构在全国、地区和地方的作用……在地方上,许多含糊的、被任命和自行任命的机构团体加入到现有的"地方公款开支机构团体"和类似的私营公共事业机构团体。这些新的私营公共事业机构团体包括重建和其他的合作、教育委员会和住宅区、卫生和护理机构

英国地方政府

以及知识和技术委员会。

斯克尔彻及其同事的仁慈结论是：他们不清楚自己在干什么。即使如此，其后果可能会影响深远（2000，p.5）：

> 我们猜想部长们没有意识到准自治的扩张给地方民主和地方选举的政府所带来的后果……但是累积的影响正在使经选举产生的地方政府的权力和职责渐渐枯竭，并使提供公共服务的协调工作复杂化。对于地方的社区和市民来说，当地的市政厅自然是提出针对公共服务和公务的质询、请求、投诉和要求的中心，而混乱庞杂的公共团体却帮不上忙。

没有人会过分怀疑这种断言，即准自治管理机构能履行重要的职责并且能有效地履行。这些机构可以将宝贵的经验和专长带进政府，包括将那些没能通过地方选举制度得到充分代表的社会部分。它们可以将客观性和无党派的观点带入有关敏感问题的讨论。虽然民主主义者会辩论说，从选举产生的和有责任的地方当局手中接管整个地区的决策和服务提供工作，要冒严重缺乏民主的风险。

除了使其成员当选、让人们知道当选人的名字以及能让选举人可以轻易找到当选人，地方当局处理公务也还是比较公开和透明的。它们编写报告，每年对账目进行审计，为其会议做公开启事，公布议事日程、会议记录和背景文件，鼓励投诉，保存成员感兴趣的记录。它们还要接受大量的中央政府的命令、检查和管理。正像下议院公共行政特别委员会所发现的那样，许多准自治管理机构因为受到要求而不做这些事情（下议院，2001，表11）。五千个地方准自治管理机构中大约有一半的机构确实公布年度报告及其委员会会议的议程和会议记录，但是，例如，只有1/5的机构允许公众参加这些会议或遵守政府有关有权使用信息的行文守则，或与地方当局就机构自己的计划和政策进行协商。

治理和合作　第 8 章

　　这些民主做法本身没有一种能保证提供有效的服务,即使直接选举也不例外,但是与那些接受过斯克尔彻和戴维斯采访的成员所属的机关团体相比,这些机构更有可能提供有效、反应迅速和可改进的服务,因为被采访的一些人似乎连他们代表谁都不能确定:

　　　　[长时间停顿]没有人真正问过我对谁负责。[长时间停顿]这个问题很有意思。[停顿]可能是公众吧。[停顿]也就是本地区的人吧。我确实感到我在努力为他们做一些事情。当然,我也代表着我的公司。

什么是地方治理?

　　不论好坏,地方准自治管理机构已经成为地方治理世界中的主要组成部分,但地方治理到底是什么?十几年以前,"governance"(治理)这个词没有那么多理论上的含义;如果用这个词的话,它就是政府的同义词。但是20世纪90年代出现了把治理作为一个概念的强烈兴趣,作为一个构建的框架,它特别有价值,这使得我们可以更加了解治理的过程。地方治理将政府的和非政府的机构以灵活的合作方式联合起来,利用不同的策略解决不同的问题。地方治理不是建立在一个单独的当局、提供某项专业服务或一套新结构之上的,而是建立在不同方式的融合以及不同的工作关系之上的。治理方法的灵活性是主要的;因为公共部门和私营部门之间的界限已经变得愈来愈模糊不清,管理上传统的等级和官僚方式已经不适宜了。在承诺最佳价值和增强社区领导的工党政府领导之下,这个变化和转换的过程正在进一步发展着。以后要做的就是要找到新的工作方法,即为了整个社会的利益可以超越组织间界限的方法。

 英国地方政府

希望对准自治政府持批评意见的工党政府当选人,能够很快认识到,那种希望中央政府能迅速减少对地方议会的干预、恢复其已丧失的部分责任的想法,现在看来尚不能实现。确实,托尼·布莱尔在1998年曾警告说(p.20):

> 对通过直接干预来保证提高不合标准的服务,政府不会犹豫。如果需要的话,政府会寻找其他的当局和机构来承担那些职责,因为有的当局现在已经明显地不能提供有效的服务而且还不愿意采取必要的行动来改善它们的服务。

作为近乎垄断的服务提供者,地方当局没有退路;还要继续与许多合作伙伴分担所提供的服务。实际上,工党通过采用"zones"(区)这个词,也为公共管理的词汇作出了贡献。就业区、健康行动区和教育行动区的出现,清楚地表明新政府对于发展相同的地方服务型混合经济的承诺,这种混合经济已经成为过去10年的特征。以另一种与之相类似的方式建立了一项价值8亿英镑的新政,这是为了帮助重建这个国家中最贫困的住宅区的社区计划:为帮助学龄前儿童及其家庭的"放心起点"项目,关注社会弱势群体,与教育、卫生和社会公益服务机构合作。这些计划和类似的计划反映出工党政府支持机构间合作的期望,希望这种合作成为连接分段服务的一条途径,以更有效地满足社会的需要。确实,发展"连接起来的"更加完整的政府是1999年白皮书《政府现代化》的主题(内阁办公厅,1999)。

罗兹(Rhodes,1999b,p. xvii)为"治理"提出了一个特点明快的"约定"定义,即指自我组织起来的、组织间的网络。这个定义可以分解为4个特点(框8.1)。

第8章 治理和合作

框 8.1　治理的含义

1. 组织间的相互依赖。治理比政府的概念要宽,包含了非国家行为人。改变国家的边界意味着公共、私营和志愿部门间的界限变得多变和模糊。
2. 网络成员间的持续互动,这是交流资源和磋商共同目的的需要引起的。
3. 像游戏一样的相互作用,以信任为基础并且受网络参加者磋商和同意的游戏规则的控制。
4. 与国家保持高度的自治。网络不对国家承担义务;它们是自我组织起来的。虽然国家确实占据着一个享有特权、独立自主的位置,但它只能间接和不完善地掌控网络。

来源:Rhodes(1999b),p. xvii.

经选举产生的地方当局从而变成一个复杂的机构网络中的一个组成部分,这个网络涉及地方服务的提供。即使是在伯明翰这样拥有一个所谓的单一议会的城市,政府的组织也不再是较直截了当而且易于了解的了。因为,除了市议会,你现在尤其不得不考虑:单独的警察当局、数个联合委员会、卫生服务机构、初级保健护理机关、一个知识和技术委员会、一个开发公司、重建合作和特别工作组、成人教育学院和靠捐助基金所维持的学校委员会、住房协会、一个住房行动机构以及一个城市精华委员会。市议会参与到所有这些机构团体的工作中或与之联系,但是不再像以前那样控制或直接负责服务的提供。

议会接受其合作伙伴

地方当局对自己失去的服务和以前直接的政策影响遭到分散怀有一种几乎无法避免的怨恨,但这并没妨碍它们中的许多部门与本地新的准政府机构、私营部门和志愿组织进行密切和富有成果的合作。伯明翰自己的市中心重建计划是一个大的但并无异常的范例。如果欧洲和近来的千年委员会的筹款是必要的,那么与该市许多最著名的公司和企业组织的合作关系也是必要的,如表 8.3 所示。

表 8.3　伯明翰千年亮点:一次大型公共部门和私营部门的合作

它是什么?伯明翰的主要千年工程和该市东区重建计划的标志性建筑,也是其长期市中心再开发计划的最后一期工程。它按时对外开放并节省了费用(这点与某些千年项目不同),它是作为一个技术学习、调查、商务、研究和休闲的焦点。

主要特色:
- 思想库:一家多媒体互动的科技馆;
- 技术创新中心:一家与英格兰中部大学(UCE)合办的优秀国际技术研究中心。
- 第一年大学:市议会教育局长提姆·布里格豪斯博士创办的一项针对 11—14 岁儿童的独特学习实验。第一年大学实验本身是由"地方学习小组"发展而来,学校与其地方社区之间的一种合作。
- 中心:这个 5 层建筑的社交中心,拥有餐馆、酒吧、商店、办公室和一家电影院。

筹款:总费用 1.14 亿英镑,千年委员会提供五千万英镑,欧洲地区开发基金提供 2 560 万英镑,优势西中部(西中部地区开发署——见第 5 章)提供 590 万英镑,加上一项商业银行贷款和赞助。

主要合作伙伴和主办人:伯明翰市议会、中英格兰大学、伯明翰工商业联合会、专用电脑控股公司、GPU 电力公司、巴克莱、美洲虎、邓洛普、HSBC、伯明翰邮政有限公司、维尔开姆财产托管会、塞温塔兰托股票上市公司。

　　实际上,几乎是自相矛盾的,就在地方当局已经面临严重的财政约束和其他立法约束的时期,许多人已经开始比过去更主动地设想在地方发挥一种更广泛的领导作用。正如斯托克(1999a,p.15)注意到的,经济发展、城市重建、环境保护、社区安全和预防犯罪措施、反贫穷计划、预防性保健计划和反家庭暴力计划,都是地方当局促进实现社区管理设想的领域。中央政府已经通过给予地方当局在诸如环境保护领域的责任来鼓励此类发展,并且部分通过一系列筹款计划使地方当局与其他股东合作中为获取资金而投标。

治理和合作　第8章

合作和网络

至少在原则上,解决某些与新的地方管理有关的包括上述分段服务问题的关键就是合作和网络。这些合作和网络的规模、形态多种多样,各不相同,它们可以是采用网络形式的非正式合作,或者可能是正式的合同安排,涉及如中央政府、地方政府、志愿和私营部门。在大多数地方当局的区域内一般都有:打击犯罪和整顿秩序合作,卫生和社会公益服务机构之间的联合保健计划,本地区地方住房管理局与住房协会之间的合作安排,重建合作,社区规划团体,21世纪议程的合作,以及许多其他的联合工作安排,比如药物行动小组、反车辆犯罪小组、违法青年处置小组。表8.4中的列表很不完全,但它过去和现在都确实使议会的编辑者们准确地认识到当今地方管理中的复杂性和分段状态,特别是在这个国家最贫穷地区现在存在着许许多多的相互重叠的计划,所有计划都在以不同的原因吸引资金,都有不同的监管体制以及每个计划涉及的不同合作伙伴。

表8.4　由各种区域和合作关系组成的错综复杂的世界

政府最近的老生常谈:像"社区"一样,"合作关系"已经成为我们这个时代最陈腐的概念之一,对它的使用如此的普遍和不假思索,以致它本身已经变得几乎没有意义了。原则上,你简直不能反对这些概念,但是,我们要说,"合作工作"远不能保证效率的提高。然而,对于地方当局来说,合作已经必然变成了日常生活中一种比过去更突出的特征,相当重要的原因是中央政府各部门一直在建立合作关系并提供资金支持。以下对2370种的选择(而且仅仅是一次选择)都涉及相关部门的地方当局工作人员(而且有时是议员),其他公共团体、地方志愿团体和社区团体的代表,通常还有私营部门和企业组织。 113　教育行动区:与地方组织合作以提高成绩和克服学习障碍的极度贫困地区学校群体。

(续表)

26	健康行动区:通过健康和社会关爱计划,解决健康水平不均衡和需要优先解决的主要问题,比如心理健康、青少年怀孕、吸毒。
15	就业行动区:通过制定个人行动计划和建立"个人工作分项账户",帮助长期失业人员提高自身就业能力。
12	体育行动区:利用学校、体育俱乐部和其他团体的网络,提高贫困地区体育的社会和经济作用。
22	对重建合作的新承诺:为改善广大地区的生活和管理质量并提供一种供其他更多的特定地方合作伙伴使用的框架。
16	社区间合作的新政:缩小贫困邻近地区与国内其他地区在住房、打击犯罪、教育成就、卫生和就业方面的差距。
900	单独重建预算合作:针对有助于单独重建预算的数个政府部门的重建目标。
285	地方议程 21 的合作:推进 1992 年里约"地球峰会"商定的可持续发展、环境保护原则。
47	连接合作:推进向 13—19 岁儿童提供综合支持服务的连接服务目标。
150	早期发展和儿童保育合作:协调政府有关优质、担负得起和便捷的儿童保育的委托事项。
100	学习合作:提高 16 岁前学习的计划、一致性和标准并且扩大参加人群。
139	放心起点计划合作:改善弱势学龄前儿童的发展前景。
16	创造力合作:向年轻人提供机会,提高他们的校外艺术、文化教育。
376	打击犯罪和整顿秩序合作:协调地方解决犯罪及相关问题的行动。
153	社区法律服务合作:提高法律和咨询服务的便捷性和服务质量。

来源:下议院公共管理特别委员会,2001 年 1 月第 5 份报告:《准自治政府介绍》。

因此,合作虽然可以帮助解决地方管理中的服务分段问题,但一个至关紧要的问题还在,那就是如何管理和协调这些费解的机构间的工作安排。表 8.5 对困难作出了提示,早期发展和儿童保育合作远不是最包罗万象的或难以驾驭的地方合作,然而,即使是把大多数积极的参与者集合到同一个地方也并非易事,更何况要搞出一个共同的设想。正如贝尼昂和爱德华兹(Benyon and Edwards, 1999)在更加令人忧虑的社区管理和犯罪控制的背景下所指出的,困难在于取得资源通常是为了特定的项目,是按时间表进

治理和合作 第8章

行的,而时间表会影响协调工作,从而影响政策目标的实现。由于缺乏必要的支持,这种情况会导致某些项目的失败,例如出席会议、信息和行政制度过多。贝尼昂和爱德华兹的评述是(1999,p.166):

> 发展社区管理的一个关键问题是,某些社会政治问题是否可以修正到使问题的解决达到愈来愈多的不同机构团体满意的程度,而且犯罪和社区安全等问题正是这种挑战的例证。假若发生了严重的两代和种族间的社会冲突,而这些问题是可以在同一地区的居民中引发的,那么这些问题就会以严酷的方式说明协调性、责任性和耐久性的困难。

表 8.5 早期发展和儿童保育合作—即使是"简单"合作的复杂性

什么是早期发展和儿童保育合作?
这些合作关系是为了响应政府的国家儿童保育战略绿皮书(1998年)而建立的。这份文件建议,应制定有关建立、发展早期和儿童保育战略的计划并在地方通过政府、志愿和私营部门的代表贯彻实行。

一个地方早期发展和儿童保育合作中可能涉及的机关团体和所代表的利益

- 教育、特殊教育需要、社会公益服务和娱乐部门的郡议会工作人员

• 区自治会	• 议员
• 卫生当局	• 培训和企业委员会
• 地方培训组织	
• 学校管理者	• 学校
• 学院和大学	• 特殊需要志愿团体
• 父母	• 雇主
• 志愿部门校外供应者	• 托儿所供应者
• 儿童保育私人供应者	• 注册保育员
• 宗教团体	• 私人校外供应者
• 全国儿童保育员协会	• 儿童信息服务
	• 学前学习同盟
• 种族平等委员会	• 少数民族团体

主要来源:日托机构,关于早期发展和儿童保育合作的调查(DfEE, 2000)。

英国地方政府

然而,在评价最近这种合作热的时候,有很多理由需要保持谨慎。朗兹(Lowndes,1999b)评述道,对民主做法来说,它们可以是一把双刃剑。对于批评家们来说,它们对正式的政治责任形成威胁,正像指定机关以当选成员为代价增加影响力。但其他人会辩称,它们通过为众多的股东提供影响地方决策和提供服务的机会而完善了正式的民主过程。从业者倾向于区别更加有效或不太有效的例子。因此,前伯明翰市议会议长迈克尔·莱昂斯(Michael Lyons)辩称:"并不是称为'合作'的任何事情都是好主意。参与合作的任何人需要问一些合作会有效的基本问题。"对莱昂斯而言,成功的合作有 4 个基本的准则(框 8.2)。

> **框 8.2 成功的合作**
> - 它们的建立应是为了利用一个都认可的机会;
> - 涉及的每个人必须感到他们能够获利;
> - 共担风险;
> - 任何参与者都不能独占所有荣誉。

来源:Lyons(1997),p.10。

莱昂斯还强调了如果要使合作兴旺发展,水平思考、公开性和以革新方式工作的能力的重要性:"对潜在的联系,你必须思想开放,而且你必须准备好要与不同的人们一起工作,所以别忘了俗套话"(参见 *Local Government Management*, Vol.1 Issue 22, Autumn 1997, p.10)。

私人筹资计划(PFI)

事实上,在本章前两节中所提到的所有跨部门团体都可以描述为公共/私人合作关系(PPPs),但是,私人筹资计划是一种特别重要而且有争议的合作形式,并保证着自己的那个部门有存在的

治理和合作　第 8 章

价值。它起源于 20 世纪 90 年代早期,那时保守党政府正在继续执行其减少公共开支的长期政策,但是也面临着多年来对学校、医院、运输、国家经济和社会基本建设的其他部分投资不足。在不使政府财政开支数字膨胀的情况下,使公共部门可以负担资本密集型项目,同时,又能扩大公共服务的"私有化",这是个新办法。

政府没有向私营部门借款为建设项目提供资金,而后自己经营这些项目,而是私营部门将被邀请不但为建设提供资金,还提供与项目相关的一些或全部服务,作为回报,政府将在一段时间内负担这些服务的费用,这段时间可能要 20 或 30 年,这些费用将包括与资本投资相关的风险费用和补偿。私人筹资计划有几种,有些是项目的所有资产和服务提供是由私营部门承担的,也称为设计建造筹资操作(DBFO)计划,其他的涉及混合的公共/私人筹资,还有的涉及租赁安排。

私人筹资计划启动慢,但它能逐渐从大规模的运输项目如海峡隧道铁路连线和喜庆线延长线,扩展到医院、监狱、道路以及成人教育和高等教育机构中新的教学和居住设施。但对地方政府而言,第一个私人筹资计划在 1996 到 1997 年间甚至没有启动,主要是因为法律和财政的约束条件,英国地方政府财政只能依据这些约束条件操作,所以,是布莱尔政府在很大程度上对地方当局现在广泛使用私人筹资计划负责。

白皮书《现代地方政府:与人民保持联系》(DETR,1998a,p.89)表明了政府的新思想:"政府将地方当局发展私人筹资计划视为重要优先项目。私人筹资计划是寻求地方当局服务最佳价值的过程中的一个重要办法。"到 2001 年,已经另外划拨了约价值 40 亿英镑的资源,用来支持约 165 个使用私人筹资计划方法的议会项目。表 8.6 提供了一些在 2001 到 2002 年间由私人筹资计划提供资金的几种项目的例子。

英国地方政府

表 8.6　地方政府私人筹资计划项目精选

利兹高速火车：一个新的"高速火车"项目，将推动地方运输服务并有助于该市一些破败区域的重建。
南汉普郡快速运输项目：准备在费勒姆到朴次茅斯之间铺设的一环保轻轨系统，在戈斯波特和朴次茅斯之间有一条横贯港口的隧道。
北安普敦郡学习中心：伍顿菲尔兹将有一个着重于 ICT 和终身学习的新学习中心，它包括一所新小学、中学和私立图书馆。
多塞特应急服务：一个应急服务合作计划，它将包括为特定目的而建造的一个消防/救护站和一个区警察总局。
刘易舍姆的一站式图书馆：该伦敦行政区将拥有一个综合图书馆、休闲和卫生设施，包括 2 个全科医师的医业及其最初保健护理小组、地区护士和卫生访视员。
布雷克诺克郡的卫生、生活和休闲中心：诺福克区新的中心，用于提高健康生活和管理校外假日计划，将与一个社区交通计划相衔接，以便从本地区 5 个集镇到这里更方便。
老年人服务：哈默史密斯—富勒姆区将增加其看护床位和庇护房屋，并向其老年居民提供 2 个新的日间照管中心。

私人筹资计划对中央政府有明显的吸引力，即使是那些与 20 世纪 90 年代相比而较少预先安排给私营部门的项目。最明显的是，该计划将目前政府支出的负担从现在的资本支出变成未来的支出。支持者还会指出将风险转移给私营部门的好处，以及使私营部门的管理技能为提高服务质量发挥作用的好处。另一方面，批评家辩论说"这样的好处可能会被为吸引私人承包商而不得不对他们作出的让步所抵消"（Gray and Jenkins, 1998, p. 352），或者被低估环境和其他的问题所抵消，这就像希尔德和哥汉提出的发生在苏格兰的斯开桥（Skye Bridge）项目（Heald and Geaughan, 1999）。

然而，最严厉的批评还是围绕着费用问题。当私人筹资计划可以推动项目前进的时候，资源短缺的公共部门则没有提供资金的能力，在实际中，取得成果的原因只是一种昂贵的会计工作技巧，只是推迟了一下公共钱包的花费而已，而不是节省花费，其实是适得其反(Challis,2000, ch.11)(框8.3)。

> **框8.3　私人筹资计划的费用**
> - 私人筹资计划的花费更多,因为私营部门不能以政府能够得到的那样较低利息借款;
> - 私人部门通常需要为股东制定一个回收率,而公共部门不要求这样做;
> - 私人筹资计划过程本身还会产生额外费用,而且还需要聘请咨询顾问;
> - 风险转让使私营部门要求较高的回报率;
> - 在该过程结束时,可能不存在"公共资产";
> - 在合同期结束时的谈判可能会导致额外费用,这是私营部门供应者的垄断地位造成的。

来源:Challis(2000),ch.11。

　　尽管有这些保留,私人筹资计划仍将继续成为工党政府基础建设规划的一个重要组成部分,因此对许多目前正在地方上进行的主要合作计划起着中心作用。对需要资本投资的地方当局的吸引力是明显的,正像格雷和詹金斯(Gray and Jenkins, 1998, p.353)提醒我们的,其投资方案不必受政府提供的资本限制;它可以发掘私人部门公司通过设计革新和服务质量带来的附加值;而且一些长期操作的风险(如较高的维护费用)可以转移给承包商,承包商必须在合同结束时将设施以能正常运转的状态交付给政府。在工党政府已经对私人筹资计划做了许多组织修正时,即创建了一个新的采购代办所"英国合作"以及一个政府商业局,它还要继续在地方运用这种方法为合作提供资金。

进一步阅读指南

　　一个显然的起点是里奇和珀西·史密斯(Leach and Percy-Smith, 2001)的著作,如同它的书名所示,正是本章所关注的主题。更深入的研究还有斯托克(Stoker,1999a)的书,这是反映 ESRC 地方治理项目调查结果的两卷本中的第一本,该书从广泛的功能领域提供了伙伴关系和网络的例子。对于想要了解更多地方治理概念的学生来说,罗兹(Rhodes,1997)的著作不仅比别人讲得更清楚,而且还有完整的参考书目。关于地方准自治机构的研究主要参考地方政府研究中心的克里斯·斯克尔彻及其同事的作品(比如 Skelcher and Davis,1995;Skelcher,1998),以及埃塞克斯大学关于民主审计的研究(比如 Weir and Hall,1994;Weir and Beetham,1999),斯克尔彻等人 2000 年的著作则兼有这两方面的内容。戈斯(Goss,2001)提供了大量伙伴关系的实例以及有用的分析框架。尽管如此,还是有大量包括本章所提到的信息现在都可以很容易从网上获得。

第9章
中央—地方政府关系

引言：英国的"超中央集权"

　　1997年6月,我们刚刚完成本书前一版的校订工作,欧洲议会的地方和地区政府委员会就通过了一项关于其所属的40个左右国家的地方民主状况的决议。在这些国家中,只有6个国家被认为在地方民主方面存在严重问题,他们是保加利亚、克罗地亚、拉脱维亚、摩尔多瓦、乌克兰和英国。我们认为,这些国家在民主方面存在问题,并不是有武断干预的总统或不值得信任的选举程序。他们最为严峻也是最基本的问题在于,他们那些原本高度中央集权甚至趋于"超中央集权"的政府制度,其集权程度仍然在进一步提高。典型的例子,比如,议会更乐于指定国家事业机构替代由选举产生的地方政府为公众提供服务(见第8章),中央政府对地方政府实施财政控制(第10章)等。因此本章将勾勒出英国的中央—地方政府关系,并指出为什么像欧洲议会的地方和地区政府委员会这样严肃的观察者,会对我们的地方民主体系的健康状况提出批评。

　　我们将从正式的框架体系和大臣们个人及其群体所具备的中央控制手段入手,研究中央和地方政府的关系。在研究正式框架体系的时候,我们常常需要与实际的工作关系相联系,所以我们将在接下来的部分研究中央—地方政府关系的动态发展。我们还将分析新成立的交通、地方政府和地区事务部,地方政府协会以及政府地区办公室等三个部门的职责。最后我们将介绍的是一些需要考虑的理论观点。

正式的框架体系:控制和限制

为方便起见,首先介绍一下中央政府部门和地方政府的关系。我们将分析大臣及其所属部门所掌握的对地方政府具有潜在控制力的手段或其他强制方式。

立法

在第2章中,我们曾用"部分自治"来描述英国的地方政府在宪法中的地位,我们也提到这些集权教条所导致的各种障碍。中央政府认为有必要时,可以使用议会立法权来创建、废除、重塑和修订地方政府的权力。作为地方政府,被授权提供或确保某些服务,但这仅仅限定在国家法律框架内。新的福祉权扩大了地方政府的自由裁量权,但这不能改变其作为"被塑造者"的宪法地位。

所以,立法成为中央政府控制地方政府最为直接的工具,并且这一工具在最近几年里的使用频率越来越高,其影响力也越来越大,这是史无前例的。保守党政府在1979至1997年间,制定了210多项议会法令来影响地方政府,其中至少三分之一都产生了重要和深远的影响。堆积如山的法案和法院的判例与戈德史密斯(Goldsmith)的表述形成鲜明对比,他曾说"自1979年以来,中央政府在处理与地方政府的关系上,广泛地采用了更为非正式的方法"(1986c, p. xv)。

法律工具

正如我们在第 5 章所述的,议会法案常常被当作基本法。许多法案甚至将立法权赋予相关的政府大臣,类似于白厅中的"亨利八世条款":

> 为了法案整体目的或特别目的的实现,在必要时国务秘书可以制定相应的补充条款、附带条款、后续条款或临时条款。

所有这些次要的法案要通过议会发布和实施,但是,在当前每年出台约 3 500 件法案的情况下,对于多数法案的审核都是有限的。这样大臣们就可以通过这种方式来构建他们自己的基本法。如果他们愿意,他们还可以通过这些法案,来加强他们对地方政府行为和活动的控制。由于这些法案被冠以艰涩难读的名称,因此它们常常被媒体甚至议会所轻视,但这并不能证明它们本身不重要,尤其是对于那些受这些法案影响的委员会和群体来说,它们还是非常重要的(参阅表 9.1)。

表 9.1 法律工具:处于从属地位但仍具重要意义

以下是 2001 年度通过议会制定的 3,500 多项法案中的少数几个:

SI2750 教育扶持资助决议(试点地区)——修订了地方教育局对超过义务教育年龄的学生实施资助的条件(学生家庭住宅和收入水平核准计算)。

SI2786 威尔士 2001 法案儿童专员生效决议——确定了 2001 年 8 月 26 日开始实施,该法案的主要条款开始生效。

SI2793 道路使用费及厂区停车税(限于机动车)(英格兰)决议——根据 2000 年度的交通法,细化地方政府引入道路使用费和工厂停车税的征收程序。

英国地方政府

（续表）

SI2944	教育(学校教学目标)(英格兰)(修正案)(第2条)决议——要求15岁的学生必须取得包括英语和数学在内的至少5项GCSE成绩，而不是至少1项GCSE成绩。
SI2992	儿童抚养权的变更及收养局修正决议案(英格兰)——修正决议案规定，犯有某些过失的人不适合抚养和收养儿童。
SI3384	地方政府(现行法)(英格兰)决议——进一步细化了现行法的形式，要求委员会必须依据2000年地方政府法案，拟定其新的管理运作规程。

通告与指导

除了法律工具之外，中央政府部门还给地方政府发布通告，对地方政府如何履行其多种多样的职责进行建议和指导。这些通告通常被认为是保证中央政府的指导影响更加深远的一种有效方式，事实上，如表9.2所示，它也确实起到了这方面的作用。但是，并不是所有的通告都具指导性，其中一些就是中央政府与地方政府利益群体之间协商的结果，包含了许多很有价值的建议。即使发布的通告用意良好，但也正是这些通告，形成了中央政府持续有力的表明自身存在的一种手段。例如，对那些规划师来说，当他们查阅交通、地方政府和地区事务部的网站时，会被提示在了解以往的中央政府部门的通告之外，还应当熟悉25项计划政策、15项矿产政策指导意见、27项政策有效实施指导意见、地区政策指导以及各部长在最近时期议会中所做的答复和陈述性发言。

表9.2 丑陋的房屋：通告的力量

听说过"gob-ons"这个词吗？这并不是地方政府的术语，而是建筑商的俚语，意思是私人开发商要求他们对在全国众多社区内新建的近乎一样的住宅进行外部装饰，包括乔治式门廊、山形墙上镶嵌天窗等方式，来达成住宅个性化。

(续表)

> **我们的住房标准是如何制定的呢?** 至少部分原因在于当时的环境部发布的一个臭名昭著的通告(22/88),这个通告规定赋予议会议员和地方政府仅仅根据开发商规划地点发放开发许可的权力,至于开发商建造的房屋是否有碍观瞻、是否与其他房屋匹配、房屋品位是否低劣等,并不影响许可的发放。这样一来,私人开发商的个人品位开始流行。如果私人开发商在申请开发许可证时遭到拒绝,他们将招致环境部计划审查官的审查。
>
> **为什么部长没有干预?** 虽然保守党的部长们长期以来都不愿干预"市场力量",规定如何设计房屋,但最终他们还是采取了干预措施。20世纪90年代的计划政策指导意见规定,对于那些明显设计粗鄙、比例不协调或与周围建筑不相匹配的房屋建设计划,地方政府的计划部门有权拒绝发放许可。但是,对于许多议员和计划委员会来说,不予干预已经成为一种习惯,况且,当前的建筑环境在很大程度上已经失去了地方特色。

源自:Richard Girling, "Concrete Cancer", *Sunday Times*, 5 April 1998。

司法审查

英国地方政府通常在一个复杂而微妙的法制框架体系内运作。中央政府通过议会而拥有了无限的权威和广泛的指导、监督权。但这些年来,地方政府也获得了一些实质性的权力,这包括与地方政府提供服务的职责相关的自由裁量权、协办权和实验权。当地方政府的优先发展项目和政策与中央政府或其他组织发生冲突时,冲突将通过司法审查在法院解决。司法审查自1979年以来发生的频率逐渐增加。1974年司法审查的案例仅为160件,而1995年司法审查的案例上升为4 400件。

洛夫琳(Loughlin)特别指出(1996b, p.61)了司法审查案例数量的急剧增加对于中央地方政府关系法制纬度上的意义。他认为,在当代塑造中央政府与地方政府的关系过程中,议会和法院再次重返舞台并发挥作用。通过对一些特别重要的有争议的案例(包括表9.3中的前三个案例)分析,洛夫琳认为甚至可以用法律

英国地方政府

形式来制定出一种特别的模式,这就是法院辩论走得越远,对地方政府行为制定原则性限制的可能性越大(1996a, p.408)。

然而,并不是所有这些高度概括的案例都不利于地方政府。虽然大臣们能够说服议会迅速将刚刚还宣称不合法的行为合法化,但他们也有所损失,至少在短期内,法院对政府行为不合法的判决一方面使政府处于尴尬处境,另一方面也为政府推行其政策设置了障碍。在过去三十年里,曾经多次出现这种情形,表 9.3 里后两个案例则是最著名的两个。

地方监察专员(纪律检查)(*local ombudsman*)

表 9.3 中的案例具有明显的个性,其内涵已经超出案例本身,涉及的往往是组织之间的关系,较少涉及个人。然而,在许多地方司法审查案例中,会涉及个人对地方政府决策的挑战,或者是个人通过"选择"法院来表达他们的不满。之所以用"选择"这个词是因为法院的司法审查为公民个人寻求补偿创造了一种可供选择的方式。这种方式就是向地方监察专员——正式名称为地方行政专员(Commissioner for Local Administration)进行申诉。

1967 年,英国设立了国家监察专员,即议会行政专员(Parliament Commissioner for Administration)。此后,威尔士和苏格兰分别于 1974 年和 1975 年设立了地方监察专员及各自的委员会。开诚布公地说,不管是国家监察专员还是地方监察专员,其发挥的作用都与起初的期望相距甚远,也不具备少数欧洲国家,尤其是斯堪的那维亚半岛国家的监察专员那样的影响力。即便如此,现在英国的三个地方监察专员每年单独处置的案件仍高达 20 000 件,如果缺少了他们,人们对不良行政所持有的疑虑会越积越多,而这些疑虑如果长期被抑制,对于公共行政来说是非常不利的。

表9.3 司法审查:地方议会与中央政府各部部长同样受损

A. 限制地方政府行为的两个判例

诺丁汉郡议会诉环境大臣案(1986年)。工党领导的诺丁汉郡政府申诉,属于保守党的环境大臣在确定地方政府支出和资金分配方面,对包括诺丁汉郡在内的一些小地方存在歧视。这一申诉得到了上诉法院的支持,几乎将整个以基于目标的地方财政政策推翻。当国务大臣申诉到英国上院最高法庭时,诺丁汉郡政府对环境国务大臣的挑战才被压制下来。(参见 Loughlin,1996a,pp.282—9)

威勒诉莱斯特市政府案(1985年)。莱斯特市政府称,因为莱斯特橄榄球俱乐部没有全力支持市政府的反种族隔离政策并且拒绝与南非进行交流,市政府决定禁止该俱乐部使用市政府拥有的球场。彼得·威勒(时任俱乐部球队队长,后任俱乐部总经理)对市政府的这一决定发起了挑战,在区法院和上诉法院,彼得·威勒没有成功,但却得到了上院的支持。上院裁决,市政府的行为是不合逻辑的。(参见 Loughlin,1996a,pp.173—174)

B. 政府内部的争论限制了地方政府的行为

布罗姆利区诉大伦敦政府案(1983年)。由肯·利文斯通领导、工党控制的大伦敦政府,引入了"公平车费(Fares Fair)"计划,试图对伦敦的交通费用给予补助。其中部分资金来源于伦敦各区的额外税收(地方税种),这当然也包括保守党控制的没有任何地下交通的布罗姆利区。布罗姆利区政府代表其纳税人向大伦敦政府发起挑战,它在较低层级的区法院败诉,但却得到了上诉法院和上院的支持,最终限制了政府以"社会或交通政策"的名义对该计划提供资助的权力。

C. 限制部长行为的两个案例

教育大臣诉泰姆塞德市政府案(1977年)。新当选的由保守党控制的泰姆塞德政府一上台就废除了上届工党政府本打算实施的非常繁杂的市内中学重组计划。当属于工党的教育大臣要求推进重组计划时,泰姆塞德市政府提出了反对意见并最终得到了上院的支持,上院宣布地方教育当局的行为是不合情理的。

德比郡和兰开夏郡政府诉环境大臣案(1994年)。德比郡和兰开夏郡两个郡政府声称,环境大臣违反了有关法律,他试图操纵地方政府重组委员会提出英国未来地方政府要实行单一层级而不是双层制的建议。司法审查最终判定两个郡政府获胜。

英国地方监察专员的工作内容和权限包括:公众因一些部门不良行政引发的公正性对地方监察专员提起书面申诉,地方监察

英国地方政府

专员对此进行调查。地方监察专员的调查对象包括地方议会、警察和消防机构、联合委员会、教育仲裁小组及涉及入学事务的学校管理机构等。监察专员自己不主动开展调查,也不受理公众对议会政策内容方面的申诉。公众如果对政策内容本身不满,可以向议员表达,在可能的情况下可以通过选举让他们下台。监察专员仅受理政策执行过程中出现的问题,尤其是有关个案的政策执行速度、效率、公正性和合理性。

受到冤屈的公民自己可以直接向监察专员提出控诉,也可以通过本地区的议员向监察专员提出控诉。如果控诉在监察专员的管辖权限范围之内,他们就会要求该案涉及的地方政府做出详尽的正式报告。如果监察专员在受理控诉中发现可能存在不良行政,他们将采取一切可能的措施在当地予以解决,这样成功解决的案件约占他们全部受理案件的三分之一。只有少量的案件需要彻底的调查,最终形成并发布正式报告,就是否发现了不良行政或不公正做出判断。如果监察专员确实发现地方政府有不良行政或不公正行为,他们将要求地方政府采取一些必要措施,如道歉、经济赔偿、在以后的同类案件中改变有关程序等,使受损害的人满意。一般情况下,一旦监察专员作出这样的决定,地方政府就会采取这些措施。但是有时地方政府也会就此进行辩论并拒绝执行监察专员的决定,在这种情况下,监察专员除了再次发布更加严厉的公告之外,没有其他更加严厉的制裁措施。

我们在研究监察专员时,应该将他的公正性建立在特别案例上,而不是一般的规范上。毋庸置疑,地方监察专员做了大量有价值的工作,接受了大量的投诉。涉案的范围主要包括房屋津贴(占2000—01年度全部投诉的21%)、其他房屋事务(占24%)、计划(占18%)、教育(占8%)和地方税(占6%)等方面。地方监察专员受理的案件逐年增多,自1993/94年以来,每起案件的费用(当时为467英镑)已经下降了约四分之一,在本书前一版中也可以看出,等待案件做出决定的时间也有了明显的下降。监察专员

中央—地方政府关系 第9章

的重要作用之一就是为他们的许多调查对象提供一种范式,这有助于这些部门的持续发展,如对工作人员的自行车补助、文具中脱氯纸的使用、对发展中国家二手电脑的捐献等。

然而,地方监察专员也是一个拥有200名工作人员、花费近900万英镑的机构,在其处理的所有案件中,属于不公正的不良行政不足1%,并且不能强制实施补偿。1974年地方政府议会建立了自身内部的控诉机制,地方政府的顾客导向理念也极大提升。这样一来,不再需要监察专员这样的机构去消除那些明显的不良行政,有了其他更加通畅的渠道可供人们选择。对于监察专员这种控诉模式,有些批评者认为,建立一套更加本地化的调查程序会更好,这套程序基于地方议会自身的控诉机制,受由议会资助但完全独立的地方审判官监督,在中央建立一个规模很小的委员会作为中央监督机构。但事实是,2001年政府宣布创建一个统一的公共领域监察专员,负责处置涉及对中央政府、地方政府和国家医疗服务的投诉事务。一个更大的监察机构是否更好,其运作是否更加有效还有待进一步证实。

疏怠职守裁定与干预

立法赋予了部长们疏怠职守裁决权,部长如果对地方政府提供某项服务的方式不满,作为最后的手段,他可以介入并接管这项事务或交由另一个地方政府或特别机构承担这一职责。关于疏怠职守裁决权最著名的案例发生在德比郡的克莱克罗斯。当时的城区政府由工党控制,它不能按照1972年颁布的《住房财政法案》的"公正租金"水平提高其住房租金。保守党政府派出一位住房事务委员全面接管该政府的住房事务,11名克莱克罗斯议员被撤销公职,并处以6.3万英镑的罚款,这个数字正好是按照法案租金标准收取租金的所得。

由政府任命官员全面接管地方政府事务,除了可能引发政治

英国地方政府

纠纷和个人仇恨外,其实施的主要困难在于只是极少的情况下部长们才会使用这种权力。当部长们深感受挫时,他们往往通过寻求其他办法予以解决也不愿使用这种方式。但是在工党教育大臣戴维·布兰科特(David Blunkett)的领导下,接管甚至是关闭一家私立学校变成一件不是很难处理的事,这也在全国范围内促成了干预成为一种主要的政策工具。人们起初认为教育部的做法肯定不成熟,也会激怒许多人。但事实上,教育部采取的做法更加可行,也没有像人们起初想象的那样引起很多愤怒。据其标准和绩效局称,该局2001年关闭了130家运作不良的学校,对近800家学校进行了改革。

在实施干预政策方面,布莱尔政府远远超过了往届政府,并且干预对象也超出了学校的范围。2001年10月,卫生大臣阿兰·密尔波恩(Alan Milburn)对运作不良医院实行点名批评的制度并延伸到其他提供社会服务的部门。他警告说,如果被点名批评的社会服务部门没有明显的改进,可能会在这些部门引入新的管理人员。交通、地方政府和地区事务部长斯蒂芬·贝尔斯为了"保护和改善基本服务并确保议会解决其财政赤字问题",也曾经首次使用了1999年《地方政府法》新赋予的权力,来干预哈克尼区(Hackney)事务。中央政府部门中,不少于五个部在教育、社会服务、垃圾处理、住房补助及创建财政管理新体制等方面对伦敦区发布了指导性文件。据传其他一些地方政府也上了部长们准备干预的名单,对地方政府的管理将像私有领域一样,那些不能提供良好服务的政府有可能被邻近的运作良好的政府所取代。

监督

撒切尔政府时期司法审查的数量急剧增长,而布莱尔政府时期则在监督方面取得了突出的成绩。政府就某项事务如教育、防火或警察工作任命督察团由来已久。截至2001年,那些已经存在

第 9 章　中央—地方政府关系

的督察团不断扩大,许多新人加入了督察团之列。这对许多地方政府来说,"最佳绩效督察团"是最好的描述。学校督察团即教育标准办公室(OFSTED)的成立,就是督察团工作在规模和作用发挥方面不断扩大的明证。教育督察团对学校的调查每年达几千次之多,这成为教育部判定一个学校是否存在严重缺陷、是否需要采取特别的措施、学校管理是否基本失败并需要全新改造的重要基础。除此之外,教育督察团还承担着对全部地方教育当局所做判定的出版、地方教育当局资助的青年项目、幼儿看护与教育、教育行动区以及其他工作的监督职责。

教育标准办公室被审计委员会评为最有价值的监督工作后,许多教师都认为应该在地方政府推广教育标准办公室的监督工作,教育标准办公室自身的制度设计也开始在地方政府得以推广。议会提供的服务几乎都在豁免监督之列,所有被监督的机构都会根据其工作质量、较低成本、未来改进工作的可能性等得到一个星级评价。对于外部观察者而言,有关的报告和星级评定(可在www.bestvalueinspections.cov.uk 查询)可以使阅读更加生动,并有助于他们了解自己所在的地方政府的工作情况。而对于被监督者来说,至少在某些案例上的监督工作让人深感沮丧,如过于官僚化、公开敌视的态度以及最终导致阻碍工作的结果。在《红皮书回顾》(Red Book Reviews)中,一位政府官员称,督察团就像20世纪60年代中国"文化大革命"时期的红卫兵,他们手握毛泽东的红宝书谴责他们过去的同志。这次督察团手中握的则是审计委员会的"眼见为实"(Seeing is Believing)的尚方宝剑(Deffield,2000, p.12)。当然,这种说法有些夸张。但是,普遍存在的监督的确已经足够了。同时,这种监督制度可能会导致人们认为地方政府应当对中央政府负责,而不是对其选民或被选出的政治家负责,这种观念也是有害的。

法律申诉

监督者们通过他们各自的部门,在其职责范围内开展工作。在有些情况下,部长们更热衷于为自己塑造一个公民权利保护者和仲裁者的形象。因为许多地方政府权力机构的行为常常会侵害公民的个人权益,如关闭学校、发布有关公民义务购买或结关证书命令、授予执照以及拒绝计划许可等。地方政府在实施这些行为前需要中央各部确认和批准,受到损害的公民也有权向部长直至法院提出法律申诉。

财政

第 10 章将对财政问题进行详尽的论述,在此,我们只是就财政作为中央政府对地方政府进行控制的一种手段做简要的评述。其一,中央政府可以调整各个地方政府的资金分配;其二,中央政府可以监督其分配给地方政府的资金使用情况。中央政府可以通过改变地方政府预算或严格控制投资等方式来限制地方政府的支出。

目前,在英格兰和威尔士对财政监督主要由审计委员会承担,苏格兰则是由账目委员会来承担。这些机构的法定职责就是任命外部审计人员对地方政府机构和国家医疗服务机构进行监督,监督方式可以通过其工作人员(地方审计员)来完成,也可以通过普华永道、德勤和道彻或毕马威等私人会计师事务所完成。审计委员会成立于 1982 年,国务大臣在与地方政府联合会和职业会计机构协商后任命审计委员会主管,并且审计委员会必须遵守部长发布的指令。外部审计员对地方政府的检查项目包括:

- 合法性——地方政府是不是按法律赋予的职权范围支出

那笔资金的？
- 合理性——地方政府的行为合乎情理吗？
- 蓄意犯错——是不是所有的人都对地方政府的行为是否合法毫不关心？

当今审计员还要对金钱价值(VFM)的实现进行监督,他们要求地方政府能够遵守"3E"准则,即经济、效率和效益。地区审计员的报告涉及的内容可以非常广泛,并且措辞非常严厉,如发生在1996年威斯敏斯特市政府的"回家投票"事件(p.289)。

政府最初设置审计委员会是为了提高对地方政府财政的监督力度,但在实践中其发挥的作用还远远不够。在合适的时候,他们通常直言批评中央政府的政策。当他们调查发现个别地方政府的财政支出反映了当地公民的喜好时,偶尔它也会极力支持这些地方政府列出的财政支出重点。无论如何,审计委员会已经成为了中央政府创造的一个部门,且负责制定绩效指标,这使得地方政府部门之间以及不同地方政府之间在支出与效益方面进行比较成为可能。如我们所见,最近审计委员会还承担了对最优价值进行监督的职责。

工作关系——次中央政府关系的复杂性

法律对中央政府和地方政府各自权力有正式的规定,但脱离开这些规定,通过中央地方政府实践中的工作关系来考察他们各自的权力也是很重要的。我们已经提到,中央政府有充分的权力去制定法律、规制、指导和劝阻。

但是,这些都需要在中央政府和地方政府所构成的体制中去实现。在这套体制中,中央政府的控制虽然无处不在,但所有行政事务的改革和发起权都掌握在那些选举产生的议员、被任命者、职业官员以及经理人手中。中央政府试图控制这一体制,但是因为其人员有限并且它所监督的政府体制中的各部门不能整齐划一,决定了它的影响力是有限的。(Stoker,1990,p.127)

这样一来,在实践中,中央地方政府工作关系远非法律规定的那样简单,中央地方政府的工作关系在不同的时间有不同的表现,不同的地方政府与中央政府的工作关系不同,针对不同的行政事务也会表现出不同的工作关系。现在应该明确的是,不同的地方政府之间存在着差异,每个地方政府都有自己的政治观点和政策议程,有自己的机构和财政支出重点,有自己的历史和传统,并且在这些方面与其相近的地方政府存在种种的差异。坚持要将地方政府整齐划一是不可能的,因为肯定会有特殊情况存在。

同样重要的是,我们应当认识到,尽管英国有中央集权型政治文化,但是中央政府本身各部门也不是简单一致的实体。当然,中央政府各部不像地方政府那么多样,可就像地方政府一样,他们有各自的传统、文化和工作方式,有时甚至是根本性的不同,乃至直接的冲突。20 世纪 60 年代格里菲斯指出,中央政府各部与地方政府间互动关系正在发生着变化。有些部在管理方法上趋向于传统的自由放任政策,尽可能地减少干预;有些部如内政部、交通部等更注重利用规章控制地方政府;有些部如教育和科学部更乐于采用鼓励的方法。

与 20 世纪 60 年代相比,中央各部这种管理方法的倾向性如今更容易被政党政治的关注重点所替代。戈德史密斯和纽顿(Goldsmith and Newton,1986a,p.103)指出,早期撒切尔政府在地方政府的房屋出售政策方面有很强的指导,但在环境卫生方面却很少涉及,在确定政策领域优先考虑的重点时,环境卫生处于比较靠后的位置。"因此,地方政府在环境卫生方面要比房屋出售有更大的自由裁量权。"而到了 1990 年,中央政府又将"绿色工程"确定为工作重点,制定了《环境保护法》,提高了《废弃物处置法令》的地位,在环境保护方面加大了对地方政府的指导力度。由此可知,具体的政策领域是因时而变的,新的政策重点能够迅速创造出新的工作关系。工作关系不断发展变化是一个事实,政策领域(如地方政府财政政策)中处于优先考虑的政策如果保持稳定,那么就会使中央政府的行为更加有力,且更具干预性。

事实上,中央地方政府的关系远远不像字面上的表述那么简单。这不仅仅是因为存在数量众多的地方政府,多种多样的中央政府各部及内容各异的政策领域,还在于政党政治中所考虑的施政重点总是不断变化的。在构成次中央政府的结构图中,被任命的或者由选举产生的代表组成的中介机构也是不可缺少的组成部分。我们在这部分的开头就引用了斯托克的"次中央政府"一词,这一词汇与罗兹也有密切关系,是罗兹在其《威斯敏斯特与白厅之外》一书中,将次中央政府作为一个专题进行了详尽的分析。他指出,中央政府各部门与地方政府各部门的关系不仅仅限于中央各部与地方政府的关系(1988,p.13)。

我们制作的图9.1是对罗兹中央地方政府关系的简化。该图已经整合了许多在地方政府治理过程中不可缺少的公共组织、私人组织和志愿组织,它也反映出中央政府和地方政府机构是多么的零散。就和我们将本书命名为地方政府的原因一样,我们将此图命名为"府际关系"。它主要描绘了中央政府各部与地方政府之间的关系。虚线部分代表的是每一地方政府和中央各部之间理论上存在的无数关系。实线部分表示的是实践中中央政府通过"伞形"组织和机构构建的与地方政府进行联系和施加影响的渠道。

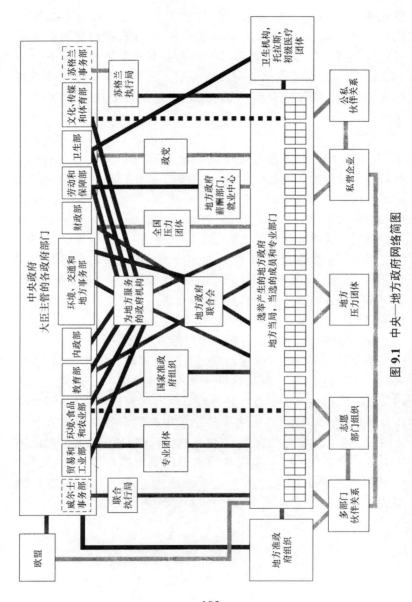

图 9.1 中央—地方政府网络简图

中央—地方政府关系 第9章

提高中央政府的干预力度

中央政府对地方政府事务的干预从原则上来讲比较容易观察。我们可以汇总议会直接或间接针对地方政府所立的法案,以及由白厅源源不断产出的大量规定(regulations)、通告(circulars)、指导性意见(guidance notes)、实践法令(codes of practice)和法定工具(statutory instruments)。无疑,所有这些构成了中央政府众多的监督和干预方式。然而比较难衡量的是中央—地方关系的本质。在表9.4中,我们用5个关键词汇来阐释过去二十五年来政府间关系的发展历程,这5个词汇是:从"咨询"(consultation)开始,接着是"合作"(corporatism),然后是"对峙"(confrontation)、"控制"(control)直至目前的"调和"(conciliation)。有人称这种发展历程是进步,而有些人则认为是倒退。

表9.4 20世纪60年代至21世纪以来政府内部关系的5个关键性词汇

发展阶段	时代特点	政府内部间关系
咨询 (20世纪60年代至70年代早期)	地方提供服务所需要的支出不断增加,地方政府雇员数量不断增加,多数情况下,地方政府这些行为得到中央政府的鼓励和财政支持。	生存与允许生存 大量的地方政府自由裁量得到中央政府的允许和普遍的资助,除了规则之外,中央政府很少对地方政府进行指导和干预。
合作 (20世纪70年代晚期)	增长的经济出现滑坡;石油价格上升等原因导致的通货膨胀,必须从国家货币资金中获取贷款并削减公共消费支出。	通过合作产生影响 工党政府与地方政府代表性协会在制定政策时合作,以确保地方政府限制消费支出,并通过不断的削减拨款强化这一措施。

 英国地方政府

（续表）

发展阶段	时代特点	政府内部间关系
对峙 （20世纪80年代早期）	保守党政府寻求控制地方政府、广大公众及消费支出的手段，主要是通过运用拨款制度来实现其控制。通过干预和私有化等政策使地方政府回退。	中央指令，地方自卫 中央—地方政府的协商被单边的中央各部决策所取代；中央政府对拨款进行了更加严格的限制，所有的地方政府议会都要制作详尽的支出方案，对于消费超标的议会要给予拨款上的处罚，即使是用他们自己的税收也不允许；更多地使用专项拨款和指令性立法。
控制 （20世纪80年代中期至90年代中期）	中央政府意识到，只有严格限定地方税并最终取消它，才能完全控制地方政府当前的消费支出。通过"消费者"（consumerist）立法和强制性竞标来重塑地方政府的服务。	如果你不能说服，那么就废除 解散花费超支的大伦敦市议会和大曼彻斯特市议会；引入地方税和中央税以及支出上限，先用社区费然后是市政税替代国内地方税，进一步使用专项拨款，加强立法减少地方政府的职责和自由裁量权。
调和 （20世纪中期以来）	随着有效的财政控制机制的建立，后撒切尔时代推行人头税的中央政府，在对地方政府进行管理时采取了较为缓和的方法。	它不会给我们造成损害并且会很愉快 对地方政府在消费和税收方面实施严格的限制会剥夺地方政府提供服务的职责。中央与地方政府仍存在不信任，然而，1997年以后，中央政府和地方政府建立了许多重要的协商性联系。

资料来源：Dunleavy and Rhodes, 1983, 1985; Rhodes, 1992。

"国家计划"，起初是为了规范不断变化的财政关系而设计的，但这个计划方式也适用于其他更宽泛的领域。与其他政策领域相比，在过去的二十年里，中央政府对地方政府财政控制方面要

中央—地方政府关系　第 9 章

更直接、更广泛。在这一时期,中央集权化程度大大提高,中央政府和地方政府通过地方政府协会和地方政府财政咨询委员会等机构组成的正式咨询机制,其发挥的作用大大逊色于部长及其白厅的官员们。许多观察者都对戈德史密斯 20 世纪 80 年代中期所做的乐观评论(1986c,p. xiv)表示怀疑,他说:"英国没有变成一个完全集权化的国家,……英国地方政府仍然在其提供服务的方式及其提供服务的水平等方面保留着大量的自由裁量权。"

对于已经零散不堪的中央地方政府关系,约翰·梅杰政府在重塑两者间的沟通和协商渠道方面做出了一些努力。1994 年 11 月,政府创制了一系列旨在改善中央地方关系的方针。然而,此时的保守党政府不为公众欣赏,它失去了对许多地方议会的控制和数以千计的议员,保守党政府的部长们不得不与由工党和自由民主党控制的地方政府共事。因此,在实践中中央地方关系没有太大的改变。所有的人都在期待着大选,最后工党获胜,许多工党的支持者都希望在有着共同理念的中央政府和地方政府之间,建立一种真正的工作伙伴关系。我们可以从图 2.1 看出,人们的期望实现的并不多。

在工党政府整个第一届任期内,其部长们同地方政府的关系可以通过图 9.2 的卡通画非常形象的表现出来。这种关系可以用"胡萝卜"加"大棒"来形容,有时看起来是胡萝卜和塞姆汀塑胶炸药。工党领导的新一届政府试图强调,与刚刚下台的保守党政府相比,它领导的政府更支持地方分权和地方自治。然而,当前的地方政府在许多方面都不能令人满意,急需根据政府提出的"现代化议程"进行改革。对于那些接受中央政府的诊断并对其开具的药方持诚恳采纳态度的地方政府,他们得到的将是"胡萝卜",如放松财政控制、给予额外资助或者是一些其他的自由裁量的特权。反之,对于那些拒绝接受中央政府诊断,也不愿接受其开具的药方的地方政府,等待他们的将是大棒政策。大棒政策的极力推行者环境大臣兼副首相约翰·普雷斯科特是这样形容的:即使他们反

英国地方政府

对保守党的政策,其面临的也将是中央政府至上的命令和更加强大的权力。如有必要,部长们能够且肯定会予以干预,强力推行他们的政策,最终将那些顽固不从的地方当局或有关部门的管理权限移交给其他机构。

图9.2　胡萝卜与塞姆汀塑胶炸药:工党新政府为地方政府确立的新议程
资料来源:《地方政府新闻》,1997年8月15日。

因此,中央政府与地方政府的关系,对于中央政府来说,仍是不信任地方政府并且坚持保留控制的权力。由于执政党在议会中占有多数席位,中央政府对于多数它认可的主张都可以通过制定法律予以规定,其中少数法律的制定也吸纳了地方政府的参与,如对强制性竞标制度的取消,创制福祉权,为伦敦确立市长和议会,一些放松投资限制的措施等。但是,如表9.5所示,对有助于地方政府权力增加的每一项举措,中央政府通常都会采取至少一项或两项对应的措施来维持原来的权力平衡。所以,我们的结论是,与1997年5月相比,四年后的中央地方政府间仍没有建立起更为健康的关系。

表 9.5　工党政府中央—地方关系平衡表（1997—2001）

地方政府增加的权限	中央政府（非地方政府）的对应措施
尤其是自 2000 年以来,地方政府获得的资助增多	财政数字显示,与保守党政府相比,用于地方政府的资金占 GDP 的比例更小了
有效地取消了支出和市政税上限控制	赠款投资限制扩大,更多地取决于部长们的意愿导向,如教育。
放松一些资金补助方面的限制	并非像苏格兰那样,支出上限实际上并没有被取消
取消强制性竞争投标制度	商业税没有重新本地化,国家财政收入对地方的分配在比例上没有增加,没有改革市政税
引入了改善福祉的权力	对基本建设投资持续限制,迫使地方政府议会转换办公地点
在大伦敦区重新建立民主政府	强制性竞争投标被更加官僚、干预性更强的最优价值体系取代
引入市长公投和审查监督程序	继续降低地方教育当局的地位
地方公共服务合同制的引入	毫不费力地使地方准政府组织负有更大的责任
建立中央—地方伙伴关系,即部长与地方政府协会的领导定期召开会议	只是在中央政府需要或赞成的情况下,才会增加地方政府的自由裁量权;只是在需要政策回应时,才会增加地方政府与部长的联系,而这种情况是很少的

交通、地方政府和地区事务部——一个典型的准自治机构

在 2001 年 6 月环境、交通和地区事务部（DETR）重组后,英格兰地方政府工作关系的重点就转变为交通、地方政府和地区事务部。在图 9.1 中,交通、地方政府和地区事务部的中心地位,充分显示了其对地方政府的重要性,此图还详尽地描述了其他中央部门在具体的政策领域中直接影响地方政府的情形。多数中央政

府部门,与交通、地方政府和地区事务部一样,有一个与地方政府沟通的特别渠道,这就是设置在地方上的九个政府地区办公室。目前,在苏格兰、威尔士和北爱尔兰,地方政府多数情况下与他们自己的执行机构联系。

新的交通、地方政府和地区事务部是在重组各部职责的情况下诞生的。出于政治的需要,还设置农业、渔业和食品部。环境、交通和地区事务部被划分为两个部:环境、食品和农村事务部(DEFRA)以及交通、地方政府和地区事务部(DTLR)。与白厅中少数几个部一样,无论是交通、地方政府和地区部还是它的前身,其办公地点都没有在白厅内部。1997年以前,环境、交通和地区事务部办公地坐落在离白厅一英里外的马莎姆大街,它有三座具有历史特点的不怎么好看的大楼,约翰·鲍尔逊(John Poulson)就在其中一座不美观的建筑物中办公。1997年后它搬到了现址,维多利亚车站拐角处附近的布雷森登广场的伊兰德大厦。在图9.3中,我们可以看到2001年工党政府的部长人员构成,也可以看到各部的高级文官和一些官员所负有的职责。

虽然交通、地方政府和地区事务部看起来像一个集团,有8位部级领导,工作人员达3 400名之多,但与那些直接提供服务项目的部如内政部和新建立的工作和养老保障部相比,它的规模还算是很小的,因为交通、地方政府和地区事务部不像这些机构那样直接提供服务。亨尼斯(Hennessy)曾这样形容以前的环境、交通和地区事务部,"它有点像白厅控制的公司,白厅对它各项活动的监督可以或严或宽地自由掌握"(1990, pp. 439—40),他还说:"它就是一个典型的准自治部",它可以通过它的执行机构如驾照办理局、车辆与计划督察员等来提供服务,也可以通过第8章提到的非政府组织或伙伴型组织如审计委员会农村局、住房托拉斯等来提供服务。这种运作模式意味着环境、交通和地区事务部每年需要超过560亿英镑的预算,这在白厅各部预算中排在前列,该部很大一部分预算交给公共实体使用,其中给地方政府支配的有370亿英镑。

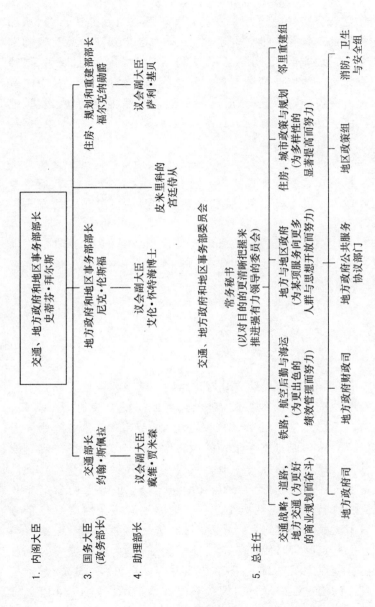

图9.3 交通、地方政府和地区事务部（DTLR）2001年结构图

英国地方政府

布雷森登广场的总部办公室处置各种政策和立法事务,从郡议会权力的现代化到推行电子政务,从确定与欧洲的关系到制定方便公众的地方法规。其工作人员包括经济学家、统计学者、律师和研究人员。他们同高级管理者和强有力的经理一样,在中央政府对地方政府的财政支持、政府的现代化议程、最佳价值最优、地方公共服务通过签订合同方式来提供等事项的立法工作中,这些人员也参与准备和实施工作。

在白厅涉及地方政府事务方面,交通、地方政府和地区事务部位于大量的正式和非正式的沟通网络的中心位置。中央政府各个部门在地方上都有各自的利益,这些利益必须通过正式的或非正式的政府机关会议、许多特别的集团或委员会来协调。交通、地方政府和地区事务部给各个地方政府提供指令和指导的同时,它也花费许多时间同地方政府的代表机构来协商,当前代表地方政府的最主要的机构是地方政府协会。

地方政府协会——地方政府全国性代言人

从20世纪70年代地方政府重组到1997年,英格兰和威尔士一直存在三个主要的地方政府协会,它们是郡议会协会(ACC)、大城市政府协会(AMA)和地区议会协会(ADC)。苏格兰地方当局会议(COSLA)是苏格兰唯一的地方政府协会组织,当初建立该组织的初衷是所有的苏格兰地方政府机构都能用一个声音说话。事实证明,这一组织要比英格兰和威尔士分立的几个协会更加有力,且潜在的分裂可能性更小。各个地方政府协会性组织在经历了一段不太顺利的实践后,认识到只有统一的协会性组织才能够保证国家制定政策时使地方政府能够施加压力,这样统一的地方政府协会就成立了。现在,苏格兰地方当局会议(COSLA)作为苏格兰唯一的统一性的地方政府代表仍保留下来,另外还有独立的

中央—地方政府关系　第 9 章

威尔士地方政府协会(Welsh LGA)和伦敦政府协会(ALG)。

对于地方政府协会的批评一直存在,一些人希望地方政府协会在抵制表9.5中所示中央政府集权者的措施方面更加有力。少数人则持反对意见,他们称地方政府协会代表将近500个地方权威机构,与以前的地方政府协会相比,现在的地方政府协会对地方政府形成了一个更加有影响力的"伞形"组织。和其各地成员议会一样,地方政府协会自然也是政党性政治组织。2001年至2002年,工党控制了全国多数地方协会,不管是中央政府各部还是操纵协会工作的16个行政部门中的任何一个部门,工党议员虽然没有达到半数以上,但却构成了多数。表9.6是2001年一个月中地方政府协会的活动,它给我们展示了中央政府和地方政府不间断的双向沟通渠道。

表 9.6　地方政府协会的工作——地方政府的全国性代言人

2001年9月至10月期间地方政府协会的部分工作
- 会见英国青年议会代表,了解其对一学年改为六个学期一事的态度并进行讨论
- 反对教育大臣提出保留对地方教育预算权力限制的意图
- 回应对枢密院提出的改变避难所申请程序,强调在为收留寻求庇护者修建避难所时,避难所的位置及其舒适度要与地方政府进行协商。
- 批评政府试图建立一个代表旅游业的单行业组织,称因旅游联盟由大的私人公司控制而过于狭隘不具代表性。
- 发表一份关于信用合作社的出版物,与交通、地方政府和地区事务部合作,强调他们在阻止任何对低收入地区不利的财政政策和为低收入地区提供帮助中所能起到的重大作用。
- 接收和分发政府简报,其内容为遇到生化恐怖可能袭击英国时,中央政府要求地方政府如何精简其紧急事件处置程序。
- 发起一场运动,得到了3亿英镑的额外补助用于社会服务部门,以减少当前卫生保健体制下冬季的压力,增加医院床位。
- 谴责卫生大臣,因为在全国招募社会工作者运动发起日的当天,他对据称运作不良的社会服务部门发布了一些资料,而这些资料是有问题的、不全面的。

英国地方政府

中央政府在地区设置的政府地区办公室

如果说地方政府协会是地方政府全国性的发言人,那么通过内阁办公室下设的地区协调处(RCU)协调的9个政府地区办公室则是中央政府关于地区事务的发言人。它们创建于1994年,是在对环境部、交通与地区部、教育与就业部、贸易与工业部设置在地方办公室进行整合的基础上建立起来的。从那时起,这9个政府办公室也接管了内政部以及文化、媒体和运动部的职能,2001年又接管了养老保障部的职能。现在,这9个政府办公室掌握60亿英镑的政府支出。它们首要的任务就是代表出资部门管理支出项目。它们通常要与地方公民、商业性组织、地方政府各部门、其他公共机构和义务性机构建立伙伴关系,为当地的福利而共同工作。地区协调处是白厅内处理地区事务的核心机构,政府地区办公室是保证政府能够整合的关键因素,并在英国地区民选政府中发挥着重要的作用(参见第5章)。

有关概念模型

在本章的最后部分,我们将概括几种模型,对中央地方政府关系进行研究和阐释。用洛夫琳使用的类比法(1996b, p.53),你可以将这些模型比作地图,像运用地图那样来使用这些模型。这些模型如地图一样,能够简明扼要而又精确地反映真实世界,使我们理解真实世界的复杂性,通过它们,我们更易找到解决问题的方法。

中央—地方政府关系　第 9 章

代理模型

在代理模型中（agency model），地方政府对中央政府的关系完全是从属的，如同中央政府的手脚或代理机构，在执行国家政策时没有或有很少的自由裁量权。从论述中我们发现，地方政府权力不断退缩，中央政府控制权不断提升，我们可以断言，代理模型是当前英国中央地方政府关系特征的真实反映。例如，博格达诺（Bogdanor，1988）称，1979 年选举产生的保守党政府是"自 17 世纪斯图亚特王朝以来最为集权的一届政府"。地方政府的权力在逐步削弱，职责也发生了转变，中央政府对地方政府的税收政策和财政支出政策实施强有力的控制，如今地方议会甚至还不如中央政府的代理机构。

这样的解释忽视了实质上的政策多样性，实际上这种多样性在地方政府部门中仍然存在。很明显，中央政府对地方政府实施严格的财政控制，但是这种控制既不能导致统一的财政支出方式，也不能形成政策上的优先序列。这可以通过多种方法来证实，最为有效的方法就是在比较公共财政和会计协会每年编辑的财政或其他统计数字后对其进行分析。如表 9.7，所有的地方议会都必须报送这些统计数字，在同样形式和规格下，每一地方在服务方面的统计都可以同其他地方的相同项目进行比较。

如果你能在表 9.4 中给你个人所知的议会找到对应的项目，你会发现这种比较能够提供大量信息，对于你观察到的变化，你会感到你能够开始作出一些解释。你会考虑各种各样的因素，其中包括政治控制，集团活动，不同地理、经济以及当地社会特点等。但不包括人口多少，因为所有的数字都是基于按照人均值或价值等同的标准计算出来的。你还应记住，财政支出方面的统计并不能说明绩效如何，因为他们仅仅代表在提供一项公共服务时的投入，至于当地使用者及纳税人获得的该项服务的质量或价值，财政

英国地方政府

支出方面的统计数字有时能够说明,有时则不能说明。

试图解释表9.7中的变量可能是一种冒险的举动,在此我们无意尝试。该表主要的目的就是强调,各地方议会所拥有的法定职责完全相同,但是他们的财政支出却不同,并且在政策方面也存在明显的差异。即使是在非常重要的法定职责如学校教育方面,地方政府议会各自百分比数字存在的差异也是非常明显的。地方政府提供的文化和经济发展方面的服务是其主要甚至是全部自由裁量权的集中体现,在这些方面的差异也是巨大的。

你可以用审计委员会每年制定的绩效指标来衡量地方议会相似的行为。所有的议会都必须向审计委员会呈交他们的绩效统计数字,并要向当地公布这些数字。如在当地报纸中用两个版面公布或通过议会自己的免费报纸的副刊来公布。地方议会充分利用这次机会,向当地的公众说明他们在哪些方面做得很好,他们在优先提供哪些服务,并向公众解释某些服务项目比其他地方议会落后的原因。

表9.7 部分地方政府提供的服务统计数字比较,1999至2000年度

	中等教育		社会服务	图书馆服务	艺术文化与遗迹	经济发展与促进
	对每名学生的支出(英镑)	生师比	人均纯支出(英镑)	人均纯支出(英镑)	人均纯支出(英镑)	人均纯支出(英镑)
A. 都市区						
巴恩斯利	2 803	18.2	275	8.1	2.7	14.3
伯明翰	2 989	22.5	338	15.1	11.0	14.6
布拉德福德	2 624	20.0	293	9.3	4.0	7.9
贝里	2 877	17.7	1 037	11.3	1.0	0.7
考文垂	2 952	17.1	217	10.5	11.4	31.8
达德利	2 822	15.9	310	11.2	4.0	0.24
诺斯里	3 048	16.9	153	17.4	3.5	20.0
利兹	2 926	18.4	207	10.8	11.8	3.7

(续表)

	中等教育		社会服务	图书馆服务	艺术文化与遗迹	经济发展与促进
	对每名学生的支出（英镑）	生师比	人均纯支出（英镑）	人均纯支出（英镑）	人均纯支出（英镑）	人均纯支出（英镑）
曼彻斯特	3 208	[13.7]	327	[22.5]	[11.9]	N/a
沃尔索尔	2 699	(26.2)	N/a	14.8	4.7	1.4
所有城市地区	2 868	18.1	303	13.0	6.1	7.3
百分比最高与最低间的差额	22	91	578	178	1 189	13 000
B. 英格兰的郡						
德文郡	2 861	17.5	275	8.8	(0.15)	1.4
达勒姆	2 856	17.1	270	11.6	N/a	[7.1]
东萨塞克斯郡	2 929	16.4	(229)	10.4	1.0	1.3
埃塞克斯郡	2 945	16.2	399	[12.9]	2.3	2.1
林肯郡	2 805	[33.1]	272	10.2	3.4	2.3
诺福克郡	2 959	21.7	314	10.3	[4.8]	1.2
牛津郡	2 786	17.4	397	9.6	2.7	(0.07)
萨默塞特郡	3 022	19.4	[434]	(8.7)	2.3	1.0
威尔特郡	(2 485)	24.2	N/a	10.3	1.2	1.3
伍斯特郡	2 524	(15.8)	N/a	8.9	1.3	0.8
所有英格兰郡	2 799	18.4	313	10.7	2.0	1.5
百分比最高与最低间的差额	22	109	90	48	3 100	10 000

提示：□ 表示最高值；○ 表示最低值。

N/a = 尚未得知

来源：CIPEA（英国财政与会计特许委员会），地方政府比较统计，2000（IPEA，2001），pp.56—71。

英国地方政府

一些地方政府议会由于当地经济状况和社会条件不佳,与条件较好的地方相比,他们面临更多的服务需求,紧张的预算也使他们面临更大的压力。然而,要将地方议会之间存在的巨大差异解释清楚仍然不易。在表 9.8 中可以看出在家庭垃圾收集及回收率方面,不同的地方存在着很大的差异,更不用说一些地方政府竟直言不讳地希望当地居民依靠私人企业救济。各地议会工作效益不同,他们提供服务的优先序列也不同。换句话说,他们拥有自由裁量权。正因为此,代理模型所展示的中央地方关系并不能令人完全满意。

表 9.8 部分环境服务项目绩效示标(1999 至 2000 年度)

	最 高		最 低		变化程度%
每十万人拥有公厕 (全国平均=15.4) 仅单一层级和都市政府	怀特岛 伯恩茅斯 巴斯—东北萨默塞特	40 32 23	利物浦 桑德维尔 圣海伦斯	0 0 0	无穷大
每 8 周申请家政的住户率 (全国平均=75%) 仅单一层级和都市政府	威拉尔 盖特斯德 塔洛克	95 93 90	西伯克 沃金汉姆 南安普敦	46 47 51	107
人行横道无障碍率 (全国平均=72%) 仅单一层级和都市政府	伯尔顿 特伦特河畔斯托克 托克 特尔福德和雷金	100 100 100 100	唐卡斯特 利物浦 斯托克港	22 36 51	350
家庭垃圾回收率 (全国平均=12.3%) 仅单一层级和都市政府	伯恩茅斯 巴斯—东北萨默塞特	30 27	曼彻斯特 伍尔福汉普顿 诺丁汉	0.6 3.2 3.7	5 000
每十万户中未收集垃圾户 (全国平均=194) 仅都市政府	维克菲尔德 利兹 考文垂	2 091 1 916 898	盖特斯德 沃尔索尔 北泰尼塞德	3 7 7	70 000

资料来源:Audit Commission, *Local Authority Performance Indicators*:*Environmental Services in England, 1999/2000* (Abingdon:Audit Commission, 2001)。

权力依赖模型

权力依赖模型是伙伴关系模型更为精确的表述,这种模型将中央政府和地方政府看作基本上互相平等的伙伴。伙伴关系模型至少在两个方面存在不足,其一,伙伴关系的概念模糊,界定不准确;其二,这种定义也忽视了英国作为单一制国家的现实,宪法规定,地方政府是国家议会的下级,由国家议会管辖。为了避开这方面批评,学者们将伙伴关系进行变通,发展为权力依赖模型。这种模型设定,不管是中央政府还是地方政府,都握有一定的资源,如法律、财政、政治、信息等方面的资源,他们可以利用其掌握的资源来对抗对方或其他类型的组织(参见表9.9)。

表9.9 中央政府与地方政府资源

中央政府	地方政府
控制立法和授权	地方政府的雇员数量远远多于公务员数量
通过财政支持许可制度(RSG)来提供和控制地方政府大部分的花费	地方政府有自己的议员、官员,有自己的专家队伍,他们更了解地方的实际情况
通过支出上限控制一个地方政府的全部支出和税收标准	控制政策的执行
控制大部分的地方财政支出	在提高自己的税收及设定服务收费方面有一定的权力
对地方政府提供的服务设置标准并进行监督	能决定自己的政治优先项目序列和多数服务标准,能决定在各个服务项目中的资金分配
由全国选举授权	由地方选举授权

资料来源:选自 Rhodes,1988,p.42。

权力依赖模型非常重视讨价还价,然而在资源分配方面可能不是等同的,但是他们不必掌握所有的资源。罗兹认为(1979,

英国地方政府

pp. 29—31)："事实上,地方政府或中央各部缺少一种资源并不意味着它也缺少其他的资源。一种资源可以由其他的资源替代。例如,中央部门在制止或鼓励地方政府某一动议时,可能缺少宪法或法律资源,但它能通过限制或提供地方政府资金来达到目的。反之,地方政府遭到中央部门在提供资金资源方面的拒绝后,它可以利用相反的方法来使中央部门陷入困境。例如,报社和电视台关于中央部门决定的反面报道会使其重新考虑其决定。"在这种模式中,权力是相对的,要依讨价还价和互相交换的过程而定。地方议会可以充分利用自己的资源,如地方知识界的学者和专家,自己的网络和谈判技能。此外,作为当地社会选举和关注的代表机构这个地位,是它们最重要的资源。权力依赖模型认为,不管是中央政府还是地方政府,都不能被描述成大集团。这种模型也有缺陷并经常遭到批评(参见 Houlihan, 1988, p. 70; Cochrane, 1993a, p.25),因为它低估了中央政府至高无上的权力。它对组织内部的政治没有给予足够的关注,对政府内部和组织内部各种关系中存在的宏观经济制度和政治制度也没有充分的考虑。这些观点不应该被忽视,事实上罗兹本人(1986b)也提出了同样的观点,他认为这种模型和概念的争论形成了足够持续的相关性来对最近的修订做出评判(Rhodes, 1999, esp. Chs 5,6))。

政策共同体与网络

权力依赖模型唯一的也是最为明显的缺陷可以通过图9.1(中央地方政府网络简图)来精确表示出来。他们都注重机构或组织关系而不可避免地忽视了政策体系、政策共同体和政策网络。研究政治和政府机构,非常重要的一点就是充分理解他们内部是如何联系来制定和执行政策的。我们的地方政府被界定为多功能的组织,是地方政策的制定者,地方政府提供的服务如教育、社会服务、防火等,都是政策共同体的具体职能,因此,地方政府承担着政策共同体中大多数具体的职能。可以说,权力依赖模型关注的是针对地方政府的国家共同体,它实质上忽视了具有其他功能的政策共同体和政策网络的多样性。

对政策共同体颇有建树的两位学者罗兹(Rhodes)和马什(Marsh)认为,政策共同体具有框9.1中描述的特点(Rhodes, 1999b, p. 142)。

框 9.1 政策共同体
- 一些集团被有意排除,参与者的数量有限
- 强调经济或职业兴趣
- 与政策问题相关的各个机构之间频繁的互动
- 在价值、成员及政策产出方面的一致性
- 所有的参与者对意识形态、价值观及大量政策喜好方面具有一致性
- 政策共同体内的所有成员都握有一些资源,他们互相交换
- 握有资源的成员之间讨价还价
- 在参与的各组织内部资源分配方面实行等级制,这样领导人就可以保证其成员的服从

资料来源:罗兹(1999b),p. 142。

从框9.1中可以看出权力依赖模型的特点,它强调职业兴趣和价值,它直接适用于英国地方政府以职业为基础的那些领域。权力依赖模型提出了大量的建议性研究课题,也产生了自身的许多文化,在下面的篇幅中对于其中一些主要的观点我们还要论及。

进一步阅读指南

格里菲斯(Griffith,1996)关于中央地方政府关系的著作多年来一直是最有洞察力的著作,时至今天它仍然发挥着作用。之后最杰出的贡献者是罗兹,在他1988年的杰作中,他认真研究了涉及政府内部间关系的各种理论,对次中央政府概念进行了阐释。

格雷(Gray)对其中部分进行了修正,在约翰(John)1997年版《英国政治的发展》的再版中,斯托克(Stocker)和约翰(John)撰写了"白厅之外的政府"几个章节,对于研究中央地方政府关系也作出了贡献。我们在本章中提到,一个具有回收工作的企业肯定会得到审计委员会绩效指标体系的高分,为了更符合现实,罗兹对他1981年撰写的"重新解释中央地方关系"一文也进行了修改(Rhodes,1999b)。在研究中央地方政府关系时,其中主要的环节就是政策网络,马什和罗兹于1992年,罗兹于1997年,马什于1998年都曾对此进行过论述。我们提到的审计委员会,它和交通、地方政府和地区事务部(DTLR)、地方政府协会、政府地区办公室一样,都有自己众多的网点,这些机构都在地方政府体制中发挥着重要的作用。

第10章
地方财政

引言:暴风雨后的平静

在研讨地方财政时,我们将不再利用上版中的结构。因为近来的财政结构变化较大,至少要用两个章节来论述,用一个章节无法论述清楚。20世纪80年代关于财政的讨论较多,可以说在人头税出现时达到了顶峰。而最近几年来,关于财政的讨论相对平静了许多。因此我们将上一版中的两章压缩为一章。

我们的表述方式没有根本的改变。我们从介绍地方财政体制的基本构成入手,然后是预算制定程序,接着是从个人的角度即一个知情的、接受服务的和纳税的公民的角度来研究问题。特别是,我们试图使你掌握必要的信息,来解释你自己对市政税的要求并理解由此产生的一些主要的决定。在本章中我们还提供了一些近期可比较的内容,这有助于使我们理解第9章开头部分所述,即为什么欧洲地方和地区政府议会把我们所描述的体制和程序视为非民主的中央集权。

英国地方政府

你自己的税单

我们将由地方市政税开始。地方市政税是1993年4月梅杰政府为了政治需要而开征的,它是人头税和社区费的替代品。我们建议你查看一下你的地方市政税税单及其附带的地方议会发出的解释性信息,尤其是议会的预算细节。如果你是一个学生,没有自己的税单,那就借一个来看。或如第1章建议的那样,你可以找一份你所在地方议会的年度报告,或通过互联网来查看这份报告,它包含了上一财政年度的简明账目和预算。

在你的税单底端一行的数字,也就是你个人或全家需要支付的数目。在本章中,我们将利用伯明翰市议会2001至2002年度预算的例子,来解释税单底下一行的数字是怎么计算出来的。你将发现,你所在议会已经在与税单一起发放的各种额外活页资料中,提供了它自己的解释。这些活页资料可能包括以下内容:

- 政府的预算和支出计划,即给你发送税单的政府,可能是你所在的区、自治市或者是市政府的预算计划。
- 各委员会和其他政府机构各自的预算和支出计划,包括一些规范性机构如郡、教区、镇或社区议会,以及客运、警察、大都市联合防火和民防等机构,它们被授权可以代表政府其他政府当局来发布账单,征收税负,以满足政府和其他政府当局各自的预算和支出计划。
- 财政部对发布账单事项进行解释,详细说明付费的方法、申诉程序、折扣和获益权。这些注释经常被翻译成有关的几种语言文字。

地方政府机构在许多方面比中央政府更加公开和负责,提供这些信息就是众多表现中的一种。纳税人收到国内税收税单上,就没有中央政府支出计划的相关信息。

基本建设项目支出与经常项目支出

如果我们不是先从税单入手，而是先从税单附带的预算活页资料入手的话，那我们需要从一个或两个基本定义开始。

预算——对某一特定时期政府财政政策方面的规划。

显然，在这一解释中"某一特定时期"至关重要。我们习惯性地认为预算是年度事务，但是一个地方政府每年可能要花费几亿英镑，这就决定了不可能只在短期内考虑问题。做预算应该而且最好是能够预测未来，做出长远规划。因此，需要首先指出的是，任何一个议会的预算都要分为经常项目支出和基本建设项目支出。

经常项目支出（也可称作税收支出）——维持工作正常运转的日常支出，如工作人员的工资和薪水、学校的教科书、办公室装备配备、为汽车提供汽油、儿童家庭的取暖费等。

基本建设项目支出——用于支出那些能够产生长期效益的项目，这些项目通常比较昂贵，但其效益可以持续到下一财政年度甚至更长，如购置土地、建设大楼或公路、主要的装备项目等。

如今，地方政府用于经常项目方面的支出要远远多于基本建设项目，这在表 10.1 中可以展示。但也并非总是这样。在过去的几十年中，基本建设项目支出与经常项目支出之间的差异越来越大，20 世纪 60 年代基本建设项目支出与经常项目支出的比例为 1∶2，80 年代为 1∶6，1998 至 1999 年度为 1∶11。之所以出现这种状况，在很大程度上是因为中央政府给地方政府施加了巨大的压力，限制他们的基本建设支出。这也充分说明了长期以来国家在公共服务基础设施方面投资较少的原因。

表 10.1 中总支出数字表明英国地方政府的财政支出数量及其在国家经济方面的重要性。英国政府总支出为 3 280 亿英镑，

而地方政府用于各种服务的支出为 814 亿英镑,占全部政府总支出的四分之一,在 9 000 亿英镑的 GDP 中占 11%,均摊到每个居民身上就是每人 1 390 英镑。尤其是在苏格兰和威尔士,人均支出数字更高,而在北爱尔兰,人均支出数字要低一些,因为北爱尔兰办公室是中央政府部门,它承担的许多职能在英国其他地方是由地方政府承担的。

表 10.1 1998 至 1999 年度地方政府财政支出
——经常项目对基本建设项目

	经常项目 %	基本建设项目 %	10 亿 英镑	全部 %
教育	32	15	25.0	31
房屋	15	38	13.7	17
个人社会服务	16	2	12.4	15
警察	10	4	7.4	9
地方环境服务(包括垃圾收集与处理,环境卫生、计划与经济发展等)	7	18	6.7	8
道路交通	5	16	4.7	6
防火	2	1	1.6	2
图书馆与艺术馆	1	1	1.2	1
运动及娱乐	1	4	1.1	1
其他服务	11	1	7.7	10
总数(10 亿英镑)	74.7	6.7	81.4	

资料来源:环境、交通和地区事务部(DETR),《英格兰地方政府财政统计(2000)》,p.18。

保守党政府倡导的政策是学校由政府直接拨款资助,议会的房屋事务则转交给私人业主、房屋协会或私有领域进行管理。尽管如此,由表 10.1 仍然可以看出,教育和房屋事务仍在地方政府财政支出中占主要地位。在表 10.1 中,我们还可以看出,在教育和房屋两个不同的服务项目中,在经常项目支出和基本建设项目支出方面呈现出明显的对比。教育,如同社会服务项目,是劳动力集中型的;而房屋,就如同交通,是典型的资本集中型。

不管是议员还是普通市民,都会关注地方政府的经常项目支出,这是不难理解的。本章大部分关注的也是这一方面。但是我们将首先探究一下议会的基本建设支出项目,因为它们代表着议会长期的政治和策略目标。这些项目通过不同的方式从经常项目支出中得到资金,它们一旦启动,将会对每年有关经常项目的预算产生重要影响。

基本建设项目的财政支出

在上面的内容中,我们提到中央政府如何不断调整地方政府的基本建设项目支出。在20世纪90年代,基本建设投资的控制采用了各种不同形式的信贷控制(credit control),以此来控制所有地方政府的基本建设项目支出。为了理解这种制度,我们可以归纳出四种主要的获取资金的方式,其中三种直接受中央政府的控制。

借款至规定的最高值

所有的地方议会每年都有一次向中央政府借款的机会。地方政府可以申请"基本借贷许可",用于资助教育、房屋、社会服务和其他各种服务项目,"基本借贷许可"确定最高借款额度。除此之外,政府还可以得到"补充借贷许可",用于那些政府特别许可项目,或者是用于一些项目初创阶段的投入,例如建立地方法庭、建造道路和农村住宅及赞助无家可归者的费用等。

如今,这些借贷许可(苏格兰认为是纯资金分配)在地方政府机构的全部基本建设项目投资中占到约三分之一。地方政府可以通过以下几种渠道借款:从类似公共工程贷款委员会这样的政府机构获得;从英国或欧洲银行获得;或者通过发行股票、债券和各种养老保险金获得。所以,与普通市民相比,地方政府在借款方面拥有更多的选择,但同时这些机构也必须支付所借款项的利息并按时归还。

地方政府对中央政府通过批准进行控制的方式非常反感。中央政府 2000 年财政绿皮书反映出,285 或 286 个地方政府,连同 77% 的商业组织和 95% 的其他组织,都要求废除这一制度。绿皮书提出要用地方政府自律的审慎机制代替中央政府的控制。中央政府和地方政府协会可以联合制定《审慎法案》,地方议会只要能够按照这一法案规定的方式进行偿还,就可以自由借贷,而不必经过中央部门复杂的审批程序。根据绿皮书,这一法案会在 2001 至 2002 年度的政府立法项目中提出,但事实上在该年度并没有提出这一法案,这就意味着借款审批制度至少要持续到 2004 至 2005 年度。

基本建设项目收入的使用

地方政府除了"基本借贷许可"和"补充借贷许可"外,还可以支配其出售土地、房屋建筑等财产的所得,当然这同样也有中央政府规定的一些限制。在 20 世纪 90 年代,多数地方议会能够用于新投资的最大额度为:
- 出售房屋所得收入的 25%;
- 处置其他财产所得收入的 50%。

保守党认为,这些收入需要偿还那些尚待解决的债务。早期的工党政府曾提议放松这项规定,允许地方议会将其出售房屋所得总收入的 50 亿英镑重新投资,用于建造新的住房或修缮旧房。目前,地方议会这种资金来源占资金来源总数的近四分之一。

通过基本建设拨款

政府通过独自更新预算或者社区"放心起点"和"新政"等项目（参见表8.3），对地方政府的特别需要给予拨款。英国彩票发行中心和欧盟，都通过自己设立的专项基金进行资助，如欧洲地区发展基金（ERDF）、欧洲社会基金（ESF）等，它们有时也对地方政府某些重点项目给予资金帮助。这些拨款对于一些主要项目能否存在和发展能起到实质性的关键作用。如伯明翰耗资1.8亿英镑的国际会议中心和音乐厅，其中5千万就来自欧盟。如今在地方政府议会财政支出中，约四分之一来自拨款，但是获得拨款也常常伴随着附加条件，即地方政府得到拨款后，可能导致中央政府减少对地方政府借贷许可，减少的数额相当于地方政府获得拨款的数额。

使用税收收入

在地方议会所有的财政经费来源中，不受中央政府控制的一种来源就是它自己的税收，包括地方税、租金及收取的其他费用。但是在财政紧缩时期，地方议会通过税收来获得财政经费的自由度就会非常有限，中央政府对地方议会的税收预算设限越多，就表明其收入在事实上和政治上的关系越紧密。因此，从这个意义上讲，对地方政府而言，自己的税收收入在其总收入中所占比例是最少的，约占总收入的六分之一。

基本建设项目预算

简而言之，地方政府的基本建设项目支出主要由以下几项来决定：

英国地方政府

"基本借贷许可"规定的支出；
"补充借贷许可"规定的支出；
基本建设项目收入中可使用的部分；
所有基本建设拨款；
所有的财政税收支出。

　　因此，中央政府为地方政府多数支出项目设置了最高限度。但是，地方议会自己必须选择是将其支出花费到许可的最高限度，还是通过其他容许的财政来源来提高这一限度。在基本建设项目支出预算方面，每个议会之间存在很大区别，同一议会不同年份也有很大不同。哪些项目经费支出多，常常取决于当地议会的坐落地点、大小及其责任。一般而言，基本建设项目支出较多的项目是房屋建造和更新，接着是高速公路、教育、娱乐和社会服务。议会主要投资项目的详细情况要在预算中分条列举，同时要列出其项目支出所需经费的主要来源。这样，你就可以对你所在地方议会自身有限的收入数字与其通过借贷许可和各种拨款所得的数字进行比较。

　　有时基本建设支出与人们的预想相反，比如伯明翰将更多的资金投到房屋改善方面，它用这些资金自己建造了88 000套住房，同时也对一些住房个人拥有者进行拨款，然后是其显赫的改造项目。这些高水准的基本建设项目，如以世纪标记建筑为主的东部发展项目(参见表8.3)、耗资8亿英镑位于布林和拉格市场的购物中心、花费超过2.1亿英镑建造的米德兰地铁延伸线等，都是在几年时间内支付所需款项，并且是和其他公共机构及私域的合作者一起承担。学校的重建和整修是另外一项主要的投资，现在经常通过私人财政激励(PFI)合同来完成(见 p.145)。

　　2001至2002年度伯明翰市基本建设项目支出预算是1.6亿英镑，它与经常项目支出的比例为1:14。2002至2003年度，计划用于基本建设项目支出的预算降至1.17亿英镑，它与经常项目支出的比例达到1:20。这有助于解释为什么私人财政激励计划对那些即使对它持怀疑态度的地方议会也具有吸引力,也可以解释为什么伯明翰除了考虑大批转让那些需要经费维持的住房之外别无选择(参见表 7.5)。

经常项目支出或税收支出

不管是基本建设项目预算还是经常项目预算或税收预算,都有三个基本的问题,即要花费多少钱、花费在哪些方面以及这些钱从何而来。事实上,很容易得到答案,因为税收的主要目的是对议会财政预算进行解释:在下一财政年度中,它要有计划地为提供日常服务而支出资金。或许你比较幸运,所在的议会进取心很强,这样它就会在财政收入支出方面为你做出各种表格来为你提供尽可能多的信息。

但是,不管他们提供的信息多么完备,你还是要碰到像表 10.2 伯明翰市议会财政预算表中那样的数字,这些数字自身差异很大。为了解释它们,需要掌握两个概念。

  毛支出——议会提供服务所需要的全部费用,不包括各种租金、罚款和提供服务所收取的费用以及政府拨款部分。

  净支出——全部支出减去租金、罚款、收费及政府为特定项目给予的拨款部分(如减少租金和给予补贴、指令性奖学金等)的所余。

我们可以从表 10.2 中的第一栏中看出,伯明翰市议会 2001 至 2002 年度准备花费近 22 亿英镑用于提供日常服务所需。即使在地方政府放弃对再教育和六所正规院校的管理,并且对一些高中也不再管理的情况下,市议会毛支出的三分之一或一半的净支出还是用在了教育上,其中约 60% 用于支付教师工资。第二个净支出多的项目也是劳动力密集型的社会服务。在伯明翰有 5 万多

 英国地方政府

儿童、老人和残疾人需要这样的服务。这些服务所需经费的六分之一至四分之一来源于服务收费和带有指令性的特别拨款,如护理和儿童看护、特别教育、学生奖学金、为流浪汉提供庇护所以及精神疾病的治疗等。

通过比较,伯明翰用于房屋方面的支出费用,90%以上来自它的收入部分,其中许多来自议会拥有的88 000套住房的租金。自从1990年房屋收入账目(HRAs)出台后,这些收入必须单独设置,不能与议会基本资金互相转换,以资助租房者和纳税人。有一个房屋资助计划,但不归地方政府管辖。现在他们可以从中央政府那里得到一个特别拨款,伯明翰2001年至2002年度得到的拨款是12.5亿英镑,这些钱由伯明翰市自己支配。这种方式类似于以前地方教育当局提供的指令性学生拨款,而现在是对低收入的租房者减少租金或提供津贴。不管通过租金还是政府资助,对于伯明翰这个以前宣称是西欧最大的房东来说,用于住房方面的净支出比以前预期的要少。事实上,这项支出越少越好,支出太多则是不合时宜的。

表10.2 伯明翰市议会财政预算,2001—2002年度

	主要服务项目(内阁规定的职责)
教育和终生教育	180 000名学生;400+学校
社会服务和保健	8 000名居民区内的看护,11 000名家庭内看护
道路服务	高速公路维护、交通管理、垃圾收集、市场等
娱乐、文化和旅游	490万册图书馆书籍放借,博物馆775 000名游客流量
维持和公共保护	公共卫生、贸易标准、垃圾处置与回收
房屋	议会建造88 000间住房,完成390 000间住房修缮
重建	经济计划与发展,创造就业机会、商业支持
地方和邻区发展	社区发展和安全,犯罪控制
其他服务	(包括NEC,ICC,NIA,最佳价值,人事)
其他未知突发事务	
全部议会花费	
去除节余部分	
议会净预算需要	

地方财政 | 第10章

（续表）

全部支出		来自收费和特别拨款的收入 （百万英镑）	净支出		
2001/02 （百万英镑）	占总数的百分比		2001/02 （百万英镑）	与2000/01相比的变化 （百万英镑）	占总数的百分比
743	34	129	614	+20	54
320	15	87	233	+4	20
140	6	44	96	+4	8
195	5	25	80	+3	7
49	2	13	36	+1	3
418	19	383	35	+4	3
44	2	26	18	+2	2
15	1	1	14	+2	1
100	5	117	(17)		(1)
10			10		
2 195	100	1 043	1 152	+41	
			(8)		
			1 144		

征收与规范

议会净支出所需只是决定个人地方税单的第一步。在表10.2中所列出的议会提供的服务项目之外，还有一些机构为伯明翰地区的居民提供某些服务。在伯明翰和其他六个西米德兰兹大都市区，共有四个这样的机构：

1. 西米德兰兹警察局——以前是一个联合委员会，现在是一个单独的机构。其成员的一半是由西米德兰兹区议会提名的议员组成，另一半则由地方行政长官和枢密院指定。如同所有的警察机构一样，其一半的净支出来自于政府的直接拨款。

2. 西米德兰兹防火及民防机构——仍是由被提名的区议员

英国地方政府

组成的联合委员会。

3. 西米德兰兹旅客交通机构——也是一个联合委员会,这个机构在财政预算收入占有很大一部分,主要用于为一些市民提供免费公共汽车和火车旅游,为儿童和学生提供优惠。

4. 环境署——半自治的非政府组织,通过米德兰兹地区防洪委员会负责防洪、保护水资源工作。

如市议会一样,所有这些机构都有他们自己的财政预算,其中部分来自贷款、政府拨款、基本建设项目收入和税收。但他们也通过其设置在各区的税收机构,通过规范或征收费用的方式来获得资金,这些机构根据各地区人口多少来进行安排。这些机构向地方纳税人收税或收取其他费用,并将收取的这些资金直接上缴给不同的规范和征收机构。

伯明翰全部净收入量需要达到7 000万英镑之多,这么多的钱必须征收上来才能满足需要,但它却没有直接控制权。可以想象,这样的义务显然会使市议员们恼怒,他们要承担政治责任,并为税收标准受过,对这些方面他们几乎连间接的影响力都没有。但与他们那些郡、区议会的同僚相比,他们的恼怒还算是温和的,因为他们郡、区议会的同僚征收的市议会规范费用要达到他们全部税收的近90%。

在地方政府体制中存在的一个矛盾,就是在英格兰非大都市地区,那些将财政经费更多的用于教育、社会服务和交通方面的郡,并不拥有创制税单权,也不具备征税机构。市政税是财产税,因此多数由地方房屋管理机构征收,区议会征收的市政税更少,它所能支配的资金也就更少(参见表7.1)。这一点,区议会在其对预算的解释中会得到强调。他们会说,我们在房屋、娱乐、环境和社区服务方面提高你的生活质量,但所需要的费用只不过是你每周少喝一杯啤酒。

· 212 ·

地方财政 第 10 章

经常项目支出资金来源

在地方议会经常项目支出方面,有两项可以做技术上的调整,一项是要留出多少钱来应对那些未知的突发性事件,另一项是要留出多少钱来作为节余储备。2001 至 2002 年度,伯明翰市议会全部净支出需要经费 11.44 亿英镑。平均每个居民超过 1 000 英镑。下一个问题自然是,从哪里获得这么多钱?

英国地方政府财政具有某种对称性,同获得基本建设项目支出的资金一样,经常项目支出资金来源也有四个渠道。

收费

地方政府机构常常对其提供的服务项目收取费用,如旅客交通、停车场、房屋帮助、学校膳食以及游泳池等其他娱乐设施。同时,他们还收取议会租金。以伯明翰为例,它收取的费用可以占到议会全部经常项目支出的五分之一。自 1989 年《地方政府与房屋法案》实施以来,地方议会如果愿意,他们可以对除教育、警察、防火、选举、图书馆图书借阅之外的任何服务进行收费。保守党政府提出一项计划,意图是想让消费者更加清楚他们所得到的服务质量和要支付的费用,以此来增加地方政府职责,收费范围的扩大是一个关键因素。

对哪些服务项目收费,多数情况下地方议会可以自由决定,只要他们认为应该征收或者认为市场可以承受,他们就可以征收。他们设置的收费标准可以低于成本,以鼓励人们更多地享有某些服务项目,如成人教育或日常护理。他们也可以将收费标准设定为稍微高于成本,根据付费者的偿付能力来收取,如对一些住宅的收费。地方议会还可以根据市场来设定收费标准使利润最大化。

英国地方政府

最后,他们还可以通过收取限制性收费来对某些服务加以限制,如市中心停车场或墓地。

是否资助某些特定的服务项目,资助多少、以什么方式资助,或者是否试图使收益最大化,所有这些都会引发最基本的政治问题。他们采用的非常恰当的做法就是当一项费用产生或者议会的收费政策要重新审核时,他们给议员们提供自由辩论的机会。他们将会讨论不同的经济、社会和政治目标,有时政策就这样产生了。如表10.3所示。

表10.3　地方政府自由决定收费项目案例,2000年度

	最高(英镑)		最低(英镑)	
租用娱乐中心网球场地每小时费用 (英格兰与威尔士平均为6.23英镑)	博尔顿 默顿 里士满	15.30 11.03 10.50	哈林吉 考文垂 哈特尔普尔	2.10 2.40 3.15
每小时租用全天候泛光灯照明的足球场地 (英格兰与威尔士平均为33.58英镑)	赫特福德 雷丁 设菲尔德	123.38 90.00 81.33	恩斐尔德 福斯特西斯 (萨福克郡) 菲尔德 (兰开夏郡)	7.20 7.25 7.25
为一些市民开办的室内游泳池工作日收费标准 (英格兰与威尔士平均为1.20英镑)	哈罗 凯姆登 切斯特	2.75 2.70 2.50	萨顿 威斯敏斯特 索尔福德 特拉福德	免费 免费 免费 免费
非教区市民的墓碑费用	贝克斯里 赫里福德 海伦斯	363 300 253	拉什克里夫 (诺丁汉郡) 索尔兹伯里 赫特福德	5 11 21

资料来源:CIPFA Statistical Information Service。

你的亲身体验会使一些问题更加明了,如拿你所在地方教育当局规定的学校膳食费用和其他地方比较。你也会对博尔顿的网球场收费标准是哈林吉的7倍产生疑问,或者问为什么伦敦的一些区会鼓励他们的市民游泳,而其他一些地方却要向市民收取大

量费用。还有赫特福德,为什么它在全天候场地方面收取高额费用,而却又对坟墓的墓碑方面给予优惠的价格。在自由决定服务项目收费问题上,与我们看到的表 9.7 和 9.8 中的人均花费和绩效一样,其中存在着重大差别。不管你作什么样的解释,从这些数字上很难看出地方议会已经被剥夺了许多决定权和自由裁量权。

政府拨款

政府拨款的性质、地位和数量虽然在最近几年里发生了明显变化,但它就像收费一样,是构成地方政府财政来源的不可或缺的一部分。在研究政府拨款时,我们将注意力集中到一项特别的拨款上,即财政支持拨款(RSG)。当然还有众多其他形式的拨款由中央政府划拨给地方政府,并且划拨这些款项的原因也各不相同。拨款的最基本的两个目的是补偿和引导。

对地方议会进行补偿的形式是多样的,如地方议会要提供某项必需的服务,像为残疾儿童、流浪汉等提供某些帮助等。这些都是公益事业,纳税人不应该支付这些费用。地方议会还因为他们不断变化的支出需要和应课税的资源而得到补偿。财政支持拨款的原理在于,地方政府要有获得拨款的动机,并且能够得到拨款,用这些拨款在全国范围内给纳税人提供达到一定标准的服务。

引导的目的就在于中央政府按照自己的意愿来影响和控制地方议会某些财政支出。中央政府通过自己承担费用的方式来取得控制权。拨款可以用于增加某项服务的投入、强化最低标准、鼓励议会执行中央政府的政策并且按照中央政府指定的方向来推行这些政策。

一项拨款的目的决定了它最有效的方式,而拨款的方式也暗含了它的目的。我们必须区分两种形式的拨款,即特别拨款和一般拨款,并以此来比较两种拨款的基本目的。

特别拨款(specific grants)(有时被称作可选择的或抵押

英国地方政府

拨款)——中央政府拨款给地方政府,地方政府必须将这些款项用于某项具体的项目或服务。例如四岁以下儿童护理教育拨款、艾滋病救治拨款、农村公交服务拨款。可以参见图10.3,在中央政府给地方政府的全部财政支持中,特别拨款数额在稳步增加。

一般拨款(general grants)(也被称作非选择性或非抵押拨款)——这些拨款可以由获得款项的地方政府自由支配。给予地方政府的一般拨款如财政支持拨款,在中央政府给予地方政府财政支持中占的份额仍然最大。

不管是对支付款项的中央政府,还是对接受款项的地方政府而言,两种形式的拨款之间存在着很大区别。如果中央政府的动机是引导和施加影响,它将会选择特别拨款,并尽可能明确界定其目标。如果补偿是动机,或者想最大限度地保留地方政府的财政自由裁量权,那么一般拨款就是合乎逻辑的选择。特别拨款与一般拨款的比率可以作为中央政府对地方政府实施财政控制的指标。最近的趋势是特别拨款越来越多,20世纪70年代早期特别拨款与一般拨款的比率为1:4,而目前特别拨款的数额与财政支持拨款数额基本持平,这种现象绝非偶然。

从表10.2中,伯明翰市议会将其收费和罚款收入与特别拨款一起,用来支付该市的全部消费,并得到一个净支出需要值。我们知道,该市自1990年以来,其最大的经常性项目收入来源就是财政支持拨款。

每年的财政支持拨款分配程序都以大量的政府公告的形式发布,现在一般是集中在晚秋时节,或者在新一财政年度开始前的六个月内来制定。首先,中央政府决定全部地方政府机构要在下一年度中可以花费多少钱,即全部标准支出(TSS)。第二,它要宣布全部支出经费的来源比例,近些年来,来自国家税收或外部财政总量(AEF)的资金约占总数的80%,而另外20%由地方政府自己解决。

然后，中央政府开始从总体考虑各个地方政府个体，它要评估哪个地方政府需要花费经费，不仅从总体上考虑，也从他们提供的七项基本服务领域来考虑，以保证他们能够为公众提供达到标准的服务，这就是议会标准支出评估(SSA)。这一评估对其获得多少拨款至关重要。中央政府决定的拨款数额建立在有限的几个指标基础上，如议会辖区的人口、超过65岁的独身老人数量、5至10岁的在校儿童数量。如果高估了议会的花费所需，那么议会实际上就得到了更多的拨款，如果低估了议会的花费所需，那么地方议会就不得不增加市政税或者减少服务项目。

在议会全部标准支出评估中，需要去除两项。一项是中央政府评估地方政府所得的收入部分，也就是按照某一标准收取的市政税，即标准支出市政税（CTSS）；另一项是从中央政府那里得到的国家非国内财产税（NNDR）收入。一个地方议会的财政支持拨款(RSG)就是标准支出评估去除这两项所得的数字。

用公式表示就是：

财政支持拨款＝标准支持评估－[标准市政税＋国家非国内财产税]

标准支持评估是中央政府对一个地方议会所需财政经费的综合评估；

标准市政税是中央政府对地方议会根据特定标准的税率所得市政税收入的评估；

国家非国内财产税是按照中央政府设定的税率征收的以人口数量为基础的从国家非国内财产税纳税人那里获得的收入。

很明显，这种拨款分配程序整合了拨款的两个基本目的。它对那些要求获得更多经费的地方政府进行补偿，但这要建立在中央政府对地方政府机构应该做什么以及做到何种程度的评判上。

对地方政府来说，要想得到更多的拨款，只有两个途径，一是抗议，一是祈求。他们抗议部长及白厅文官们自以为是，这些人自认为比他们还要了解选民希望把钱用到哪些服务项目上。他们认

英国地方政府

为,中央政府选择了不合适的指标,使用了不可靠的过时信息,中央政府的方法论存在问题,最终导致的结果只能是不合实际。举个非常有名的例子,某些地方一年中的多数时间,上午9时地面上有较多的积雪,但这样就能证明冬天维护公路方面布伦特要比坎布里亚花费的多,凯姆登要比兰开夏花费的多吗?(LGIU,1993,p.37)

地方议会有时会对拨款分配表示抗议,它们认为拨款总量不能满足需要,考虑到通货膨胀因素就更加不足;拨款的整个过程过于政治化;有过错的地方政府得到拨款后又会失去这笔款项。他们祈求他们特别的地方环境应引起中央政府的重视并给予特别的关注,但这样的行为成功的并不多。

国家非国内财产税(统一商业税)

地方政府流动性收入的第三个来源我们在计算拨款时曾经提及,就是国家非国内财产税(NNDR),或者用更加普遍的说法表示就是统一商业税(UBR)。统一商业税与社区费同时征收,尽管从某种意义上说它在宪法层面引起了两项税制改革,但它并没有引发公众的反对。

大约在400年前,英国地方政府可以使用的地方税是财产税。征收这种税的原则是管理简单,这也是一些政府体制发达的地方保留某种财产税的一个原因(参见表10.6)。在该区域内的每一份财产,如房屋、住宅、商店、办公室、工厂等都有一个评价,即应征地方税的额度。每年地方议会都要计算出除了获得中央政府拨款之外,它还需要征收多少费用来用于保证它所提供的那些服务。然后制定出抽取费用的比率,即每份财产应征地方税的额度为每镑多少钱。本国纳税人要比非本国纳税人财产抽取的费用少一些,因为中央政府要对地方议会实行财政补贴。

苏格兰于1989年,英格兰和威尔士于1990年改变了这种体

· 218 ·

制。国内财产税被取消,代之以社区费。只有北爱尔兰仍然保留着它的税务制度,尽量减轻公众的负担。如同以前的大不列颠,多数人只需要缴纳较少的税负。

非本国纳税人缴纳的税收没有取消,而且在全国推广。这就是国家非国内财产税。将来中央政府每年都会对所有在英格兰的非本国财产制定抽取税收的标准,在威尔士也很类似,但在苏格兰却不这样。地方议会不断送出税单并征收税负,目前这些钱形成国家基金并根据各议会的人口进行返还。国家非国内财产税已经成为中央政府拨款的有效组成部分,2001至2002年度这部分资金超过150亿英镑,达到中央政府全部财政支持的近四分之一。以前的地方纳税人已经变为国家纳税人,在地方政府和其辖区内的商业组织之间不再有直接的税务关系。

1989至1990年度,非本国纳税人交纳的税收超过地方政府流动性收入的四分之一,比本国纳税人交纳的税收还要多。因此在地方政府的收入中,其可控制的部分从一半多降到仅仅四分之一,这对地方议会是重大打击,并且这种可控制部分减少的趋势还将继续。

地方税

现在我们很清楚地认识到,地方政府流动性收入的最后来源就是其自身的地方税,也就是传统的税收,以及1993年开征市政税之后的社区费。在本章的最后我们将讨论地方税制下不同形式的税收各自的优劣。现在我们需要注意的是,财产税是针对财产所收取的税负,社区费(人头税)是针对个人征收的税负,即对18岁以上的公民统一征收的税负。市政税是两者的结合(参见表10.4)。市政税是一项国内财产税,它的多少由居民的数量及其拥有财产的价值所决定,一个纳税人不管其收入多少,只要是独身,在缴纳市政税时就可以享受至少25%的折扣。这和原来的财产税制也不相同,在原来的财产税制中有八个财产等级,每个家庭都要被划定为其中的一个(见图10.1)。

表10.4 市政税:主要特征

它是什么?	是针对财产而非居民征收的税负,但也考虑到个人状况。每户一个税单,对于独身者或某些财产,可以享受25%的折扣。
缴纳多少?	这首先取决于对你财产的评估。1993年将财产分为A至H共8个等级,这8个等级存在一定的比例关系,如A:D:H=2:3:6。A级是最低级别,1993年的A级财产价值英格兰是低于4万英镑,苏格兰是低于2.7万英镑,威尔士是低于3万英镑。H级是最高等级,英格兰是高于32万英镑,苏格兰是高于21.2万英镑,威尔士是高于24万英镑。
由谁设定?	每个地方政府,即使在英格兰两级非都市地区政府,发送税单和征收的责任都由各区单独承担。
何人获免?	只适用于一些财产。免除社区费最主要的部分是住宅的大厅以及由学生单独拥有的公寓和房屋。
能否折扣?	这与公民持有的财产数量和类别有关,与其支付能力无关。所有单身者都可享有25%的折扣。18岁以下的公民、全日制学生、严重精神病患者、残疾人看护者以及颇具争议性的拥有第二处房产者可以享有50%的折扣。
能否减税?	对低收入者可以100%的适用。
学生如何?	如果学生居住在学生宿舍、招待所或住宅的厅堂,则可不用缴纳。
谁来负责?	可以从财产中获得合法利益的18岁以上的公民。
不予交纳如何处置?	与不缴纳人头税的处置方法一样:被传唤到地方法庭,由法庭发布应予缴纳的命令,议会采取方法重获税款,处以3个月以下监禁(苏格兰除外)。
记录状况?	市政税没有特别的记录,在一些地方议会保留了社区费的记录,以偿付一些突出的债务。
是否设限?	保留了设置上限的权力但更多的由劳工部部长有选择地使用。
非本国财产税处置?	1989至1990年度全国开始实行这一制度没有改变。工党希望将这一权力交由地方议会但遭到拒绝。

(续表)

是否公平？	除了部长们之外，广泛认为是不公平的，8个等级中，处于较低等级的公民缴纳的税负占其财产的比例要比处于比较高等级的公民高。
未来怎样？	不要惊讶，许多市政税的方面，如对高等级的划分，使高低等级的人数比例从1:3变为1:7，取消折扣等，都可以通过议会命令来改变，而不需要重新立法。但是中央政府希望将改革推迟到2005至2007年国家财产重新评估之后再进行。

图10.1　卡通——议会税收评估

来源：《地方政府资讯小组简报》，第55期，1991年12月。

对我们这些纳税人来讲，四年内两项重大的国内税务变革给我们的个人财政造成重大影响。例如，有工作的单身汉，他们支付的市政税要比人头税更多，而接受抚恤金者、单亲家庭、失业者尤其是那些还要抚养孩子的人，需要支付的税金就较少。对于那些负责征收市政税的地方官员们来说，市政税也带来行政管理上的

英国地方政府

巨大变动,在分送税单过程中需要均摊的数量难以精确计算,不仅如此,他们在制定年度预算程序过程中所持的观点,在关键的决定本质上与以往是一样的。

征收税负是这一过程中最终的产物,这一过程包括多种因素:你所在议会的经费支出计划、那些规范性机构、你所得的具体拨款数额、罚款和各种收费、你从国家非本国财产税收(NNDR)中的所得、你的财政支持拨款(RSG)。税收全部来自议会辖区的纳税人,与其他国家不同,英国地方政府可以使用的只有一种地方税。

最后一点是非常重要的,尤其是当我们考虑对地方政府的预算进行审核时。现在有一种共识性建议,地方政府可以征收几种不同的地方税,这些税由分属不同集团的纳税人缴纳,这样地方政府在税收方面就会有更多的选择,而如果仅仅依靠单一的税收,那么缴纳税负的负担只能落到单一的纳税人集团身上。

我们选择一个特别生动的例子,就是在比利时他们的做法完全不同。比利时国内每个小的自治市都可以设置自己的税种,供他们选择的地方税种类达130多项,从传统上的收入和财产税到一些奇怪的税收,如广告栅墙税以及对船只、自行车和马匹等征收的交通工具税等。事实上,"一些市甚至对养鸽子收税。只要公正,并且是为了公共利益,那么一切事情都是允许的"(Gasson,1992,p.20)。细节不如原则重要。比利时的地方政府,和其他多数欧洲国家一样,他们有许多的税收选择,但是在英国的地方政府中却不能做到这点。

设置上限

有一种说法认为,在最近几年中,英国地方议会掌握的重要地方税收选择权被剥夺了。自从1984年《地方财产税法案》实施以来,尤其是通过设置上限,地方政府以前拥有的有限的自由裁量权被大大缩减。当前设限的意思有些延伸,如"财产税上限"、"市政税上限"等,而不再是那种非常精确的意思,如预算上限。自 1984 年以来,历届环境大臣(现在是交通大臣)一直对地方政府计划好的预算有设置上限的权力,或者对地方政府计划好的预算设置一个法律框架,来说明地方政府的预算超额。其效果本质上与将限度直接置于市政税之上一样。因为只有一种地方税,部长要求减少经费支出,经费来源于地方税,所以地方政府不得不按照这样的要求来减少税收。

直到 20 世纪 80 年代末期之前,保守党政府的部长们利用他们可选择的权力,每年制定标准,选出 12 至 20 个地方议会,基本上都是工党的议会,削减他们的预算和地方财产税。随着人头税的出现,设置上限开始从一些个别的地方转为所有地方,适用于除教区外的所有议会。如果这种制度听起来有些中央集权或独裁的味道,那是因为它就是为此设计的。这也是很容易理解的。即将到来的财政年度的上限标准——预算增加的最大百分比,会在 11 月同其他财政支持拨款条目一起宣布。每个地方议会在做关键的预算决定前都会知道,它被允许支出多少经费,可以从其居民中收取多少税收。这些数字会成为许多地方议会,事实上是大多数地方议会的指导,并且他们经费支出多少和税收多少,执行的只能是中央政府决定的标准。

如果不涉及普通公众,只是针对各种政治色彩的地方政府,普遍设置上限可能要比强制征收社区费更加具有侵犯性。中央政府为全国内的每个地方议会都设置了一个支出最高限额,地方选举出来的政治家们,如果这些规定不是特别详细,他们就可以在预算体系内自己决定。琼斯和斯图尔特认为,在地方财政责任方面存在着非常严重的脆弱性:

> 多数地方政府对自己设置上限。一旦中央政府宣布了上限标准,地方政府就会努力将上限定在这一标准之内,以避免设置上限过程中的不确定性。对需要多少经费和地方税收与

英国地方政府

可以得到多少经费之间进行平衡,总是地方政府的一项重要工作。现在的问题是如何减少经费支出以达到中央政府设限的标准。(Jones and Stewart,1993,p.15)

1996 至 1997 年,超过四分之三的地方政府(77%)在制定预算时,根据中央政府强制的限度,对自己进行了设限,只有 6 个地方政府对他们的限度提出了挑战,即使只是程度上的不同。工党在 1997 年的选举宣言中,承诺过要将这种"粗暴的普遍限度一去不复返",但是并没有兑现。它有可能会被有区别的或选择性的限度所取代,因为工党的部长们需要保留一些权力来控制过度的地方议会税收增加。而在如何看待税收增加方面,与地方选举的议员和地方纳税人相比,这些部长们更容易认为税收增加的过多。

1999 年《地方政府法案》引入了立法变化,也引入了最佳价值观念。术语发生了轻微的变化,事实上设限开始回到 20 世纪 80 年代开始采用的后预算概念。它是"调整市政税和规范"的权力,部长们可以对那些他们认为超额的议会预算进行限制。2000 年最受关注的是埃普瑟姆—尤厄尔、中贝德福德郡以及牛津郡这些地方议会的预算。但这些地方议会的预算并没有过度浪费或有大的革新。这三个地方最终都没有受到部长的警告,但实际上设置上限的威胁与资金控制一样依然存在,使得英国的地方政府财政体制成为西欧最为集权的国家,这导致中央政府在地方政府议会中缺乏基本的信任。

预算制定——管理盈余

地方政府预算的制定,从地方政府和官员的观点来看,就是一种"管理边缘"的实践,这也是一篇文章的小标题(Elcock et al.,1989)。使用这个小标题是想说明制定地方预算时,预算不可避免地会存在不断增长和保有盈余的特点,也就是说从基本不变和不能改动的预算基础上,可以进行少量的增加和削减。一旦中央政府的部长们对全部支出、拨款分配、国家非国内财产税抽取的费用以及有可能的设限标准做出决定和公布,也就意味着地方议会对于那些严格限制和界定的盈余具有自由裁量权。

还有一种看法认为对盈余的管理没有什么重大意义。这种看法遭到地方政府官员和我们这些研究者的抵制。我们通过本书强调,地方政府的规模、人员及经费支出权,甚至他们所掌握的预算盈余都会对地方产生重大影响。中央政府可以严格界定预算体制,但在这一体制内仍有一些空间,虽然比民主的要求要少许多,但是,议会可以利用这些空间来应对特别的地方所需,议员可以利用这些空间来实现其政治目标。

通过表10.2和该市的市政税,我们可以再次观察伯明翰市2001至2002年的财政预算。我们以前就曾提到,伯明翰市的预算数量可能是特殊案例,但是相对于你自己的议会来说,在预算方面,其基本的内涵是相似的。

我们来看一看2000年11月底中央政府公布的财政支持拨款方案。在这一方案中,伯明翰市所得拨款的几个重要数字都是由标准支出评估(SSA)所确定的,即中央政府认为伯明翰市议会为了提供一定标准的服务,总共可花费多少钱(10.82亿英镑)以及教育(5.45亿英镑)、社会服务(2.29亿英镑)等具体项目可花费的限额。这些标准支出评估决定了伯明翰市能得到多少财政支持拨款。然而,它和其他地方议会一样,所花费的经费肯定会超过中央政府计算出的数字。

如上所言,地方政府对财政支持拨款方案一直持有一种不满的态度。一些具有领导力的议员在接受地方媒体采访时明确抗议,中央政府低估了他们的经费需要,导致他们不得不减少服务,提高税收。因此,中央政府的部长而不是地方议员必须承担责任,接受指责。工党政府通过公布三年支出计划和鼓励地方议会发展他们自己的财政计划,实质上消除了这种抗议。减少一些服务项目来节省一些经费的方法仍然需要去寻找,但是由于近期所有的方案都按照有关标准进行合理评判,对2000年11月的财政拨款方案持不同意见的呼声相对平静得多。伯明翰市的政府官员建议他们的议员和所有在工党内阁中担任职务的人,认真考虑以下这些重要的政策问题:

- 为了增加预算和增加市政税,怎样得到节余的经费以及在哪些方面得到节余的经费而不会被国务大臣认为经费"过多"?

- 哪些服务项目应该优先考虑,不会被削减,可以分配到额外的资源?

越来越多的议会开始努力,在所辖的区域内与纳税人和服务使用者就他们优先考虑的服务项目进行协商。伯明翰市在12月初召集了4次全市公众会议,组织代表商业组织和各种义务性集团利益的机构与会,提供热线电话和网站,组织具有代表性的公众小组进行讨论。公众对这些协商活动的反应结果并不出人意料,他们希望增加支出经费,但这不能以提高市政税为代价。假如市政税提高4至8个百分点,他们希望更多的钱优先用于以下这些服务项目:社区安全、学校、社会服务和为老年人提供的服务、改善道路和街道的清洁状况等。

一些地方议会在预算方面采取公民投票的方式来进行协商。最著名的是1999年的弥尔顿·凯恩斯,在那里,投票者从三个选择方案中选出了中间的一个方案,包括税收提高9.8个百分点和一系列增加支出的措施(另见p.359)。这证实了在其他国家关于税收公决时,低税收的方案总是能够取胜。现在我们有选举委员会进行监督,将来,随着直接民主形式的发展,由公众投票来直接决定公共事务的情形会越来越多。

虽然伯明翰市经过各种协商,在委员会内和政党集团会议上进行长时间的讨论,以下的重点政策决定仍是构成议会制定预算程序的基础(见框10.1)。

> **框10.1　重点政策决定**
>
> - 所有的主要服务领域的净支出都应有所增长(这在最近一段时期并不常见),但是要考虑到议会计划的优先项目和协商结果,一些服务项目经费增长比例要高于其他项目。
> - 特别是,在新成立的"教育与技能委员会"承担议会成人教育的职责后,该委员会得到一些津贴。"教育和终生教育"预算将增加2 000万英镑,即增长3.5个百分点。中央政府对该议会教育标准支出评估增加了1 680万英镑,额外的经费全部用于教育服务项目上。
> - 相似的是,"社会服务和卫生"预算得到了一项特别拨款,所以它的预算也增加了,主要用于提高那些照顾儿童的工作人员的素质。与以往相比,这一部门通过收费也增加了收入。
> - 财政预算增加最多的是"地方和邻区发展"事务,增加了17%,这同公众要求社区安全以及议会不断下放政策制定和服务提供的权力是一致的。
> - 街道服务得到4个百分点,其中一部分直接用于垃圾收集,设置更多的回收站点,增加家庭垃圾收集人员,还有一部分用于道路和人行道的维护,改善路灯状况,以及按照表9.8中绩效示标规定,新郊区公共厕所要达到每万人4个的最低标准。
> - 在娱乐方面的预算增加达3.3%,文化和旅游方面的支出要足以支持其艺术项目。尤其是用于其"现代艺术水厅画廊"。伯明翰市议会也是对水进行管理的机构,居民对其用水付费后,就可到该画廊欣赏。

这些决定和许多其他相似的决定一起构成了预算,并在2001年2月27日正式确定(参见表10.5)。最终的结果是净财政支出增加3.3%,这导致市政税提高了4.4%。有人认为这些政策决定可以被视作预算盈余。最优先考虑的那些主要服务项目的预算只增加了几个百分点。那些受影响最大的部门也会失去一小部分工作人员,但失去的多数是那些义工,而不是那些开展工作的人或后备人员。议会的整个预算及其规定的主要服务项目要保持不被变更。

表 10.5 伯明翰的市政税,2001/2002 年度

	百万英镑
市议会 2001/2002 年度净预算需要(设置一个中央政府同意的界限)	1 144
扣除财政支持拨款(由中央政府决定)	621 = 54.3%
扣除国家非国内财产税(按照中央政府设定的统一标准征收)	275 = 24%
剩下的部分为由市政税保证的预算需要	248 = 21.7%
伯明翰 A 级财产市政税	652.62
相当于 D 级财产税的 2/3	978.94
相当于 H 级财产税的 1/3	1 957.87

由此可见,预算盈余不是小数。所有这些决定是由那些参与预算制定和对预算有影响的各种因素互相作用的结果。它们不是不可避免,它们不是由中央政府做出的,它们的制定充满政治性,甚至是通过游说和争吵来产生。它们是政治讨论的产物,这充分体现在议会中各政党之间以及政党内部。

然而,事实上,这些由地方选举的政治家们做出的这些政策决定,并不能决定伯明翰的全部支出和服务条款、市政税标准以及辖区内家庭需要付费的数量。制定这些决定,以前是地方议员及其全体选民的责任,2001/2002 年度这一责任落到中央的政治家和伦敦的文官们的手中。在表 10.6 中可以看出,伯明翰市的纳税人乃至全国的纳税人缴纳的税收只稍多于所在议会净支出的五分之一。这种情况使责任变得模糊,选民不知道谁实际上对税收负有责任,他们不知道他们应当向谁缴纳,选举谁来承担这项责任。"齿轮效应"导致所有的地方政府都不愿增加它的净支出。因为中央政府控制所有的资金来源,包括拨款和国家非国内财产税,每增加 1% 的预算,市政税就需要提高近 5%。我们注意到,这种情

形并非普遍存在,多数其他国家在管理他们的地方财政时并不是这样做的。

他国的做法

通过表10.1,我们注意到地方政府支出占全部政府支出的四分之一,占国内生产总值的十分之一强。这显然是一个巨大的数字,它也可以解释为什么在地方上,议会自身是最大的雇主和消费者之一,并且常常是最大的雇主和消费者。

与其他西方国家的地方政府体制相比,英国的地方政府体制明显不同。"次中央首相制"(Sub-central Premiership)包括斯堪的那维亚的"福利民主"国家及加拿大、瑞士和德国的联邦制,这些国家的地区或省以及地方政府的支出最低占国内生产总值的16%,而在加拿大和丹麦则超过30%。与西欧国家相比,这些国家的州和地方政府承担的税收在国家全部税收中占有更高的比例,当然也要比英国高(参见图10.2)。就税收而言,英国地方政府征收的税收只是国家整体税收这块并不大的蛋糕中的一小块。英国的政治家们试图让我们相信,英国是税收相对较少的国家,这是事实,并且在税收收入中,每25英镑中只有1英镑直接交给地方议会支配。

英国其他的欧盟伙伴的地方政府规模要比英国小,最主要的是这些国家的教师归中央政府雇佣,而不是归地方政府。随着设置限度制度的引入和1989至1993年的税制改革,尤其是商业财产税在全国推广之后,地方政府缺乏财政自由裁量权的国家已经不多了。这可以参考表10.6。

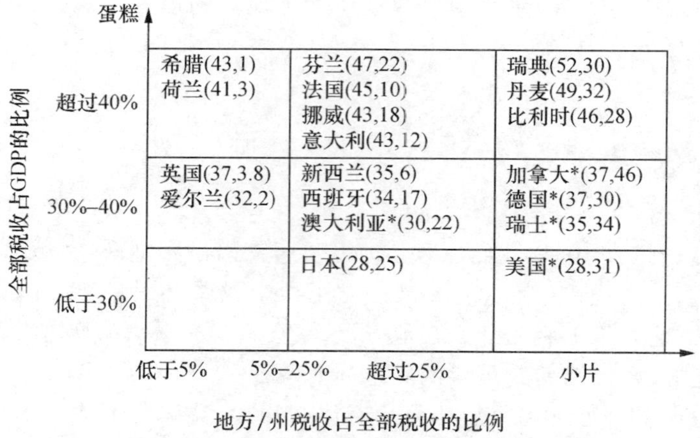

英国地方政府

```
蛋糕
 ↑
全部税收占GDP的比例

超过40%   | 希腊(43,1)    | 芬兰(47,22)      | 瑞典(52,30)
         | 荷兰(41,3)    | 法国(45,10)      | 丹麦(49,32)
         |              | 挪威(43,18)      | 比利时(46,28)
         |              | 意大利(43,12)    |

30%—40%  | 英国(37,3.8) | 新西兰(35,6)     | 加拿大*(37,46)
         | 爱尔兰(32,2) | 西班牙(34,17)    | 德国*(37,30)
         |              | 澳大利亚(30,22) | 瑞士*(35,34)

低于30%  |              | 日本(28,25)      | 美国*(28,31)

           低于5%    5%—25%    超过25%         小片 →
              地方/州税收占全部税收的比例
```

图 10.2 英国的市政税——小蛋糕中的一小块

注：括号内第一个数字是税收占 GDP 的比例，第二个数字是地方税收占全部税收的比例。带 * 的国家为联邦国家，他们第二个数字 = 州 + 地方税收。

来源：OECD 国家财政统计，1965—99（巴黎：OECD，2000）。

表 10.6 州/地方财政收入构成，1998

		收入和收益	财产	动产和服务	其他
联邦国家					
加拿大	国家	49	6	45	—
	地方	—	93	1	6
美国	国家	40	4	56	—
	地方	6	73	21	—
比利时	国家	54	6	40	—
	地方	84	14	2	—
德国	国家	50	5	45	—
	地方	79	15	6	—

（续表）

	收入和收益	财产	动产和服务	其他
单一制国家				
丹麦	94	6	—	—
芬兰	96	4	—	—
法国	—	51	10	39
意大利	13	17	15	55
日本	47	31	21	1
荷兰	—	63	37	—
挪威	90	8	2	—
西班牙	26	35	35	4
瑞典	100	—	—	—
英国 1989年前	—	100	—	—
1990—1993	—	—	—	100
1993—	—	100	—	—

资料来源：OECD 国家财政统计，1965—99（巴黎：OECD，2000），表 133，135。

与表 10.6 中的数字相比，下边的信息更为重要：

- 很少西方国家地方政府只依靠一种地方税收。
- 在多数国家，地方政府可以因纳税人的不同和服务项目使用者的不同而征收不同的税收。
- 斯堪的那维亚国家的例外情形是，这些国家严重依赖广泛的累进税，即地方收入税。
- 在财产税和统一的人头税方面，以及设置沉重的负担方面，英国独一无二。

英国地方政府

单一地方税的负担

引用经济学家梅纳德·凯恩斯的话说,税收就是我们生活在文明社会的会员费,它不像许多政治家所说的是一件坏事,而是我们追求幸福的一种动力,如普及教育、社会服务和公共交通。只有当税收责任不足或在分担不恰当时,它才会成为一种负担。英国地方政府被强制依赖单一的地方税收来源,这导致两方面的负担,一是体制自身,二是纳税人的责任。地方政府的职责在增加,需要从那些属于同一群体的纳税人那里得到资金,而他们支付的能力以及情愿程度是有限的。此外,如果单一税或是按照统一的标准征收或只与纳税人不同的收入和财富有关,问题就会更大。事实上这也是战后英国地方政府遇到的问题。

长期存在的地方财产税行之有效,但是伴随议会提供越来越多的服务,它的局限性也越来越明显。作为一种财产税,它在逐步衰退,因为它既与纳税人的支付能力无关,也与家庭的户主或家庭成员无关。可想而知,国内财产税是很有效的。它相对额度小并且容易征收,纳税人不易逃税。在20世纪70年代,这种税收每年都在增长,没有房产的人认为这种税收制度使其他的服务使用者获得了更多的利益,因此对公正性的指责开始增加。保守党,更准确地说是玛格丽特·撒切尔在1974年发表反对环境部的宣言中,发誓要在一届议会任期内取消这种财产税制度,以更加广泛的基于人们支付能力的税收来取代它。

这个宣誓包括四个部分,最终一半得以实现,另一半没有实现。国内财产税被取消,但是经过了三届议会,而不是一届。替代税种社区费,即几乎人人皆知的人头税,建立的基础更加广泛,几乎每个人都要按照统一的标准支付。但它与人们的支付能力无关。设置这项税收的过程不仅让部长们兴奋(参见 Butler et al.,

1994；Wilson and Game，1998，Ch.10），首相尤其如此，她也试图通过西方民主世界中独有的人头税，来对大规模的地方政府体制施以有效的财政支持。

保守党政府用了10年时间来进行地方财产税制的改革，它经过多次实验并用尽了所有的控制地方支出的方法。撒切尔政府得到了这种权力，我们用"合作"这个词来形容中央地方政府关系（参见表9.4），它还沿袭了工党政府每年减少地方财产税支持拨款的政策来限制地方政府的开支。这项政策在1980年的地方政府计划和土地法案中得到加强，由于该法案规定了以前没有要求的每个地方议会设置开支目标，并对拨款处罚进行了规定。如果一个议会的开支大大超过了预设的目标，它获得的拨款不仅不会增加，而且会被削减。在20世纪70年代中期，财产税支持拨款为超过一半的英国地方政府的净支出提供了资金（见图10.3(a)），地方议会通过他们当地设置的国内和商业税即非国内财产税得到另外约三分之一（35%）的资金。但是他们的财产税支持拨款在一年年的减少，许多地方议会没有减少服务项目，而是通过提高地方财产税以增补差额，提高的百分比要在许可的范围内，1980至1981年平均为27%，1981至1982年平均为19.4%。

中央政府的反应表现为三个方面，首先，绿皮书对大量的国内财产税项目进行了检验，包括地方销售税，汽油、酒精和烟草税，地方工资单税，地方收入税，而后来全部取消了这些税种，包括人头税，因为它们不具可行性。其次，因为以上税收的不可行，于是引入了"财产税设限制"。1982年首先在苏格兰实行，两年后开始在英格兰和威尔士实行。中央政府首次完成了对一些地方政府开支和税收政策的控制，进而发展到对所有的地方政府进行控制。财产税法案具有宪法意义，它要比政府行为的第三个反应更基本，政府的第三个反应是1985年取消了大伦敦市议会和都会郡议会过高的支出和税收政策。

英国地方政府

(a) 1975–6 (%)

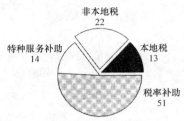

地方决定的支出 = 35%

(b) 1989–90 (%)

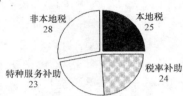

地方决定的支出 = 53%

(c) 1992–3 (%)

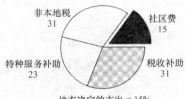

地方决定的支出 = 15%

(d) 2001–2 (%)

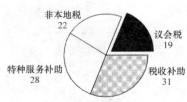

地方决定的支出 = 19%

图 10.3 英国地方政府净支出构成的变化,1975—2001

地方财政 第10章

人头税——短命的政策灾难

1983年保守党的宣言中没有提到取消地方财产税,但是在中央政府持续减少拨款的情况下,财产税纳税人缴纳的税收在地方政府总开支中占的比例不可避免地增大了,如图10.3(b)。在这种情形下,推出另一绿皮书《资助地方政府》已刻不容缓。这部绿皮书"概括了本世纪英国地方政府财政制度最激进的改革建议"(DoE, 1986, p.76)。

有两项非常重要的改革,先前我们也曾提及:

• 取消国内财产税,由社区费代替,由所有18岁以上的居民按照统一的标准缴纳,这一标准由各个地方政府制定。

• 非国内财产税推广至全国,即中央政府在全国范围内按照统一标准收取。

对社区费或人头税的抗议非常广泛而激烈,颇具攻击性。有人认为,这一税收执行困难,签名单混乱,不易保存,在实施上也存在问题等,这样的警告很多。甚至部长们也承认,撒切尔夫人第三届任期内推出的这项标志性政策,很难为大众欣赏,但这种情况只是让部长们决定突击引入,而不是按照原来计划的那样,逐步取消财产税,慢慢推行人头税。这样一来,"战后英国最著名的灾难"(Butler, et al., 1994)被发起了,苏格兰是在1989年的4月1日,英格兰和威尔士是在1990年的4月1日开始推行这一政策。

1990/1991年度平均的人头税是每个成年人363英镑,比1981年绿皮书预计的数字高出了14倍。"受损者"要比"获益者"多3倍,最大的"受损者"是那些拥有财产少收入低的人,如享受抚恤金者和单亲家庭。抗议和示威造成骚乱。千分之十的人因为不能或拒绝缴纳人头税在人生中第一次被宣布有罪,征收到的税收并没有增加。这项人们不喜欢的税收在实践中很难推行。

英国地方政府

1990年11月,撒切尔夫人失去了保守党的领导权,部分原因就是这项措施给该党带来了损害。新首相约翰·梅杰,不顾部长们对这一税收所负有的集体责任,采取措施取消了它,但首先他要把它折中。在1991年3月财政大臣诺尔曼·拉蒙特(Norman Lamont)的预算实现了梅杰的目的,在这个预算中,诺尔曼·拉蒙特提出了增值税(VAT),每个成年人减少140英镑的人头税,增值税的15%至17.5%用于弥补这部分。两天之后,环境大臣迈克尔·赫塞尔廷宣布从1993年起取消人头税,由分级的财产税来代替,同时给予一些成年人一定数量的补贴,这就是市政税。

征收社区费或人头税在财政、资金、经济和雇佣人员方面的花费巨大,但这至少还可以估量(Wilson and Game, 1998, Exhibit 10.5)。但其长期的社会和社区费用以及它对地方政府造成的不可弥补的损失,却是不可估量的。此后人们拒绝登记和参与统计调查,不与地方政府合作,甚至不愿缴纳非常公正的市政税,就是这种损失的明证。它给地方政府造成的更大危害是,虽然采取了征收统一的商业税和增值税两项措施,地方税收还是从原来能够支付其净支出的一半多,下降到六分之一(见图10.3 b、c)。在接下来的十年中,地方可以决定的支出份额才缓慢上升到五分之一。但是,我们已经提到,这个数字仍比多数西欧国家低许多,许多研究者认为,英国地方政府掌握的财政资源太少,不是足以保障地方民主所需要的有力财政。

命令式经济控制体制下的盈余责任

英国1988年税制改革后保留下来的最明显的特征就是,英国地方政府仍然只能征收一种地方税,这种状况是独一无二的。它们不能像美国的许多自治市那样对酒类和烟草征收"罪恶税(sin taxes)",不能像法国和德国那样征收商业税,不能像挪威那样征收财富税,不能像荷兰那样征收第二房产税,更不用说这些国家中多数都能征收的州或地方收入税。

前面我们提到,工党政府改变了它曾持的反对意见,将商业税交由地方控制。像上世纪70年代斯堪的那维亚模式那样地方收入税交给拉菲尔德委员会托管,政府财政的一大部分转交给地方议会可能是非常遥远的。还有一种政治上的考虑认为,地方政府的支出不能全部由地方政府施以财政支持,这非常重要。地方政府应在民主控制框架内把重点放在盈余部分和额外支出上。作为一个证据他们会说(你看图10.3所表明的),经过十年的拨款削减和支出限制,1989/1990年度的地方政府财政非常健康,为什么还要把财产税提高到财政净收入的一半以上呢?

最强烈地支持这种观点的可能是新地方政府网(NLGN),它是一个高度自治的受资助的竞争性组织。地方政府网反对将商业财产税交由地方控制,这并不令人惊讶,它还称地方政府可以通过我们所说的管理预算盈余来实现更大的控制(Stocker, 2001)。可以解除一些收费方面的限制,更多地使用第三方税收,如工场的停车位、市中心的交通拥挤费、旅游及床位税等,通过对第三方收税将这部分税收用到其他人身上。市政税的最高限度最终会被取消并被公民投票决定税收的方式所取代,议会只要得到选民的认可,就可以增加支出。

然而,所有的这些都需要立法,这在工党政府第二届任期的早期阶段有所表现。同时,每年的财政支持拨款方案没有发生大的变动,托尼·特拉佛斯(Tony Travers)在1996年这样表述:

> 这是关于命令式经济控制体制在运作上的一个有力的例子。就连苏联这样的国家也从没有实施过这种烦琐的错综复杂的管理。伦敦西南区的一台电脑就能决定威勒尔区小学房屋屋顶能否修缮和康沃尔中学音乐教师的命运。(《卫报》,1996年12月3日)

20年来,地方政府财政无疑走过了一条漫漫长路,但它看起来并没有朝着增加地方政府责任的方向走,而增大地方政府的责任早就应该在20世纪70年代开始实施了。

进一步阅读指南

本章的第一部分我们的建议已经很明确了,那就是从你所在的地方议会或其网站上获得信息。研究地方政府财政最好的导读是地方政府信息中心提供的材料(Challis,2000),地方政府信息站、地方政府协会、英国皇家公共财政与会计协会以及交通、地方政府和地区部网站上提供的信息。虽然时间发生了重大变化,但一些读者仍然会在拉菲尔德委员会报告(Layfield Committee Report,1976)中找到一些相关内容,戴维·布特勒(David Butler)和他的同事们做了大量的工作,自此以后,这方面大量的可供阅读的解释性著作开始问世,如1994年出版的《英国政府的失败:人头税政治》。它是对当代英国政府的病理学研究,但他也汇总了许多专家的观点,包括贝里(Bailey)和帕迪森(Paddison)(1988)、吉布森(Gibson)(1990)的观点。最近麦肯耐尔(McConnell)(1999)的著作不仅对英国的地方税收进行了很好的研究,而且还列出了一些综合性的书目。

第二部分　地方政府的政治与人民

第11章
地方选举

引言

我们在第2章中提到,与其他公共管理机构相比,地方政府有几个特点,最基本的特点就是他们的选举,我们将在后两章中讨论这个问题。第12章重点关注选举程序的结果,即议员。本章关注程序本身,如地方选举如何进行,谁参加选举,选票如何计算等。

英国地方政府

我们为什么焦虑?

有些人可能会问,为什么我们将地方选举作为一章单独列出?每个人都知道,与2001年的大选(General Election)相比,参加议会选举的人更少。此外,引用纽顿关于20世纪60年代伯明翰政治的描述,不是实际参加选举的人认为,他们要比每年大选参加人数稍多吗(Newton,1976,Ch.2)?虽然参加选举的人的数量本来就不多。中央政府的部长们并不像《是,大臣》中虚构的人物吉米·哈克(Jim Hacker)那样,这些部长们认为:

> 地方民主是一场闹剧……多数公众甚至在地方选举中不参加投票。在威斯敏斯特,那些参加投票的公众也只是将此举作为一种拥护政府的投票。(Lynn and Jay,1983,p.45)

固然,地方选举在国家政治生活中看起来不是特别重要。在分析地方选举结果时,更多考虑的是它对大选产生的影响,而不是这种选举自身的结果,也就是说考虑的不是议会改变政治控制、政策变更、议员赢得或失去席位等。20世纪60年代的内阁成员理查德·克罗斯曼(Richard Crossman)甚至坦承,他之所以选择地方选举周的第一天宣布提高25%的卫生服务费这项不受欢迎的对选举不利的政策,是因为他忘记了当天是地方选举的日子(Crossman,1977,p.47)。

为什么我们焦虑?答案非常简单,我们不能相信,仅仅是大选的一纸命令,地方选举就可以被取消,这种情况因为地方选举和大选同一天进行而在1979、1997和2001年发生过。地方选举要比全国的公民投票更复杂、更重要。玛格丽特·撒切尔在1983年和1987年,托尼·布莱尔在2001年,都将地方选举视为一种帮助,首相可以利用它在策略上选择有利的选举日期。多数正规的国家

地方选举 第 11 章

报刊,不能全部概括我们关于地方选举的观点。1990 年 5 月 3 日是地方选举的日子,《时代》刊文指出:

> 今天的地方选举涉及英国城市、镇和郡区管理。它不是公众观点投票,也不意味着对撒切尔夫人或其政府的评判,也不是针对讨厌的人头税事务。地方选举是要选出人来管理地方行政。有些人在政治游说时称地方选举只是大选的替代品,这些人只是在玩弄中央集权游戏。他们是地方民主的敌人。

令人感到奇怪和失望的是,就是这同一份刊物的同一专栏,在两天后就发表了一篇题为"玩弄中央集权游戏"的文章:

> 和早先的预测一样,昨天的选举结果显示,公众不喜欢人头税……对工党投票赞成的人数众多,这会让金诺克先生(Mr. Kinnock)在国会中获得足够多数。

暂且不说许多投票者确实喜欢人头税——他们可以从人头税中获益——因此投票赞成的事实。管理我们的城市、镇和郡区的人发生了什么?有一种说法认为国家选举和地方选举可以互换。本章一个重要的原则性概念就是它们不能互换,也不能认为它们可以互换。地方选举是地方政治事务,不管政治评论家如何说,大多数的选民也是这样认为的。同国会选举相比,参加地方选举的选民更少,但是许多选民在两种类型的选举中坚持参加,并且在选举上有不同的考虑。

地方选举中的选民为地方问题而不是国家问题投票,对参选人的经历和品格进行支持或反对,但不会考虑他们属于哪个政党。在本章我们将介绍几个特别的案例,但首先我们必须概述一些英国地方选举的实际运作情况(参见表 11.1)。

英国地方政府

表 11.1　何人、何时、如何、为何进行地方选举

1. 何时举行地方选举？
   每年五月进行，一般是五月的第一个星期四。在许多国家，地方选举不会在周末或法定假日进行，这是政府和选举委员会的几个基本考虑之一。

2. 我能投票吗？
   只要你是不列颠、爱尔兰和英联邦年满18岁的公民，不是一名囚犯，那么答案基本上是肯定的。

3. 我必须要先登记吗？
   是的，国会选举也要这样。自2001年起英国不间断地进行选举登记。登记，就像选举过程中其他事务一样，由你所在的区或议会承担，尤其是选举登记官来承担，他要求你在登记时确认你在选区内的住址。不参加登记是违法行为，可以被起诉和处以150英镑的罚款。

4. 没有财产资格认定吗？
   没有。以前居民在一个地区拥有土地和财产，他们就不能参加投票或作为候选人，但这一制度在1969年被取消了，伦敦市除外。

5. 我可以每年选举吗？
   不一定，这取决于你在哪里居住。多数议会每4年选举一次，如：
   英格兰郡　　　　　　　　　　　　　（1997，2001，2005）
   伦敦郡区　　　　　　　　　　　　　（1998，2002，2006）
   大伦敦当局　　　　　　　　　　　　　　（2000，2004）
   苏格兰及威尔士单一当局　　　　　　　（1995，1999，2003）
   北爱尔兰区　　　　　　　　　　　　（1997，2001，2005）
   但是大都市区采取三分之一制的选举方式，在没有郡选举的年份，区议员的三分之一要改选（如1998，1999，2000，2002，2003，2004）。
   一些地方如英格兰单一当局和非大都市区可以在两种选举方法中选择。超过三分之一的城市政府当局采用大都市区的三分之一选举方式，其余的地方每4年对议会全部改选一次（1999，2003）。

6. 我选举谁？
   议员代表的是你居住的那个特别区域。
   所有的议会都被划分为一个或多个分区或选区，每个选区可以选举出1名、2名或3名议员，任期4年。2000年大伦敦市长由居民选举产生，在此之前，英国地方政府还没有直接选举政治行政长官的先例。伦敦之外的首次市长选举原来的计划是2002年5月。

(续表)

7. 我在何时何地进行选举?
   传统上是在选举当天,在早7时至晚9时到当地指定的投票站投票。如果你亲自投票有困难或不可能,你可以通过邮寄或找人代理的方式进行投票。为了解决误期问题,我们采用更加简便的邮寄投票方式以刺激更多人参与投票,同时对其他国家的一些做法进行试验,如选举日延长几天(挪威、芬兰、意大利、瑞士采用这种方法)、允许在选举日前进行投票(瑞典、加拿大、新西兰采用这种方法)、在商场或其他吸引公众的地方设置特别投票站等。

8. 选举简单吗?
   非常简单。只要你拿到选票,那就是很简单的事了。在英格兰、威尔士和苏格兰的地方选举和国会选举一样,采用的是简单多数的方法。你只要在你喜欢的候选人名字上划上X号,谁最终获得的票数最多,谁就能赢得这个席位。没有必要,也没有办法来按照喜好程度排列候选人,除非你是在北爱尔兰投票,在那里采用的是单一可转让投票制。
   选票的计算也很简单,许多地方议会选举的最终结果常常是在投票结束后的几个小时内产生。

9. 我要认识候选人的名字吗?
   没有必要。当然如果现在的议员再次参选,你可能会认识他(她)。你的选区有1 000至20 000名选民,即使是最勤奋的候选人也不可能亲自和每个选民见面。但是候选人应该在你的居住地做一个竞选演讲,介绍他们自己并阐述他们支持的政策。他们也可以在选票上用6个以下的词描述他们自己,其中通常包括他们所属的政党。

10. 我可以做候选人吗?
    如果你是年满21岁的英国或爱尔兰公民,你在一个地区生活或工作了1年以上,你就可能会得到提名。如果你被定罪或破产,你将失去资格。最重要的也是最有争议的一点是,如果你是地方政府的工作人员,你不能做候选人参加选举,即使你在另一个地方具有合乎条件的被选资格。1989年这一点得到延伸,禁止地方政府的高级官员和那些在政治敏感职位上任职的人参加竞选。

11. 我如何被提名?
    和国会选举一样,只要选区内10个选民确认,你就可以被提名。

12. 花费昂贵吗?
    不是特别昂贵。要比国会选举便宜的多,不需要动用存款。对候选人的用于选举上的经费也有严格的限制,2001年是242英镑另加上候选人可以对每个登记的选民花费4.7便士的标准,很少有候选人说他们的支出高到接近允许的最高限度。

（续表）

13. 为什么选举制度如此没有必要的复杂？ 这是一个很好的问题，威蒂考伯委员会也提出了同样的问题："当前的选举制度非常复杂，互不一致，这不能鼓励更多的人参与到选举中来。公民有理由期望，当他们从一个地区迁移到另一个地区，选举安排还是一样的"（Widdicombe Report, 1986a, para. 7. 15, p. 167）。该委员会提出的建议是，要么采用"单候选人选区"方法，要么采用全议会改选的方法，但这种建议被中央政府拒绝了。因此当前英国的地方选举制度还是根据各地的情况而定。

地方选举是如何运作的

毋庸置疑，当前地方选举安排的某些方面，在很大程度上是历史的产物，十分复杂，令人迷惑。如果你居住在英格兰的非都市区，这一点就更加突出，因为你不得不与当地的选举登记办公室联系，来获知你的议会是三分之一议员改选还是全部改选，以及你什么时间可以有再次投票的机会。虽然在地方政府大量的行政实践中，有许多方面是值得称道的，但是这并不能证明地方的选举制度也值得称道。威蒂考伯委员会在20世纪80年代就开始呼吁一种统一的制度，要么采用"单候选人选区"方法，要么采用全议会改选的方法。

对于威蒂考伯委员会提出的方法有支持，也有反对（Game, 1991a）。"单候选人选区"的方式规模更小，在议员和选民之间可以创造最紧密的联系，还能鼓励更多的人参与选举。另一方面，它限制了选民对候选人的选择，如果他们的候选人失败了，他们会感到没有人能充分代表他们，因此，他们不愿政党的选择委员会来确定女候选人或少数民族候选人。

全议会改选的方式，在选举之间给议会一段休整的时间，可以促使政策的连续性，推动计划的实施，减少对关闭学校、提高税收、修建公路等比较困难的政治决定的拖延。这样的选举容易导致政治控制发生突然激烈的变化,议会中突然加入许多没有经验的新议员。但是,可能最重要的特点是,它冲淡了政治家的政治责任,不会像政治家那样经常对选民解释,并推行保护他们的政策和行动。

选举制度

当前选举实践中最大的争论不是议员选举区代表机制,也不是议会进行选举的频率,而是选举制度自身,及采用什么样的选举方法。简单多数是一种经过良好检验并且为大家所熟知的制度,因为在英国所有的政府选举中长期实行的都是这种制度。但是,它明显的缺陷和偏见也引起人们的不满,我们新组建的机构如苏格兰议会,威尔士、北爱尔兰和大伦敦大会,更多地采用比例制的方法。地方政府选举制度的改革不可避免地成为宪法改革的一部分。对现行的制度支持和反对的观点汇总在表11.2中。

表11.2 对地方选举"简单多数"(FPTP)的支持和反对意见

支持意见
- 那些结果明确的选举在这种选举方式下,结果会更加明确,单一的政党拥有充分的权力来执行其政策。同时,减少少数政府和联合政府出现的可能,也减少了选举后政党内部讨价还价的可能。
- 为议员提供直接的、个人化的选民关系。与其他比例代表制不同,比例代表制中,代表可能与某个地区的选民没有直接的关系。
- 促使政党基础更加广泛,更具容忍性和稳定性。不鼓励代表新利益和新观点的政党的产生。
- 有利于减少极端政党和极端观点的影响。
- 不管是从理解角度还是管理角度来说,它都是最简单的制度。
- 这一制度最具广泛的一致性。

(续表)

反对意见
• 常常曲解了投票和获得席位之间的关系,这种情况非常严重,甚至超过了国会选举。得到多数选票的政党,甚至是得到少数选票的政党,常常能获得议会的绝对控制权,换句话说,获得多数选票的政党可能只得到少数席位,而与其竞争的另一政党获得的选票少,但可能会得到多数席位。
• 减少对抗,使议会中反对方的代表或者不存在,或者太少甚至不足以填补委员会的空缺席位。
• 比任何其他形式的选举都浪费选票,在这种形式下,要排除一些候选人,或建立起没有必要的获胜多数,这些都会浪费选票。
• 阻碍公众积极投票,因为那些自认为自己的投票能影响选举结果的投票者的比例减少了。
• 破坏了公众对议员合法性的理解,因为许多议员,如同下院议员,是在获得少数选票的情况下当选的。通常也同下院议员选举一样,参加选举的公众较少。
• 选举效力较差,它仅仅采用投票者第一喜好,不给他们更多的更具体表达政治观点的机会。
• 导致社区和地域上的分裂,两大主要政党在他们实力已经很强的地方会得到益处。
• 导致政治上的分裂,促使政治对立面的出现,不是培养政党内的相互理解,而是创造破坏性对抗。在选举后的议会中协商和合作非常困难。
• 对女性和少数民族造成歧视,因为他们当选更加困难,虽然事实上英国地方政府的女性代表要比一些采用比例代表制的国家多。

　　罗林斯(Rallings)和撒拉舍(Thrasher)(1991,p.5)曾指出:"所有的证据表明,地方选民在现行的选举议会的方法之下不能得到很好的服务。"这很容易理解,在此我们不想对选举改革衍生的文化进行赘述。但是,对于当前存在的迷惑甚至是连那些改革者都有的迷惑,我们有必要给出一两个基本的观点。

　　首先,必须强调的是选举制度的选择,不管是地方的选举制度还是国家的选举制度,可采用的方法不仅仅包括简单多数(FPTP)和比例代表性(PR)两种,有四种基本的选举方法可供考虑,表11.3概括了这四种方法。

表 11.3　选举制度的基本类型

1. 简单多数制
   只选举一位候选人,获得最多选票的候选人当选。
2. 多数代表制——例如选择性投票(AV)、增补投票(SV)和双重投票。
   这是一种优先选择方式,通常应用于个别议员的行政区或选区选民,包括全议会辖区范围内的市长选举。其主要目标不是比例,而是通过计算排除得票靠后的候选人,候选人有可能在得到较少票数的情况下当选。
3. 比例代表制
   这种体制必须基于一个选区选出多名代表,其目的在于按照一定比例使投票结果与代表席位挂钩。
   比例代表制主要有两种类型:
   (a) 政党列名制——目的在于使选举出来的政党与它们的民意支持相称,把票投给某个候选人就意味着把票投给他所在的政党。
   (b) 单一可转让制(STV)——这是选举多名代表选区的常用方式,主要目的是既给选民提供选择候选人的机会,也给他们提供选择政党的机会。
4. 附加成员制
   这是一种结合单名选区制和政党列名制的混合制度,"附加的"或"装饰性"的成员在选举时作为整体被加入到选区选民中以达到政党比例的目的。

第二,西欧国家地方选举制度中普遍使用参与人名单,但它与英国在 1999 年欧洲议会选举中采用的那种不开放的、僵化的、非个人化且不能变动的方法不同。多数国家利用非冻结名单的方法,让选民对候选人表达个人好恶,甚至是完全开放的名单,如在挪威,选民可以增添或删减候选人,可以改变候选人的名单顺序,或者给他们喜欢的候选人额外的选票。

第三,如果比例代表制是地方选举的首要目标,也就是说它要比由谁作为代表选区内全体选民的候选人重要,也比如何保证一个议会由一个政党控制多数的几率最大化重要,那么许多人认为,应采用单一可转让制,优先于政党列名的机制(框 11.1)。

英国地方政府

> **框 11.1　单一可转让投票制案例**
>
> - 爱尔兰已经在所有的选举中包括地方选举中采用这种选举方式,下院的选举除外。实践证明,它很容易理解,也被广泛接受。
> - 麦金托什委员会(McIntosh Commission)1999年向地方政府和苏格兰议会提出建议,建议苏格兰地方选举采用这种选举方式。
> - 由于在英国已经有许多多元的行政区和地区,所以在英国引进这种选举方式相对容易。
> - 这种选举方式可以使选民在同一政党不同候选人之间进行选择,选民可以像多元行政区采用的办法那样,对议员的工作效果进行评判,对来自不同背景和持有不同政治观点的议员进行区分。
> - 这种选举方式会给独立的候选人和较小政党的候选人一个更好的选举机会。

第四,除了这些考虑之外,政治现实证明,如果英格兰在不久的将来为地方政府选举采用更具比例代表性的制度,那么它可能会采用额外议员机制,而不是采用单一可转让投票制。附加成员制是一种我们在地方选举中越来越熟悉的选举制度,它可以产生两个不同的议员群体:一部分议员代表的是他们的选区,还有一部分代表的是整个议会。

在地方选举中引入任何形式的比例代表制,一个不可避免的后果就是导致已经具有相当规模的无多数党或"均势"议会膨胀32%,相当于2001年英国议会441名议员中的142人(见表14.3)。你认为这一结果是否可以接受完全取决于你的个人政治观点。然而大量证据证明,无多数党议会的工作令人非常满意,"与那些典型的多数控制的政府相比,可以促进地方政府更加开放和民主"(Leach and Game, 1992, p.152; Leach and Game, 1989; Leach and Stewart, 1992a)。

地方选举 第 11 章

公众参与选举及政党竞争

每个人都知道在地方选举中,并非许多公众参与选举。在2001年的大选中,英国公众的参选率是59.4%,这在25个西欧国家国会选举中排在第24位,仅仅在瑞士之前(IDEA,2001)。但是,这个参选率已经几乎是英国地方选举平均参选率的2倍。长期以来,英国地方选举的参选率在西欧国家中都是最低的。不算比利时、卢森堡和希腊这些将投票作为公民义务的国家,20世纪90年代多数欧洲地方选举的参选率平均为60%至80%(European Union,1999a)。在英国的地方选举中参选率为40%,并且下降很快。现在英国的地方选举公众参选率要比美国20世纪90年代的平均参选率还要低,美国符合选举年龄条件的人口约37%会参加投票。此外,美国60%至65%的登记选民都会参加投票,而英国这个数字也要低很多(Rallings and Thrasher,2000)。

低于40%的参选率一直在下降

在表11.4中对公众参与选举的情况有非常清楚的描述,通过观察可知,以1992年为分界点可分为两个阶段。在这两个阶段中,不同的地方政府利用不同的选举方式,取得了不同的选举结果。直到1992年,在公众参选率方面都存在一个明确完整的连续性。在一些特殊年份,一些其他活动可用来提高公众对选举的兴趣。如1983年、1987年大选的临近,以及1990年开征社区费后催生的1991年大选。虽然有这些激励因素,在这一阶段,公众的参选率也仅超过45%,仅在威尔士有两次超过了50%。同时,公众的参选率也很少出现低于40%的情形。

自1992年之后,出现了两种情况。英国所有的地方选举中公众的参选率都呈下降趋势,在大都市区,1998 年至 2000 年参选率一直低于 30%。多数欧洲国家也出现了类似的情况(European Union,1999a),但多数国家下降幅度没有英国这么大。在英国 1992 年之后的阶段还有一个最明显的特征,就是在威尔士和苏格兰实行的都是每四年举行一次的一元委员会选举,而英格兰采取的是多种政府形式混合的选举,在威尔士和苏格兰公众的参选率要比英格兰好许多。

还有一个重要的现象是,与那些改选议会三分之一的议员的方式相比,公众更乐意参加全部议会改选的选举投票。1998 年,虽然伦敦区和大都市区公众的参选率都比四年前有所下降,但伦敦区的选举却比大都市区的选举吸引了更多的选民。同样,1999 年在英格兰区议会选举中,议会全部改选的地方公众参选率为 36%,而只改选三分之一议员的地方公众参选率只有 32%。

如果选民对议会候选人得票可能差额的理解是他们参与投票的激励因素,那么,选民对选区的差额具有同样的激励作用。获胜候选人超过对方票数越少,公众参与投票的可能性就越大。选民如果感到他们所做的只不过是政治生活的一部分,或者是为一个不能胜利的选区投票,或者只是为选出一名不能改变政治控制的议员投票的话,他们自然不愿意参加投票。在一个有两个实力相当政党的边际选区,政党投入的力量也会更多,这也会产生积极的影响。政党竞争力越强,公众参选率就越高。

选区的规模大小也会影响到公众参选率。大的选区,一般拥有 6 000 多名选民,其参选率较低,这可能是因为只有少数选民了解候选人情况。但这也不能说明选民少的选区公众参选率就一定高,有时这些选区因为候选人没有竞争对手造成许多公众不参加选举。如今,议员在选举中因为没有对手而当选的情形越来越少,这样的议员一般产生在地域较广的农村地区或党派很少的地区。

表 11.4 地方选举参选率，1981—2001

地方选举的日期、类型和时机	郡、地区和群岛+单一当局(U)			非都市区			都市区	伦敦区
	英格兰	威尔士	苏格兰	英格兰	威尔士	苏格兰		
1981	44	49	—	—	—	—	—	—
1982（改选三分之一）	—	—	43	42	—	—	39	44
1983（全部改选；预测的大选？）	—	—	—	46	46	—	42	—
1984（改选三分之一）	—	—	—	40	43	44	40	—
1985	42	45	—	—	—	—	—	—
1986（改选三分之一）	—	—	46	42	40	—	40	45
1987（全部改选；预测的大选？）	—	—	—	50	51	—	45	—
1988（改选三分之一）	—	—	—	42	41	46	40	—
1989	39	44	—	—	—	—	—	—
1990（改选三分之一；对人头税的判断？）	—	—	46	49			46	48
1991（全部改选；对人头税的判断？）	—	—	—	48	53		41	—
1992（改选三分之一；大选后）	—	—	—	38		41	33	—
1993	37	39	—	—	—	—	—	—
1994（改选三分之一）	—	—	45	43			39	46
1995（全部改选）	40(U)	49(U)	45(U)	42	49	45	34	—
1996（改选三分之一）	35(U)	—	—	37	—	—	31	—
1997（大选）	73/70(C/I)							
1998（改选三分之一）	28(U)	—	—	31	—	—	25	35
1999（全部改选）	32(U)	50(U)	59(U)	36	—	—	26	—
2000（改选三分之一）	29(U)	—	—	32	—	—	26	—
2001（大选）	58(C/U)							

资料来源：Rallings and Thrasher, *Local Elections Handbooks*《地方选举手册》（年刊）。

更多的竞争,更多的候选人

在过去的25年中,公众的参选率没有上升,但是拥有投票机会参加投票的投票者的比例却大幅度上升。现在60%甚至更多地在一个具体的地方选举中选举失败的选民都有另外的选择,而在过去,成百万的选民却没有选择。直到1972—1974年地方政府重组,上千议员一届接着一届的当选,不用参加竞争性的选举。他们是唯一得到提名的候选人,因此他们也会在任期到后再次毫无阻碍地回来,不需要做选举演讲或请求选民对他支持。

哈里森(Harrison)和诺顿(Norton)在20世纪60年代给莫德委员会的研究报告中指出:"1962年至1964年的三年中,区(parish)级议员席位有40 859个,而不需要竞争就能重新当选的有16 743名之多(占41%)……大约三分之一的郡议员、二分之一的农村地区议员在选举中从来没有过竞争"(Maud, 1967b, pp.48—9)。在接下来的十年中,这些数字没有发生重大的变化,在20世纪70年代地方政府重组之前,在主要的选举中一些数字如下:

- 1970年英格兰选举出的近20 000名议员中,有50%是在没有竞争对手的情况下重新当选,这包括52%的郡议员和70%的农村地区议员;
- 威尔士的3 000名当选议员中有56%没有竞争对手,包括67%的郡议员和65%的农村地区议员;
- 苏格兰3 100名当选议员中有62%没有竞争对手,包括78%的郡议员和87%的区议员(Craig, 1989, p.141)。

重组之后,几乎所有的较小城区和农村地区议会以及他们许多的议员消亡了。先前,非党派的地方政府机构经常与公开存在党派政治的邻居合作,对独立的议会和议员进行挤压,这种情况一直持续到今天。同时,也许是一种直接而又偶然的联系,不需要竞争的议会席位从40%急剧下降到10%左右。在接下来的时间里,它继续下降,到 2000 年在大都市、单一当局和郡区议会的 1 947 个席位中,只有 27 个席位不需要竞争(Rallings and Trasher, 2000, p. xiv)。

具有讽刺意味的是,地方政府年度选举中几乎全部 1 947 个席位都需要竞争,而公众参选率却最低。相反的是,在 1999 年,威尔士超过 15% 的席位、苏格兰约 5% 的席位和全部议会改选的郡区席位不存在竞争(Rallings and Trasher, 1999, p. xi),但我们看表 11.4,在这些地方的选举中公众的参选率却比较高。

提高公众参选率的方法

英国即使在过去的国会选举中,也不是一个公众投票率高的国家。这或许有些遗憾,但另一方面,这也表明公众对政府机构的表现还在其能够忍受范围。事实上,公众对选举的冷漠并没有让我们过分担忧。如果我们对此担忧的话,我们可以采取几项措施来提高公众的参选率。

我们可以让公众投票更加便利:可以设置更多人们容易接近的投票站,如在邮局、大学校园、商场和 DIY 中心设置投票站;延长投票时间;在周末举行选举或将选举日确定为公共假日。或者,我们可以像澳大利亚、比利时、希腊和卢森堡那样,把投票作为公民的一项义务,不参与投票的人要被罚款。我们可以提供更加广泛的邮政投票,像新西兰十年前做的那样,使得公众的参选率提高了一倍,由 30% 增加到 60%(Hedley, 1991, p. 18)。

当前,公众参与选举的积极性不高,这成为一个令人烦恼的国际难题。1999 年欧洲议会选举公众参选率只有 24%,鉴于此,政府虽然不把选举作为一项任务来规定,但还是开始考虑采取一些行政或程序改革。在经过两年时间的研究之后,内政部选择了 32 个地方政府实体作为志愿者,在 2000 年 5 月的地方选举中采用多种形式的可供选择的投票和计票办法。这一项目分为三个层面:

何时投票,何地投票以及如何投票。这三个层面的目的就是如何提高公众的参选率。

最普遍的做法是一些早期的投票实践,如在大伦敦区的市长和议会选举中,你可以在选举日的前一周就投票。另外也有一些地方,在周末利用流动的投票站,选择投票者喜欢的地点进行选举。三个议会率先启用了电子投票系统,这些系统在投票站使用的同时,人们还可以用传统的方式在该站进行投票。基于家庭基础上的网络投票,伴随着网络安全和数据加密技术的发展,在未来也会逐渐使用。

如果采取的所有措施最重要的目的是提高参选率的话,那么最有效的措施就是邮寄选票。对提前投票或延长投票时限的办法,地方政府并不满意,因为地方政府不得不利用大量的时间和大量的投入,来提醒公众注意新的选举安排,并且在最近的选举中,这种方法对提高公众的参选率起到的作用也不大。电子投票计划起到的作用也非常有限。邮寄选票的方式,确实提高了公众的参选率,与先前的选举相比,它平均提高了14%。更加深入的探索,包括使用邮寄选票或电子投票的方式,将在2002年的地方选举中实施。同时,在2001年的大选中,邮寄选票首次可以在申请人不提出理由的情况下适用,5%的选民喜欢这种选举方式,在多数早期市长选举中采用的也是邮寄选票的方式。

这项改革最显著的失误是我们曾经讨论过的但是很难达成的一项措施,即改变整个选举制度,至少在英格兰是这样。不能确定在地方政府选举中引入某种形式的比例代表制就可以提高公众参选率,但是有证据表明它会有利于提高公众的参选率。伯莱斯(Blais)和卡蒂(Karty)(1990,p.179)在研究了20个国家的500次国家级选举后指出:

> 在其他因素都一样的情况下,与实行比例代表制的国家相比,实行多数代表制的国家公众参选率要低7个百分点,实行简单多数制的国家要低5个百分点。

比例代表制的主要影响不是公众参选率,而是选举结果,也就是说,落选议员数量的增加、政治文化的改变以及议会彻底改变其结果的工作方式。对于那些改革倡导者来说,这些后果正是他们所期望的,而对于反对者来说,这些后果就成了威胁。正如苏格兰行政执行者和工党主导的刘易舍姆自治市镇委员会中的工党成员所言,成效要归于那些倡导地方选举改革运动的人,尽管在短期内这些改革措施可能会对他们自己政党的利益产生不利影响。

地方投票

我们在讨论单一可转让投票制时了解到,选举改革中采取的某些措施可以达到提高地方选举"本地化"的效果。独立的、当地的和少数党的候选人得到了鼓励,选民也得到了更多对地方问题、候选人的功过及其他方面进行投票的机会,在影响选举结果方面起到了更加重要的作用。随着这些措施的实施成为可能,并且已经开始实行,许多投票者不再需要被提醒,不再需要像《时代》杂志的文章那样告诉他们"集权游戏"的危险,或者告知他们地方选举作为真正的地方事务的重要性。

地方事务,地方候选人

本章的这一部分我们将介绍说明地方选举行为的真实情况。对于这一问题的研究,米勒(Miller)在其引发人们兴趣的著作《不相关的选举?》中指出,对大量的投票者来说,地方选举与他们密切相关:

• 56%的被询问者声称在地方选举中受地方事务的影响要比受国家事务的影响大。

• 39%的被询问者声称在地方选举中投票更多的是考虑候

英国地方政府

选人个人而非政党。

• 20%的被询问者对地方政党的喜好顺序不同于国家政党喜好顺序,对于那些在地方选举中为候选人投票的选民来说,这一数字上升到34%。

总之,超过五分之一的选民声称在地方和国会选举中为不同政党的候选人投票。这一数字还应该增加一部分人,这些人可能在两个不同的选举中不会支持隶属同一政党的候选人,他们基于不同的考虑进行选举。

选票分割的证据

在选举中持不同态度的选民所占的比例在总体中会自相抵消,一些选民在地方选举中支持A政党的候选人,而在国家选举中则支持B政党的候选人,还有一些人正好持相反态度。近年来,对保守党在国会中的选举和保守党以外的其他党派在地方上的选举,存在一种明显的偏见,尤其是自由民主党,长期以来它在地方选举中的得票率都比它在国家选举中的得票率高。

公众愿意在国会和地方选举中投不同的票,最具结论性的证据是1979、1997和2001年进行的同步选举,首相卡拉汉、梅杰和布莱尔被迫将大选安排在和当年的地方选举的同一天进行。成百万的选民发现他们需要投两次票,一次是为他们的首相投票,一次是为地方议员通常是郡议员投票。

从表11.5可以看出,在1997年和2001年的两次选举中公众所持的态度,他们在不同的选举中支持隶属不同政党的候选人。选择这33个选区并非因为他们的公众在地方选举和大选中,选择哪个党派的态度明显不同,而是因为这33个选区地方选举和国会选举的地域边界一致,并且各主要政党在每个选区中都有一名候选人参与竞争。有意思的是,在大选和地方选举中公众的参选率基本相同,而实际的投票却不同。很明显,成千上万的选民在两次选举中,在国会选举和地方选举中确实把票投向了不同的政党。而且,公众这样做的效果就是保守党和工党在大选中取得好的成绩,而自由民主党在地方选举中取得好的成绩。

表 11.5 选票分割,1997 年和 2001 年

	充分竞争的 33 个选区				
	保守党 %	工党 %	自由民主党 %	其他 %	参选率 %
大选	38.8	38.3	19.2	3.8	61.7
地方选举	37.0	34.3	26.3	2.3	61.0
差别:大选减地方选举	+1.8	-4.0	-7.1	+1.5	+0.7
1997 年选举差异	+2.0	-4.4	-8.5	+2.1	+0.6

2001 年 6 月 7 日,英格兰举行市议会或单一当局议会选举,如果你碰巧居住在它的一个地区,你就能够很好地重复表 11.5 中的实践。将大选选票和在某一选区同一政党的议会候选人所得选票进行比较,你可能会自己发现选票的分割状态。

实际上你不需要对大选和地方选举同时进行的选举状况进行研究。通过研究地方选举结果,你能够发现地方选举产生影响的证据。通过研究选举的要览和汇总数据,你肯定会对每个选区之间选举结果存在的多样性和明显的不一致性感到震惊。保守党候选人赢得一个选区,而临近的一个以前由保守党控制的选区却又失去了。工党赢得了对一个议会的控制,但是却又失去了对其他几个议会的控制。第三党或少数党的候选人或独立候选人也会赢得席位,甚至整个议会都不由任何政党控制(见表 11.6)。

表 11.6 少数党和独立组织

一些少数党和独立集团在近些年的地方选举中开始竞争
自由党——不是自由民主党,而是历史上自由党内部反对该党的一部分人与社会民主党 1988 年合并组成。有 30 多名议员,许多是作为自由民主党的竞争对手在选举中获胜的。

英国地方政府

（续表）

绿党——从人民党（1974—1975）和生态党（1975—1985）中发展起来。1989年到达巅峰，在欧洲选举中获得15%的选票，在地方选举中获得近9%的选票，逐渐从过去代表农村和大学城转变为代表城市地区（如科克里斯，利兹，海克尼）。2001年有47名议员，其中包括3名伦敦议会成员。

米拜恩·柯瑙——"康沃尔之子"，更加直白地说就是康沃尔党。它不是有时宣称的分离主义政党，而是要更好地代表一个被忽视的郡的利益。成员来自郡议会和六个行政区中的四个。

英国国家党——1982年从国家前线（National Front）分离出来，国家前线仍然存在。1993年德莱克·比克顿（Derek Beakton）赢得陶尔哈姆莱茨（Tower Hamlets）区议会的席位后，该党创制了党纲和高度自由政策。在伦敦东区，只是处于出席的地位，而在比斯利、桑德威尔、伯利这些选区，则得到了超过20%的选票。

关注基德明斯特医院和健康独立人党——这是一个只考虑单一问题的政党，现在有了它自己的下院议员理查德·泰勒博士。1998年发起了一场运动，试图停止对地方医院的降级并要求重新开设医院的事故和紧急部。1999年打破了工党在维尔福瑞斯特议会的完全控制，成为2000年最大的集团和反对工党联盟的组成部分。

人民正义党——它的产生也是源于一场运动，这场运动要求释放杀害印度外交官的两名巴基斯坦克什米尔分离主义者。在伯明翰市内，该党已经从工党手中取得5个议会席位，并且改变了它的名字以便在没有得到席位的地区吸引更多的人参加。

居民协会——作为一种代议制民主的形式，许多政党长期以来都选择这种方式。在萨里—埃普瑟姆和尤厄尔的农村地区已经形成坚固的堡垒，自1936年开始由居民协会来控制，而在埃尔姆布里奇区——和东伦敦/埃塞克斯——埃平森林区、巴金，尤其是黑弗灵区，居民协会已经开始承担部分行政管理职能。

特伦特河畔斯托克独立人党——这是一个自选组织，它起源于当地《哨兵报》的一个广告，该广告号召候选人抗议工党在近都市区长期的控制。将工党多数减少到4个，在单一选举之后，成为最大的反对组织。

考文垂社会主义党——由前考文垂镇出身的下院议员戴夫·内利斯特（Dave Nellist）创建，其中部分成员来源于他的社会主义联盟。该党已经从新工党手中取得3个议会席位。

地方选举　第 11 章

2000 年 5 月——肯·利文斯通不是唯一的特立独行者

我们选择千年的选举来阐述地方选举的影响，而这次选举为国家媒体所忽视，因为媒体把注意力都集中到暂停工党下院议员身份的肯·利文斯通身上，他发起了公认的非同寻常的独立运动并首次当选为大伦敦的市长。此外，如果这些媒体还有标题性新闻，那就是讲述保守党复兴的故事，四年前的选举是保守党历史上成绩最差的一次，而这次它又重新赢得了四年前失去的席位，同时赢得了对一些议会的控制权。保守党在全国获得了 600 个席位和 16 个地方议会的控制权，其中有几个议会如伊斯特本、马尔文希尔斯、雷盖特、班斯塔德、梭利湖和南海端，它们是在上次选举中令人难以置信地失去了控制权，这次又失而复得。工党在这次选举中大败，钟摆又从它 1996 年选举胜利中摆了回来。

透过数字的表面看本质，你会发现一些奇怪的现象。在保守党获胜的这些地方，它却不知怎的失去了近 50 个以前的席位，另外它对沃金汉姆郡的控制权也让渡给自由民主党，自由民主党也从工党手中取得了欧德海姆，但是失去了赫里福德郡、斯托克波特、温莎和梅登海德。工党得到了韦林哈特菲尔德区，并把糟糕的结果归咎于特别的地方环境，这可以让它稍微得到一些安慰。它在西米德兰兹的选举惨败，这一结果肯定与政府部长们在处理朗布里奇的罗夫汽车厂面临关闭一事中采取的措施太少、行动迟缓有关。在普利茅斯失去的 24 个席位是由于当地抗议房屋发展计划，对海岸进行整修也引起了争论。在汤沃斯，保守党赢得了工党 12 个席位中的 11 个，这又是一次消极的投票，这次是因为居民反对选举前几周刚刚实行的提高停车场收费标准。工党失去哈特普是因为保守党和自由民主党达成了协议。这些选举结果像伦敦的肯·利文斯通和表 11.6 中少数党和独立组织那样，与国家的潮流明显不同，但是不能认为他们反常或特立独行。他们只是选民认

英国地方政府

识的外在结果,在这种场合,他们选举的不是首相,也不是中央政府,而是执行地方政策、提供地方服务的地方议会。

结论

本章重点对地方选举行为、参加选举模式和不同的投票方式进行了探讨。它强调了这些选举的地方性,并提供了许多例子说明这些选举并不是大选简单的变小。地方问题和地方特征与议会选举有很大关系,虽然各个地方之间的特点不同。当然,地方选举也只是一种方式,也就是说选择议员来运转地方政府机构。第12章将重点研究这些民主选举产生的议员的各种作用。

进一步阅读指南

在研究地方选举时,必须要提到的参考书目是科林·洛林斯和迈克·撒拉舍(Colin Rallings and Michael Thrasher)在普利茅斯大学的《地方政府年鉴》选举中心的有关资料,还有约翰(John)、哈格·保彻尔(Hugh Bochel)和戴维·丹佛尔各自对英格兰和威尔士及苏格兰地方选举结果的详尽概述,这些初始资料独一无二,绝对值得图书馆投资收藏。洛林斯和撒拉舍(Rallings and Thrasher)(1997)根据这些资料写出的著作,是关于这一主题的最好导读。他们通过年鉴和选举中心网站专栏对数据保持更新。选举改革会(the Electroral Reform Society)网站在研究不同的选举体制中很有价值,选举委员会的地位应当提高,现在它已经接管了本来由内政部掌握的选举职责。

第12章
议员——选择之声

导言：了解概况

本章探讨的问题是：谁是议员，他们在做什么，他们为什么这样做，在将来他们可能采用什么不同的方式去工作。首先，你自己先和一两位议员谈谈，看看他们如何使用他们的时间，他们如何证明他们应该当选。他们可能并不具代表性，你也不能期望本章的内容能够帮助他们去了解他们的典型作用和行为。有些人也曾对议员做过一些概括，认为像前保守党威尔士办公厅主任罗德·理查德（Rod Richard），其在中央—地方政府关系协调上作出了重要的贡献，这集中在他曾公开给工党议员贴上了"肥胖、圆滑和腐败"的标签（Local Government Chornicle，6 January 1995，p. 7）。你也可以对这个问题作更细致而复杂的分析，来发现议员之间的差异。这章内容也就是给你起到一个抛砖引玉的作用。

英国地方政府

五个肖像画

摩林（Maureen）

摩林是一位有15年经验的议员,是工党控制的东兰开夏郡纺织城一个区议会的成员。她四十几岁,作为一个单身母亲在抚养3个正在上学的小孩。她出生于一个支持工党的家庭,学校毕业后也加入了工党并靠自己的努力在地方政府体制中稳步上升。

她起初被选上并获得一个相当稳当的工党席位,并很快提升到一个并不重要的职位,作分配工作委员会的副主席。后来她在住房委员会主席的职位上工作了几年,负责管理议会持有的12 000套住房和公寓。她是一位全职议员,靠这一职位的收入生活,她不分昼夜,大部分的时间都呆在政府办公楼内。她很清楚没有很多的时间陪伴她的孩子们,她经常给她的孩子们一些零花钱购买零食以讨好他们。她发起了职业培训,虽然她在政治上不同意这样做,但这样做每周可以带来10英镑的额外收入。她不得不协调她的议会工作与她的午餐时间,因为"在午餐时间是找不到官员们的,除非我极力坚持"。

作为住房委员会主席,她完成了一个大镇中心地区的清理项目,与住房协会协商关于高质量的出租房条款,大大减少了议会的闲置资产和出租欠款。然而令她更加自豪的是:

> 如今我们议会在住房条件改善中取得成绩,最为重要的是给我们的市民更多的选择,他们可以拿着我们提供的经费从一系列住房中进行选择。

她是这样解释她在推动和执行这项政策中的个人贡献的:

> 不管你相信与否,作为住房委员会主席,我制定的最重要

的政策就是允许租房者自由选择他们前门的颜色。我记得我自己还在租房时，议会工作人员来到我们租住房屋的街上，他们按照次序使用许多种颜色。在我们的街上使用的颜色中包括紫色，我记得当时通过计算知道我的房屋错过了难看的紫色后，我才算松了一口气。我的房屋后来被涂上了黄色，虽然我也不是很喜欢，但我还是最讨厌紫色。所以，我当了住房委员会主席后，就对官员们说，你们要让住房者自己选择颜色。你们要到每家每户询问这些人家要什么颜色，并与他们签订合同。对此官员们一开始不太理解这样做的重要性，这样做也不是因为他们做错了什么。这是一件小事，但可以让每个人都有一份好心情。

对摩林来说，作为一名议员，做成一件正确的小事和制定一项重大的决策一样重要。

理查德（Richard）

理查德和摩林一样，是一个高级的全职议员，他个人在政治上关注的是顾客服务。在其他方面，这两个人基本相同。

理查德曾经是肯特郡99名议员中的一位。现在他虽然已经退休，但仍然是一副他所喜欢的身着西装的保守党商人形象。在20世纪90年代他落选前，他一直把保守党议会当作商业一样进行经营。他最主要的成就是当上了郡警察局主席，在这个职位上，他按照首相约翰·梅杰提出的"在不增加纳税人和消费者花费的基础上提高公共服务标准"的思想推动了警务改革。

长期作为保守党的一员和商业经理，在60岁公司要求他退休时，理查德进入地方政府的意图并不强烈。而保守党在1979年大选中的获胜改变了这种情况。在理查德的家乡，原来的保守党议员当选为国会议员，他辞去了议会的席位，理查德一开始并不情愿取代他得到该郡这个最保险的保守党席位，但后来他改变了想法。

英国地方政府

在他第一届四年任期内,他的工作是全职的,但他对议会并没有作太多的贡献。在他退休后,他承担了一些更大的责任,他所在的职位也更消耗时间。这在他担任四年的警察局局长期间达到顶峰。

1993年他没有再次参加选举。那时他已经为社区做了12年的工作。这段时间内他对一些工作非常满意,但以前是一位商人,他在公共行政管理过程中也感受到了挫折。他憎恨中央政府强加给地方政府的种种限制,地方政府不得不按照这些限制运作,像被捆住了手脚。尤其是地方政府在当地纳税人缴纳的税费使用方面的自主能力一直不能提高,他对此极为不满。

琼(Joan)

相反,在朗伯斯(Lambeth),1985年工党议员试图打破中央政府对地方政府利率封顶政策的控制,放松他们被捆住的手脚。反叛的工党议员们被认定有罪,他们被命令缴纳250 000英镑的附加费和诉讼费,并被撤销了公职。而在许多情况下取代他们的又是那些完全支持他们并且更加激进的人,琼就是其中的一位。

琼的政治生涯要比摩林和理查德更丰富,她是因为一些具体问题才成为一名议员的,并非政党原因。她最早卷入政治是作为一个小孩的单身母亲,在地方法律要求者联合会(Claimant's Union)的帮助下,为了她自己和其他公众的权益,与社会安全体制进行了一场斗争。"我发现我更多的是在为其他人争论而不是为我自己,但是要想从社会安全中取得最小的一点成功,那也就意味着必须要拥有那些主管儿童事务的职位,并在这个职位上推动这项工作。"

后来,她的儿子上学后,她又开始了一场抗议运动,反对提高海外学生的费用,尽其个人所能帮助学生实现他们得到奖学金和利益的诉求。

接着,她搬到了伦敦,在朗伯斯得到了一处议会公寓,她加入了工党,开始成为选区内的党务秘书。然后,由于不合格的议员被撤职,她成为候选人,并当选为议员,很快就参加了她的第一次议会会议。

乔伊斯(Joyce)

乔伊斯也是一位参与政党政治较晚的议员。她第一次与她所在的议会发生重要接触时也是作为一个抗议者出现的,她在当选前也从没有出席过议会会议。

和琼一样,乔伊斯因为个人所受的影响开始关注公共问题,她女儿所在的小学面临被工党控制的区议会关闭的危险。她试图和其他学生的父母一起行动进行抵制,但是没有成功,学校还是被关闭了。

她同当地自由民主党的领导人接触后,这位领导人说她的行为令人印象深刻,问她是否对在接下来五月份的选举中作为该党这一选区的候选人感兴趣?以前总是给自由民主党投票,但她从没有想过要成为一名议员。但是,她最终放弃了她政府文官的工作,同意做候选人并以多数票当选。

乔伊斯认为,自由民主党控制的选区就像工党控制的红色大海中的黄色小岛。她感到很幸运,因为她加入的委员会管理的是她最感兴趣的教育、学校和环境事务。她也总有一种挫折感,因为她总是议会中的少数派。不可避免地,她发现她大部分时间都用在她作为议员代表的选民和选区的事务上,即处理选民的问题。

凯斯(Keith)

成百上千的议员都和乔伊斯一样,在议员这个位置上既有正面的感受,也有负面的感受,凯斯更是这样。因为几年前,他面临的情形是:同样的议会、同样的选区、同样的少数党。

英国地方政府

凯斯在一次抗议议会在当地一个房地产小区周围建栅栏的活动中处于领导地位,之后他成了自由民主党的候选人。他像乔伊斯一样,在第一次参加选举时便当选。他很快就清醒地认识到:

> 我当时很天真。我想,作为一名议员,我能够切实支持我代表的地区的居民……而不是代表自由民主党。我的时间珍贵,如果我付出百分之百的努力,我希望看到结果。

可是他所在的议会由工党控制,所以他要转换政党。于是他脱离了自由民主党,先变成独立人,然后又加入了工党。毫无疑问,许多人都对他抱有怀疑态度,但同时在接着的年度会议中,他获得了继续教育主席的职位,"这听起来令人兴奋,但实际上没有其他人想得到这个职位。"

事实上他掌握的关于继续教育的知识有限,正如他所言,"这正是官员们去那里接受教育的原因"。他所知道的和关心的是他的委员会在青年和社区方面负有的责任。他对这项工作投入了三年时间。他在议会关于中等教育重组中做了大量的工作,同时为他自己的选区做些事情,如在议会官员的帮助下,把所有当地的志愿组织联合成一个社区协会。现在这个社区协会已经有了自己的社区中心,而社区中心就设置在乔伊斯女儿以前的学校。

现在,我们希望你能刻画出一两位你自己的议员画像。我们描述的这五个议员,三女两男,一个郡议员,一个伦敦区议员,一个郡议员和两个都市区议员;在政党分配上,一个保守党,两个工党,一个自由民主党,一个先是自由民主党后又转变为工党;在参加政党时间上,两个是长期的党员,三个加入政党时间不长;两个在有权的决策位置上,一个非常积极的代表选区利益,一个是本能的运动发起人,另一个是社区政治家。他们有许多的特点和不同,但在他们身上乃至全国 22 300 个议员的共性是什么呢?

| 议员——选择之声 | 第 12 章 |

当选的地方政治家——选择之声

要想评述 22 300 名议员这些在各自地区当选的政治家并不容易。我们将这些议员分为三部分并依次对他们进行描述。

在 20 世纪 70 年代初期地方政府重组之前的一段时期，许多议会的多数成员并非选举产生，其中部分原因是当时存在市参议员。这些人通常是高级的有经验的议员，他们由当选的议员推选，使其数量增加三分之一，这样也增加了议会的工作经验和延续性。市参议员的任职期限为六年，而议员的任职期限为三年（现在是四年）。他们在委员会中担任的主席或副主席职位数量似乎不合乎比例，他们也从来都不需要寻求支持，也不会在多变的选举中面临失败。他们维持了连续性，多数议会都有让一些市参议员担任这一职务长达 30 年、40 年甚至 50 年的例子。他们不是民主的产物，其存在也无法得到合理的解释。除了北爱尔兰之外，这些市参议员和在苏格兰存在的相同性质的市政官员，最终在 20 世纪 70 年代被废除。

市参议员不用选举是一个时代错误，而过去许多议员也是不用参加选举的。我们在第 11 章中看到，在英国地方政府的历史上，成千的议会席位在年度选举中议员都因没有竞争对手再度重返议会。在 20 世纪 60 年代，40% 或更多的议员在没有竞争对手的情况下赢得或再次获得议会席位。

这样就存在民主上的双重缺陷，四分之一的议员不需要参加选举，许多议员应当参加选举而事实上也没有被选举。1972 年至 1974 年地方政府重组时，这种缺陷被大大减少。全国大部分地方 95% 以上的席位都有两个或三个政党竞争，议员个人或议会集体作为社区"选择之声"，在代表社区公众利益上有更大的合法性。他们是一个特定地理区域内居民们的代表，居民们通过他们而不

英国地方政府

是其他人来表达其对候选人、政策、服务标准、税收水平等的喜好。

都是政治家

选择、喜好、优先序列等都是政治的通货,那些把通货变为实际政策的人就是政治家。除了提名选举并代表特定地方之外,我们议员的第三个贡献就是他们是政治家。所有的议员,包括那些具有自我风格的来自少数党派或作为独立人的议员,都在执行着威蒂考伯委员会中的关键人物劳伦斯·博伊尔(Lawrence Boyle)爵士所称的"政治职能":

> 所有的政府,不管是中央政府还是地方政府,都要具备两种功能,即服务功能和政治功能。服务功能包括提供那些因为某种原因必须由公共领域提供的物品和服务。另一方面,政治功能是在提供物品和服务过程中进行管理和减少冲突。它包括的问题有公共服务的范围、程度和质量,以及采取什么样的方式来获取用于提供这些服务的经费。值得注意的是,去除地方政府的服务功能要比去除它的政治功能容易得多。因为我们知道,服务功能可以通过私有化由私营单位承担,而政治功能不能也不应当由其他机构和单位代表执行。如果从地方政府中去除掉政治功能,那么它也就不再是地方政府了。(Boyle, 1986, p.33, emphasis ours)

我们期望当选的国家级或地方级代表,自己对我们社会资源的分配进行争论和决策,而不是为那些没有参加选举的官员分配工作。作为选民,我们将政治功能赋予他们,不管他们的当选是不是贴上了政党的标签,他们都代表我们决定建造房屋、学校和道路,决定服务水平和税收标准。这是他们的作用和职责。同时,政党特点决定了他许多方面的工作,这包括从与其选区政党保持良好的关系到议会内所属党派组织的日常会议等。

是代表,而非反映

议员们的共同特点就是他们全都是地方选举出来的政治家。但他们是什么样的人,谁代表我们雄心勃勃或大胆推行他们的政治意图,同时,谁又企求我们投他的票并冒被嘲笑和拒绝的风险?他们在多大程度上像我们,又在多大程度上和我们不同?要回答这些问题,就要像表 12.1 中那样分析议员的个人情况和社会经济特征。这些数据本质上是没有错误的,它们相对比较容易收集,也比较容易划分类别,不过这些数据也是最近才做的调查。这些数据也为我们提供了一种检验一个社会组织能否充分代表公众的方法。

表 12.1　英格兰和威尔士议员的个人特征,1997/1998

	成年人口比例 %	所有议员 %	保守党 %	工党 %	自由民主党 %	独立人士 %
性别						
男性	49	73	74	74	66	78
女性	51	27	26	26	34	22
少数民族	6	3.1	0.9	5.5	1.1	0.5
黑人	1.8	(133)	(3)	(115)	(14)	(1)
印度人	1.6	(156)	(8)	(142)	(6)	(0)
巴基斯坦人	0.8	(118)	(2)	(110)	(6)	(0)
其他	1.7	(246)	(26)	(178)	(29)	(8)
总计		(653)	(39)	(545)	(55)	(9)

英国地方政府

(续表)

	成年人口比例 %	所有议员 %	保守党 %	工党 %	自由民主党 %	独立人士 %
年龄						
小于 25	8	*	*	*	*	*
25—34	21	4	3	5	4	*
35—44	19	14	8	18	14	5
45—54	18	28	21	30	33	18
55—64	13	30	33	27	29	35
65—74	14	21	31	17	18	34
75 及以上	7	4	5	3	2	7
平均年龄	45	56	59	54	54	61
教育——最高资格						
获得学位或相当	14	32	27	33	41	19
专业资格	3	21	29	15	24	24
普通教育证书高级水平考试/国家高等教育文凭	13	9	12	9	9	9
普通程度教育文凭/国家普通考试合格证书/中等教育普通文凭/中学教育文凭	30	15	16	15	13	18
其他	22	6	6	7	4	7
没有正式资格	18	17	11	22	9	23
职业状况						
全职	39	30	20	37	31	14
兼职	12	8	6	9	10	7
自营	8	15	25	8	16	29
失业	4	3	1	5	2	1
退休	22	35	41	32	32	45
照顾家庭	6	4	5	3	5	4
其他(含残疾、全日制教育)	9	5	2	6	4	1
当前职位(不含议会工作)						
经理执行人员	17	33	53	23	30	48
专业技术人员	17	28	26	28	32	23
教学研究人员	4	12	4	16	15	4

（续表）

	成年人口比例 %	所有议员 %	保守党 %	工党 %	自由民主党 %	独立人士 %
行政、文秘和销售人员	22	13	11	14	14	13
体力和手工劳动者	30	14	7	19	9	13
全职议员		25	20	29	23	15
"双重议员"（在多个议会任职）		12	15	9	15	13

注释：* = 少于1%，☐ = 值得注意的数字

资料来源：《地方政府管理委员会》,1998,尤其是第59—60页。

例如，我们需要知道的是，英国只有四分之一的议员是女性；超过退休年龄的议员比例要比20世纪60年代中期高；只有10%的议员对他们管理的房屋有实际经验。

虽然这些数据有自己的局限性，它可能会导致无根据的或错误的结论，可能会掩盖了真实性，因为不同地区、不同形式的议会以及来自不同党派的议员存在很大区别。它可能只是反映代议制政府而不是产生这样的政府，就像克林顿总统的第一个"美国镜子"内阁，它是对社会经济的切面图，也是选民在统计数字上的反映，而不是代表任何理论、差别和含义，即人们并不期望"典型议员"这样的概念出现。

性别

多数读者在看完表12.1后，对其中的性别数字肯定不会感到振奋，虽然女性议员的比例在过去30年中已经翻了两番。即使经过1997年5月工党女性议员大量涌入下院后，表12.1中女性议员所占比例数仍高过下院中女性议员的比例。在地方政府中，有更多的女性议员占据更高级的职位而不只是办公室的官员；有更多的女领袖而不只是主要执行者；有更多的女性委员会主席而不只是部门首长。虽然落后于瑞典（42%）、挪威（37%）和芬兰（32%），但在实行比例代表制的苏格兰议会、威尔士议会和大伦

敦议会（都在38%左右），我们比许多欧洲国家有更多的女性议员（CEMR,2000）。法国在2000年实行了有争议的《等同法案》后，要求各党派在提名候选人时，男性和女性候选人的数量要相等，采用这种配额制度就是为了消除选举代表中存在的偏见。

性别上的扭曲能够产生很大影响吗？答案是肯定的。很难相信如果一个拥有75%的男性议员的议会和一个拥有40%更不用说75%女性议员的议会将会追求相同的优先序列、用相同的方式达到相同的决定。典型的例子就是更多的女性议员关注改善儿童看护设施，而较少考虑建造高尔夫球场。还有更多的例子，女人是议会服务最主要的使用者，在议会接到的所有电话中，由女性拨打的估计占四分之三。她们是主要的租房者，在一个家庭中，女人使用游泳池和图书馆最多，是她们把垃圾放到垃圾箱，也是她们最清楚地方环境质量如何，并受其影响最大，这包括街道不够干净，照明不好，狗的粪便、人行道或其他道路有坑，公共交通拥挤以及街头犯罪情况等。她们可能会有不同的优先序列和日程表。如果你还有疑问，你可以试问这样一个问题，为什么多数公共建筑中女厕所要比男厕所少。重建的皇家歌剧院是一个例外，在其内部的女厕所占用的空间几乎是男厕所的三倍。

少数民族

对于地方议会中缺少少数民族代表这方面的争论也很多。表12.1中用数字而非百分数来表示少数民族议员的人数，在近些年中，黑人议员和亚裔议员增加幅度较大。总体来看，在地方议会中少数民族议员所占的比例要比他们在国会中占的比例高。

但是在这方面所有的国家统计数字都会令人误入歧途。我们想要知道的是在那些少数民族人口聚居的地区，有没有议员或者那些议员能否真正代表该地区的少数民族，以及相关的细节，对这方面进行解释是很困难的。例如，在伯明翰，在市议会117个席位中,少数民族议员占到 20 个席位。而构成少数民族的人口差异很大,如非洲—加勒比人、克什米尔饭馆业主、出租车司机、纺织城外来打工者、在地方经济中有重要地位的印度旁遮普的锡克人,从印度和东非来的经营小企业的古吉拉特人,比较小的中国人和越南人社区,所以近 20% 的少数民族议员似乎不能代表该市近 25% 的少数民族人口。这些团体中有几个认为在议会的宗教、种族和文化事务中,不仅仅是代表他们的议员不够,而是根本就没有代表他们的议员,如果在伯明翰这种情况是真实的,那么在多数其他市镇更是这样。

年龄

多数议员是中年人,而年长者的人数也在增加。1985 年威蒂考伯委员会调查报告指出,超过四分之一的议员年龄在 45 岁以下,这包括三分之一的工党议员和近一半的自由党议员。现在低于 45 岁的议员所占的比例为 18%,要比 1964 年的 21% 还要低(Wilson and Game, 1998, p.221)。另一方面,当前近 40% 的议员超过 60 岁,这包括 53% 的保守党议员和超过 60% 的独立议员。工党和自由民主党在现代地方政府中是党员比较年轻的政党,平均年龄为 54 岁,平均比国会议员年长 5 岁。在苏格兰,平均年龄稍微低些,但在英格兰和威尔士的议会议员年龄还是偏高,这与大都市区和伦敦区拥有大量年轻的议员相抵消了。即使是这些拥有大量年轻议员的议会也有很长的路要走,就像乔伊斯回想她第一次参加议会会议时的想法那样:

> 我当时面对那么多老年绅士感到非常吃惊。只有 5 名议员和我的年龄相仿(30 多岁),我是唯一一位有小孩的女议员。我可能是他们召开议会会议时唯一一位能够安排照顾他们孩子的人。

英国地方政府

令人遗憾的是,议会的职责就包括修建儿童中心、托儿所、日常看护、娱乐中心、玩具库、护士学校,帮助建立家长及学走路儿童的组织和学龄前儿童游戏组织等。

教育

议会成员平均年龄越大,其成员获得正式教育资格的可能性就越小。一般情况下,如果议员年龄大,那么他们和选民在受教育水平上的差距就小。1985年威蒂考伯委员会调查表明,议员中没有正式受教育证书的比例为23%,而在普通的成年人中达50%。如今却没有明显的区别了。但还存在的差别是,议员和普通公众受教育的时间长短不同,三分之一的议员有学位或相当于学位的证书,而在普通成年人中14%的人有这样的证书。有了这些受过教育的资历,并不能说明他们一定适宜在政府部门工作,或者说明他们有能力在政府部门工作,但是我们在选举代表我们的议员时,他的受教育程度肯定是一个重要的考虑因素。

职业

按照传统,议员的工作是一种义务性的和兼职工作,而现在却有近一半(45%)的议员从事的是全职带薪的工作,其薪水因为政党不同而稍有差别。1985年的全职带薪议员占54%,这个数字之所以会下降,部分原因是由于现在超过三分之一的议员是退休人员,而在1985年只有四分之一的议员是退休人员。全职带薪议员人数增加的另外一个因素是议员的津贴有了大幅度增长,这些津贴足以保障一个全职议员的生活。在过去,不管议员每周工作多少个小时,其中公开承认自己是全职议员的人较少,LGMB的调查显示,大概有四分之一的议员公开承认自己是全职议员,这个数字肯定会逐年增加。

由于有更好的教育资历,来自手工劳动背景的议员很少,他们更多的来自职业或边际组织,这不会令人惊奇。来自手工工人背景的议员所占比例很低,在那些是受雇用者身份的议员中占14%,在全部议员中占7%。1985年工党议员约三分之一具有工人背景,而现在却只有五分之一。即使如此,单纯从这个角度来看,工党仍是最能反映选民意愿的政党。

议员的工作任务

现在我们对议员已经有所了解。他们具有各种各样的背景。要想找到一个具有代表性的议员既不容易,也没有必要。那么我们是不是就可以说议员的工作也不具有典型性呢?是的,议员的工作也不具有典型性。不同的议员有不同的兴趣、动机、能力、态度和机会,还有他们也不得不把有限的时间分配给许多方面。即使今天,也没有一个完整界定的工作大纲,以供新当选的议员遵循。在过去,一些个别议会制定了一套就像我们在本书上一版中采用的工作任务大纲来对议员工作进行界定。这样,框12.1指明了议员的工作目标和目的。

> **框 12.1 议员的工作**
> - 代表选民并对选民负责……
> - 为当局解释政策及政策的实施……
> - 监督政策执行的效果……
> - 为社区提供领导。

这个界定并不是具有无与伦比的权威性,也不是不能进一步完善。如我们所见,在新时期,议员分为行政性和非行政性两种,该框中所列条目需要更细的界定。然而,该框的描述还是有三方面的价值。

首先,如果把议员承担的具体职责和责任种类列举出来,那么它肯定会极其冗长,而该表则是对这些职责和责任的有效浓缩。

其次,它让我们超越了传统的观念,和教科书中所讲的传统的"政治"与"行政"二分法有着明显的区别。教科书所讲的"政治"与"行政"主要是说议员制定政策,文官执行政策并实施行政管理,两者从不交叉。像我们在第15章中提到的,这种模式根本就不具有现实性,许多地方政府的实践者对此颇有微词。一方面,没有那些受过良好教育、经验丰富、薪酬优厚的文官的帮助,那些兼职的业余议员有能力为议会提供的各项服务制定出好的政策来吗?另一方面,假定议员们像遵循石头碑刻上的格言那样推行他们的政策而丝毫也不考虑他们的政策是如何推行的,不考虑这些政策会对他们自己的本地居民和选民产生什么样的影响,这能成立吗?例如,摩林可能会指出一个解决可怕的紫色门的方法。

这些想法让我们想到这些工作描述的第三个价值,即它用语言表达出来会对议员自身很有意义。多年来,议员的角色及角色取向都是学术研究感兴趣的题目,一些深入研究已经取得了成果(Lee, 1963; Heclo, 1969; Hampton, 1970; Budge et al., 1972; Dearlove, 1973; Jones, 1973; Corina, 1974; Jennings, 1982; Newton, 1976; Gyford, 1984)。对议员的角色也有了一些描述性词汇:政治的、代表、受托人、代言人、广义的政策制定者、民众领袖、政治家、部长、狭隘的人、公众的代理、政策辩护者、政策发言人、政策推翻者、党务政客、理论家、政党专家、协调者、抗争者、政治—行政人员、沟通者、民粹主义者、传统的政治家、社区政治家等。

对于读者来说,议员有这么多的标签让他们了解议员的同时,也给他们带来了迷惑。而绝大多数议员则对这些标签感到愤慨。即使他们认识到这些词汇的真实性,他们也不会很自然地考虑用这些词汇来形容他们自己或其他议员同事。相反,他们更加认同对他们的工作性质的表达方式是代表和责任、政策制定、绩效监督和社区领导人。

事实上,议员们自己更乐于使用这些词汇和概念。摩林对此非常清楚,作为房屋委员会主席,她对她整个地区的房屋政策的制定负有责任,她也重视对政策后果和房屋管理部门政策执行情况进行监督。因为她不在她代表的选区内居住,所以她不再像乔伊斯那样是一个全职的当地居民的代表。我们还记得,凯斯为了提高自己在政策制定方面的地位而更换了政党,并因此使他在其社区内更富领导力。

议员传统上的工作描述包含着各种潜在的角色和责任,如代表、政策制定者、审查者、社区领导人。现在不管议员能否成为议会执行主体的一部分,这些角色和责任仍然是由所有的议员共同承担。但是所有的角色和职责的执行只是由某些议员来具体承担。但史无前例的是,并不是所有的议员能够宣称他们可以充当所有的角色。对此我们将依次进行解释。

代表——在大规模上代表

研究议员的角色定位,我们应该从最基本的职责开始。然而最基本的,往往也是最容易被忽视的。在我们的地方政府体制下,每个议员都由一定地域内的选民及选区选举产生,并对选民负责。由于英国地方政府不寻常的规模,按照议员们的观点,这些地方选民是占绝大多数的。

在表 12.2 中我们可以看出,与其他西方国家相比,我们的地方当局数量相对较少,但地方政府的规模相对较大。在 20 世纪 90 年代单一当局重组之后,地方当局的数量更少,规模更大。地方政府规模大导致的直接结果就是公民拥有的能够代表他们的议员数量相对较少,我们了解他们和他们了解我们一样不太可能,这是不可避免的。表 12.2 中最后一栏的数字还将议员代表的人口数量说少了。如果考虑到我们的两层体制和许多区内存在的多个选区,英国区议员平均代表的选民达 3 000 至 5 000 人,郡议员代

英国地方政府

的选民要达到10 000人以上,大都市区、单一当局或伦敦区议员代表的人数更多一些。如果用这些数字乘以1.5以代表所有的居民人口,那么大城市和单一当局的议员可能要代表选区内25 000人。

表12.2 英国大规模的地方政府

国家	人口（百万）	主要地方议会数目	每个议会平均人口	议会平均规模	每个被选代表代表人数
法国	59.6	36 700	1 600	14	118
奥地利	8.2	2 350	3 500	17	209
瑞典	8.8	310	28 400	111*	256
德国	83.0	15 300	5 400	15	350
挪威	4.5	435	10 300	28	367
芬兰	5.2	452	11 500	28	410
意大利	57.7	8 100	7 100	12	608
西班牙	40.0	8 100	4 900	8	610
比利时	10.3	589	17 500	22	811
希腊	10.6	1 033	10 300	10	1 075
丹麦	5.4	275	19 600	17	1 115
葡萄牙	10.1	308	32 800	29	1 131
荷兰	16.0	548	29 000	19	1 555
爱尔兰	3.8	114	33 000	14	2 336
英国	59.6	468	127 350	49	2 603

注:* 包括同时选出的代表。

为了便于与其他国家地方或社区议员数量进行比较,以上数字只包括主要地方当局的议员,例如英国的数字就不包括约80 000个教区、镇和社区议会,这些议会并非普遍存在,并且多数只提供有限的服务。

资料来源:CEMR(2000),欧盟地区委员会(1999)——有更新和改正。

在工作时,议员自己决定他们为所代表的选民付出多大的努力。他们不必有自己的调查箱或意见箱,也不必通过现在大众喜欢的议会网站等方式公开他们对选民所提的问题有什么态度,以及他们对这些选民抱怨、质询和观点持什么态度。虽然多数议员会公开他们的态度,但也有许多议员不这样做。有时他们可能会发现他们自己是在按照不同的角色来行动,这些角色除了个案研究者和个人问题解决者之外,他们还是倾听者、支持者、控制者、协调者和授权者(Gross and Corrigan,1999,pp.13ff.)。

议员会遇到选区内各种集团、组织和个人,如租房者和居民协会、社区组织、房屋协会、青年人俱乐部、地方游乐会、卫生和警察局、地方商业人士和记者等,他们也倾听这些集团、组织和个人的呼声,与他们交流。他们主张地方公众尤其是那些处于困难中的公众的观点、需要和问题,能够到达议会中相关的部门。他们迟早会以调停人的身份来处理个人之间以及组织之间的矛盾冲突,每个人都对他们在其中的有效性和公正性感到信服。通过与那些排外的、感到受了委屈的或者倾轧的组织合作,议员要进一步减少摩擦,使人们团结起来讨论问题并在解决方法上达成一致。有时他们将授权给某些地方组织,使他们自己能够组织、准备和具备资源,以便管理议会的某些项目,承担一些服务方面的责任。

所有这些活动能够带来相对快捷和肯定性的效果,至少那些受益者持这样的看法。比较乐观的看法是,在委员会工作的回报是广泛的,不难理解,为什么许多议员会认为他们工作中的一部分——作为代表能给他们带来最大的满足感(Barron et al.,1987,pp.73ff)。你为什么不自己检验一下呢?有几个地方政府,如诺丁汉和泰姆塞德,已经开始让议员经常性地在他们的网站上对他们正在做什么、已经达成了什么成果写出详细的报告。这样可以看出哪些议员为他们的选区做了大量工作,而不仅仅是在市政厅参加会议。

政策制定者

政策制定是议员们在委员会、委员会下级机构或专门小组在政策发展方面的一项传统工作,议员制定政策既是为了地方政府这个整体,也是为了某项特别的服务。议员在制定政策时接受文

英国地方政府

官的协助、报告、建议甚至是指导,但议员在宪法上的地位赋予了他们指明政府策略性方向和决定政策优先序列的权力。

在过去,议员扮演的政策和执行角色,就像作为代表的角色一样,是由所有议员共同分担的。虽然他们各自的想法和影响大不相同。一个委员会可能由一个长期任职的议员来领导,他可能像多数职业文官一样,对部门政策的技术性细节非常精通,当然这位领导也可能是一位新议员或者是坐在后排席位的少数党议员。他们可能只是正在努力掌握委员会的工作程序,更不用说委员会的议程了。所有的议会都是通过委员会来开展它们的工作,所有的议员都会加入一个或两个委员会。因此,所有的议员都可以认为他们自己对特定领域的议会服务政策制定有所贡献,所有议员个人都要集体为议会制定的政策负责。因此所有议员个人都要对那些支持非法的地方支出的做法负有潜在责任,即使他们个人在这样的决定中没有受益。他们与政府部长不同,政府部长只对那些可以证明的重大且花费巨大的政策失败负责。有关议员个人负责制最终在2000年《地方政府法案》中被取消,但在近几年中,就像琼的职业生涯一样,朗伯斯和利物浦许多工党议员因此也最终破产。

2000年《地方政府法案》的最复杂的变化是在第6章,有关议员角色是行政与非行政的划分上。从2001年开始,多数地方的议员或者成为行政成员,或者成为非行政成员。多数地方采用市长/内阁或领导人/内阁的模式(参见表6.2),行政成员中的少数人组成内阁成员或行政委员会成员,多数情况下他们对一个具体的服务项目负责。即使这一服务项目与以前他们领导的委员会在名称上相似,但是作为一个内阁成员,与作为一个委员会主席还是有很大区别。对于行政与非行政的划分,最关键的就是要明确谁对特定的政策决定负责,行政成员要做的就是:在非行政成员审查后,他们作出决定并对这些决定负有公共责任。有些决定要由内阁集体做出,但其他的要由个人负责;在以前,即使对最强有力的委员会主席或议会领导人来说,这都是法律所不允许的。

这样,行政成员就成为关键的政策制定者,但这并不意味着非行政成员在政策制定方面不再发挥作用。他们还可以通过几种方式发挥作用,首先,他们是一个选区的代表,他们会看到和听到一项议会或其他机构制定的政策会对他们的选民产生什么样的影响。如果一项政策没有达到原来的意图或者提供的服务不能令人满意,他们可能是最先听到抱怨的人,在政策评估和审查程序中,他们会重复这些抱怨。

其次,他们是整个议会的一部分,就像议员自身一样,在行政性政府体制下他们发生了改变,提高了自己的地位。行政部门所做的是拟定地方政府的政策和预算,但是政策和预算的框架必须要得到议会的正式认可。对于地方当局希望制定的许多政策计划和策略,整个议会一般都会同意,如最佳价值和绩效计划、儿童服务计划、社区关怀计划、犯罪和骚乱减少策略等。行政成员整年都在对资源和优先序列作出决定,以执行那些经过同意的政策,但是如果这些决定与政策和预算框架不一致,或者在宪法上没有赋予行政成员某些职责时,决定将交给整个议会抉择。议会也会得到一些审查报告并对此进行讨论,这也是议员的第三个主要职能。

审查员

政策过程就像是一个连续的循环圈,从提出、形成、制定、实施到评估,最后结果可能是导致进一步政策发动和调整(参见图12.1)。这个圈不会因立法或制定出政策而终止,议员的政策责任也不会终止。约翰·斯图尔特(Stewart,1990,p.27)这样说:

> 议员关心的不仅仅是政策,他们还关心政策是如何执行的,因为政策在执行中才能证明是成功的还是失败的。政策制定和执行从来都不能完全分开。政策在执行中制定和再制定。

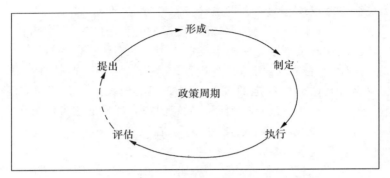

图 12.1 政策循环图

议会在对政府现代化的政治管理中,最主要的非行政性职能就是审查。而判断行政与非行政的划分是否成功,最决定性的因素就是议会审查职能有效的发展和运作的状况。地方政府中应该早就有审查机制,但却普遍不存在。幸运的是,现在的审查职能更受重视。绩效审查长期以来都存在,但是它几乎总是一成不变,非常肤浅。它只是授予一个分支委员会责任,让它监督议会辖区内所有服务的绩效。审查应该达成统一的认识,它是广泛的而非严格界定的;是主动的而非被动的;既有预见性又有回顾性;既有创造性、建设性,同时也有批判性甚至是挑毛病(Audit Commission, 2001, a, p.9)。

议会将采取措施来组织实施它们的审查和监督职能。各个议会有不同数量、不同配置的委员会和小组,这些委员会和小组规模不同,得到的授权也不同。值得赞扬的是,有些议会有来自少数党的主席和副主席,而有些议会却没有。有些议会邀请社区代表作为议会非投票产生的成员来参与议会,另外一些没有这样做。但是,所有议会的做法必须保持政治平衡,迎合公众,必须对行政委员会所有的事务进行审查,而行政委员会的成员是不能兼任审查委员会的成员的。

在宪法许可的范围内,议会的审查委员会自己设定自己的议

议员——选择之声 第 12 章

程。它们可以要求行政成员和议会官员参加他们的会议,并对这些人员正计划做什么(政策审查)、正在做什么(置疑审查)、已经做了什么(事后审查)以及效果如何(服务审查)进行提问。如果对他们的回答不满意,审查委员会将提出进一步行动的建议,或者建议对行政委员会或整个议会进行修正。他们可以从其他个人或组织那里搜集证据。如果他们愿意,他们还能对地方政府管理中涉及的其他组织或合作伙伴如医疗服务、警察机构、登记在册的社会上的房东、私人财政激励项目、或者是地方大学的绩效进行调查。非常明显,审查导致的最终后果不仅使非行政议员对那些行政议员形成挑战,而且对他们自己政党的身份和忠诚也形成了挑战。在审查监督或者是公众对多数党高级行政成员绩效批评方面,多数党成员不得不同来自其他政党的同事们合作。很重要的一点需要指明的是,在地方政府中,审查监督进行得不是那么容易,各地之间的审查监督情况也存在差别。

社区领导

在本部分开头列举的议员角色标签,并不包括"领导"这一项,其实对于这一角色定位,许多议员自己也没有意识到。虽然现在议会不像从前那样在其辖区内主导其服务的提供,但是"领导"在当前显得就更为重要。目前各种服务的提供变得更加分散了,议会与社区管理网络中的其他组织形成了工作伙伴关系,议员作为更加复杂的管理体系中民主选举的部分更加突出。他们最接近选民和服务的使用者,是他们对医疗机构、房屋协会、基本护理组织等一些议会之外的服务提供者进行质询。如果议员的地方社区需要一个超越代表之上的领袖,这个领袖从哪里来呢?既然议会是地方各权威机构的中心,那么议员也就成了他当选的那个社区的中心,他们是被委派到其他公共机构的人;是联系各个组织伙伴的人;是戈斯(Goss)和科里根(Corrigan)所说的"有影响力"的人,而不是以前那种掌握赤裸裸的"控制权力"的人(1999,p.32)。

工作量

我们知道,英国平均每2500人有一位议员,不管是在委员会中的议员还是在行政系统的议员,他们的工作必须是多方面的,并且工作标准要求很高。那么他们要花多少时间来工作呢?

答案并不简单。如同一名国会议员一样,地方议会的一名议员可能侥幸只做最少量的工作,如参加偶尔召开的议会会议和审查委员会的会议,尽可能避免与选民联系。许多证据可以证明,现在像这样的议员很少,议员们更多的是采取更加主动的行为方式。在《嫁给议会》一书中,作者塑造了议员及其同事的形象(Barron et al.,1987;also Barron et al.,1991)。他们从英国郡议会中抽取60名议员作为案例研究,发现他们平均每周花20至25个小时用于议会工作。

在使用其他方法的研究中,议员工作的时间要稍微少一些。但是在全国范围内的一次充分的跟踪调查显示,近些年来,从事议会工作的所有人员每月工作时间为75至80小时,或者每周19至20小时(Robinson Committee,1977;Widdicombe Committee,1986b;Rao,1994)。这个平均数也要区别对待,包括苏格兰和威尔士在内,那些在城市或者单一当局中工作的议员工作时间要比平均数高,而那些不重要的郡区议员工作时间则要比平均数低。

在20世纪80年代和90年代,超过三分之二的议员的工作时间与会议有关,参加会议,阅读报告或会见议会官员以准备会议,出差到外地参加会议或从外地参加会议回来,都需要花费大量的时间。相比而言,选区和社区事务仅占他们工作时间的五分之一。正是因为这种不平衡,才让人们考虑实施政府政治管理改革,其目的就是突出议员的社区代表角色,减少那些相对不具有参与性的各种委员会会议。这种想法能否在未来改变议员的工作时间安排仍有待进一步观察。

财政补贴

地方政府议员和国会议员的工作有许多相似性,但在财政报酬方面他们却差异很大。国会议员的年度报酬和津贴总共为142 000英镑,其中薪水超过50 000英镑。而142 000英镑这个数字,足够许多区议会支付它所有议员的津贴。然而具有讽刺意味的是,即使在传统的委员会体制下,这两种人中也还是地方政府议员具有更大的、更加直接的个人权力,这包括在支出预算和分配数百万英镑的合同方面直接作出决定等。而国会议员则只是具有对政府部长的决定进行质询、审议或者表达同意或不同意的权力。

然而,事易时移。随着行政议员的出现,政府宣布,英国地方政府首批行政成员或者是那些有资格拿补偿的人,他们的报酬至少是在较小的程度上会得到提高。在本书的前一版中,我们注意到,虽然英国几个最大议会的领导首次赚取的工资只是与一个刚参加工作的研究生的薪水持平(Wilson and Game, 1998, p.232),但在全国23 000名议员中,多数都拿到了年度津贴,这几乎等同于许多大学生得到的不高于2 500英镑的津贴。以上陈述目前并不完全合乎实际,仍有许多非行政议员每周的津贴不足50英镑,但是从整体来看,议员的工资水平提高了并且还会进一步提高,这样做的目标就是使议员这个工作更加职业化,以帮助他们的家庭在培养教育子女方面有一定的资金。同时,像选举产生的市长和我们最大议会的领导这些职位,他们得到一定的报酬,但也要承担相应的责任。

与1995年前的情况不同,现在地方政府机构完全可以通过对地方独立的报酬小组建议,自主决定他们自己的组织架构和津贴。在作这些决定时会十分谨慎,通常会通过议会网站等渠道公开,不

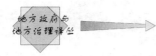 英国地方政府

管是那些所有议员都能得到的基本津贴还是那些只有行政成员才能得到的特别津贴,津贴的范围都很宽泛,表 12.3 列举了一些早期的例子,并对新体制进行了简要的描述。

表 12.3 议员的津贴

历史

1972　首次开始支付出席津贴,每天最多为 10 英镑。
1980　开始给领导、委员会主席等人支付特别责任津贴。
1991　在环境大臣规定的范围内,每个地方政府都可发放 3 种津贴:(a)统一的基本年度津贴;(b)特别责任津贴;(c)出席津贴(Wilson and Game,1994,p.224)。
1995　中央政府的限制被取消。地方议会为每个议员制定与其责任一致的工作描述,并且支付他们非手工劳动者的平均工资(Wilson and Game,1998,p.233)。

自 2001 年以来实行的制度

津贴还是由各个地方政府机构自主决定。2000 年的《地方政府法》要求所有主要的议会建立和保留一个独立的报酬小组,它至少由 3 人组成,就津贴计划、需要支付报酬的总量以及领取津贴的资格等向议会提出建议。
不必再支付的津贴有:
- 出席津贴——2001 年取消,鼓励"出席文化"。

必须支付的津贴:
- 基本津贴——支付给所有议会议员的统一的津贴,因为他们花费了大量的时间出席议会和政党党组会议,会见官员和选民,这些津贴也用来保障他们的特别之需,如家庭开支、私人电话等。

可能支付的津贴:
- 特别责任津贴——支付给行政成员和那些承担额外的重大责任的议员,至少要包括一名少数党成员。
- 儿童看护和不能自理家属看护津贴——这是一项新津贴,支付给那些需要开支照顾不能自理的家属和儿童的议员,因为他们承担议会工作不能对这些家属和儿童进行照顾。
- 旅行和生活津贴——如果基本津贴不能满足需要,则可以支付旅行和生活津贴。
- 会议津贴——用来支付给那些非选举产生的、被委派到某些委员会或小组的议员(如审查委员会、不具申诉职责的学校领导小组等)。

议员——选择之声　第 12 章

(续表)

决定基本津贴的三大要素
1. 对议会中非行政议员执行任务所需的时间进行的评估
2. 每天或每小时支付的适当报酬额度(如男性白领的工资为每年 26 275 英镑或每天 105.10 英镑,这个数字也随地方消费水平进行调整)
3. 公共服务折扣的多少:因为议会工作的一个普遍原则就是它是一项义务性工作,因此议员的一部分工作时间应该不计报酬,通常这部分时间为他们工作时间的 20% 至 50%。

平均津贴——2001 至 2002 年度的一些例子					
	基本	最低	最高	行政成员	领导
全部	£ 4 380	£ 750	£ 11 957	£ 6 560	£ 12 528
		(伯维克—厄庞—特威德)	(伯明翰)		
伦敦区	6 532	4 200	8 374	7 475	18 995
		(肯星顿/切尔西)	(索斯沃克)		
大都市区	7 380	3 507	11 957	10 155	20 737
		(利物浦)	(伯明翰)		
郡	7 548	2 580	11 000	11 643	21 701
		(康沃尔)	(肯特)		
郡区	3 122	750	7 581	4 466	8 454
		(伯维克—厄庞—特威德)	(博尔索弗)		
单一当局	5 273	2 556	8 000	7 732	15 426
		(温莎/梅德黑德)	(布莱顿/霍夫)		
一些报酬较高的领导,2001 至 2002 年度					
大伦敦区		肯·利文斯通(市长)			£ 87 000
加的夫市议会		拉塞尔·古德威(领导)			£ 58 000
伯明翰市议会		阿尔伯特·波尔爵士(领导)			£ 55 195
沃福德区议会		2002 年当选的市长			£ 50 000
肯特郡议会		桑迪·布鲁斯—洛克哈特(领导)			£ 46 000
曼彻斯特市议会		理查德·利斯(领导)			£ 40 000

资料主要来源:改进与发展局 IDeA(2001)。

英国地方政府

他们为什么这样做？

中央政府意识到，"人们不认为从事公共服务职业是一项有前途的工作"（环境、交通和地区事务部，1998a）。因此希望通过新的津贴制度来增加人们在地方政治中任职的动力。很少有议员宣称他们之所以成为议员，经济报酬是首要原因。即使在表12.3中，我们也可以看出，议员的工资水平离他们的理想还差得远。那么议员工作的动力是什么呢？是什么让他们为了微不足道的报酬和很少的公众认同而花费大量的时间去工作呢？

权力、地位、自我权势欲的膨胀、雄心、个人安全感甚至是在性行为上的不满足等等，都可能成为政治家的动力或动机，并且这些动机多数也不怎么光明正大。我们不对他们进行挖苦或讨论，我们也不在这里想象议员参政的个人动机，我们的目的是要对本章开头部分进行总结，通过研究几个议员，从而总结出他们的参政动机。

我们通过观察发现，本章开头部分列举的几个议员，他们参政的意识并非由来已久，也不是一门心思想要参政。摩林就是在当地工党活动中突出并且想推行她的政策和目标而自然地成为候选人的。相比而言，理查德在退休之后一直有意识地计划做郡议会的候选人，一些事件促成了这件事。另外三个人，也是一些特别事件促成他们当选新议员。这些特别事件对凯斯和乔伊斯来说是具体的当地问题，对琼来说是不断增加的与工党相关的运动。

我们研究的几位议员，与他们原来做的计划完全不同，他们是在几乎没有准备的情况下成为议员的。确切地说，他们也不是不愿意加入议会，但他们也不是自己为了这个职位而主动地极力争取。他们做的都是全日制工作，有的要抚养小孩，有的要照顾老人，有的甚至是三者都要做。不仅是对他们，而且是对多数的议员来说,在议会工作需要大量的时间,选择这样的职业,至少意味着家庭生活要作出一些牺牲。

如果我们列举的这几位议员有追求权力的欲望,他们会设法将这种欲望隐藏起来。可是他们却寻求影响和参与:如对他们当地环境的计划发展、为选民或当地社区带来更好的管理、推动政党目标实现,或者更广泛地说推动政策的实现。在推动政党目标或政策实现的过程中,他们会得到比日常工作更多的满足感和成就感。同样,他们在做出决策或其工作涉及公众生活质量时,他们也会感到自身的价值。

他们也喜欢和其他议员之间的同伴关系,他们目标一致,共赴事功,他们要进行无休止的讨论和谈判,这也包括他们不期望出现的政治分裂。就像摩林回忆说的那样:

> 我第一次参加会议时,我不理解我们为什么和保守党一样坐在同一房间内。但是他们给了我很多帮助,我发现多数议员全身心地在为他的选区的福祉工作。当你走出会议大厅时,经常会有议员私下给你说他们赞成你的意见。这些事从来没有人给你说过,而做了议员后你会有这样的经历,并且你要和其他议员合作。

对于摩林来说,没有比她参加到政府行政管理和发展全党审查程序工作更为重要的事了。

进一步阅读指南

政府行政管理的巨大变化导致近来实践者中形成的文化也非常重要。有关《地方政府法案》及改进和发展局(IDeA)的出版物很多。泰勒(Taylor)和威勒(Wheeler)的《议员指南2001》对于非议员来说很有意义,在该书中提出的让新议员宣誓的想法已经开始在几个地方政府中实行。巴伦（Barron）和她的同事所著的《危机中的议员》没有太多的学术价值，但是很具娱乐性。约翰·斯图尔特娶了一位议员太太，所以他对议员及议员的世界更有洞察力。他和我们都会推荐维尼福莱德·霍特柏（Winifred Holtby）写的小说，小说人物以他20世纪30年代做农村地区郡议员的母亲为原型，这部小说可能仍然是关于英国地方政府的最好的小说。

第13章
地方政府工作人员

了解概况

在第12章中我们就曾提到,很难找到一个典型的议员,即使有典型的议员,我们也要尽量避免对议员做出不假思考的归纳。在议会中,雇员的数量几乎是选举产生的官员的一百倍。所以很重要的一点,就是在研究议会雇员时要避免同样潜在的陷阱。假如我们问一个班级的学生他们对在地方政府工作有什么印象时,他们的回答可能会包括以下内容:办公室工作、会议、例行公事、官僚化、繁文缛节、文山会海、工作稳定等。而现实情况要比这复杂得多。本章将从不同的方面重点研究地方政府雇员的多样性,但我们在开始时就像我们在研究议员时那样,建议你自己先和几个地方政府雇员谈谈。问问他们每天都做些什么,他们在哪里工作,和谁一起工作,他们实际上如何支配他们的时间等。

我们在第12章中提到,因为我们地方政府的规模很大,所以多数公众并不了解他们的议员,至少许多例子证明,他们不了解所有的议员。而议会雇员却不同。如果你认识20个已经工作的成年人,你就有机会遇到一个或更多专职或兼职为议会工作的人。这样的几率应当说是比较高的,虽然他们可能会说他们不是议会官员,这也是本章题目不用地方政府官员或职业人的原因。当我们涉及政策制定或与议员互动方面的内容时,我们将更多的讨论职业官员的作用。而现在,我们将研究扩展到整个议会工作人员。它包括500个不同的职业领域,超过3 000个工作职位名称,这就意味着许多地方政府雇员不是在办公室或者是室内工作,参加会议不是其生活的一个重要部分,他们也不认为他们自己是官僚。

我们喜欢的议会雇员,是哈利·温宁(Harry Venning)的"监护人"连环漫画中的人物,"社区中的克莱尔"(星期三是所有公共服务工作发布的日子),永远不会称她自己是官员。但是如果你问她专业问题,她会给你留下深刻印象。她受过高等教育和专业培训,是职业社会工作者。她每天,有时甚至是晚上都在做那些所谓肮脏的社会工作,将自己的生活置于感情前线上。她很少见到议员,也很少到议会的办公大楼,她只是在工作,其工作地点可能会在一个偏远的区办公室,是五人社会工作小组中的一名成员。这个小组中有男有女,互相支持。它由一个男性成员管理,克莱尔和她朋友米甘对此并不满意。克莱尔感到灰心的是在第10章中提到的资源的匮乏,她经常对护理工作中互为矛盾造成的压力感到懊恼,她的客户的要求与社区的要求不同,护理工作与行政上的控制经常发生冲突。我们看到图13.1就不会感到奇怪,有时她发现很难开展工作。

其他的议会工作不可避免地也包括许多截然不同的内容和工作方式,这一点我们自己就能够发现。史蒂夫是一个大的市议会艺术与娱乐部门主管运动市场与发展的经理。他的目标就是保证该市居民能够尽可能便利地开展各项体育运动,以改善他们整体的身体和精神健康状况。史蒂夫本人在运动上投入的并不多,但是他的职责是19世纪"公共健康"在21世纪的扩延和发展。他的许多工作时间用在与运动器材商和其他负责各项运动活动的人进行讨论和协商上。同时他也要对他们的市场及改进发展等进行监督。对他来说非常典型的一天包括与运动发展官员会见,并讨

第13章 地方政府工作人员

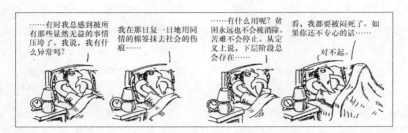

图 13.1 漫画——感情前线
来源:哈利·温宁(《卫报》)。

论运动改进方面的奖金;对一些特别活动如残疾人运动会、少数民族节日活动等进行检查;与有可能发起体育活动的人和慈善机构的资金赞助者会面;为当地足球俱乐部年度报告提供反对种族主义的素材等。

罗恩(Ron)也有一个工作职位头衔,这个头衔带有私域性质。他是舍尔弗斯公司的销售与市场部经理,这家公司有数百万英镑的营业额,这些资金也是他所在议会的社会服务部的一部分。该公司在1838年创办时只是一个盲人手工作坊,如今已经成为一个有81名工人的成功企业,在81名工人中超过三分之二的人是残疾程度很高的残疾人。这家公司生产的特种材料门窗,多数销售给议会的房屋管理部门,生产床的材料来源于房屋建筑的剩余材料,这些床销售给旅店或普通公众。罗恩极力想消除人们普遍的一种看法,即残疾人不能生产出高质量的产品,"我们非常自豪的是我们的产品都达到了英国的相关标准。在1998年的格拉赛克斯工业奖上,我们是当然的获胜者。"

玛西亚是一位房屋支持官员,她的职责就是在那些无家可归者在等待能否永久留在英国的决定期间,把他们安置到临时的住处,这些人多数来自伊拉克、阿尔巴尼亚、伊朗和索马里。有些媒体对这些人做了不适当的宣传,说议会没有义务为他们提供住宿,这样做的结果只能是促使他们离开自己的国家投向另一个国家。

英国地方政府

玛西亚对这样的宣传很恼怒。"一个人被迫喝电池酸液,吃碎玻璃,这样的人在这里有一个家我们怎么还能妒恨呢?"玛西亚的一部分工作是计划之内的,如划分英国的阶层,还有一部分工作是计划之外的,"当问题出现时我不得不对它进行处置,这也包括在前厅设置一位翻译人员。"

安德鲁既不是经理,也不是官员,而是一位守护人,一个城市公园的守护人。他的职责范围是他所在议会北部地区60个或更多的公园及开放地带,他自己的办公室就在一个公园内。他的职能就是充分发挥公园和开放地带的潜力,使他们更安全,鼓励每个家庭更多地利用这些公园和开放地带。他的工作有时在办公室,有时在户外。在办公室工作主要是书面答复对公共厕所的抱怨,设计传单和海报,安排狗粪便垃圾桶的设置等。我们遇到安德鲁时,他正在从事户外工作,这包括同公园的园丁开会、与公园使用者一起参加协商会议、为8至14岁的儿童安排网球比赛等。

如果页面许可,这样的例子我们可以无限写下去,如难民房屋计划中的住宅管理员、兼职的学校管理员、图书馆网站维护者、托儿所的工人、某项服务工程的监督人、社会工作的协助者等等。现在我们追本溯源,试图对多种多样的政府雇员的工作进行结构分析。在本章的以下部分,我们首先对地方政府雇员的工作特征和事实进行认定,然后再研究高级管理者的角色以及职业群体的重要性。最后,我们再对更加灵活的政府雇用结构进行检验。

地方政府职业状况——一些事实和数字

不管按照什么标准,地方政府都是提供就业岗位的主要部门。它们是高度劳动密集型单位,它们用于支付工作人员的支出占到全部开支的一半以上。在你所在的地区,当地的议会作为雇主很可能是最大的,或者差不多是最大的。伯明翰议会作为全国最大

第 13 章 地方政府工作人员

的议会,雇用了大约 5 万名工作人员,这相当于 3 万名全职工作人员。格拉斯哥约有 2.5 万名全职工作人员。当今英国的劳动力超过 2 700 万,其中约有 250 万在地方政府工作。换句话说,英国将近 10% 的全职或兼职工作由地方政府提供,支付这些人的费用多达 350 亿英镑。1998 至 1999 年度,在英格兰和威尔士,这些工作职位被划分为几个主要的类别,如表 13.1 所示。2000 年 6 月,英格兰和威尔士地方政府雇用人员数字增至 216.7 万人,这还不包括苏格兰地方政府中雇用的近 30 万名全职或兼职工作人员。

表 13.1 地方政府雇用人员情况,英格兰和威尔士,1996

服务领域	全职 ('000)	兼职 ('000)	全部 ('000)	占地方政府雇员的比例 (%)	兼职 %	女性 %	兼职女性 %	1990 年来的变化
教育—教师	356	136	492	24	28	72	22	—
—其他雇员	131	507	638	30	79	88	73	—
社会服务	156	186	342	16	54	84	50	+
合作职能——中央管理、人事、财政等	113	31	144	7	21	59	19	n/a
娱乐、公园和泳池	45	42	87	4	48	49	33	
房屋	61	15	76	4	19	61	17	
建筑	57	1	58	3	2	6	2	
工程	47	6	53	3	11	29	3	n/a
图书馆和博物馆	20	24	44	2	55	77	48	—
防火服务	40	2	44	2	5	13	4	
计划	27	4	31	2	13	45	12	+ +
垃圾收集与处置	25	2	27	1	8	11	6	
环境保护	17	2	19	1	12	41	9	—
其他服务	16	23	2	59	60	47	n/a	
全部	1 113	981	2 904		47	71	42	-18%

注:在最后一栏中,n/a 表示不具有直接可比性;+ 代表自 1990 年以来雇员增长,—表示比雇员减少的平均值减少得更多。

资料来源:地方政府雇用摘要(月刊)。

英国地方政府

变化的数字

地方政府雇员数量的增长期主要是 20 世纪 60 年代和 70 年代初。从 1979 年直到 20 世纪 80 年代末期,虽然保守党政府极力想减少公共领域中工作人员的规模,但这一领域的工作人员仍保持在 300 万人左右,这一期间手工劳动者数量减少了,但是非手工劳动者的数量增加了,两者互为抵消。1986 年大伦敦市议会和都会郡议会被废除,1986 至 1987 年公共汽车和市营机场工作人员的地位发生了改变,1989 年工艺学校和高等教育机构从地方教育当局中分离出来,这些都是 20 世纪 80 年代政府减少雇员较多的重要原因。

20 世纪 80 年代地方政府雇员的全部数量在 1993 年就减少了两次,因为在这一年地方政府失去了对再教育机构的控制。地方政府雇员另一次大幅度减少发生在 1995 至 1996 年,在这一期间警察机构开始成为独立的机构。总之,如表 13.1 最后一栏所示,20 世纪 90 年代英格兰和威尔士地方政府雇员减少了近五分之一,但在各个服务领域内减少的幅度各不相同,如社会服务和计划的工作人员反而增加了。1997 年至 2001 年工党政府执政的一个重要标志就是遏制地方政府雇员不断减少的趋势。

变化的人员构成

近几十年来,地方政府雇员的构成发生了很大的变化,从表 13.1 可以看出,如今许多工作都由兼职的女性来承担。全职的男性雇员人数在 1954 年占地方政府工作人员的一半以上,在 2000 年只占 23%,还不如全职的女性雇员(占 29%)和兼职的女性雇员(占 42%)所占比例大。

地方政府所有工作岗位中一半以上(54%)需要受过教育的

人来承担,这包括行政管理者、特别咨询专家、清洁工作人员、学校饭食提供者和教师。从事社会服务工作的人员占地方政府雇员的16%。社会工作者仅是这个数字的一部分,各种协助者、管理者、居民照看者和家庭的帮助才能构成社会服务工作人员的全部。就像教育一样,从业人员多是女性,且是兼职。表13.1中其他的工作种类雇用的工作人员较少,包括那些在公众看来与地方政府联系最为紧密的服务项目,如房屋、垃圾收集和公共图书馆等。

从这些数字中可以看出,在议会中雇用工作人员最多的服务项目是教育和社会服务。34个郡中这两个服务领域雇用的人员几乎占地方政府全部雇员的三分之一(700 000人),平均每个郡20 000人。32个都会区中这两个服务领域雇用的人员占地方政府全部雇员的24%,平均每个都会区15 000人,单一当局和伦敦郡区平均约为7 000人,多数郡区从事这两个服务领域的人员则在1 000人以下。

更像镜子迷宫而不是玻璃天花板

在地方政府雇员梯队的顶端是那些经理和带薪的专业人员。在经理中地位最高的是首席执行官,可以得到15万英镑的薪酬。薪酬的多少由他掌管的机构的规模和他工作的难度来决定。主管官员、高级经理和高级专业人员也会因他们的服务而得到很好的报酬。他们要管理一个地方政府机构,或者对某一具体部门负责,要给议员和阁员提出建议,管理预算等。伴随着不断增加的工作伙伴关系,他们还要与大量的其他机构,包括私人机构和公共机构进行联系。

同英国社会其他多数领域一样,地方政府的高级管理工作也是男性白人的世界。虽然女性占了全部地方政府工作人员的72%,但这个数字仍不能反映出女性在地方政府高级管理中的地位。女性执行官、主管官员和高级职员的数量增长缓慢,所占比例

2001年分别为12%、16%和25%。而黑人、亚裔和其他少数民族所占比例还要低2个百分点（Local Government Employment Digest, November 2001）。过于明显的歧视比较少见，但偏见却普遍存在并且很难消除。克罗·哈森（Carole Hasson），后来成为沃福德的执行官，她认为，地方政府应该为他们公开宣称的成为政府雇员的机会平等感到羞耻。"他们认为我们已经得到了平等的机会，但是我们并没有得到"。她号召地方政府协会（LGA）和地方政府首席执行官协会（SOLACE）为种族和性别歧视采取行动。已经成为高级管理者的女性要给其他女性以帮助和支持，她们也会因此承受巨大的压力。这个事实并不是一个简单地对女性升职的限制，而是一个像镜子中的迷宫，更为蹊跷。这已经成为政府各层次都存在的问题（《地方政府新闻》，1999年11月12日）。

主管官员的工作由中层经理和具有某项专长（如财政、法律、人事、绩效）并对地方政府雇员和资源进行监督的专业人员共同分担。高层和中层管理职位数量很多，这在表13.2中可以看出。高级经理和带薪专业人员还包括一部分受过专业训练并在一线工作的人，他们是教师、户外社会工作者、环境保护官员和为调控发展做计划的工作人员。

在高级经理和带薪专业人员之下是众多的像小蜜蜂一样的工作人员，这是一个人数众多、地位较低的巨大的办事员网络，包括手工劳动和非手工劳动。地方政府雇用了75万名从事行政、技术和文字的白领工作人员，包括打字员、助理办事员、学校职员、技术员、从事护理的护士和福利事业办事员。地方政府还雇用了约一百万的全职和兼职手工工人。他们从事清洁街道和学校，提供看护服务、议会的园丁、家庭帮助和道路维护等工作。此外，还有大量的工人从事的工作既不是完全意义上的手工工作，也不是完全意义上的非手工工作，他们是食堂的出纳员、售票员、有害动物控制人员等。我们在表13.3中可以发现，所有这些职位的报酬都是很低的。

第 13 章　地方政府工作人员

我们对这一部分做一下总结,议会雇佣了大量的工作性质极为不同的、标准各异的工作人员。这些工作人员对他们社区的经济有着重要意义,并为其他雇主提供了范本。地方政府有许多高级的薪酬优厚的经理和专业人员,在他们之下也有大批的地位较低的行政、文员、手工和非手工雇员。这些人在提供服务的过程中有着重要的地位,虽然他们得到的报酬并不令人注目。例如,比较表 13.2 和 13.3,同时期发布的公告,两者之间的报酬可以相差 10 倍。在高级管理人员的薪酬中,他们可以向地方政府要求汽车、个人健康保险等福利待遇,而对于手工工作人员和那些文员来说,这是不可能的。

表 13.2　部分官员的职位及其报酬

	职位公告 (2001 年 11 月)	薪　水
兰开夏郡议会	首席执行官	£ 150 000
	提供领导,用 10 亿英镑来成功实现组织变革,从我们主要的赌金保管者和社区那里获得支持,为兰开夏郡及其居民的利益进行呼吁。	
纽卡斯尔市议会	首席执行官	连同其他 待遇总共 £ 140 000
	与其他选举产生的人员一起,领导该市实施现代化议程,并为该市成为欧洲地区性大都市而努力。	
伊林市议会	行政长官	连同其他 待遇总共 £ 95 000
	这是一个新职位,负责主导和提高区内雇员素质及其提供服务的质量,并增加服务多样性。	
布莱克本和 达尔文市议会	革新、房屋及邻区事务长官	连同其他 待遇总共 £ 80 907
	领导一个新的管理内容多样的部门,他的工作与决定推行革新、房屋和邻区协定政策的中央政府地区办公室、地区发展署和地方战略伙伴关系密切。	

(续表)

	职位公告 (2001年11月)	薪 水
白金汉和 达格南区议会	为房主提供服务的官员 领导议会将房屋服务的权力转移给邻区，与6个社区房屋合作伙伴对他们自己区域内的住房事务负责。	£70 000
斯塔福德郡议会	文化服务长官 主管议会的艺术、博物馆、图书馆及农村地区的地产和相关受益服务项目，同时让该郡的特有文化得到地区和全国的认同。	最多可达 £63 500
伯明翰市议会	内阁办公室长官 创建和运作议会关于政治行政管理新制度，支持该市领导人在内阁事务方面的规划。	最多可达 £51 294
海克尼市议会	财政长官 提高该议会征收市政税和商业税的能力。	£45 816+
哈罗市议会	最佳绩效经理 对议会的项目进行剖析，对其绩效进行评估。	£36 000
米德尔斯伯勒市议会	高级审查支持官员 建立和支持监督与审查委员会，并支持该委员会中议员的工作，以保证当选的市长对其负责。	£24 750+

表13.3 一些薪酬较低的地方政府职位

职位公告(2001年11月)	薪酬
家庭助理，社会服务 保证有老人的家庭的清洁程度和卫生程度保持较高水平，在提高饮食服务方面为居民提供帮助。	£4.60/小时
清洁工 负责办公室、图书馆及其他议会建筑的清洁工作。	£4.81/小时

地方政府工作人员 第13章

(续表)

职位公告(2001年11月)	薪酬
学校十字路口看护人 负责伯明翰繁忙路口的看护,确保儿童安全。提供制服和一流培训。	£4.98/小时+雇佣费
厨师助手,古吉拉特厨师 制作和准备亚洲口味食品,协助厨师长管理社区食堂。	£5.14/小时
兼职青年工作者,年轻人健康项目 工作对象是年轻人,发展和推行与少女怀孕相关的健康项目。	£5.72—6.46/小时
兼职托儿所协调人 在议会一个社区中心内协调学龄前儿童使用的托儿所设施。	£11 838 按比例
安全官员,房屋服务 操作监控设备和电子关门系统,允许诚实的访问者进入议会大楼,并给予友好的、有帮助的、积极的服务。	£11 838 – £12 411
娱乐与音乐指导人 工作对象是患有自闭症或情感、行为上有困难的儿童。	£12 012 + 每年
债务偿付助理,社区健康财务员 采取一切行动,尽早解决由社会服务部征收的费用而引起的债务问题。	£12 192 – £14 823 每年
发展官员(亚洲妇女,纺织品组织) 提供博物馆服务岗位给说旁遮普语的艺人进行纺织,以及其他为有精神健康问题的亚洲妇女服务的手工团体。	£12 937 – £14 190 每年
技术员——桥梁 就桥梁评估、加固、建设、监督和维护方面协助做大量工作。	£15 210 + 每年

高层管理者的世界

现在我们的研究从那些地方政府中提供具体服务的人转向那

些地方政府组织中的高级官员。这些人的工作正是管理那些提供具体服务的工作人员。如今,那些有专业技能和经验,具备专业素质和知识的人才能够被任命为高级官员,这个结论在表13.4中选择执行官的过程中可以推演得出。事实上,各个部门不再仅仅与单一的服务相关联,因此部门的主管官员视合作为部门的一个重要目标,这个主管官员也可能来自该部门主管业务范围之外(Stewart,2000,p.202)。

表13.4　21世纪的行政主管官员——四个画像

菲斯·保德曼（朗伯斯）——政府机关里的怪人
在恩菲尔德长大,父亲是一位商店店主,母亲是一位教会的传教人。受到的教育是从语法学校毕业,并在牛津大学获得历史学学位。
在朗伯斯区议会工作之前,曾在政府机关中从事过多个岗位的工作。"我是一个怪人,是那些为数不多的跨越中央政府和地方政府界限的人中的一个。从地方政府的角度观察中央政府很有意思,这样可以看出地方政府是多么的不配合白厅的工作。我第一天在朗伯斯工作时曾问,我们是否有一个工作计划或者我们应该负责的目标。他们问我需要设置什么样的计划和目标,因为他们已经有了47项计划,除了4项之外都是由中央政府设定的,还有470个目标,也都是中央政府要求的。"

约翰·福斯特（米德尔斯伯勒）——巴纳多的孩子重返故乡
在米德尔斯伯勒出生,父母离异后在巴纳多儿童院长大,受到的教育是语法学校毕业,获得社会学学位。
在米德尔斯伯勒工作之前,曾是社区工作者和国际社会活动家,接着在达勒姆任社区发展官员,后调任住房办公室从事反贫困项目工作,既而在北泰尼塞德市议会的社会服务研究部门担任负责人,然后在米德尔斯伯勒任执行官。
"我一直对地方政府和地方民主抱有一种热情,但我们对此也要持怀疑态度。为什么我们应该期望人民总是愿意参与呢?重要的是每个公民都有知情权。这样他们就能够作出自己的决定。"

凯罗·格尔比（东北德比）——从议会提供的住房中走出来的议会官员
在谢菲尔德的一个单亲家庭中长大,这个家庭的住房由设菲尔德议会提供。受到的教育是女子语法学校。
在东北德比郡议会工作之前,先在一家律师事务所工作,然后获得伦敦大学在职法律学位并获得了律师资格,接着在巴西特劳区议会做律师。

（续表）

"我的家庭背景非常穷，是那种只能依靠地方政府过活的人。这是我要参加地方政府工作的原因。议员必须讲究现实，并且受普通大众的影响，他们不能是那些优秀的但不切合实际的学者。"

伊安·斯蒂沃特（布拉德福特）——"如果你能管理一个足球俱乐部……" 在布拉德福特区议会工作之前，先是一名苏格兰职业球员，接着在蒙特罗斯议会担任动机激励经理，之后在政府机关任职，包括负责失业补贴等事务的社会安全部，在救济代理中心任负责人，接着在社会安全受益欺骗监督委员会中任主管官员。

"我看到了格拉斯哥和巴塞罗那两座城市的变化，我也希望能为这座城市的改变尽一份力量。布拉德福特的目标是在2008年成为欧洲文化的中心，我们这座城市有许多文化特点，这些文化所产生的吸引力是其他城市很难比拟的。"

资料主要来源：《市政杂志》，2001年10月26日（Boardman），2000年11月10—16日（Foster），2000年6月2—8日（Gilbey），2001年10月12日（Stewart）。

如今在研究地方政府高级管理者时至少要从四个方面加以考虑（框13.1）。

框13.1 高级管理者的职责
- 实施职业影响
- 为政治家提供支持、建议和监督
- 对外代表地方政府的利益
- 管理政府内部的人员和资源

实施职业影响

地方政府的高级官员大部分时间用在管理上，但多数高级官员是受过训练的有某种资格的专家，如律师、会计、建筑师、规划师、工程师、住房管理者、教育行政人员、社会工作者等等。英国地方政府中工作人员具备的专业性是一个很重要的特征，也是他们

英国地方政府

最有力的武器。在表 13.5 中,我们列举了地方政府中的职业团体,如地方政府执行官协会、人事主管官员协会、议会秘书与律师协会等。这些团体组成人员几乎是排外的。其他团体如公共财政与会计协会和公共关系协会的部分组成人员可以是非本专业人员。这些团体自然是他们各自政策网络和社区中重要的构成部分(参见第 9 章),但他们也有别的职责。如罗兹(Rhodes)指出的(1998,pp.214—15),"他们受过教育并以群体形式组织起来,他们有能力招收新人,培训工作人员,组织会议和研习班,进行研究并出版刊物,与其他有组织的团体一起为他们的利益进行游说。"他们也是"行业联盟……通过工作来统治和影响政府。因此,事实上,专业人员能够对政治施加深远的影响。"

表 13.5　一些重要的专业机构

1. 政府首席执行官协会(SOLACE)
   成员:主要区议会的 900 名执行官,再加上其他地方政府高级管理者,他们反映的愿望是提高民主程度和增加收入。但一些大的郡、大都市区和单一当局的执行官坚持参加他们组成的更加排外的执行官协会(Chief Executive Associations)。
   提供(每年 250 英镑左右的会费,依你的级别和所在单位的规模而定)一份季刊,其他的出版物和政策性报纸,会议、培训和发展新成员。
2. 人事主管官员协会(SOCPO)
   成员:400 多名,最近也扩展到那些高级官员、执行官及其他官员。
   提供(最便宜的会费每年 70 英镑)实践建议和指导,出版刊物,召集会议,组成一些专家工作组。
3. 皇家公共财政与会计协会(CIPFA)
   成员:13 400 人,其中将近一半在地方政府工作,还包括 2 000 名学生。该协会对所有通过它的教育和培训项目的人开放。
   年费约 200 英镑,它是地方政府专业机构中人员素质最高、提供服务最好的协会,对成员提供经常性的额外津贴,还提供大量的专家咨询及优良的数据信息服务。
4. 议会秘书与律师协会(ACSeS)
   成员:500 人。你不必是议会秘书或律师,只要你参加法律或行政工作,就可以成为该协会成员。
   年费 110 英镑,在笔记方面提供最佳的练习和指导,与地方监察(Ombudsman)机构有密切的联系,提供有密码保护的网页等。

> 5. 公共关系协会(IPR)
> 成员:5 000多人,但仅有约250人在地方政府,它反映的是专家在一些传统观念议会中持续为得到认同而斗争。
> 年费175英镑,提供免费的法律和财务服务,出版刊物,开设研习班和就职培训,提供打折的办公室用品等。

主要来源:威恩·戴维斯(Wynn Davies)(1996),pp.12—13。

高级官员作为专业人员施加的影响是深远的,尤其是在含有复杂的技术知识的政策领域中,这种影响力对中央政府来说有着超乎寻常的价值。从历史上来看,一些具有技术专业特点的社区要比其他社区更具影响力。例如,邓利维(Dunleavy,1980)和拉芬(Laffin,1980)做了一个对比,在发展高速公路项目方面,地方当局的工程师和测量师发挥的作用很大。相比之下,战后虽然住房建设兴起而住房管理专业人员起到的作用却小得多。住房建设更多地由私有领域的利益集团领导,并且是国家政治家和公务员相互作用的产物。专家影响力在哪里存在,就说明哪里可能更多的出现一种维护中央集权的力量,对于推行地方主义无益。罗兹这样解释(1988,p. 225):"专家影响力造成的后果就是提高了标准的统一程度,而不是促进了地方多样化。他们在政策网络中处于中心位置,虽然他们在一开始并不在这个位置上。其后果是因注重利益总和以及国家统一标准而造成中央集权,导致这种后果产生的却是那些受雇于地方政府的专家们。"

与政治家共事

在第15章中,我们将研究高级官员与议员的关系。高级官员很可能会参与到一个地方的发展战略和政策制定过程中来。他们的许多时间花在与议员一起参加会议、为内阁成员和委员会撰写报告、与其他部门官员联系上,他们还要提供政策建议和指导。许

英国地方政府

多议会也给予官员许多授权,如授权他们可以颁发某种证照或者批准某项计划。

高级官员的权限最近获得了新的发展,他们可以对议会或议员的绩效进行监督。针对1986年的威蒂考伯报告,保守党政府采取的部分立法活动就是要求地方当局任命一名监督官员,这名官员多数由首席法律官员或议会律师担任,就一些项目的合法性、财政合理性及不良行政直接向议会报告。2000年的《地方政府法案》很大程度上扩大了这些职责。现在监督官员的责任是提高和保持地方当局行为标准,确保公众能够了解政府的行政决定及其相关的背景情况。

高级官员处于地方政府决策过程的核心位置。他们被授予的职责和监督的职责使他们掌握许多权力,但最重要的是他们有能力影响议员的选择、想法和行为方法,这使他们具有真正的决策影响力。从一定程度上讲,高级官员是决策者,这为他们施加影响提供了机会,而这种机会对于地方政府中处于低层位置的雇员来说是不具备的。

外部关系

表13.2简要的工作描述说明,在地方政府要建立合作伙伴实施管理的联合型政府时代,高级官员的一项很重要的工作就是处理与议会外部的关系。与中央政府设置在地方上的地区事务办公室、与其他地区的地方当局同事进行联系,在专业协会内部参加会议和讨论,都为现代的高级官员构筑了一个有力的施加影响的网络。他们是信息和意见的重要来源,并且提供国家级论坛,高级官员像政策企业家一样在论坛上展示他们自己,还可以从他人身上学到知识和经验。更为普遍的是,高级官员使官员们认识到地方政府的意义所在,并将他们自己的部门、专业和议会的工作推向深入。

同第 8 章中描述的那样,伙伴关系已经成为地方治理中的一个组成部分。社会服务部门的高级官员经常要同志愿性组织和机构联系。土地使用规划者要在公共会议和讨论中代表当局,住房官员要同租房者协会和社区组织一起参加众多的会议。与三十年前相比,这些高级官员变得更加善于驾驭形势。在当今顾客文化盛行的时代,公众不太愿意接受专家就什么是最好的所作的那些专业性解释,并时刻准备着向地方当局的政策和行为提出疑问。地方政府的官员需要在许多问题上与公众协商,这也是工党现代化议程中的关键所在,与以往相比,高级官员与地方公众的互动程度更大。

内部管理

我们发现,如今地方政府中的高级官员既是管理者,又是专家。地方政府中有能力的执行官和高级管理者要具备多项本领,如战略管理、决策、政治警醒及敏感性、领导力、企业和商业实践、谈判等,但他们获得的资格证书并不能说明他们具备了这些技能。

2000 年《地方政府法案》为许多地方当局确立了新的政治领导体制,这种体制影响到高级官员的职权,这种体制的改变比部长们最初的打算变化程度更大。行政成员更多地参与到日常的决策和管理中来,而官员们在决策和管理中发挥的作用就会相对变小。高级官员既要作为整体对议会负责,又要对政治领导负责,两者之间的矛盾将会增大。然而,在不同的地方当局,高级官员的运作方式和实践也会不可避免地存在诸多的不同。因此,不管地方政府高级官员的法定权限如何,那种认为他们在决策方面的影响力会减少的想法都是天真的,不成熟的。他们掌握的知识和专业技能,决定了他们要与那些重要的议员一起成为管理政府的核心。

英国地方政府

从模范雇员到灵活的雇用体制

许多地方政府在战后时期内,总是提出一个模范雇员或优秀雇员,让其他雇员去学习效仿。地方政府开始认识到行业联盟的作用,地方政府60%的雇员是该联盟的成员,这个数字的一半以下人员是在为整体经济服务(工党调查,2000春)。地方政府有适当的协商程序,鼓励机会平等、公平工资并提供稳定的工作。

然而从1979年开始情况发生了变化。地方政府开始推行商业主义和竞争,最著名的是强制性竞标。这样一来,私营企业的一些管理理念和人事管理方法如绩效工资制、工作人员评估程序、放权谈判和协商开始在公共部门中运用。地方当局发现很难维持国家统一的工资制度,竞争性投标所带来的服务不同,管理过程中那套为工业化关系建立的正式制度开始为非正式的方法所取代,以反映管理中不同组织的利益(Leach et al., 1994, p.199)。

强制性竞标的推行意味着地方政府要想树立一个传统上的模范雇员非常困难。如果选择实行最好的工作实践,那就有可能会失去重要的合同和相关的工作岗位,而议员要想方设法保住合同,这是可以理解的。环境发生了变化,为了应付这种困境,许多地方当局开始寻求引入更为灵活的雇用政策。例如,执行官和高级官员的数量在增加,他们要单独签订任职期限合同。在表13.2中曾提到薪酬包,现在地方政府内许多高级管理者开始喜欢一些隐性收益,如个人医疗保障、人身保险、"公司"租用的汽车及养老金等。

雇用体制的灵活性还表现在其他实践活动中(框13.2)。

地方政府工作人员　第 13 章

> **框 13.2　实践中的灵活性**
>
> 1. 更为灵活的控制方式——对于高级官员的任命由地方当局的人事委员会具体实施,而高级官员以下的职位,执行官可以在当局界定的编制和级别内,根据需要雇用和解雇工作人员。
> 2. 更加灵活的合同和工作描述——这可以使工作人员更容易地从一个单位调到另一个单位并开始一项新工作。这种方法对于所有部门的办事员和行政人员来说尤其有用。在工作描述方面的灵活性表现在它更多的强调工作目标,而不是如何工作。
> 3. 绩效工资制(PRP)——这是私营领域采用办法的翻版。虽然私营企业和地方政府与中央政府不同,但都是要得到高层管理者的承诺。"绩效工资制为工作人员提供定期增长工资,这些工资并入到他们所得的薪酬中,薪酬由他们的个人绩效及他们对组织的价值所决定"(Farnham, 1999, p. 116)。绩效工资制得到保守党控制的地方当局的热烈拥护,它开始在所有的地方议会中流行,其重点是功绩分红和额外工作奖金。
> 4. 灵活的工作时限和条件——这对地方政府的雇员、顾客和服务使用者都有利。2000 年接近五分之一的地方政府雇员采用灵活的工作时限,而在经济领域却不到 10%(工党调查,2000 春)。多人共同承担一个工作职位开始变得流行,这包括陶尔哈姆莱茨市议会的执行官在一段时间内由艾利纳·凯利(Eleanor Kelley)和克里斯廷·吉尔伯特共同承担。地方政府已经开始试行某些工作人员在家办公。

结论——并非全盘否定

　　本章对地方政府的工作人员进行了研究:大量的、多种类型的人们参与到地方政府提供服务和制定地方长远政策的过程中来。地方政府需要面对的许多人力资源和工业关系与大规模的私营组织非常类似。总之,人事管理方面传统的官僚制方法已经被管理者掌握预算并对其职员负责的管理方法所取代。但是,地方政府中的管理者,也要受制于他们在公共领域服务这个前提。他们的

英国地方政府

薪酬由中央政府控制,在20世纪90年代,与私营部门的工作人员相比,他们的工资水平下降了。官员们承受着来自上层的政策变动和实现现代化的压力,而政府工作人员过多、竞争性投标和最优价值等成为政治辩论的重要议题。由于议员对管理的参与及对地方当局的监督,使得管理变得更加复杂。

如果地方政府工作人员不感到消沉或士气低落,那将是一个奇迹。然而调查结果显示地方政府工作人员持有的这种情绪并不比经济部门的工作人员更强烈,如果他们比经济部门的工作人员感到消沉或士气低落,在提供公共服务的组织中工作的人员会得到补偿。人事与发展协会2001年对公共部门的工作岗位调查结果是:

- 地方政府中69%的工作人员认为在过去的一年中,他们所在的单位发生了重要变化,而在私营企业中只有47%的人这样认为。在地方政府中约一半的工作人员认为这些变化处置得不好。
- 地方政府中84%的工作人员认为,他们工作努力或尽其所能努力工作,而在私营企业中有这样想法的工作人员只有67%。
- 地方政府中63%的工作人员认为,他们的工作得到公平的回报,而全部劳动力中只有58%这样认为。
- 地方政府中63%的工作人员希望能够全职工作或将大部分时间用于工作,而私营企业中只有58%、中央政府中只有45%的工作人员有这样的想法。

虽然地方政府中也有一些工作人员感到他们的回报不公平,有些人不会在每个工作日都从床上兴奋地爬起来去上班,但是这些数字说明地方政府工作人员的工作状况在一定程度上还是值得肯定的。这些数字也说明,在一个地方政府内部,甚至是一个地方政府部门,他们的管理者和议员在很大程度上可以为他们的雇员提供一个更加积极或消极的动机,而有些管理者和议员却对此经常忽视。

进一步阅读指南

你可以从你自己所在的地方政府的人员机构和最近的雇用趋势开始查找一些基本数据,这可以在年度报告中查到。没有更多的理论性文章可以推荐,但是法纳姆(Farnham,1999)对人力资源管理进行了很好的研究,对公共领域中的工作关系也进行了描述,杜干(Doogan,1999)分析了合同出租、服务的条件以及劳动力市场的影响。利奇等人(Leach et al.,1994)对现代管理方法进行了有益的总结。普莱切特(2000)对地方政府中公共领域的文化特质进行了有意思的讨论。

第14章
政党

引言

无论喜欢与否,政党政治几乎是英国当代地方政府的一个中心特征,我们将在这章里研究这个问题的两面性。在本章的第一部分,我们考察一下地方政府的现行政治景象,并简要地探讨这幅政治景象是如何形成的。然后我们比较一下议会内外主要政党的组织和影响。我们也会研究国家政党的作用以及它们各自与地方政府的关联。

非党派的残余

在地方政府政党研究中,了解其政党政治过程中的平衡权是非常重要的。低估了这个重要性,你可能会对许多最重要的议会决策过程产生误解。但过高估计其作用,也可能让你掉入另外一个陷阱,即误认为所有议会运作都是基于政党的,严格遵守政党路线执行的。事实是,如同地方政府中其他大多数事物一样,实践的多样性是近乎无限的。对这个国家所有的440个左右的当局来说,没有什么是普遍真理,如表 14.1 所示。

表 14.1 2001 年大不列颠地方政府中的政党体系

政党体系和定义	英格兰					威尔士	苏格兰	大不列颠	
	单一当局	郡	非都市区	都市区	伦敦区	单一当局	单一当局	总计	%
完全地/占优势地无党派性的 (独立人士把持60%及以上席位)	—	—	7	—	1	3	4	15	3
弱党派性的 (独立人士把持20%—59%的席位)	5	1	41	—	—	8	3	58	13
多党/分散的 (两党以外的政党占有20%的席位)	7	8	34	3	3	—	6	61	14
两党制 (两个政党把持80%的席位,但任何一个都不超过55%)	18	16	64	12	10	4	10	134	30
一党独大 (一个政党把持60%—75%的席位) 保守党	2	6	38	—	2	—	—	48	
工党	8	2	23	6	8	4	3	54	
自由民主党	—	—	13	1	1	—	—	15	118 27
(苏格兰国民党)							1	1	
一党垄断 (一个政党把持75%以上的席位) 保守党	2	—	4	1	1	—	—	8	
工党	4	1	13	13	6	3	5	45	
自由民主党	—	—	1	—	1	—	—	2	55 12
(苏格兰国民党)	—	—	—	—	—	—	—	—	
总计	46	34	238	36	33	22	32	441	100

来源:《2002 年市政年鉴》(Municipal Yearbook, 2002)。

表 14.1 总结了 2001/02 大不列颠的政党及非政党体系范围。在这个国家的大都市地区,大多数英格兰郡和单一当局,以及在较

英国地方政府

大的郡区,有着十分发达的政党体系。今天超过六分之五的议会归于此类——参见表14.1底部4行。而且,因为它们几乎囊括所有郡和单一当局议会,它们触及几乎所有不列颠选民的生活。这些当局中所有或大多数议员是在国家的或国家主义的政党标签下被选举出来的。选举出来后,他们按政党组织成不同的团体。无党派人士和地方或边缘政党的代表是很难通过选举进入议会的,在许多地方甚至根本不存在(同样参见表14.2)。

在英格兰更加农业化的地区和威尔士以及苏格兰,这幅图像可能完全不同。在这里,许多议会的政党色彩相对很弱(根据表14.1的界定,仅占13%),其他的议会甚至是无党派的。几乎所有议员作为无党派人士参与议会活动。

也许近乎完全无党派的最佳例子是三个苏格兰岛当局:奥克尼群岛、设得兰群岛和西岛群岛。但是在这个国家许多非党派议会也不一定就是这些塞尔特边缘地区,如剑桥郡、坎布利亚郡、德文郡、多塞特郡、达拉谟郡、格洛斯特郡、汉柏塞郡、林肯郡、牛津郡、什罗浦郡、索美塞得郡、斯塔福德郡、萨里郡。

政党体系的多样性

考察党派性程度是理解一个议会可能如何运作的第一线索。至少同样重要的是它的政党成分。在表14.1中我们确认了成熟政党体系的四个种类,如下边的框14.1所示。

政党 第14章

表 14.2 2001/02 年大不列颠议员的政党属性

	英格兰										威尔士		苏格兰		大不列颠			
	单一当局		郡		非都市区		都市区		伦敦区		单一当局		单一当局		2001/02		1979	
	席位	%	席位	%	席位	%	席位	%	席位	%	席位	%	席位	%	席位	%	席位	%
保守党	734	30	1016	46	4052	38	413	17	542	28	76	6	108	9	6941	31	12143	53
工党	1076	44	709	32	3057	28	1502	61	1045	55	556	44	542	44	8487	38	7351	32
自由民主党	524	21	409	18	2394	22	502	20	301	16	97	8	155	13	4382	20	1032	4
民族主义政党	—	—	—	—	—	—	—	—	—	—	208	16	210	17	418	1	278	1
独立人士及其他	122	5	81	4	1259	12	61	2	29	2	332	26	207	17	2091	9	2232	10
总计	2456		2215		10762		2478		1917		1269		1222		22319		23036	

注：
"其他"包括自由党、社会民主党、绿党、纳税人和居民协会的成员，其他地方性小党——莫克姆湾独立人党（兰开夏郡）、威尔特郡独立人党；还包括空缺席位。

在2001年选举之后北爱尔兰582个区议员的政党属性是阿尔斯特统一党154席；民主统一党131席；社会民主和自由党117席；新芬党108席；联盟党28席；独立人士及其他44席。

伦敦区的数字排除了声称不要政党政治的伦敦市合作议会（Common Council of the City Corporation of London）的157名议员。

来源：Rallings and Thrasher (2001a)。

框 14.1　成熟的政党体系

1. 多党制或分散型——相对少的独立人士,议会席位在几个政党派别之间分配。大多数此类议会没有多数党或处于一种平衡,从算术意义上说,就是没有一个政党具有压倒性的多数。它们实际的管理形式可能千差万别——从单一政党少数原则、不同种类的非正式合作,到罕见的两党甚或三党联盟。在选举比例代表制的国家,多党牵制议会是通则,正如表 14.3 关于北爱尔兰的脚注所显示的一样。我们的简单多数制减少了他们的数量,但是他们仍然占总数的近三分之一,反映出与在更大的国家议会选区相比,第三政党和少数政党候选人更加不易在地方议会的小选区或分区赢得选举的事实。
2. 两党制——相对少的第三政党和独立人士成员,议会席位在两个主导性的政党之间对半分享。视乎实际的政党均衡,一些此类议会也会受到牵制。在其他的此类议会中控制权将在两个政党之间有规律地转换。
3. 一党主导制——一个政党拥有决定性的多数席位,在大多数时间里将操持议会。
4. 一党独占制——不解自明,这是我们选举制度的极端产物,一个政党拥有完全的而且常常是不受挑战的议会控制权。

不断减弱的工党地方优势

本书前一版(Wilson and Game,1999 年,p.260)与表 14.1 相应的图表显示了在 1996/97 年——恰恰在工党在全国掌权之前——超过四分之三的此类压倒性的一党议会掌握在工党手里。从一定程度上讲,这是必然的情形,特别是在工党今日的大本营如威尔士、苏格兰,以及许多英格兰大都市。但是在 1996/97 年也有一个并不稳固的因素,即保守党在国家议会舞台的支配地位上升。

一个国家的执政党通常会在地方选举中失去一定数量的席位给对手。自从 1972/73 年地方政府重组以来,工党在 1986 年控

第 14 章 政党

表 14.3 2001 年大不列颠地方当局的控制模式

	英格兰										威尔士		苏格兰		大不列颠 2001		大不列颠 1979	
	单一当局		郡		非都市区		都市区		伦敦区		单一当局		单一当局					
	席位	%	席位	%	席位	%	席位	%	席位	%	席位	%	席位	%	席位	%	席位	%
保守党	5	11	16	47	75	32	2	6	4	12	—	—	—	—	102	23	256	49
工党	22	48	7	21	52	22	26	72	19	58	8	36	14	44	148	34	113	22
自由民主党	2	4	—	—	17	7	3	8	3	9	—	—	—	—	25	6	6	2
民族主义政党	—	—	—	—	—	—	—	—	—	—	3	—	2	6	5	1	*	1
独立人士	—	—	11	32	10	4	—	—	1	3	3	16	5	16	19	4	4	1
非全面控制	17	37	—	—	84	35	5	14	6	18	8	34	11	34	75	14	68	13
总计	46		34		238		36		33		22		32		441		518	

注:
* = 少于 1%。
"非全面控制"(No overall control) 是一个纯粹的议会术语定义,是指没有任何单一政党拥有超过 50% 的全部议会席位。因此这可能包括恰恰拥有半数席位的单一政党,加上市长或议长所投的决定票而处于一个有效的全面控制的地位。
在北爱尔兰,由于在地方选举中实行按比例投票制,所有 26 个议会均属上述的"非全面控制"。
来源:Rallings and Thrasher (2001a)。

英国地方政府

制的议会首次比保守党多。这个趋势一直持续到90年代早期,保守党地方代表被侵蚀到极点,这个时期保守党控制的地方议会和议员数量比我们能记忆的任何时期都少。伴随着工党在前一个月大选中的士气低落,保守党在1992年5月区域选举中赢得了小小的恢复。但是随后从1993年到1996年,在四年一轮的地方选举中,保守党经历了历史上最糟糕的一系列重创。因此,在整个国家工党一度成为压倒性的主导性地方政府政党,无论在议员的政党同盟方面(10 600名议员,占总数的48%),还是在控制的议会数量方面(205个,占47%)都占有绝对优势。自由民主党在1997/98年堂而皇之地居于第二位(4 700名议员和50个议会),比保守党要多。保守党在其18年的执政生涯中失去了它在1979年取得控制权的242个(接近95%)议会以及它们曾经拥有的12 000个议员席位的近乎三分之二(见表14.2和14.3)。

自从独立议员日趋减少的数目被自由民主党或其后继者自由与社会民主党日益增长的数目取代以来,至今已经许多年了。然而应当注意到在1997/98年,独立议员把持的议会有25个,仍然比保守党把持的23个议会多。

表14.1—14.3清楚地表明在1997年5月后,四年一轮的地方选举中"钟摆"相当明显地摆回了保守党。到2001年,至少在英格兰非都市地方政府中保守党成为毫无争议的第二大党。但是保守党在这个国家的最大和最有影响的议会中很少占有多数控制权,而且在苏格兰和威尔士,保守党则根本没有一个占据多数控制权的议会。

地方政党政治的历史

我们在第11章中提到,在2000年5月的地方选举中,肯·利文斯通胜选大伦敦区独立市长,这决非独立候选人挑战国家主

政 党 　第14章

要政党获得胜利的唯一例子。小政党、单议题候选人以及各种独立候选人也会赢得选举。他们除了在威尔福瑞斯特和特伦特河畔斯托克(参见表11.6)大获全胜之外,还常常在出人意料的地方获得胜利,如巴恩斯利、伯明翰、布拉福特、考文垂、利兹、罗塞兰。尽管这些地方主义者联起手来,也取得了引人注目的成绩,但这并不足以颠覆近几十年来在地方政府政治中最稳定的趋势,即独立候选人的长期式微。

当代政党政客对这个国家如此之多的地方政府的把持是一个相当新近的现象。同时,在许多乡镇和城市政党的角色至少可以追溯到与1835年的都市组织法(参见第4章)一样久远。因此我们应当将一个更政治化的地方政府的出现,视为"一个稳定长期的发展趋势,始于19世纪,在本世纪首先通过主要城市扩展。这种扩展的情形虽然不尽一致,但还是慢慢扩延到所有州郡"(Young, 1986a, p. 81)。近年来这个趋势被扬自己及盖福德(Gyford et al., 1989年)恰如其分地刻画出来。盖福德还将这个历史划分了5个阶段,本书在表14.4作了概括。

在本章我们的主要关注自然是盖福德的最后重估阶段,它混合了一个地方政府政党政治规模的数量扩展及其属性上的一些功能性质变化。许多数量变化在20世纪70年代早期紧随重组突然发生。直到那时英格兰和威尔士约一半的议会及苏格兰三分之二的议会可以被定义为"非党派性的"。在这些议会中,超过半数的选举议员不受传统政党属性的影响。如过去一样,有一个城乡分野:三分之二至四分之三的城市议会按政党方式运作,而只有三分之一的郡议会和百分之十的乡村区议会按照政党方式运作。

重组不可避免地卷入了许多原先非党派性当局与其他具有强烈党派传统的融合。后者必然地盛行起来,随着1973/74年选举,占优势的党派性当局的比率在英格兰和威尔士迅速增长到接近80%,在苏格兰也超过一半。几乎所有英国郡议会和四分之三的英格兰和威尔士区议会现在已经是政党支配的。

英国地方政府

在后来的几年里,这个趋势继续发展。以保守党为代表,极力坚持所有政党支持者,应该以正式的政党候选人参选,而不是原先经常发生的那样,可以作为独立候选人参选。如我们在表14.2和14.3看到的,独立的议会和议员数量仍然要比人们认识到的更多,但他们的空间现在正被无情地挤压。最近,由于20世纪90年代中期的地方政府重组,在苏格兰和威尔士,独立候选人的数量压缩得更大。在这两个地区较大的单一当局现在比以前的独立议员少得多。

表14.4 地方政府的政党政治化

1. 多样化(1835—1860年后期)——许多新型都市议会被政党政治支配和分割,但是没有统一的全国性模式。"托利派、辉格党员、保守党员、自由派、激进派、人民宪章运动、改良派和经济派在不同城镇提出了各种各样的药方"(Gyford et al.,1989年,第7页)。主要的观点分野是:在教育提供中宗教的作用;都市消费的层次;酗酒/禁酒主义。
2. 结晶化(19世纪60年代—20世纪初)——地方政府管理理性化伴随着一种政党政治,在其存在的地方演进成为支配性地保守党—自由党两党竞争。主要催化剂:约瑟夫·张伯伦的伯明翰自由联盟(60年代),既是一个成功的选举组织又是一个激进的都市集体主义先驱——地方政府对供气和供水、贫民区清洁、公共卫生、公园和花园的主动反应。
3. 修正(20世纪初—20世纪40年代)——工党作为地方政府中的主要激进力量取自由党而代之,提出了"一个与众不同的市政计划,该计划为议会工作人员呼吁更好的工薪和工作条件,为失业人士提供工作、公共浴池和洗衣店,以及为工人阶级家庭提供足够居屋"(Gyford et al.,1989年,第11—12页)。反社会主义者的反应被保守党通过各种各样的地方组织如中庸者、进步者、市政联盟和地方税纳税人协调化解了。
4. 国家化(20世纪40年代—20世纪70年代)——对象是原先地方政府经营的公用设施和医疗机构以及地方政党政治。国家政党组织日益渗入地方政府中;地方选举越来越多地争论国家问题和人身攻击;但是大多数乡村地区议会仍然按照非党派路线来组织。
5. 重估(20世纪70年代以来)——随着地方政府重组地方政党政治的特点快速增长和变化。数量上的变化,即政党主导下议会数量的增长和独立议员数量的减少,同时伴随着质的变化,这通过地方政党组织的正式化和政策争论激烈化可以体现。

主要来源:Gyford et al.(1989年,第一章)。

政党　第 14 章

实践中的政党政治化

　　计数是简单的,但是理解地方政府的政党政治化远比简单地计算政党主导下的议会数量复杂得多。如果我们将一个议会刻画为"政党政治性的",我们就会期望发现确凿无疑的组织特点和运作模式。它们不是新奇的东西,它们渐进地发展,受哈伯特·莫里森创造的模式指导,哈伯特·莫里森是 20 世纪 20 年代和 30 年代工党有影响力的伦敦领导人。根据莫里森的一个传记作者乔治·琼斯的描述,他的范式政党体系至少由 7 个要素组成。

> **框 14.2　莫里森的范式政党体系**
> 1. 政党成员组成的地方委员会选择候选人。
> 2. 一个通常由议员和地方政党代表混合组成的地方政党小组,明确地表达一个与众不同的政策计划。
> 3. 在竞选期间和一旦当选后,作出一个所有政党候选人期望坚持下去的参选宣言。
> 4. 政党在议会中赢得大多数席位的情况下,努力地执行这个宣言。
> 5. 组织议员加入党团以便决定内阁和委员会成员以及其他职位和责任,提出和协调政党政策,决定战略和策略,并确保党团纪律。
> 6. 选举一个党团领袖,由一名领导人和通常来自这个党团成员的一个党团执行委员会组成。
> 7. 召集党团议会预备会议和议会委员会预备会议,来促使党团成员就政策问题达成一致,并策划他们的竞争和投票策略。

　　这个政党政治维度很少体现在议会组织和工作的概略表述中。因为,尤其在过去,它将不可避免地使一个原本相当简洁的服务于议员委员会的官员和部门的图谱复杂化。议员委员会制定政策,然后会在议会公布这些政策。在本书前一版我们评论了其复杂性,并且从现实主义出发,试图说明不仅在哪些地方政党政治进入政策制定过程,而且在许多议会中政党政治实际上是如何摆布

英国地方政府

政策制定过程的(Wilson and Game,1998,Figure 14.1,p.268)。

事实上,虽然很多时候我们并没有在意,政党小组是所有例证的中心。因为这些政党小组及其各自的规模是地方选举的直接结果。除非存在一个单独直选出来的市长,这些政党小组也决定谁将操控这个议会以及如何操控它。一般而言,议会多数党或最大党团的当选领袖将成为议会领袖。多数党团的宣言成为议会的工作议程,并将被相关部门修改为实际的政策建议。所有委员会和次委员会也基本上由多数党议员控制,他们几乎占据了行政部门执行长官或内阁职位。就像内阁成员,委员会主席在准备其会议议程时,都会和部门负责人保持紧密联络。在不同委员会会议之前,都会有不同政党的私下预备会议,决定其策略:应该优先发展那些领域,谁会对他们发言,他们如何投票等。简言之,为了对大多数议会如何工作有一个正确的理解,需要想象一下政党的"非官方"组织完全叠加在委员会、部门和整个议会的"官方"结构上。

另一种情形是,在议会中没有全面占大多数的政党。在实践当中将不可避免地各行其是,没有统一的原则。有时也不得不就一些有争议的问题开展妥协谈判。委员会可能由多于一个政党的成员主持,行政部门也可能由多于一个政党的成员组成。当然仅仅通过一个政党对其成员行使严厉的政党纪律,在任何条件下选举都不会成功。官员们会发现他们与来自两个或三个不同政党的发言人打交道和通报情况。然而,那些政党和议员的政党联系依然居于政策过程的核心。

政党差异——组织与领导

任何政党都会承认莫里森范式政党体系的大多数要素,而其实践中的差异来自各自不同的理念。例如,一个缺乏迅速反应和能力的志愿者组织,就可能采用"非正式"的候选人挑选程序。这也可以从第 12 章中不同议员经验的例证得到说明。政党的宣言也通常在长度和特色上千差万别，有的为几乎书本厚度的大部头，有的则简单得像印在信封背面的谚语短箴（Gyford et al.，1989，pp. 167—72）。政党纪律也变化多样，与其他政党相比，一些党团对潜在的或实际的跑票抱有相当大的容忍度（Gyford et al.，1989，pp. 172—5）。各个政党在形式上和侧重点上也有一些系统性的差异，如表 14.5 例示。

表 14.5　地方政党组织和运作的差异

	工　党	保守党
1. 全国性政党的指示	要求地方党团遵守的关于政策和行动的"模范通令"和日常"国家执行委员会行动/建议注意事项"。	对保守党团完全没有约束力的"模范制度"；一个"良好行动"的指导。
2. 为地方政府目的的基本政党单位	自治市镇/区/郡工党党部，由从选区和行政区政党以及附属工会分支选出的代表组成。	自治市镇/区/郡保守党协会，结构上与工党内的相比更不正式和统一。也可能有一个选区的地方政府咨询委员会。
3. 地方政党的主要运作单位	工党执行委员会，每年改选，以及一个具有潜在冲突的议员与常常更为激进的非议员成员的联合。	协会官员的小组，每年改选，外加随保守党存在的永久性政党办事处。
4. 候选人选择	通过行政区党部，但是只能从获批准的候选人小组中选择，该小组名单由地方工党执行委员会从行政区党部或工会分会提名人中草拟。地区党部监察这个过程。候选人要求有工党/工会经验。	比工党更多元化。通过行政区分部，很可能但未必从一个候选人小组中选择。没有长期党的活动经验要求，甚至成员资格也不是必要的。

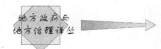

英国地方政府

	工　党	保守党
5. 议会党团	可能运作上比保守党党团更正式化:更严厉的内部纪律和更经常性的会议。	与工党比,通常组织不够紧密,而且可能对强势领导才能更认可。
6. 地方政党与议会党团的关系	"党团成员是地方党部的组成部分并不脱离它。"政党代表在政党会议上有权列席;党团提名人应当像地方党部报告工作;日常性的联合会议。	非正式的。政党代表,例如党的代理人或选区主席,通常可以观察员的身份参加党团会议。
7. 议会政策	形式上是地方党部的责任,实际上通常与党团争论/谈判,党团决定执行战略。	议会党团决定并有可能与选区的地方政府咨询委员会磋商。
8. 选举宣言	形式上是地方党部的责任,向议会党团咨询;有时通过一个议员和非议员成员组成的工作小组网络起草。	通常由资深议员起草,党团领袖扮演一个领导角色。一般而言与工党宣言相比篇幅短而且范围窄。
9. 党团领袖选举	年度性,通常仅仅通过党团成员;偶尔通过"选举学会",包括政党外代表。	仅仅通过议会成员。领袖的作用形式上比工党更有力。
10. 议会委员会主席/行政成员的选择	几乎总是由党团成员选举。	通常由党团成员选出,但是领袖或资深党员的"内部派系"在提名甚至选择中可能起更为重大的作用。

　　工党和保守党的基本差别直接来自它们之间相对的来源和目标。工党是一个有纲领的、基于章程的、标榜民主的政党。工党在地方层面的运作由一套工党党部通令来管治。一些地方党部对这些通令比另外的党部更加严格地去适应。但是与保守党地方党部相比,工党有一个更为一致的实践。在选择候选人方面,以及在通过一个分层级的政策论坛决定政策方面,党外成员也发挥着意义重大的、更有影响的作用。由此导致的党内潜在冲突与国家层面上议会工党(PLP)和国家执行委员会(NEC)之间的冲突是可比拟

· 324 ·

的。政党活动家关注防止议员们"巴结"议会以及在专业谋僚的建议下偏离政党宣言优先顺序。

作为传统意义上注重现实的政党,保守党比工党有一个更长的发展时期。保守党通常在其国家和地方的组织都更少原则约束。保守党中央办事处为保守党拟定了一个规范制度,但是这个制度没有约束力,一般认为是一个良好的行动指南。尽管近年来建于海博登桥(Hebden Bridge)(约克郡)有影响力的自由民主党议员协会,寻求培育党团组织和凝聚的优点,自由民主党本能地也倾向于偏爱结构上的弹性并本能地抗拒外部施加的纪律约束。然而最近,甚至独立议员都有一个动机将自己组织成为至少是松散性编组,以便他们在委员会中能够按照《1989地方政府和议会法》有权得到相应的席位比例。

在表14.5出现的与政党差异明显的第二个维度,是政党对领导能力的态度。这在地方上与国家层面上一样,存在着明显的政党差异。如图14.1,利奇和斯图尔特在个人主义-集体主义之间,划分了三个主要的领导风格类型(Leach and Stewart, 1990, p.6; Leach and Wilson, 2000, p.28)。

图14.1 三个基本的政治领导风格

在一个极端,有一种类型就是处于前线的政党领导。这类领导人,或因政党期望,抑或因个人的气质倾向,善于发起具有建议性的政策方案。对其提出的重大政策方案,政党一般都会认可并采纳。党团发言人类型在本质上刚好相反:政党团体是政策者,而政党领导扮演党团的公开代言人。无论是开始在议会大厅,还是

英国地方政府

后来与媒体的接触,他们都更像一个政党代言人。而在这两个极端类型之间,存在着被界定为"和事佬"(consensus builder)的领导角色。这些领袖积极地寻求在党团内取得一致,为他/她认为最需要的或可达到的政策辩论,但是也积极去接受和公开支持最终的大多数党团意见。

　　从领导风格上说,三个主要政党是完全不一样的。尽管罕见以往的恭顺,保守党地方党部仍然是最倾向于来自前线的领导风格。领导就是领导,这也是大家选举他们担任领导所期望的。

　　近些年一个杰出的例子是戴姆·雪莉·波特(Dame Shirley Porter),她在1983—91年期间,担任威斯敏斯特市议会的保守党领袖,留下了一些广为人知的个人传奇。这包括成百上千的由企业赞助设计的白绿相间的垃圾箱,以及安置恰到好处且具有现代气息的"移动厕所"。事实上她也留下了一些特别影响其声誉的谴责,包括在边远选区,通过选择性出卖议会住房来为保守党拉选票,后来被传为"选票之家"的丑闻。尽管我们关注的不是戴姆·雪莉领导风格中的个人特征,但如此之多的不争的个人主义风格,究竟是理想主义还是权威主义,还要取决于你个人的观点和体验:

　　　　我与威斯特敏斯特市议会是一样的。在我执政的年代里,要试图去改变这个议会里的文化。但是……这就像将不列颠帝国转变为大不列颠联合王国。你在企图改变一个让议员和官员早已经适应的场所。我们之间有不少战争……

　　　　我记得问过,"为什么我们不能像经营企业一样经营这个议会?"我的一个自己人,一个相当保守的留着一脸美髯的绅士,气急败坏地说,"议会就是议会!"这是促使我想要改变我们经营事务方法的开始。

　　她的领导才能被以一个她喜欢佩戴的徽章来概括,称作"YC-DBSOYA":

　　　　我可给你一个平和的版本,即"你不能坐在扶手椅上做事情"。我的父亲,建立了特斯科连锁超级市场的杰克·科恩爵士,给了卡拉汉和希思各一个,但是我还没有鲁莽地给撒切尔夫人一个(Abdela,1989,pp.186—93)。

时任首相撒切尔夫人过去常常在雪莉·波特的访谈中被提及,这两位女性主动进取的领导风格有着惊人的相似之处:对公共管理传统和习俗的不耐烦,愿意将她们的同事看作部分解决问题的方法,同时也把他们看作部分问题本身。

在另外两个政党中,这样一种个性化的领导观点将有很大的政治风险,在它们的议员中对直选市长的整个计划广为流传的怀疑态度就是一个明证。当然周围仍然有大量的强力和富有影响力的工党领袖,但出于宪法的要求与政客自身谋求个人生存的直觉这两者的综合考虑,他们通常会小心地关注它们的党团。他们会谈论一致、有团队的"话题",甚至用一个伯明翰长期任职的工党领袖理查德·诺尔斯爵士喜爱的表达方式——"同志关系"。

戴维·布克宾德(David Bookbinder),1981—92年德比郡议会的领袖,是一个同时期在某些方面是工党版本的雪莉·波特:一个同等高频率的媒体人物并且热衷于挑战地方政府"温暖而舒适的"文化。但是,甚至在个人访问中,布克宾德对第一人称的选择通常都是复数的:

> 多年来主流观点认为,地方政府是议员们和那些招募来提供服务的专业人士的合伙组织……荒谬之极!官员们起一个作用,而议员们有另外的作用。议员们是选举产生的,并且所有内阁的工作都是治理……
>
> 我们有一个术语——被策动。官员在预备委员会会议上会控制主席,告诉主席他们想做什么,给他们一个报告,而主席将指示委员会成员们照本宣科。但是一个议员的角色不是在报告的最后对建议说对或错。我们被设想为创造者,一个政治哲学基础上当选的议员。我们改变了人们的生活质量:

百分之八十的孩子们得到了校餐,而这个数字过去是百分之五十;多达两倍的老人们得到了家政服务;货架上的食品价格与我们1981年采取控制时是一样的;我们有了更多的托儿所(Willis,1990)。

政党差异——政策与原则

戴维·布克宾德的演说将我们由组织完完本本地带到了政策领域。我们的主要政党的确在自我组织和运作方面彼此互不相同,但是它们的政策差异更为明显。

正如我们在本书自始至终强调的那样,地方政府及其结构、功能和财政近年来在英国国家政治议程上已经占据了主要位置。相应的,没有一个关于未来变化的承诺选择,现在就没有任何一个国家性政党的宣言是完整的。如果这个政党被选举入主,其承诺选择将施加影响于地方政府。三个主要政党为1997年大选的宣言是相当典型的,尽管它们彼此之间的区别远不如1992年那样明显(Wilson and Game,1994,pp.262—3)。如表14.6看到的,每个政党对地方政府的财政,对它的一些主要服务的提供,甚至对次中央政府作为一个整体的基本结构和组织都有自己的主张。因此,我们的地方政府体系的规模、范围和形状在1997—2001年英国议会的末期与它们在保守党政府甚或工党-自由党联合政府管治下的情况可能都相当不同。

与其前任如此近似的2001年英国议会,将会看到一个前四年许多政策和计划的延续。因此在表14.6,与前几版不同,为便于比较,我们对两次相关选举中政党的主要地方政府政策进行了近乎苛刻的概括。例如我们看到,大多数工党的"现代化议程"在它的1997年宣言中是如何被预料的,并且,如勾号显示的,只有少数意义重大的限定条件随后被执行了。然而工党不得不反复地解

政党　第 14 章

表 14.6　全国性政党的地方政府宣言，1997 年和 2001 年

	保守党	工党	自由民主党
结构	1997：没有变化；对苏格兰和威尔士地方分权维持反对意见；2001：废除地区发展代理机构；反对地区整合；返还企业和发展权力给郡/单一当局议会；对地方政府中心的态度发生"革命性变化"	1997：苏格兰立法议会有加税的权力√ 威尔士会议拥有附属立法权√ 伦敦：战略当局和市长由选举产生√ 给议员地区办事处某一授权代理？ 所有议会都有年度选举 2001：维持对当选地区的承诺，公民投票对此支持，地方政府主要是一元化单位也对此支持。	1997：苏格兰和威尔士的加税议会；凡是公众需要就要有当选议会；给伦敦一个战略当局；给所有地方选举 PR；废除准自治机构或者增加其责任；2001：给国家和地区更多权力；给当选地区会议公民复决；用有地区基础的选举的上院议员代替贵族。
财政	1997：维持上限；降低小企业营业税率；更多的公私资金供应。2001：结束上限，但是在"通货膨胀"税增长前提交公民复决，为"最好的"议会发展更多权力	1997：维持保留设限权√ 就营业税咨询企业组织√ 对补助金更加公正地分配？2001：扩展地方公共服务协议；400 英镑工厂。给"成功的"议会"奖赏"基金和更多的财政"弹性"；给资本投资新的自由	1997：用地方收入税代替议会税；允许议会提出更多的地方性基金；给地方调节返还营业税；2001：允许议会设障和设立停车税用来提高公共交通；扩展税率减免，以保护乡村服务
内部管理	1997：继续强制性竞标，在基本的服务领域限制罢工 2001：废止"许多"国家目标和政府必需计划	1997：废止强制性竞标√ 引入最具价值政体及地方政绩计划和服务目标√ 鼓励民主试验—例如选举的市长？2001：对直选市长依旧支持	1997：加强议会的一般竞争力 增加警察当局的选举成员资格 2001：为所有议会设定最低服务标准

（续表）

	保守党	工党	自由民主党
教育	1997：鼓励获准维持的文法学校；给学校更多的选择和预算裁量权。2001：给校长完全的自由；从"议会官僚机构"的节省经费中给每名学生增加额外540英镑补贴；更多有信誉的慈善性学校。	1997：为所有4岁儿童保证托儿所位置√；给5—7岁儿童的班级规模减至30人或更少√；给学校更多的预算转移支付√；OFSTED和LEAs监督委员会检查√。2001：未来三年在学校建筑和装备上投资80亿英镑；更多有信誉的和专门的学校，给成功学校，更多管理自由。	1997：收入税一个百分点的增长，增长部分投入教育；为所有3岁和4岁儿童提供托儿所位置；一年内在书本和装备上的开支增长两倍；在5年内为5—11岁儿童的班级规模减至30人；更多LEAs监视；给学校更多权力。2001：重复承诺一个百分点的假定税收增长；额外招募5 000名中学教师。
房屋	1997：议会卖掉空闲的非居住房屋，鼓励议会租户转变成为新房东。2001：废止国家建屋计划；使计划程序合理化；通过更好的"购买权"折扣，"抵押租金"计划和祖传住宅让渡，来增加房屋所有权。	1997：用资本收入款资助建造和修缮；责成议会保护不是有意的无家可归者。2001：在未来5年里为城镇资本投资减税10亿英镑；60%的新居建于修改了的"褐地"；通过降低利息税增加人们获得居屋产权；截止2004年，减少低标准屋三分之一；提倡议会房产向社会所有转移。	1997：用资本收入款资助建造、修缮更多的建造居屋公私伙伴关系；给议会处理不合适私人居屋的权力；给议会租户管理他们财产的权利；2001：要求房东利用空闲的房屋；议会详细指明在所有新开发项目中社会居屋所占的比例。

政党 第14章

释,它对于选出的地区会议负有承诺,并强调地方政府的重大作用在于主要公共服务的供给,以避免被显然更为激进的自由民主党整体攻讦阻挠。不过,保守党宣言包含了一些最吸引目光的措辞。对重振至少是他们的地方选举的渴望以及忘却近来的历史,保守党许诺不仅要"复兴"地方政府——未详述地方政府是如何弱化的,而且要"使中央政府对地方政府的态度发生革命性变化"。成功的议会应当得到更多的权力并能成为"自由的";应当由当地市民而非中央政府决定他们的议会应花费多少。这非常有趣!

政党之间的比较和争论就像在地方选举一样狂热。与过去相比,议会现在能做的事情受到了更多的限制。它们不能够为所欲为地提高税负,甚或花费它们从出卖自己资本财产中得到的全部收入。但是,尽管它们的预算限制是外部限定的,内容仍然是把持议会的单个政党或多个政党根据地方的和政治的优先序列由议会自己作出实质性的决定。

在地方选举中,仍然是由那些主张"结果决定差异"的人们操作。政党宣言和候选人竞选演讲倾向于结合当地实际的同时,和政府有关重要政策相结合(如表14.6),选举的整个气氛和做法将由政党来运作,包括为其过去良好的记录辩护,并提出他们所面临的挑战。在表14.7我们试图表达这些党派之争的某些硝烟味。

表14.7 三次地方选举,1999年

南斯塔福德郡特区议会——免税使保守党人趾高气扬地重返
背景:20世纪90年代中期,在唯一的西米兰德兹议会一次全部改选中,挽救保守党在地方政府中狂澜于既倒。天然的保守党领土——西米兰德兹西北部,拥有房产的市郊和绿色地带边缘,尽管事实上没有黑色/少数民族人种的投票者,它却好似一个远离附近的乌未罕普顿的世外桃源。
保守党纪录:节俭经营的议会已经将它的垃圾收集外包出去,从议会房屋出售中赚到5 000万英镑,并且在6年没有征收居民任何议会税后正在寻求重征:行政区收税,但是全部交付给郡和教区。

英国地方政府

(续表)

地方议题:免税的成就是否如保守党声称的那样因为精明的财政管理,或是因为减少服务并且这个行政区有 27 个教区提供服务——村庄议事厅、事务分配、公共汽车站台——这在别处都是行政区的义务。在开发中保护绿色地带——然而中立的政党同意这样做。自由民主党争辩说,议员们应当生活在他们代表的选区中。

结果:保守党以先前 6 个席位的多数增加到 20 个,重新当选。

阿特尔斯福德区议会——不合理的保守党—工党联盟继续吵闹

背景:地点在哪里? 斯坦斯第德机场四周——在埃塞克斯西北部的一个历史悠久、有着浓郁乡土气息的农业为主的地区。保守党直到上次在 1995 年议会全部改选,自由民主党取代它们之前一直是第一大党。短暂的自由民主党少数内阁在 1997 年被它们眼中"无原则的"的保守党、工党和无党派人士取而代之了。

地方议题:联盟是首要议题,对一次地方选举来说,争论是白热化和个人化的。引用自由民主党领袖的话来说:"这个议会的工党领袖,一个葬礼的司仪,雇佣保守党领袖作为一个抬棺人。如果那不是孩子们的游戏,我不知道是什么了!"留给自由民主党的只有把全国议会作为目标。

结果:保守党和工党用两个席位作为交换,但是自由民主党没有任何收获。联盟继续下去。

唐卡斯特区议会——工党坚持"唐尼门"(Donnygate)

背景:南约克郡一个以采矿、工程和赛马闻名的地区,直到 1990 年曾是一个近乎独占的工党大本营。但是随着对议员和议会工作人员经费欺骗和计划违规的控告(并判罪),作为英格兰最破烂的议会落下了"唐尼门"名声。经过停止政党权力和在选举中挫败,到 1999 年,工党的议会多数议席从 51 下降到了 23。

地方议题:当然对于相对仍然较小的保守党和自由民主党党团来说,腐败是大议题。在 3 年里工党的第三个领袖和几个全新并无瑕疵的候选人希望说服选民,腐败不是最重要的问题。他们声称议会在服务交付和钱付所值方面有一个好纪录,这已在监察委员会的对比表中得到了证明。

结果:工党进一步失掉了面临竞争的 22 席中的 6 席(仅为议会的三分之一),并且使其多数议席减到了 11,这是 1976 年以来的最低。

在表 14.7 里概括的 3 次选举,并不是因为它们的典型性而选择;如果有的话,则是它们的反差。对它们来说,这些竞选都有强烈的和特别的地方暗流。他们几乎全部是政党政治冲突,但绝不是全国性政党冲突。在每一个案例中,真正制造竞选气氛并吸引媒体和选民的竞选争论都集中于政党的业绩、地方控制党团和地方议会领导能力。正如在大多数选举中,大多数的选票流向将成为政党选票。但是,如同我们在第 11 章看到的,他们中的具有重要意义的少数是为了不同政党而不是在国家议会选举中得到支持。

政党政治的优点和缺点

只有在选举期间,我们可以最清楚地看到现代地方政府中政党政治的优点和缺点。我们已经间接提到一些所谓的积极面(框 14.3)。逻辑证实这些说法大多数是毫无争议的。然而我们中的

框 14.3 政党政治的支持观点

- 在地方选举中更多的候选人、更少的非竞争席位。
- 更积极的竞选,给选择者更多信息,就论点开展更多争论。
- 阐明观点,如同政党受到其竞争对手的挑战后去辩护和证明它们的论据和主张。
- 在一般地方政府和地方议会特别是其服务中,有更多的市民意识和利益,可能导致一个更高的参选率。
- 鼓励变化和创新——如同将政党及其基本原则和共同资源发展政策放到选民面前。
- 为社区生活的公共参与提供更多机会。
- 强化责任——因为政党以共同名义及候选人以个人名义做出活动和承诺,一旦当选,它们就必须寻求执行并随后有选择地要求负责。
- 政府的一致性——由选民与议会官员一道明确指出的、单一政党政府的原有和随后的决定性选举结果,能够由这个政府执行这些因此而被选举上的政策。
- 加强地方民主——通过选举认同的政党政策和计划的存在,减少了非选举的和不负责官员的潜在政策影响。

许多人不能被它们说服仍然是个事实。如在 1985 年威蒂考伯委员会调查中,我们中的大多数(52%)说我们倾向于地方议会在无党派性路线上运作,只有三分之一(34%)的人感到一个政党体系更好(Widdicombe,1986d,p.88)。因此我们需要检查硬币的另一面:地方政府中政党政治的耗费和无益。

框 14.4　政党政治的反对观点

- 更多的政党候选人、更少的独立候选人——因为拥有制度资源的主要政党,使小政党候选人和独立候选人当选的机会更加困难了。
- 对议题的狭窄争论——完整的讨论被政党哗众取宠的刺耳敌意、冲突取而代之了。
- 更少的选举启发——因为不受拘束的投票者通过争论的分化,以及政客对于只有他们自己的政党才拥有全部答案的明确信念变得清醒。
- 选举的乏味——有选举权者待在家里,祈求"一场灭顶之灾";其他人不屑于去投票,因为结果好像是一个已经放弃的结论。
- 更少的公共参与——许多市民不希望加入一个政党,以免被从地方社区生活领域中排除出去。
- 地方选举的国家化——因为据称地方竞选将很多注意力放到国家议题和人物上。
- 降低的议会代表性——因为获胜的政党占据了所有政治职位并寻求执行它的排他政策。
- 议题的过度政党政治化——政党感到有义务就某一项目采纳普通反对者的立场,如果大家对这个项目的意见达成了广泛一致。
- 降低的地方民主——因为议员们被"约束"投他们自己政党的票,而无视他们个人的信念和判断。
- 排除专业意见——因为所有有效的决定由党团作出,通常没有吸收经过专业训练和经验丰富的官员参与的长处。

政党 | 第 14 章

结论

通过这种方式来陈述,讨论可能会更加平和与均衡。当然,你必须形成你自己的结论,更可取的是参考你的个人经验和感觉。我们作为现实主义者,倾向于首先指出我们在本章早些时候明确的历史趋向。我们大多数地方政府的广泛政党政治化不仅达到了这步田地,而且近来在单一当局的重组和地理扩大上,得到了更迅猛的增长。在一个选出的地区会议得到授权之前,如果政府要求在一个地区中有一个压倒性的单一地方政府,政党政治化就会获得另外一个放量提升。

最后,我们要返回在第12章提出的论据:准确地理解,政治居于地方政府一切必要的最核心。地方涉及公共物品和服务的提供及分配的见解,丰富多样并存在不可避免的冲突,政治是对这些冲突的管理和解决。为此,有一些因这些冲突见解而起的争论就会被自觉负责的政党政治家公开地引导和整合,而不是由动机和政策目标可能未公开地明示的自称"政治中立代表"来解决。

进一步阅读指南

如往常一样,从你自己的议会开始,找出你可能找到的有关它们政治情况和近期选举的历史。在20世纪70年代,对单一城镇或城市的政治研究有一个流行的形式,尽管它们现在明显地相当过时了,但是研究它仍会得到最好的回报:琼斯(1969年)关于伍尔弗汉普顿(Wolverhampton),汉普顿(1970年)关于设菲尔德(Sheffield),迪尔拉福(Dearlove,1973年)关于肯辛顿(Kensington)和切尔西(Chelsea),纽顿(Newton,1976年)关于伯明翰(Birmingham),以及格林(Green,1981年)关于泰恩河(Tyne)上的纽卡斯尔(Newcastle)。最近,戈斯(Goss,1988年)对伦敦萨瑟克自治市镇进行了一段较长时期的历史考察,这个自治市镇曾作为一个"市政左派"议会("municipal left")被兰斯利等人(Lansley et al.,1991年)研究过。近年来,约翰·盖福德(John Gyford)对我们理解地方政党政治可能贡献最大。从他的入门性课本开始,以及在威蒂考伯委员会研究(Weddicombe,1986b)和盖福德等人(Gyford et al.,1989年)中对政党政治部分的贡献。在20世纪90年代与威蒂考伯委员会最接近的相当机构是独立的地方民主委员会。在委员会中,关键的关注点是许多地方政府中政党主导的程度和影响,这个问题在其委托的一个研究报告中作了讨论(Game and Leach,1995年,1996年)。利奇与他的另一位合著者最近对一项主题为地方政党领导能力的研究贡献良多(Leach and Wilson,2000年)。

第15章
谁制定政策?

政策制定的内部和非正式政治

　　第12—14章观察了一个地方议会中政策制定过程的三个关键要素:选举出来的议员、专业的参谋人员,以及前两者中多数构成的政党和党团。现在我们把目光转到这个过程的最终产品,即政策的实际表述与决定。从第一部分的几章我们知道,许多地方政府政策的框架,尤其是金融政策框架,在今天已经被中央政府放权。但是我们也可以看到,地方当局是怎样仍能视特殊的地方情况决定它们自己的支出优先顺序,并发起它们自己的政策行动。因此这里我们关心的主要是,对政策制定的内部而非外部影响,以及城镇或乡村议政厅的内部政治。

　　如第6章所述,政策制定的正式结构很长一段时间以来经历了近乎革命性的变化,大多数议会使它们自己从基于委员会的内阁转变到基于行政性的内阁。我们描述了三种行政模式,所有超过85 000人的议会都要从中选择一个并适应这种行政模式,而且我们对议员角色上的行政/非行政分离指出了一些其他结构性后果。然而我们还注意到,议会政策制定的所有常见特点绝没有消失或变得模糊。举例来说,整个议会保留了一个议会最终的政策

英国地方政府

制定团体。职员们仍然按合同为所有行政性的和非行政性的议员服务和提供建议。所有这些对政策发展的非正式影响仍然存在，并且对理解党团和政党网络，部门内部及其相互之间的关系，领军人物和议员间的联盟，当议会悬而不决或势均力敌时政党之间的交易，或一个当选的市长不是来自议会多数党，等等都同样重要。本章主要探讨的就是这些基本未发生变化的非正式关系，即非正式影响的手段和渠道。

分析模型

有三种主要模型——不是上述行政模型；这些是概念的或分析的模型被广泛应用于描述地方当局内部权力和影响力的分配。在本章进一步强调将讨论扩展到超越这三个模型的限制之前，每一个都会被简要审视。

正式模型

这个模型来自曾经主导地方政府研究的"法律-制度"方法。它的支持者观察到权力关系主要存在于正式的条款中，并将其注意力集中于决策的正式结构即议会及其委员会和各部门。这个模型几乎不能被简化：议员们制定政策，而官员们给他们建议并执行政策。没有任何重叠的部分或条件是得到赞同的。

这个正式模型的支持者认为，如果你理解正式、法定的职位，你就理解现实。批评者反驳说那个现实，无疑就是政治现实，其实更加复杂，正如第12章在我们关于议员角色的讨论中已经指出的那样。一个看到议员通过议会及其委员会体系制定政策，而官员仅仅提供建议和执行政策的模型，更多的是告诉我们什么应当发生而不是实际发生什么了。它根本未能认识到地方当局内部的复杂性以及组织的多样性。

然而人们必须谨防把一个甚至过分简单化的模型轻视为一无是处。对抗的撒切尔年代经历了新城市左派和激进右派的议员的专断。他们试图用正式模型描绘的方式,自己经营当局。请记住第14章从戴维·布克宾德那里引用的那些容易为戴姆·雪莉·波特附和的话:"官员们起一个作用,而议员们有另外的作用。议员们是选举产生的,并且任何内阁的工作都是治理。"这个模型曾经一度被轻视为幼稚可笑的,但它至少还有它自己坚定的支持者。

技术官僚模型

与正式模型相对的是视官员们为地方政治支配力量的技术官僚模型。这个模型主张,官员们的权力存在于他们对专门技术和专业知识的掌握,而这些专门技术和专业知识是兼职、外行、通才的议员们不掌握和可能无法理解的。

然而这个模型也是一个老套的东西,不应当被不加批判地接受。掌管着大部门并支配所有部门雇员和其他资源的高薪、受过专业训练的官员们,可能令首次进入议会办公室的毫无经验的新当选议员生畏。但是这种关系绝非是一边倒的。

大量长期服务的领军式议员,尤其是那些在有效专职行政岗位上的议员,会在与官员们的所有谈判中运用经验、知识和政治技巧去有效地要求或维护己方的权利。而且,就连新任议员也拥有无论多么高级的高级官员都不拥有的、最重要的民主合法性来源:被选出的当局在一个现在叫做认同的政治平台上来代表当地所有市民。

在表15.1中,我们对官员和议员各自的资源勾画了一个平衡表,这有点像我们在表9.5中比较中央和地方政府的资源,我们指出地方政府可以得到比正式条文规定更多的资源,议员和官员的关系也是这样的。

表 15.1 官员和议员的资源

官　员	议　员
● 专业知识,培训,资格	● 政治技巧、经验;在自己的工作领域可能受过培训,有专门技术或技巧、资格
● 专业工作网络,期刊,会议	● 政党政治工作网络,期刊,会议
● 议会专职、高薪雇员	● 职业议会的成员,每星期平均花费 20 小时在议会工作上
● 整个部门的资源	● 整个议会的资源
● 其他议会的知识和工作经验	● 所在议会、选区及其居民和服务使用者的深入的(可能是终生的)知识
● 对专业价值和标准承担义务	● 对个人和政治价值以及地方和社区承担义务
● 非选举"议会公务人员"——被任命议员提建议并执行他们的政策	● 根据政治宣言选举来制定政策,并代表数以千计的居民和服务使用者

　　从表 15.1 来看很明显,政治化,尤其是在过去二三十年里,地方政府增强的政党政治化,造成的后果不仅仅是将权力平衡在官员们和选举的议员们之间来回转移。我们再次回到 20 世纪 80 年代新左派和新右派两方以意识形态为立场的和政治上熟练的议员们的崛起,最终不可避免地造成对官员们任何独立政策企图的检查。例如在 20 世纪 90 年代,在威斯敏斯特、旺兹沃思、埃文郡的旺斯代克和埃塞克斯的罗奇福德支配的保守党党部,在引入竞争性招标和核准/购买哲学上是格外独断的,正如 10 年前"市政左派"引入它们的公共交通和议会房屋补助,以及就业岗位创造和反歧视政策一样。

　　虽然有这些例子,官员们拥有的专业和技术知识仍然是一种巨大的资源,使他们在缺少任何来自议员们的积极政策引导时,能够扮演强有力的政策制定者的角色。他们的影响在独立议员支配的小乡村当局尤其强大。作为专业人员,他们随时在那里准备填补任何政策真空。应当由议员们来为官员设定清晰的地方政策议程,以此来确保没有真空。在第 13 章我们曾提到,罗兹认为技术专家的影响可以导致中央集权主义倾向。

联合精英模型

正式模型和技术官僚模型的缺陷促使另外一种观点的发展,即联合精英模型。该模型作为对实际运作的更为真实的反映被提出来,它认为政策制定被一个主导性多数党议员和高级官员支配,少数党和我们现在称呼的非行政性成员以及低级官员,至多仅仅是边缘参与。

联合精英模型在几个经验主义的研究中得到支持。桑德斯(Saunders,1980,pp. 216—30)在克罗伊登(Croydon)的研究展示了一幅城镇大厅政治的图画,主要官员和政治领袖像"亲密的同盟者"一样工作,从而对政策制定维持一个强有力的控制。科伯恩(Cockburn)在其对朗伯斯区的研究中发现后座议员"被高层伙伴在领导人和高级官员之间排挤出去了",结果"在政策设计过程中参与了很小部分"。科伯恩坚持认为议会作出决定是被"一个在与多数党成员高层决策机构保持亲密伙伴关系的董事委员会控制之下的、组织严密的特权阶级"所支配(Cockburn,1977,p. 169)。

但是联合精英模型也有它的批评者。批评者质疑影响力的事实上的垄断明显地系精英所为。例如,扬和米尔斯(Young and Mills,1983 年)认为,那些在一个阶级制度顶层的人掌握惯常权力的真正行使权,与那些低层的人相比,他们更少推动政策发生变化。这些处于低层的人从直接的运作经验中学习,并且常常拥有新提议发展所必需的创造力。尽管领导性的议员和官员们在任何当局中都明显地重要,但是一个对政策过程的完整理解要求一个认同,即他们将很少地形成一个联合的有凝聚力的小组。在真实的世界里,各种关系更加复杂而且经常地被以紧张和冲突来刻画。

扩大争论——额外的影响力

因此,尤其是伴随着行政政府的到来,对一个地方当局政策影响力的分配的理解,远比单纯分析一个最高级游戏者的活动复杂。正如斯托克(Stoker)和威尔逊(Wilson)(1986)指出的,任何真正地现实的模型需要综合其他的因素。如果一些现象如复杂的内部权力关系的出现,朴实的联合精英模型需要补充,那就是本章剩余部分的目的:添加、修饰并概略地深化联合精英模型,同时明确实际生活中发生的政策制定的一些额外影响力。表15.1 对本章剩余部分概括的模型提供了一个图式的显示,在一个顺时针方向的顺序上,图形的要素如下:

• 政党内部的影响力——尤其是在占统治地位的政党党团内部的关系,以及党团和更广泛的政党之间的关系;

• 部门之间的影响力——部门与部门和职业与职业之间的关系及整个关系;

• 部门内部的影响力——部门内部的关系;

• 政党之间的影响力——政党党团之间,尤其是在不得不相互重视的悬而未决当局之间的关系。

谁制定政策？ 第 15 章

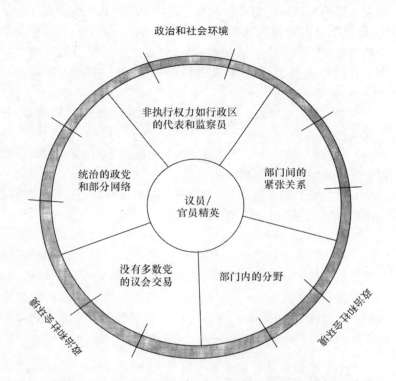

图 15.1 在地方当局内部的权力：一个图式的显示

占统治地位的政党党团和政党工作网络

党团是作为一个整体而不仅是因为它的那些占统治地位的领导性行政议员而对政策制定具有重大的影响。多数政党党团各自的考虑是不同的。往往有些小派别有他们自己优先考虑的事项和议程,这使党团甚至在公众面前——更不用说私下的党团会议了——达到和维持一致变得困难。20 世纪 80 年代末,莱斯特市

英国地方政府

议会占统治地位的工党党团在其党派活动的形式化方面是不平常的,事实上政党领袖,彼得·索尔斯比(Peter Soulsby),是其中一个为数很少的不属于任何派别的议员,但这绝不是唯一的。在党团内部有四个有效的高层决策机构(Leach and Wilson,2000,pp.128—9):

- "左派",约13人,工党党团会议之前在地方酒馆聚会,有正式议程;
- "黑人"核心小组会议,约8人,包括一个白人穆斯林议员,也举行正式预备会议;
- "右派",约8名成员,主要来自莱斯特西议会选区,其组织的正式程度比左派和黑人派别更低;
- "非结盟"派(NAG),也是在6到8名成员之间。

大多数政党派别是非正式地运作,甚至偶然地运作,但是这不会阻止它们成为政策影响力的一个来源。政策动议能从后座/非行政的派别成员出现,他们也能够否决或提交不同意的后备领导人提议。斯托克(Stoker,1991,p.98)注意到当面对许多议题和在大多数时间里一个派别可以——

> 简单地赞同其他地方采取的决定,最起码高级议员和官员必须小心不要去违反核心政治价值和后座议员的努力。在政党理念和组织日趋紧张的情况下,地方政策制定中党派的作用对于决策来说是一个有潜在决定性的领域。

今日的党派期望被咨询和聆听;领袖不得不持续地鼓励他们,要是使其中仅仅一个或两个议员感到挫折,他们就可能决定不合作;这样就会使一个多数产生不和,但有时却不得不这样做。脱党和在议会大厅"投奔对立阵营"的例子与在英国议会相比并不鲜见,只是很少被报道罢了,这已为几乎任何地方选举名单所证实。即使不计所有政见明晰的、坦率的"独立人士",有大量的候选人将他们自己描述为"独立保守党"、"社会主义者工党"、"独立自由民主党",甚至"独立绿党",并宣称他们支持的政党不能够包容他们,或许仅仅因他们个人观点的意识形态纯洁性。

有时党派会展示它们的力量并免掉党团领袖。例如,在1995年11月,两个多数党团领袖——莱斯特的斯图尔特·福斯特(Stewart Foster)和普雷斯顿的维勒莉·韦兹(Walerie Wise)——随着他们各自所在工党党团的不信任投票而在同一天被推翻。这可能是一个冷酷的过程,尤其是当相关的党团会议来临时,就像经常发生在一次选举之后的猛醒。最著名而且被人们如数家珍般反复讲的例子是,1981年5月,更右翼的安德鲁·麦克因托士(Andrew McIntosh)在领导工党获得大选胜利的24小时之内,就作为时任大伦敦议会的领袖被利文斯通取而代之了(Livingstone, 1987, pp.3—4)。一个相似的命运降临到泰雷莎·斯图尔特(Theresa Stewart)头上,泰雷莎担任了近6年伯明翰市议会的工党领袖,但在1999年选举后几天之内就被艾伯特·鲍尔(Albert Bore)的支持者推翻了。党团领袖或行政议员们通常把他们之所以当选归功于他们的党团,当然这是为什么这么多的议员,反对直选市长所秉持原则的一个强有力的原因,而直选市长的首要责任是对全体选民而不是对议员们负责。

地方政党工作网络也需要考虑。与广泛的政党组织保持联系可能是单独派别成员的一个有价值的资源,特别是在工党中这样的工作网络具有更大的政策意义。例如,地方选举宣言要咨询非议员政党成员后起草(参见表14.5)。因而,那些在沃尔索耳(Walsall)和罗奇代尔(Rochdale)的区域政党而非议会的党团,才是那些自治市镇分权化政策的真正缔造者。地方议员和议员领袖必须尊重这个广泛运动的作用;忽视将易导致冲突。

英国地方政府

非行政/后座议员

如果这个实质上为议会术语的"后座议员",从来没有被应用于地方政府的大千世界里,情况就可能更好些,尽管这个说法存在争议。在传统委员会体制下的地方政府中,没有哪个议员在宪法上比其他议员拥有更多的决定权威。"后座议员"这个词暗示存在一个并不合法存在的分级的角色分化,因此它具有误导性和贬义含义。因此在可能的地方我们将继续谈论"非行政"议员,他们现在至少有三个十分不同的角色:作为整个议会的成员、他们所在选区及其选民的代表、巡视员和监察员。如果他们不是实际上的政策制定者,那么他们通过这些角色能够参与影响政策。

在提升或保卫地方选区利益中,议员们有时以一个很具影响力的方式进入政策竞技场。1983 年,在莱斯特两个亚裔工党议员通过阻拦一个所在选区的拆迁计划,发起了一场推翻占议会多数的工党党团的房屋政策运动(Stoker and Brindley,1985)。地方选区利益容易优先于政党利益,在政党体系较弱的当局,这些地方利益可能尤其如此(参见表 14.1)。在这种情况下议员通过发展盟友和开展游说活动,能够定期地和有效地影响议会政策。

政府预期的行政性内阁的副产品之一,是议员所在选区和社区作用的提升,以及这些议员作为委托人对议会看法沟通渠道的特殊地位的提升。至少从他们一些以前的委员会工作中解放出来,非行政议员被寄予希望,就政策发展、最佳价值和最佳价值工作计划发展的定期回顾以及其他与社区相关的提议,去咨询他们所在社区的意见。议会有明确的义务确保成员能够利用恰当的程序"吸收"他们的选民对政策发展过程的意见。

这些程序包括议会的观察和监察安排,如果能得到严格地执行,将不仅仅是评估现有政策和使行政部门事后负责——弄清怪

· 346 ·

谁制定政策？ 第 15 章

罪谁——虽然这是重要的和令人满意的。机会在于80%或更多的非行政议员打算在政策敲定前为政策的发展作出贡献。监察和观察,恰当地作为有效行政内阁整体的部分出现,其潜在的影响几乎是无限的。因为它给排他地控制这个过程的非行政议员审查、监察、对议会现在或未来的政策、行动或影响议会地区或其居民的任何事情做出报告和提出建议的可能性。

然而,如果在这个广阔的意义上,监察的所有潜力能够被认识到,至少必须具备三个条件。第一,议员们自己必须积极地参与这个过程,并且清楚地认识到,有些行政议员可以去解除权力,而授权却没有那么多。他们还必须认识到他们可能被要求具备新技能,这对大多数人将意味着严格的培训。他们现在应当采用前所未有的方法进行评估和调查,协同工作,从证据方那里找出证据和看法,理解绩效指标、比较数据和财政过程,而不是像过去常常满足于消极处理官员报告(Audit Commission,2001a,p.24)。

第二,监察成员不仅仅需要了解新技巧,而且需要了解新的工作方法,在结构上跨越政党分歧。即使他们碰巧成为执政的同一政党的成员,他们作为监察者的角色也不是为政党路线辩护,而是去探索议会能够更好地服务它所在社区的方法,必要时要敢于批评。因此,政党"捆绑物"和严厉的纪律政体得到放松是很重要的,议员不会用他们的全部时间去反对那些他们政治对手支持的任何事物。

第三,除承担义务和训练有素的成员外,有效的监察要求有专门的官员和资源支持。行政部门治理的要求不会被全部满足。有资格的和足够高级的官员需要明确地被分配到监察过程中,并且像议会成员一样,他们需要积极地看待这个任命,而不是看成二等公民、设置职业障碍、为行政部门卖命的下人。充足的财政支持也是必需的,这样才能从外部顾问们那里得到独立的建议。

部门之间的紧张

大多数议会不只有一个观察和监察委员会,但是并非每个主要部门都有。在这一点上,如在其他几点上一样,地方政府运作不同于英国议会下院那些建立在大部门基础上的精选委员会。议会一般而言更有准备去承认它们面临的许多最紧急和最难处理的问题,如社会排外、环境持续性、社区安全等类似的所谓"恶劣的议题",这些议题不好归入具体服务部门和委员会。它们因此建立了有更多回旋余地和富有弹性的监察安排,常常拥有一些强大的囊括一切的头衔。例如,伯明翰主要的几个监察委员会,反映该议会的绩效主题并包括以下内容:一个学习型城市,一个健康、人道、包容的城市,一个更安全、更清洁、更绿色的城市。

可是,不应因这些发展,而觉得部门特性和边界不再具有很大意义。部门依然是一个议会的行政组织的主要单位,如以往一样,它们代表着不同的利益,而且不可避免地拥有不同并潜在冲突的优先设定。尤其在零增长或零服务和裁员的时候,这些不同就会表面化并且在争夺稀缺资源和确保部门生存的斗争中导致跨部门的争论。

此外,还有本能的专业竞争,例如,在参与土地发展的技术部门之间。"计划者、建筑师、物业经理、评估人员和工程师都有各自的主张,这些专业之间有一个长期的竞争"(Stoker,1991,p.102)。具体部门和专业的支配将随时间不可避免地发生变化;不可接受的政策将被搁置而有利的政策将被加速推进。在地方政府服务中增长的专业化,意味着部门之间的紧张绝不会沉寂太深。它们将带有一定规律性地溢出到政策层面。

普拉切特和温菲尔德(Pratchett and Wingfield,1996年)认为,市场竞争和内部改革的双重影响与"新公共管理"的出现联系在一起,在地方政府中导致一些对公共服务特质的侵蚀。市场竞争造成的委托人和承包人之间的职责划分,已经导致在同一组织的不同部分之间日益增长的敌对和对抗关系,由此在地方当局内部助长了更为无声和隐蔽的行为。如今,雇员的忠诚常常被认为是属于特定的"成本中心"而不是范围更广的机构。

部门内的分化

在政策制定的综合体中,部门内的分化是更深的因素。单个部门常常和党团一样不均一。实际上,许多部门的大小和种类意味着,一位首席官员可以掌控的控制范围必须受到限制,从而为由于受到更为临近的训练而常常拥有更大技术专长的初级官员提供影响空间。

在较大的地方当局中,大多数部门由成百甚至上千的雇员在一个相对分离的阶级和组织分化的范围内组成。实际上,考虑近来将部门合并成少数的战略中枢机构的趋势,在一个单一的管理单位内,竞争性优先和内部摩擦的范围扩大了。例如,在 2000 年莱斯特郡议会的计划和运输署有不少于 8 项的主要职责:公共运输服务、交通、道路安全、高速公路、街道照明、环境、计划、废物管制。许多当局步基利斯(Kirklees)和其他地方的后尘,将十几个甚至更多的服务部门理顺为只有 4 个或 5 个多功能中枢部门:房屋及派生服务、发展、环境和休闲,如此等等。在这样的背景下,同其前任相比,高级管理者充当了更大范围、更分散、曾是其前任责任的服务的领导者。

部门内部的职能划分也会有助于分权型管理和服务提供的引入。举例来说,基于地区的房屋官员会形成一个双重负责制,即不仅对地方当局而且对他们所在地区及其居民负责。在地区办事处和中央部门之间或在大量分权的地区官员之间的冲突绝非罕见。

英国地方政府

另外,一个在地区当局派出的区域办事处内工作的初级官员会与当地选区议员发展紧密联系,这是初级官员另一个潜在影响力的来源。在城镇议事大厅内,若不能将下级官员纳入任何决策模式中,将导致忽略一个极具影响的团体。

"势均力敌的"或"平衡的"议会

今天势均力敌的或平衡的议会盛行,也就是说更多的议会不是由一个拥有多数议员的单一政党掌控,这对于假定存在一个由领导多数政党议员的团体的联合精英模型的妥当性,提出了更深入的问题。1979 年,14% 的议会是势均力敌的;到 2001/02 年这个数字提高了两倍,多于 32%,更确切地说是 142 个议会是势均力敌的(参见表 14.3)。在未来如果不管什么形式的比例代表制引入地方选举中,势均力敌的议会的数量将有可能再次翻番,达到总数的三分之二左右(Leach and Game,2000,Ch. 2)。

在大约三分之一左右的议会中,尽管缺少选举改革,但党团已经不得不考虑彼此的政策和行动;否则它们提出的所有建议原则上随时都能被否决。然而,它们首先需要在内部决定议会事务实际上将怎样进行管理。由于实行内阁委员会制,产生了几种可能的"势均力敌的"议会管理形式,其中三种最常见,如框 15.1 所示。

很显然行政内阁对一个势均力敌的议会提出了不同的需求并要求不同的解决办法。从一开始,"没有管理"选项就不再作为一个可能:议会被要求采取某种内阁制、市长制或其他形式。但是内阁或行政体制无论由市长、领袖还是议会决定,都如以前一样从属于一种类似的政党间谈判。主要有三种选择,一是一党内阁,相当于少数管理,尽管那个政党在整个议会中任何时候都面临被击败;

框15.1 "势均力敌的"议会管理

(a) 少数管理——一个政党,通常是议会中最大的政党,有能力而且愿意并获得其他政党允许,占据所有委员会主席和副主席职位。至少在这个意义上,就像它是占总体多数那样"治理"。近来势均力敌的当局约有三分之一左右采取这种模式。

(b) 共享权力——两个或多个政党一致同意分享委员会主席职位,但是通常没有在一个共有的政策项目上达成更多的一致;换言之,这是一个交易或安排,而非一个正式的联盟。在20世纪90年代后期,所有势均力敌的当局约有一半通过这种权力分享协议来运作,大多数常常涉及工党和自由民主党,尽管如我们在表14.7中看到的特尔斯福德的例子,如果动机足够强烈,几乎任何意识形态的改变都是可能的。

(c) 没有管理/轮任主席职位——没有终身主席,出于程序目的,这个职位在两个或多个政党之间轮替,但是不会有任何关联的政策理解。

二是一个由两个或多个政党组成的联合内阁,在这种体制下第三政党显然被排除在外;最后一种是一个全党内阁(Leach and Game, 2000, Ch. 5)。一个直选的市长在不得不与一个不同政党或政党联盟支配的议会一起工作的情况下,这表明特别困难。但是没有实质原因解释为何势均力敌的议会不能够像许多——如果不是全部的话——实际操作的委员会管理那样有效地适应行政内阁。

任何形式的势均力敌的议会管理,可能都要比那些多数控制的议会经历更加广泛的政党间接触和谈判。官员们特别是行政首长和首席官员也不得不扮演不同的角色,与可能来自几个政党而非仅仅一个政党的简报发言人一起工作。的确,他们扮演了一个经纪人的角色,实际上将不同的政党撮合到一起磋商某一政策或程序协议。当然,非执行成员发现他们的地位提升了,因为每一张议会投票都变得宝贵起来。讨价还价成为日常工作状态,因为任何一党的精英成员都没有把握不寻求协助就能通过一个政策项目。

英国地方政府

结论——走马灯似的联盟

在本章第一部分提出了三个概念模型即正式模型、技术官僚模型和联合精英模型,这些模型提供了观察地方政策制定的视角,但是具有极为明显的不足。联合精英模型甚至过于简单化。当更多共同的管理结构出现,尤其是行政内阁的到来基本上巩固了领导性议员和高级官员的地位时,将政策制定视为限于这个联合精英的一个过程就是误导的。然而他们的核心重要性没有受到质疑,他们拥有当仁不让的排他性主导地位。无论在狭隘的党派性还是这个词的宽泛意义上,地方当局都是政治机构。它们聚合了可能冲击政策制定的全线的编外参与者和有影响的人,这依赖于一个当局的传统、文化、领导力、政治平衡,等等。真实世界的政策过程是一个复杂可变的东西。它可以被看做一系列走马灯似的联盟,随着时间的流逝和议题的变换不断组合和重组。这些工作网络和联盟变幻莫测,但是它们绝不是领导性议员和官员独占的禁区。

进一步阅读指南

没有哪一个观察者比约翰·斯图尔特对各种类型和各种文化的议会内部政治具有一个更为敏锐的理解,他最近的著作(2000,esp. Chs 9,12)对一生的经验作了总结升华。《威蒂考伯委员会报告》及附件的研究卷册(1986a—d)仍然具有相关性,如同对其许多内容做了总结概括的盖福德等人(Gyford et al.,1989 年)一样。扬和米尔斯(1983)对部门政治是富有洞察力的,斯托克和威尔逊(1986)提出了一个传统分析模型的批评和一个可选择远景的讨论。对地方政府政党和悬而难决议会的更多近期描述,参见盖姆(Game)和里奇(Leach)(1996),里奇和普拉切特(1996),以及利奇和盖姆(2000)等人的著作。无论从内还是从外,他把党团政治称为"利维坦",这已经成为科林·库帕斯(Colin Copus)(1998、1999)毕生的研究对象,自然地,他对其在执行内阁下的未来也有自己的看法(2001)。此外,如在第14章中引述的利奇和威尔逊(2000),以及约翰和库勒(Cole,2000)的著作,对理解左右政策的地方政治领袖角色是有益的。

第16章
地方压力集团——影响力的运用

引言

对地方社区的大多数研究都指向一个广泛的地方压力团体世界。纽顿(Newton,1976)在其于20世纪70年代早期进行的一项有关伯明翰的研究中,确认了在这个城市有不少于4 264个正式组成的志愿性组织。马洛尼等人(Maloney et al.,2000)在1998年进行了一个相似的研究,发现这个数量增长超过三分之一,达到5 781个。甚至在相对较小的地区议会毕晓普和霍盖特(Bishop and Hoggett,1986)都能发现广泛的压力集团网络。然而在本章我们对压力集团的数量不抱有太大兴趣,因为这些众多的压力集团中有很大一部分没有政治活力,正如每个压力集团与它们的地方当局有不同的关系,它们在政策制定和服务提供上的影响力也不同。

地方压力集团——影响力的运用　　第 16 章

一个无所不包的定义

从细枝末节来讨论压力集团的替代定义会相对容易。既然实践中许多所谓的压力集团并没有给政府带来多少有效的压力,实际上不可能更为严格精确地把它们统统贴上"利益集团"的标签。我们承认对这些问题不大关心,因此建议采用莫兰的极为直接的定义(Moran,1989,p.121):

> (压力集团是)所有试图影响公共政策而不去寻求政府义务的团体。

这样一个无所不包性质的定义认为,明显具有最低政治性的团体只是时有时无地被拉入政治过程。因而,一个地方园艺协会抵制在其土地上建设一条公路的计划,这个协会就临时成为一个压力集团。在地方层面,许多团体就是这样的单一目标团体,只有当某项议题,如某个议会计划决定直接影响它们时,这些团体才会闯入政治生活。

莫兰定义的后半部分同样是重要的。因为它可以包括一些这样的团体,他们与其他明确地谋求政府职责的更大甚至是全国性的政党一样,在地方选举中推出"单一议题"候选人。这些单一议题政党及其候选人如"老年公正"、"拉特兰郡抉择"、"大麻合法化联盟"等,主要将选举过程作为宣传它们理想的一种手段来利用。尽管它们格外成功,尽管它们能够偶尔像肯德明斯特独立医院的竞选者那样,几乎不经意地发现它们自己入主了政府(参见表 11.6),但它们没有充分的理由来推出足够的候选人组成一个行政部门。

透过望远镜的另外一端来审视,可以说在更大的政治竞技场上议会本身偶尔也会成为压力集团,如在向英国议会、中央政府或欧盟做陈情时就是这样。实际上,现在一些议会雇佣专业的说客来使其提议事项尽可能地有效通过。仅举一例,威斯敏斯特顾问团(Westminster Advisers)为林肯郡、赫伯塞德郡和贝德福德郡议会工作,帮助他们从事反对倾倒核垃圾的运动;同时还帮助哈特区议会同汉普郡议会提出的在福克斯利伍德(Foxley Wood)实施房屋发展计划进行辩论。

一些分类

采用一个深思熟虑的、囊括全部的定义,不可避免的结果就是涵盖的团体多如牛毛,因而要求一定形式的分类。文献研究表明,全国性压力集团最常见的区别在于,一方面是区域或利益集团,另一方面是提升、事业和主张性集团。为保卫和发展它们自己成员的利益而存在的区域性团体通常涉入一些经济活动,例如工会、商业和雇主组织、专业协会。提升性集团为提升或捍卫一些理想和原则而存在,例如环境、公民自由、动物权利、儿童福利、单亲父母、领取养老金者或智障人士团体等。

在地方层面,斯托克(Stoker,1991,pp.315—17)对表16.1归纳的这个分类煞费苦心地拟订了一个版本。这个版本强调议会态度在决定不同种类的团体关系上的重要性。在团体的目的和运作方式与议会控制性党团的政治和政策目标之间保持一致,对一个压力团体来说具有不言而喻的意义,本章我们将不时地回到这个思想上来。

表16.1 地方(压力)集团的分类

1. 制造者或经济团体——包括商业组织、工会组织、专业协会。受到中央政府各种各样政策创意的激励,近年来这类团体如雨后春笋般冒出来:训练与事业理事会(Training and Enterprise Councils,TECs)、学习与技能理事会(Learning and Skills Councils)、城市技术学院(City Technology Colleges,CTCs)、行动地带(Action Zones),等等。参见第8章。

地方压力集团——影响力的运用　第 16 章

（续表）

2. 社区团体——利用不同的社会基地（social bases）作为其支柱，例如，租户协会、女性团体以及代表少数民族的团体。它们在政策影响上各不相同，其财政和行政支持取决于它们的目标和活动与地方当局的一致性。对这类团体来说，补助金是其主要的支柱。
3. 事业团体——关注于完善一套特别的观念和信仰胜于关心它们自己的直接物质利益。通常这种类型的组织不是从地方当局得到很多官方支持的团体。这再次说明，补助金是压力团体与官方关系的主要形式，其中一方期望在地方当局的政治议程和受到资助的压力团体的议程之间有某种一致性。
4. 志愿团体——在非商业、无法定基础上建立这类组织用来满足社区假想的需要。近年来，特别是自从社会服务中引入购买者/提供者分离以来，这些团体相当快地膨胀发展。这种形式的关系日益变得契约化。

来源：Stoker（1991 年）。

另一个分类计划依据服务或部门划分，它也是大多数地方当局最乐于承认的一个，如果你试图想找出你所在地区哪些团体至少部分地由你们自己的议会税支付补助或许更有用。我们在表16.2，已经对这种方法分类做了举例说明，显示伯明翰城议会在其4 个部门预算之下支持的一个精选的地方团体名单。

表 16.2　伯明翰城议会 4 个部门支持的团体

经济发展	房屋
伯明翰合作发展机构	伯明翰女性援助
伯明翰黑色商业	关注房屋协会
残疾人资源中心	无家可归者戒酒项目
中部工业协会	房屋及单一母亲与小孩项目
汽车工业地方当局网络	私人租用领域论坛
工会资源中心	救世军
中西部低薪小组	南阿斯顿房屋合作

英国地方政府

(续表)

教　　育	休闲服务
伯明翰社会体育联盟	伯明翰青年俱乐部协会
中国越南文化学校	伯明翰读者作者节
爱丁堡杜克奖学金计划	伯明翰压轴戏院
孟加拉女性协会	自行车旅行咨询小组
教育协会的大伯明翰剧院	图书馆之友
穆斯林父母协会	穆罕默德·艾黎中心
	童子军协会
	爱树联盟

在表16.2中，所有的团体从市议会接受某种支持。从它们的观点来看，财政支持几乎不可避免地是最重要的因素，经常关乎它们能否苟延残喘一年。补助金可以从几百英镑到像伯明翰这样的大议会的几万英镑不等。尤其是通过使用更为实质性的补助，议会将自然地期望去保护它自己及其纳税者的利益，确保款项花在指定的支出项目上，并保证能够得到一套受到适当监察的账目。在这些情形下，议会可以提名一个或多个议员进入相应组织的管理委员会，并且在所有情况下在相关部门任命一个联络官扮演一个顾问和监视者的混合角色。

显然地，一个从其地方议会接受资助的团体，几乎不可能处于发动施压或威胁施压于那个议会的地位，更不用说依靠议会资助的组织了。就是在这种情况下"压力集团"这个术语明显地有误导作用。尤其在地方政府的世界中，如莫兰（Moran,1989,p.122）提到的，许多团体在政策制定和政策执行方面的影响力不如政府的伙伴和机构。许多团体，特别是在服务领域，在服务提供方面与地方当局是工作伙伴，地方政府核准作用日益增长的重要性自然地刺激了这个趋势。只有当一个团体发现自己被它的议会排除在

地方压力集团——影响力的运用 第 16 章

外时,并且很明显没有对未来参与的现实希望,它才会感到有必要或有利益诉之于压力,作为反对议会企图的手段。

这把我们带到一个更深入的分类,也许是最简单的一种。迪尔拉福(Dearlove,1973,p.168)认为地方压力集团可以分为两个基本的类型:有益的和无益的。有益的团体是那些其利益有助于居于统治地位的党团和议会的利益。比较而言,无益的团体"或者不为议会要求权利,或者主张的权利与议员对于议会活动方针的观点相冲突"。地方压力集团普遍地如此易于划分吗? 在表 16.3 和表 16.4,我们总结了活跃在莱斯特郡的两个地方团体的运作。你会怎样划分它们:有益,无益,或者可能是两者的混合?

表 16.3　SHARP:避难所居屋援助和研究项目

目标	为莱斯特郡和北埃普顿郡的每一户以他们可承受的价格保证一个宽敞的家。
如何实现?	在居住权利和机会上提供自由、可信、公正的信息和建议: • 给那些完全不能够行使其居屋权利的人帮助和实际协助 • 为发动收留那些眼下无家可归或居住条件极差的人提供鼓励和支持 • 教育和训练,发展个人和居屋机构的知识和专业
工作人员	10 名专职、4 名兼职工作人员
基金	15 万英镑投入:一半由莱斯特市议会拨款;四分之一来自避难所总部(Shelter HQ);剩余部分来自捐款
待处理个案	约 1 000 p.a.,以及数百名询问者
主要顾虑	莱斯特市议会"补助合同"的倡导,为其资助的服务设定准许接受者数字的执行目标。"在仍然增加我们工作的范围和质量的同时,那些目标能被满足吗?"

 英国地方政府

表 16.4 ENVIRON

目标	在环境管理方面给莱斯特郡的经济组织和地方当局提供建议。作为莱斯特环境城市的合作伙伴,鞭策地方社区关心环境并创造一个更好的、绿色的未来。
如何实现?	ENVIRON 的许多工作建立在与下列组织的伙伴关系基础上: • 莱斯特市议会——改善城市中心店面,使人们更有环境意识;开展大规模的公众咨询以创造一个"莱斯特蓝图"; • 郡议会——在所有学校开展环境教育;与社区共同开展大量的自然保护项目; • 莱斯特郡 TEC 与商业链——开办咨询性的商业链。
管理	来自地方政府、地方经济组织、大学的董事会(无酬)
工作人员	40 名风景建筑师、教师、生态学者、商业管理者组成的强大的多学科团队。
基金	6 万英镑来自中央政府的城市计划,资助 20 个社区计划;1 万英镑来自莱斯特市议会;其他补助金来自莱斯特郡议会、莱斯特郡 TEC 和欧洲委员会。四分之一的投入自筹。
其他项目	"草根"——通过收集居民的意见,支持两个莱斯特邻区的居民改善他们的环境;请求市议会采取措施减缓交通速度、改善街道照明和防止犬只秽物。在地方和国家媒体发表研究文章。

谁受益? 多元主义者/精英主义者的争论

在本章,至此我们已经提到了三十几个团体的名字。其中一些,像救世军和童子军,很显然有着悠久的历史。然而大多数是新近兴起的,尤其是单一议题的团体一直在涌现。考虑到这样的增长以及我们已经提到的团体在地方服务提供方面日益增多的参与,探究一下社会哪些特定的部分从压力集团中受益是重要的。压力集团的活动提高了民主程度吗? 或者是地方团体仅仅加强了社会既有的权力分配? 多元主义者自然地会把它们视为民主的一个进步。正如迪尔拉福写道(Dearlove,1979,p.46):

地方压力集团——影响力的运用　第 16 章

利益集团世界是一个理性地完美竞争体,在这里游戏规则保证公平竞争,并给所有人得到政府有利决定的平等机会。

然而迪尔拉福作出的结论在实践中的这个世界不是这样的,这当然包括他研究的肯辛顿和切尔西的压力集团。他发现只有相对较少的团体实际上介入地方议会的政策酝酿过程,它是一个增强生产者利益优势的精英主义者的过程,而不是向一个更广泛的团体开放决策的过程。

迪尔拉福的研究(1973,Ch.8)表明议会对团体的反应围绕议员对团体要求和沟通风格的评估。团体被看做有益的或无益的,他们的要求被视为可接受的或不可接受的。他们与议会的沟通方法被看做恰当的或不恰当的。被占统治地位的保守党议员断定为最有益的团体,是其要求最大限度地反映多数党团要求的团体。因而,肯辛顿房屋信托最广泛地被认为是很有益的团体,因为它有助于解决地方住房问题,因此减缓了地方当局建造更多议会房屋的需要。事实上,因为收取信托贷款的利息,议会从这项事业中赚钱。此类压力集团强化了占统治地位党团的政策优先和意识形态倾向,因此得到优厚的待遇。

比较之下,无益的团体(例如肯辛顿和切尔西议会房客协会或肯辛顿和切尔西种族间会议)兜售的需求仅仅得到了少数议员的支持,它与占统治地位的保守党当局的政策优先是背道而驰的。这些"不可接受的"要求必然要通过被占统治地位的党团认为是"不恰当"的方式表达,例如请愿和示威运动。"无益的"团体因而面临一个两难:要么继续寻求与多数党团的意向背道而驰的要求并保持相对无力的状态,要么缓和它们的要求抱有一个获得出路、可接受性和政策影响力的希望。这个解释会看到激进左派团体在保守党控制的当局中被边缘化,激进右派团体在工党控制的当局中同样地被遗弃。

纽顿对伯明翰的研究(1976)得到了相似的精英主义结论。他发现"成型的"团体享受"简便的渠道与决策者沟通",并能够通

过一条"相对快捷和不引人注意的途径"向决策者"施压维持现状"。另一方面,根基不深的团体经常发现难于与决策者沟通并因此不得不诉诸"压力团体运动",这样仅仅有助于强调它们在地方政治体系中是如何软弱无力。

斯托克(Stoker)在近期的著作(1991,p.128)中认为,时代和观念发生了巨大变化,对于地方压力团体影响力的传统解释如今已经不再适用。他认为,自20世纪70年代中期开始,"许多地方政府部门开始开放,不仅对制造商团体开辟了接近政府的渠道,而且对其他的团体包括社区、事业和志愿性组织也开放"。许多团体也发生了变化,在获得资助方面变得更加断然,更有技巧,他们更希望参与到提供服务中来。我们怎么会得出互相冲突的观点?是精英模型现在不适用了吗?还是议会像在其他方面一样在处理与地方团体的关系上采用了不同的方法?

激进的团体要么修改他们的政策,要么保持一种无力的状态,这种看法需要改变。例如,许多工党控制的地方当局,鼓励团体向社会地位挑战,为他们提供大量的拨款。最著名的是大伦敦议会。在20世纪80年代,它由工党管理,在1985年废止之前它共向志愿性机构拨款8200万英镑。许多团体因为获得拨款资助而建立起来,其中许多团体是人们反对建立的,这当然是由保守党中央政府办公室公布的(Livingstone,1987,p.292):

- 阿比西尼亚人协会
- 反核宝贝
- 黑人女犯计划
- 英国妓女共同体
- 同性恋丧亡工程
- 同性恋伦敦警察监控团体
- 马克思纪念图书馆
- 塔法里教顾问中心
- 妇女和平巴士

地方压力集团——影响力的运用　第16章

这些团体中有几个只得到了几百英镑,那些得到资助较多的团体要提供服务,对于大伦敦议会支持的激进政策要有所贡献。在地方服务提供过程中,这些不以盈利为目的的组织的参与不断增加,这不仅限于工党政府或城市议会。在一个议会中,压力团体能否参与到提供服务中来或者与政府共同就某些事项协商,这取决于议会中的政治构成、地方需要及压力团体自身的果敢程度和有效性。在接受压力团体的程度上,议会之间也不相同,即使是同一个议会也会随着时间的变化改变它对压力团体的接受程度。

通过拨款或合同来提供服务

前边已经强调过,地方压力团体重要性的提高,部分原因在于许多压力团体在提供服务方面与地方当局合作。要想精确计算出这些团体从地方当局那里得到了多少资助并非易事,但是慈善团体基金会的调查显示,1996 至 1997 年地方压力团体得到的资助总额为 13 亿英镑。像往常一样,我们要认识到不同的议会,即使是同样大小的议会,在提供服务的政策议程及方法上都是不同的。例如,在莱斯特郡内部各区议会中,莱斯特市议会 1994 至 1995 年分配给志愿性机构的拨款超过 800 万英镑(占其财政预算的 14%),而奥德比-威格斯顿(Oaddy and Wigston)区议会分配给志愿性机构的拨款仅 34 500 英镑(占其财政预算的 0.8%)。在西米兰德兹大都市区中,伯明翰分配给志愿性机构的拨款为 2200 万英镑(占其财政预算的 2.4%),而达德利(Dudley)只给予志愿性机构 250 万英镑的拨款(占其财政预算的 1.2%)。在实践中有很多的变数,郡议会和大城市议会分配的拨款比例几乎不可避免地总是比规模小的区议会大,苏格兰的地方当局在志愿性机构方面的拨款要比威尔士地方当局多,但比英格兰地方当局少(参见 Leach and Wilson, 1998)。

随着地方当局资助的增多,情况也发生了由"无捆绑式"资助向协商性服务水平协议的变化。这使得地方压力团体的各项工作在很大程度上由地方当局来决定,这是 SHARP 所关切的问题之一(参见表 16.3)。在交通限速、街道照明及犬类粪便处理等方面寻求向市议会施加压力时,ENVIRON 也面临着类似的困境(参见表 16.4)。

地方当局与地方压力团体的关系常常通过签订合同的方式来确定(参见 Gaster and Deakin, 1998)。这并不总是与一些小的团体或传统的地方压力团体所具有的支持、研究和发起运动这些功能相适应。那些用于资助地方志愿性机构和压力团体的预算,肯定要反映地方当局的政策意图。这意味着只有那些与地方当局保持一致的团体才有可能得到资助吗?伯明翰市议会对它的拨款这样解释:"以拨款的方式给予财政支持,其目的就是要达到本市想要得到的结果。"有些压力集团提倡的政策和观点与地方当局不同,是否可以通过这种做法使两者之间趋同呢?

马洛尼(Maloney et al., 2000)称伯明翰的资助文化使得该市的某些地区好像存在过多的志愿性组织和社区组织,而其他地区这样的组织却较少。"财政方面的限制没有增加太多,但是社区层的团体却处于严重困境之中,他们的存在常常与资助相关。"他们引用一位在地方志愿性协会工作的高级管理者的话就是:

> 市议会的行为就像一个拥有雄厚资金的地主,而志愿性组织就是农民——议会不想志愿性组织有自主权,他们要施加控制。志愿性机构这个领域被牢牢控制。

对拨款更加严格的控制,尤其是服务水平协定的出现,对地方压力团体来说是一种潜在的限制性影响。

第 16 章 地方压力集团——影响力的运用

地方政策网络

在地方社区中存在非正式的网络,它将商业和工业企业与地方议会联系起来。事实上,在某一特定区域内压力集团活动的缺失,可能"正是因为议会的核心工作中已经考虑到这样的利益"(Dearlove,1979,p. 49)。在以前的采矿业中,全国采矿者联盟要向地方当局渗透,就像诺福克农村地区的利益在议会中有人代表一样。这些领域压力团体的活动看起来并不引人注目,那是因为他们的利益在地方政治体制的每个层级中都得到了保护。因为议会内部已经有人代表了他们的利益,所以他们不需要更多地采取公开的活动。制造商团体如贸易商会和主管协会的地方分支机构,与他们各自所在的地方当局保持着紧密的联系,虽然联系紧密并不代表亲近(参见 Stroker,1991,p. 122)。1984 年的《财产税法案》要求地方议会必须履行一项义务,就是在预算制定过程中要同非国内财产纳税人的代表协商,这至少在一些事件中引发了争论而不是协调。

最近几年来,地方当局更加关注"公共服务取向",他们以前只是认为他们的存在就是为公众提供服务,而现在这种认识更加深刻。如今所有的议会都通过问卷等方式来对他们居民需要什么样的服务、对现存服务有何意见等进行调查,并听取他们的改进意见。地方当局开始公开就提供服务问题与社区和志愿性组织讨论,并与地方压力团体在这方面公开合作。

结论——一个更加复杂的世界

地方压力集团及他们与地方当局的互动,不能够进行简单的

英国地方政府

分类,他们更加复杂多变。这就是当今社会的现实。我们看到,许多议会创建和维持相当规模的志愿性组织和社区组织,这好像是要为他们自己提供动力以形成大量的政治变化。

因为如今地方治理更加分散,地方当局不再是地方政治体制的当然核心。各种团体(有的是必要的,有的是可选择的)从其他选举的或非选举的机构中寻求赞助和支持,这在 ENVIRON 的例子中可以看出(表 16.4),这些团体也在多方寻求资源,包括国际的、国内的和地方的资助。

同时,经历了立法方面的几次变动,志愿性组织在完成其项目和提供服务方面,相对于地方当局的独立性增强了。社区看护是一个很好的证明。但是,科克伦斯(Cochrane,1993a,p.114)强调了志愿性组织的困境:

> 那些看起来运作像企业一样的志愿性组织,可能会从这样的运作方式中获益。但还有一些规模小的以社区为基础的志愿性组织,他们通常由女性领导,其提供的服务对象主要也是女性,他们要依靠议会的财政支持,他们感到很难有自治的能力。

这种困境目前还没有要消失的迹象。地方当局给压力集团不断增加的具体拨款和服务标准协议,注定使压力集团面临的形势会更加严峻。

进一步阅读指南

首先,看看你能否得到你自己所在议会的资助明细单以及它与外部团体和组织的正式关系。你可能需要查阅部门报告或议会年鉴。研究其他地方当局的资料可以参考琼斯(Jones,1969)关于伍尔弗汉普顿、汉普顿(Hampton,1970)关于设菲尔德、纽顿

地方压力集团——影响力的运用 第16章

(1976)关于伯明翰、迪尔拉福(1973)关于肯辛顿和切尔西的著述,阅读这些著作时,要记住我们那些关于议会态度发生变化的讨论。盖福德(Gyford,1984)和斯托克(1991)对地方利益集团的行为进行了分类,斯托克和威尔逊还在刊物上发表了《失势的地方压力集团》的文章。在文学上作出贡献的是巴格特(Baggott,1995)以及斯托克(2000)著作中的几个章节。利奇和威尔逊(1998)关注的是合同的出现,马洛尼(Maloney et al.,2000)提供了当代伯明翰的一些关于压力团体行为的非常好的素材。

第三部分 从变革到现代化

第17章
管理沿革

引言:地方政府的两个基本职能

先让我们回顾一下本书开始所做的介绍和推测,即你以前是作为顾客、消费者、客户或者公民与地方政府发生联系的。我们在此所做的这种简短的排序并非出于偶然,因为这些词包含了地方政府发挥的两个基本职能,实际上也是所有政府的基本职能,即服务职能和政治职能(Boyle, 1986)。它提供某些货物和服务,而且是讨论和解决有关社会提供的那些货物和服务的主要问题的场所,这些产品包括:货物和服务的规模及成本、质量、费用和资金筹集方式。虽然两种职能都是基本的职能,但我们已经提出其行政职能是绝对不可或缺的,而服务职能则可以承包出去、全部或部分私有化,事实上也已经这样做了。但要是取消其政治职能而保留下的就不再是地方政府了,至多只是地方行政。

虽然在第3章中所详细列举的地方政府的"价值观和判断"(表3.1)清楚地包含了两种职能,但是在过去二十年的大部分时间内,中央政府关注的焦点一直是服务职能,比如如何更有效、便宜、均质、有竞争性和非公开地提供服务,这样做是有失均衡的,因为在这样做的同时,政治职能却相对被忽视了。从另一方面来说,公众已经倾向于将地方议会更多地视为服务提供者而非他们的地方政府,他们一直是首先被当作使用那些服务的顾客、消费者和客户,而其次才被当作公民。

对顾客/公民的这种区分为本书的最后部分提供了有用的背景,由此又返回到变革的主题上。我们将用两章来分析地方政府所发生的某些深刻变革,这些变革发生或实际促成于由两党组成的中央政府期间。然而,由于这些政党的任期到目前为止一直不同,所以本书各章没有按照1997年之前和之后进行整齐划分,而是采用了在服务/行政方面进行区别,同时,我们也觉得按年代顺序更能说明问题。

本章的较大篇幅讨论管理方面的根本变革,这些变革发生在撒切尔/梅杰时期并且使整个英国城镇和郡的市政厅处理公务和组织服务的方式发生了巨大改变。其中最深刻的变革是强制性竞争投标(CCT),在我们以前的版本中有一章专门讨论过这个问题(Wilson and Game, 1998, Ch. 19)。虽然已经差不多过去了5年时间,但当我们现在介绍其他当代管理趋势的同时,介绍"最佳价值"服务是更加合适的,它可以作为继任政府的一条道路。

最佳价值服务是工党政府为地方政府制定的"现代化议程"中的核心政策要点之一,整个议程极其详尽,而且与约翰·梅杰的环境大臣迈克尔·赫塞尔廷在20世纪90年代初期所进行的财政、结构和内部管理三部分审查相比,更易引起争论(Wilson and Game, 1998, Chs 17—18)。尤其是其居于核心位置的计划"民主复兴",我们在第6章中已经遇到过了,与保守党时代更加面向服

英国地方政府

务的改革相比,该计划似乎更直接和更大程度上是针对地方政府的行政职能的。在政府2001年白皮书《强有力的地方领导——优质的公共服务》这个组合而成的题目中,也可以感觉到相同的问题。在其服务消费者身份之外,公众还对作为投票人、社区成员、在规划和提供服务中的顾问和参与者,以及作为公民表现出明显的兴趣。但是,值得注意的是,与取消了强制性竞争投标并引入最佳价值计划的《1999年地方政府法》相比,包含了民主复兴计划大部分内容的《2000年地方政府法》却不得不屈居第二位。又逢2001年大选而被推迟,在我们写作本书时,该法才得以实行,这却可以使我们将其作为本书结束章的最适宜的题目。

强制性竞争投标和合同文化

就保守党政府在1979至1997年间所进行的所有变革而言,影响最深远的一定是那些与强制性竞争投标相关的变革,特别是如果将强制性竞争投标适当视为"新权利"私有化的一个方面或这些政府的外包策略。本来,该过程要求对内部持续提供的具体服务的费用与任何感兴趣的私人承包商标价比较,最富竞争力的投标人将得到该项目。这就是说禁止出价最低的投标人和地方议会,对工会权利、就业保护、疾病津贴、退休金、培训和平等机会等设置条件,这样做"会起到对竞争的限制、滥用或妨碍作用"(《1988年地方政府法》,s. 7(7))。费用永远是最终标准,而不是质量。

必须要强调的是,只有进行成本比较的招标是强制性的,而不包括服务的外包,服务的外包可能发生也可能不发生,这取决于竞标。如果通过竞标,没有收到比较标价或内部报标是最低的,那么地方政府将继续提供服务,但要以有组织的不同方式进行服务。实施服务的当局一方被称为直接服务组织(DSO),而且这些直接服务组织必须保存单独的交易账目,账目必须实现规定的百分比盈余。

三项主要的立法推动了强制性竞争投标的进程。第一项立法草拟于1979年5月撒切尔政府上台数月后(框17.1),它似乎与意识形态有关而且确实在很大程度上归功于新成立的"智囊"——亚当·斯密学院、经济事务学院(IEA)和政策研究中心(CPS)。这些机构的意见和有一致看法的政治家们,尤其如尼古拉斯·里德利(Nicholas Ridley,1998)和迈克尔·福赛思(Michael Forsyth,1982)都认为,以前由中央和地方政府或国家卫生局垄断提供的服务,将会导致服务提供的改善和费用减少,会对这个福利国家造成的"依赖文化"提出挑战,而且会导致地方政府的减少和缩小。对于地方政府来说,它将意味着地方政府进入了一个伟大的新天地,与许多其他的团体如私人工商企业和志愿组织共同提供服务。

> **框17.1　推动强制公开投标的主要立法**
>
> 1. 《1980年地方政府、规划和土地法》要求在房屋建筑和维护,以及道路工程和维护中采用强制公开投标;
> 2. 《1988年地方政府法》将强制公开投标推广到建筑清洁、地面维修、汽车保养、学校膳食、福利事业和其他公共饮食业(例如员工食堂)、垃圾收集、街道清扫、体育和娱乐管理;
> 3. 《1992年地方政府法》将其推广到超出技术服务范围的住房管理,以及处于地方当局心脏部位的许多其他主要是白领的活动,如法律、人事、金融和IT服务等。

在另一方面,那些反对强制性竞争投标的人也注意到,这种方式不但可能会减少选举的、负有民主责任的地方政府的作用,而且还会减少工会的作用,它被视为而且也明显是政府对工会权力与公共部门报酬谈判进行全面进攻的一部分,也是对公共部门工会与工党之间牢固的财政和制度上联系进行全面进攻的一部分。更有力的论点认为,据称研究表明,依靠实行强制公开投标节省的费用大部分并非来自提高效率,而是来自对雇员工资的削减以及实

英国地方政府

际工作条件和安全性方面的改变。

强制性竞争投标对管理和财政的影响

如同许多革新一样,强制性竞争投标所带来的直接影响并非像其支持者或反对者所预期的那样显著,并没有出现近乎普遍的私营部门进行接管的现象,整体情况与您的预期几乎一样,各种服务和各议会之间情况差别很大。有些服务比其他的服务更易得到私营部门投标的青睐,但也仅限于房屋清洁和建筑服务,有超过一半的合同被外面的投标人赢得。而在另一端,直接服务组织成功地保住了娱乐和住房管理以及法律服务至少 3/4 的合同。在所有的服务中,直接服务组织趋向于在较大的合同中赢得不相称的份额,因此,尽管这些合同占到了合同总数的 40%,但仅占总合同价值约 25%。而在苏格兰,这两个数字要低很多,即使是在英格兰和威尔士,在每 6 个当局中就有一个以上的当局根本没有外界承包。因此,工党在 1997 年继承的是一种混合经济,即在大多数当局中服务是由内部和外部同时提供的。

对通过强制性竞争投标在财政或其他方面节省的费用,难于做出可信的评估是众所周知的。毫无疑问,所有机构每年节省的费用或许达到了大约 8%,但是中立的观察家指出,所节省的这些费用更多地要归功于实行了公开竞争而不是因为将合同授予私人公司所造成的。所节省的费用主要出自削减了工作所需的人员,通常削减 20%—30%,即使是在直接服务组织的合同下也会出现这种情况。接着就出现了不能提供服务的情况,有些是喜剧性的,有些则是悲剧性的(Wilson and Game, 1998, p. 349),而且对议会终止合同的决定的履行也不能令人满意。这些情况虽然只占所有合同的很小比例,但是终止私营部门合同的现象却较普遍。

或许可以这样设想,由于大多数较大的合同留在了内部,所以强制性竞争投标没有使地方政府发生相应的变化。其实,此类想法与事实相差无几。无论是保留或"失去"合同,所有的当局都不得不从根本上使自己的管理方式和组织机构适应强制性竞争投标,主要的变革就是要将当局内部的客户和承包商身份分离开。由客户负责服务的规范和控制,由承包商负责直接生产和提供服务。可以在一个单独的部门中分开这些身份,或者可以另外成立承包部门。

其他管理趋势

强制性竞争投标这件事包含着某种出人意料的情况。正如我们所看到的,它当然没有导致作为服务直接提供者的地方政府的终结,而且在某种程度上差不多起到了相反的作用。因为在使当局面对在内部赢取合同的挑战时,它促使当局精简和加强自己的管理系统从而更有能力赢得合同。客户/承包商分开和创立内部市场是管理改革计划的一个重要组成部分,但还存在着其他一些值得注意的部分。

顾客服务革命

无疑,在过去二十年中,公共服务中最重大的发展之一就是被斯克尔彻(Skelcher)称为的"服务革命"(1992):这个公开宣布的承诺就是要将顾客置于第一位或至少是先将他们称作"顾客",而后再让他们知道自己是被放在第一位的。传统上,地方当局一直是向居民、承租人、客户和要求者而不是为这些人以他们认为最适当的方式和标准提供服务,而后在私营部门的推动下,发展到一个所谓的公共服务导向(PSO)或顾客关怀的阶段。地方议会逐渐认识到这些以前被动接受其服务的人更应该被当作顾客来对待,即使不能让他们完全进行自由选择,也至少应该有发言权和被征求意见的权利,而且甚至应该积极地参与到决策中去。

一个议会对顾客的关注可以通过许多方式实际体现出来,比如:用户调查和居民问卷、公开投诉程序、服务日、客户关怀培训、邻里讲坛、用户团体、议会会议中的公共质询时间、而且或许最易引起人们注意的是顾客宪章和服务保证。宪章主义,特别是公民宪章,已经与约翰·梅杰联系起来,梅杰1991年7月的白皮书《公民宪章》设法授权公民作为个人服务消费者,假如在地方自治的进程中公民没有成为更大的参与者的愿望的话。事实上,1987年大选后的工党的"质量街"政策评估先于梅杰的行动,它包括了有补救机制和财政补偿的服务保证,还有许多主要是工党的议会制定的宪章和顾客合同,在后者中,约克市议会是最有意思的议会之一:

> 不仅由于它是地方政府创新的实例,预见了中央政府的主要计划,而且还因其综合市民、消费者和社区的关注内容的方式。对公民权即人们作为约克公民的**公民权利**的承诺,是根据下述权利明确规定了的:知情权,发表意见和发挥影响的权利,公正、公平对待权,以及参与和被代表权。这些普通公民权通过以下方式随后转化为实际的权利,例如通过:
> ——地区委员会,你对影响周边地区的决定拥有发言权;
> ——做出特别安排使那些常常不被征求意见的人参与进来,这些人包括残疾人和有其他特殊需要的人。
>
> (Prior, 1995, pp. 91—92,黑体为我们所加)

公民宪章运动,以及它为简易住宅承租人、家长和其他团体制定的补充宪章,是地方当局承认应该"更接近"自己的服务对象的一部分。在最低限度上,地方宪章至少用与权利和责任有关的语言澄清当局与其公民之间关系的性质,这样就可以使这些权利和责任受到检查和监督(Prior, 1995, p. 100)。就像工党在1998年借"服务第一"之名重新发动的公民宪章运动一样,它们在本质上其实是一个非常狭隘的用户至上主义者的公民权概念,在这种概念中消费者价值代替了民主价值。

质量体系和质量保证

如果要使"顾客第一"行动不流于辞令,就需要作出一个真正的制度上的承诺和具有将其转化为服务质量的能力。认识到这点可以促使许多当局建立质量控制(QC)、质量保证(QA)和全面质量管理(TQM)体系作为提高它们服务质量的手段,斯克尔彻清楚地区别和论述了这三个过程(1992, Ch. 8)。

质量控制"是发生在已经提供了服务或准备提供服务之后的一个检验过程"(强调了我们的观点),其目的是为了按照预先制定的标准衡量绩效从而确定服务提供中的故障率。可以以修缮后承租人满意度调查为例,了解承租人的满意程度将会有助于以后改善服务。

质量保证是为终止开始时提供的低于标准的服务所采取的措施,它包括设计服务提供系统和程序,从而每次都可以保证某个服务标准。它最早是由制造业制定的,在制造业中,产品标准可以精确地测量和确定下来,而质量保证却不能轻易转化到提供私人服务的地方政府的环境中。不过,英国标准机构(BSI)制定出了一个为人们所公认的标准检查程序(BS 5750),按照该程序,地方的和国民医疗服务当局可以对自己的质量保证体系进行评估,而且许多质量保证体系经鉴定合格。制定一个可信赖的质量保证体系是一项拖延时日且资源密集型的工作,需要详细地整理政策、程序、绩效标准和监测制度。另一方面,假定碰到所谓的在议会提供的居住避难所内发生虐童事件时,那就不难看出这是一项值得去做的工作。

全面质量管理可以被视为是为了使服务质量成为当局整体组

英国地方政府

织文化的推动力的一种方法,"是一个涉及整个组织、每个层次上的每个部门、每项活动和每个人的方法",用于履行对质量的承诺(Oakland,1989,p.14)。很明显,这种管理的要求是无限的,这就是为什么斯图尔特把它说成"常常是一个不能完全实现或被人理解的愿望"(Stewart,1996a,p.19),但是,正如他所补充到的,"对质量的追求仍然是重要的"。

战略管理

不言而喻,任何渴求质量管理的当局都需要一种战略方法来保证其活动和政策多样性的一致,而且要保证它们有助于实现共同的目标和价值。尽管所有的当局都已经越来越多地认识到,需要在一个不断变化的环境中系统地观察自己的活动,以及确定新的方向或至少确立某种远景规划,指明当局在若干年的时间内将发展到何种程度及其要做的事情。

这就是战略管理和规划的根本内容:提供信息和制定决策程序,使当选的议员和官员都能确定优先要做的工作,将他们的力量放在关键问题上并且找到对付变化的办法。如表17.1所指出的,它可能受运转管理或反应性管理方法的限制。它涉及从业务领导的日常压力下摆脱出来,并且对当局及其职能保持一种更开通的、共同的和长远的看法。

我们在第16章中指出,作为培养战略思想和打破传统的部门和专业界限的另一种方法,许多当局已经委派了战略领导人。这些领导人可以监督许多合并的部门,但不用担负日常的部门管理责任。这样做的预期结果是建立一支精简的战略管理队伍,其中包括最高行政长官和战略领导人,使他们更有能力集中力量解决主要的政策问题,并且可以保证各种服务之间的协调(见Griffiths,1992)。

管理沿革 第 17 章

表 17.1 战略管理与运转管理比较

战略管理可以：	…而运转管理：
• 是长期的	• 是短期的
• 提供各种选择	• 加强连续性
• 受政治上优先考虑的事情的指导	• 强调专业问题
• 鼓励组织在商议问题前短暂停顿进行思考	• 导致无停顿的包括各种活动和例行会议的单调工作
• 考虑变化的环境	• 以本组织作为基础
• 关注其活动的影响	• 关注完成活动
• 留意地区组织的网络	• 局限于组织界限
• 注意工作之间的相互关系	• 以具体工作为中心

来源：摘自 M. Clarke and J. Stewart, *Strategies for Success*（LGMB, 1991），p. 15。

放权的成本中心管理

战略管理的一个几乎必要的伴随物是实际管理责任的下放。如果要实现一个当局的总目标和政策，就需要把这些目标和政策转化成管理人员个人的确定目标或主要工作，简而言之，就是要有人负责任。但是，要使他们的责任有目的性，就要赋予他们必要的自由裁量权来配置财务和其他资源，他们所采取的方式要顺应所要达到的具体目标。中、下级管理人员过去一直受到不合理的管理层次的约束，此类放权管理背后的原则是能够发挥这些管理人员的主动性，从而提高效率，对一个地方当局来说就是要提高为公众服务的质量。

管理的基本原理与行政部门中"下一步行动"的基本原理相同，它涉及另外设立单位或执行机构来履行政府的行政职能，而这在以前是英国政府部门的责任。下一步机构包括从规模庞大的就业服务中心到车辆检查所、公共档案局、皇家造币厂，这些机构继

英国地方政府

续是行政部门的一部分,但是,按照个人框架文件的条款,它们应对自己的财务、支出和人事决定负责。与此相类似,无论是在一所大学或地方当局内,成本中心经理仍是法人团体的一部分,但有权使用分配的资源来完成委托给他们的主要工作和达到绩效标准。

绩效管理

成本中心的建立可能渐次导致形成绩效管理(PM):包括个人和组织的绩效规范、衡量和评价。任务被下放到成本中心,并且用可测量的术语来表达,使得成本中心及其经理的绩效得以定期接受检查和评价,并给予相应的奖惩。一般情况下,如果被评价的是组织,那么就称为绩效审查(PR);如果被评价的是个人,则称为绩效评估(PA)。

但对一个提供服务的地方当局来说,什么是"绩效"呢?对于审计委员会,绩效意味着以 E 字母开头的三项内容,即经济、效率和效益(框 17.2)。事情很明显,对于一个具有行政职能、有时是垄断提供多种服务的地方当局来说,试图衡量这三项绩效内容可能是非常困难的,但对于某个仅提供一种单一产品、追求最大限度利润的制造企业来说则要容易许多。在最低限度上,需要考虑地方议会的行政价值和目标,而这会比单纯追求利润的最大化要复杂许多。即使在确定如教育经验或某些社会公益服务的结果方面,也存在明显的问题,更不要说衡量这些结果了。

虽然饱受争议,但多年来许多措施已用于评价地方议会的绩效。如我们在第 9 章中所看到的(表 9.8),所有的地方议会现在都被要求要提出和公布数十项甚至数百项绩效指标(PIs),我们在表 17.2 中列举了其中某些最常见的绩效指标类型,并将其与对应的绩效内容联系在一起。

框 17.2　3E

- 经济:涉及投入,指将提供任何指定标准服务所需的资源成本降至最低。
- 效率:涉及投入和产出之间的关系。与人们一般错误的看法不同,它不是对成本的衡量,而是对产出数量和质量与投入成本的关系的衡量,是有关少投入多产出的;或是相对于产出最大限度地降低投入,或是相对于投入追求最多的产出,或两者兼顾。
- 效益:也是涉及预期产出和实际产出之间关系的,或略微不同的表示为是关于产出和结果之间关系的。

表 17.2　绩效指标与 3E

指标类型	对应的 3E	例子
成本指标	经济	老年人住宿年度成本
生产率指标	效率	图书馆每位工作人员每小时借出书籍数量
时间目标	效率和效益	处理拨款申请的反应时间
服务质量指标	效益	用户/客户对服务满意度的百分比
服务需求指标	效益	使用服务的人
服务便捷程度	效益和公平	不同地区使用图书馆的服务
政策指标结果	效益	通过开展培训计划减少失业情况

来源:Jackson and Palmer(1989), pp. 5—6; Fenwick(1995), p. 116。

新工党——最佳价值及其执行计划

强制性竞争投标从一开始就遭到了工党及其在议会的影子发言人的反对,以及愈来愈多的地方工党议会更猛烈的反对。顾客关怀、优质服务、战略和绩效管理,无论你认为它们是如何受金融和商业利益驱动的,但却难以反对它们,而且托尼·布莱尔为政府准备好的新工党也无意要进行反对。该党 1997 年的声明表明了,在将强制性竞争投标中的"强制"转化为称作最佳价值的某种计

英国地方政府

划后，它还要参与合作建设新型公共管理体系的其他部分（p.34）：

> 地方议会不应该被迫为它们的服务进行招标，但应要求地方议会得到最佳价值的服务。我们反对服务必须经过私有化才能提高质量这种教条的观点，但同时，如果有其他更有效的手段，我们也看不出有任何理由要直接提供服务。虽然成本是重要的，但质量也同样重要。
>
> 应要求每个地方议会公布一份包括服务改进目标的地方执行计划并实现这些目标。应给予审计委员会额外的权力来监督执行情况和提高效率，根据该委员会的建议，政府应在必要的情况下派出一个拥有全权的管理班子来纠正问题。

在就职两个月后，约翰·普雷斯科特新的环境、运输和地区部就已经发表了"最佳价值服务 12 项原则"（Wilson and Game, 1998, p. 350）。随后，政府于 1998 年初又发表了其 6 个"现代化咨询文件"中的一个，该文件略述了地方当局所担负的新职责的限制因素，也就是要以现有明确的标准和最经济、有效的方法提供服务（DETR, 1998, para. 7.2）：

> 在履行该职责时，地方当局应对当地的人民负责，并对中央政府承担自己作为更广泛的国家利益代表的责任。地方当局应为其负责的所有服务制定包括成本和质量的标准，但对于比如教育和社会公益服务这样的领域，由于政府担负着主要责任和承诺，所以政府应自行制定国家标准。

地方政府已经清楚地认识到，在摆脱极其不受欢迎的强制性竞争投标制度时，最佳价值计划将被证实是一种完全规定性的做法，而且会更具有潜在的干涉性，它对每种服务和职能来说都不会是例外的。

第 17 章 管理沿革

实践中的最佳价值计划

强制性竞争投标被废除了,而最佳价值计划被依法纳入了《1999年地方政府法》。略述于表17.3和表17.4内的整个最佳价值计划在2000年4月开始在所有英格兰地方当局内实行,威尔士3个月后实行。但是,在此很长时间以前,政府已经启动了一个大规模的试验计划,在该计划内,约有40个地方当局在所选定的各种服务项目上自愿试行最佳价值服务(BV),以期对该计划做出早期评估、提出建议以及传播好的做法。

表 17.3 何谓最佳价值计划? 它是如何发挥作用的?

最佳价值计划的主要目标:使人们从其地方政府那里获得的服务得到真正的、积极的改进。
如何做到呢? 通过要求地方议会以制定年度最佳价值执行计划(BVPP)和具体服务的跨领域定期检查的方式做出安排,以保证它们承担所有服务责任的方式得到不断改进,同时要注意其经济、效率和效益。地方议会必须每5年对其所有的服务进行一次检查,以确保不断改进的原则得到了贯彻。
最佳价值执行计划:评价当前的绩效,制定以后的目标,并且略述当局最佳价值服务检查的计划;原则是指要求一个当局按照该原则,说明其服务的效率和效益以及未来计划。
最佳价值服务审查:在对所有服务进行每5年一次的检查时,地方当局应遵循以下4项内容:
- 质询某项服务为什么要提供、如何提供和由谁提供,而且要能说明曾经考虑过提供服务的替代方法;
- 就一系列相关的国家和地方指标对其绩效与类似当局的绩效进行比较,同时考虑服务用户和潜在提供者的看法;
- 在为不断改进服务而制定新的高要求绩效目标和行动计划时,征求当地纳税人、服务用户、外界合作伙伴以及更多的大众的意见;
- 在可行的情况下进行竞争,以保证服务的高效和效益。

审查所涉及的问题一般包括:
- 现在的服务内容是什么?

英国地方政府

(续表)

- 服务质量如何？费用是多少？
- 顾客对服务有什么要求？
- 服务质量与其他的服务相比如何？
- 是否有其他方法同样可以得到该服务的益处？
- 其他组织能否比该议会提供更好和/或更便宜的服务？
- 我们能否服务得更好(好多少)？
- 我们能否使顾客更满意(满意程度)？
- 我们如何能够做到在大量减少支出的情况下使人们得到相同的益处？
- 我们是否应该提供该服务？

检查：一个当局的所有职能应接受检查，检查至少每5年由一个现有的特别检查所进行一次，例如，教育标准办公室、社会公益服务检查所、福利欺诈检查所或者查账委员会最佳价值检查所。到2001和2002年，公布的所有检查报告超过了1 000份。

失败的服务：如果某当局对被检查员判定未能提供最佳价值服务，国务大臣拥有广泛的权利可以进行干预，并且可以最终完全取消该当局所担负的对"失败"服务的责任。

表17.4 一位检查员在2001年某些最佳价值服务检查中的要求
[www.bestvalueInspections.gov.uk]

最佳价值服务检查：为每项服务打分/按包含4项要点的两个尺度进行评价：
- 该服务质量：低于标准＝无星；较好＝1星；良好＝2星；优秀＝3星；
- 是否有改进的可能：不；不太可能；可能；是。

好的、差的以及令人不快的方面
1. 赫里福郡议会——无家可归者以及住房咨询服务
   有望改进的优秀3星级服务
   优点：通过各办事处和扩大服务向农村及分散地区提供便捷服务；最低限度利用议会维护良好的住处，而不是单单提供床位和早饭；出色的接待设施，所有办公机构易于轮椅进出，配备有儿童玩具和热心的工作人员；对家庭暴力受害者采取积极的措施；空闲房产平均在两周内出租；定期检查旅馆和其他住处。
   有望改进之处：对需要临时住处的客户给予更加直接的帮助；收集更多有关残疾人、种族、性别和种族关系问题的信息；提高工作人员及当选成员公平接受培训的机会。

管理沿革 第17章

（续表）

2. 贝德福德郡议会——图书馆服务
有望改进的良好 2 星级服务
优点：对公众优先考虑的问题如延长开放时间（包括星期天）和访问互联网反应迅速；良好的书籍借出和查询基本服务；儿童设施，如在贫苦行政区设立课外作业中心并配备热心的工作人员提供辅导；利用图书馆联合服务为残疾人办实事；向新难民提供其他语言的报纸和免费访问互联网服务；图书馆普遍明亮且服务热心（除贝德福德中心图书馆外）；良好的用户满意度。
有望改进之处：通过设立相关的欢迎标志、广告和宣传材料，提高黑人和少数民族居民的使用率和接受程度；减少对用户调查的依赖并发展更多的非正式团体。

3. 布赖顿和霍伍市议会——公众便捷程度跨领域调查
有望改进的较好 1 星级服务
优点：将采取措施提高公众便捷程度当作议会的核心价值之一；实行一站式商店试点以解决社会排外现象；互联网网站的组织围绕"生活内容"好于按照分门别类的标题划分信息。
有待改进之处：议会服务接待时间不定会造成公众的混淆；议会的某些地区过度依赖语音邮件；大部分议会建筑不便于残疾人顾客出入；由于议会财政状况困难，在接待公众的工作人员离开时，没有人替代他们。

4. 墨佩兹城堡市议会——住房修缮和投资计划
低于标准的无星级服务，改进无望
缺点：无正式的修缮分工制度，以"紧急"方式完成的工作多；对承包商工作表现无有效监督；议会"雄心过大的"现代化计划将需要一百年时间完成，这"与承租人的愿望差距太大"；未经协调的修缮计划导致对稀少资源的低效利用；无定期和系统的客户反馈调查；在服务发展或最佳价值服务检查中没有承租人参与。
无望改进之处：因为尚无有承租人参与的有效的绩效管理制度；工作人员道德水平低；"部门主义"妨碍共同和合作工作；对议会达到最佳价值服务要求的变化和持续改进程度的能力表示担忧。

承担评估任务的是一个由来自沃里克商业学校的独立咨询顾问们组成的小组。他们的总结报告（DETR，2001）直到全面实行之后才得以公布，但报告的结论仍然具有启迪作用。对报告积极的一面，当然少不了要被部里的新闻稿突出强调一番，咨询顾问们的结论是最佳价值计划确实可以推动服务的改进,而且他们还举出了试验当局提供的几个有关服务改进和节省费用的例子(框17.3)。但是,报告也强调了某些严重的困难,这些困难并不都是一些暂时的困难。与试验的挑战性和竞争性相比,试验当局在比较和咨询方面要做得好得多。相对于寻找改进服务的方法,几乎未发现曾对某种服务的潜在需要进行过严格调查。竞争也是较难做到的要求,特别是对那些坚持内部提供服务的当局,它们寄希望于取消强制性竞争投标,这样就会结束与私营部门的不断竞争。

框17.3 某些早期最佳价值服务的改进情况

- 卡姆登市通过提高生产率,在没有增加额外成本的情况下,在两年多的时间内多提供了7万个小时的社会公益服务;
- 朴次茅斯市议会可以教授的患有诵读困难症的儿童比以前多了一倍,而且水平也得到了提高。
- 格林尼治市的社会运输服务业得到了很大改进,表现为服务用户的投诉大幅度下降;
- 纽华克和舍伍德议会在其住房修缮服务管理中节省了15万英镑的费用;
- 路易斯翰姆议会在其财政收入和福利服务中节省效率费用50万英镑。

至少在试验阶段初期,当选议员似乎一般不参与整个最佳价值计划,尤其是不参与最佳价值执行计划的制订,这使人们认为政府官员制定文件是为了外聘审计员,而不是为了得到一个结果,一个可能是有关价值、优先考虑的问题和资源分配这样的极富政治色彩争论的结果。议员和官员们对新制度所要求的费用和时间持批评态度,而且人们非常普遍地对检查感到反感,这丝毫不令人惊奇,因为在首轮接受检查的服务中有60%以上被判定为不是较差就是一般,而其中最差的服务也常常被认为是最不可能改进的服务。所以,新地方政府部长尼克·雷恩斯福德(Nick Raynsford)在选举后首先发表的声明之一明确承认,有必要精简"过度官僚主义的"最佳价值检查过程和"告别有限的侧重服务的检查",就成为一件意义重大的事情(2001年6月22日《地方政府大事记》)。

来自苏格兰的消息更无情。在苏格兰,全部32个单一当局而不是选定的几个"试点"必须在英格兰的前面实行一个最佳价值制度。早期观察家做出结论(Midwinter and McGarvey, 1999, p. 99),最佳价值对服务标准的任何有利影响,已经被对组织的财力资源绩效水平的限制所超过,在苏格兰,这个问题"尚未得到解决",而在英格兰和威尔士却被有效解决了。

明灯计划与公共服务协议

"最佳价值"是新工党对地方政府提供服务的全面抨击,是针对所有地方议会的所有职责的,它是由许多其他的更具选择性的行动支持的,其中之一就是明灯议会(表17.5)计划,该计划是为了确定各地方议会中的出色绩效并将有关绩效的消息通过接待日、出版物、会议和类似途径传播给其他地方政府。

由于渴望被当作前卫"现代化者",在所有英格兰和威尔士的当局中,有超过一半的当局在第一轮申请中自荐希望得到明灯计划的认可,在7个选定的服务区中,有42个当局最终获得成功。"获胜者"之一的韦克菲尔德市议会由于一项社会公益服务合作计划取得了明灯地位,该计划是与巴纳多儿童慈善团体合作的,目的是使离开幼儿园的儿童能在生活中有个好的开始。该市议会的领导人彼得·博克斯(Peter Box)显然对这项新荣誉非常满意:"被选为明灯议会对我们整个地区是一个巨大的促进,它意味着我们出色的工作得到了全国的认可。"

表17.5　明灯议会和改进与发展署

什么是明灯议会(BCs)？是那些作为某一服务领域内的"最佳执行者"而被政府正式认可的议会。在这些议会保持明灯地位的年度内,它们可以被用于向其他当局传播最优方法。作为回报,这些议会可以获准试行更自由、更灵活的新办法,供日后更广泛地为地方政府所采用。

其他明灯计划:还有按照相同原则进行管理的明灯学校和国民医疗服务明灯,它们将决定变革的步伐并作为优秀典型传播最优方法和介绍自己的经验。明灯议会计划的目的是为了通过使所有地方议会学习最优方法,提高服务质量。

明灯计划认可过程

- 每年,整个政府的部长们从对地方人民生活质量有直接影响的服务领域内选择一些主题。地方议会按照它们能够证明自己在提供优秀服务的那些主题,单独或联合提出申请。第3轮明灯计划(2002/03)有11个主题,包括:收养、更好的便捷性和灵活性、减少农村地区犯罪以及将图书馆作为一种社区资源。
- 最后候选议会主要由一个专家10人顾问团从各申请议会中选出,由运输、地方政府和地区部(DTLR)公务员组成的明灯议会小组提供协助。然后,到最后候选的议会进行检查和评估,并由顾问团向部长们最后推荐明灯地位的候选议会。每次大约产生40个明灯议会。
- 明灯议会的当选条件是它必须能够显示出:
  — 某个明灯主题内的优秀业绩;
  — 良好的整体成绩;
  — 有效传播计划,例如展示活动、接待日、讨论会、研究会、指导机会等。

传播工作和改进与发展署:在整个传播过程中,地方议会始终同改进与发展署(IDeA)进行密切合作。改进与发展署是由地方政府协会(LGA)于1999年成立的,是作为LGMB(地方政府管理委员会)的两个后继组织之一而成立的。

雇主组织接替了地方政府管理委员会的工资谈判作用,而改进与发展署则接替了其管理与发展作用,尽管在其首位常任董事梅尔·厄舍(Mel Usher)的领导下,地方政府管理委员会的工作方式虽未被认可,但曾经更富于活力。除支持明灯议会计划外,改进与发展署还管理着一个地方议会同行审查计划,作为一位"爱挑剔的朋友"负责承担对议会的检查;管理当选议员和发展计划;并且拥有一个有用的网站以抵偿其对计算机不友好的名称缩写。

管理沿革 第 17 章

含蓄地说,没有被选上或列为最后候选人一定是使人非常失望的事,这或许就是随后申请急剧下降的原因。到第三轮评选时(2002/03),已经从最初的 211 个参选议会 269 份申请下降到 94 个议会的 131 份申请,这种情况至少增加了得到认可的机会。但是,工党 2001 年声明中并没有具体提到明灯计划,这说明另一个奖励高绩效议会的计划——地方公共服务协议(PSAs,见表 17.6)将会在未来发挥更突出的作用:

> 我们想利用 4 亿英镑的奖励基金向成功的地方议会提供更多的资金,以满足地方的需要。我们已经试验通过地方公共服务协议提供新的投资和更大的财政灵活性,作为对更高绩效的报答。我们要将这项改革措施推广到所有的高层议会。通过改进的检查以及下放更多地方裁量权,我们将给予那些高绩效当局更多的灵活性以鼓励城市的复兴。(p. 34)

表 17.6 地方公共服务协议(PSAs)

它们是什么?中央政府与单个地方当局之间一种特别的合作伙伴形式,包括具体的共同地方政府绩效目标,为实现这些目标而提供的政府帮助,以及对成功实现的现金奖励,这些奖励就像政府所描述的那样,是一种"交换"协议。 **这个由三部分组成的地方公共服务协议提出:** • 当局对在约三年内完成大约 12 项服务绩效方面具体的重大改进的承诺,这些改进将超过或高于其最佳价值执行计划中的任何目标。就其结果而非产出或投入而言,这些目标在被"展开"的同时,应尽可能确定精确,应包含国家和地方优先考虑的问题,但必须至少包括一件有关国家优先考虑的问题,如教育、社会公益服务和运输。 • 政府通过"政府投资"专用拨款以及可能允许的额外借款范围,帮助当局实现这些已经同意的改进承诺。 • 政府向地方当局作出支付额外绩效奖金拨款的承诺,前提条件是地方当局确已提高了绩效且可以证实。 **发展及意义:** 20 个当局在 2000/01 年度达成试验性地方公共服务协议,并在工党 2001 年声明中得到强调。这些协议已经推广到所有最高层议会并构成了中央政府现代化议程的主要组成部分。

英国地方政府

（续表）

例子：伯明翰市议会的地方公共服务协议（2001—04）

中央政府将在 2001/02 年度支付"政府投资"专用拨款，以抵补议会为实行地方公共服务协议所增加的支出。如果能够实现全部 12 个目标，议会将在 2005/06 年度得到 2 800 万英镑的绩效奖金拨款。

议会的绩效承诺包括：

- 提高 14 岁儿童在第 3 关键阶段测验中达到第 5 级的比例，例如英文课从 2000 年的 57% 到 2003 年的 71%，而如果不实行地方公共服务协议则是 68%；
- 提高小学生以 A* 到 C 的成绩通过 5 门或更多的普通中等教育证书考试科目的比例，从 2000 年的 38% 到 2003 年的 50%，而如果不实行地方公共服务协议则是 47%；
- 提高离开公立机构照顾的孩子以 A* 到 C 的成绩通过 5 门普通中等教育证书考试科目的比例，从 2000 年的 1% 到 2003 年的 17%，而如果不实行地方公共服务协议则是 15%；
- 减少家庭失火、火灾造成的伤亡，例如失火情况从 2000 年的 1 453 起降低到 2004 年的 1 207 起，而如果不实行地方公共服务协议则是 1 245 起；
- 将回收和制肥废物的利用率从 2000 年的 8.4% 提高到 2004 年的 17%，而如果不实行地方公共服务协议则是 12%；
- 提高议会使用电脑处理议会事务的比例以及增加图书馆在线服务数量，例如电子办公从 2000 年的 10% 到 2004 年的 100%，而如果不实行地方公共服务协议则是 70%。

工党的第二个目标——重心的改变？

继 2001 年选举之后，部门的职责和部长职务立即进行了重新安排。斯蒂芬·拜耳斯（Stephen Byers）和尼克·雷恩斯福德（Nick Raynsford）取代了约翰·普雷斯科特和希拉里·阿姆斯特朗，分别担任国务大臣和负责地方政府的部长。两位新部长都曾经担任过议员并且至少用比前任更温和与较少干涉性的语言提出了他们的计划。一份关键的早期政策文件就是 2001 年 12 月的白

管理沿革 第 17 章

皮书《强有力的地方领导——优质公共服务》。几乎是在附和我们在第 8 章到第 10 章中的意见，该白皮书（DTLR, 2001a, paras. 4.2—4.4）承认中央政府控制手段的微观管理已经变得如何使人窒息：

过度的投入（例如控制借款和围护资源）、程序（要求制订计划或建立合作关系）和决定。

多年来，累积起来的影响已经变得非常重大：

- 被围护起来的专用拨款已经发展到即将严重限制地方议会调动财政的空间的程度；
- 议会现在被要求制定大约 66 个单独的计划和策略，而仅最高层议会就被要求制定 40 个以上；
- 地区协调单位已经确定了约 30 个针对贫困地区和附近地区的主要计划。

中央政府的要求和计划的积聚是会产生相反结果的。

白皮书承诺，政府将来会把重心由控制投入、过程和地方决策，转向依靠一套标准与责任的国家框架来实现结果的产出。

> 有关本议会的方针，我们将给予地方议会更多的革新空间，以便通过适于地方条件的方式作出反应和提供更加有效的领导。我们将在借款、投资、贸易、收费和确定优先支出项目上，给予地方议会更多的自由。

虽然这些"自由"（已经为大多数据称是民主国家的主要当局所拥有）很少会附带着时间表，但是其中的几种自由还是具有潜在重要性的，这已经在本书前面的章节中谈到过。它们包括（第 4 章）：

- 取消对资本投资的信贷批准，并且由某个地方的"谨慎"制度取而代之。按照这个制度，由单个当局决定它们能够借得起多少钱，当然，还要受到"政府保留权力"的控制；

英国地方政府

- 在向公共、私营和志愿部门的其他单位提供产品和服务并收取费用时享有更多的自由;
  - 对向确属政府优先项目提供围护起来的专用拨款的限制;
  - 减少要求地方政府制定的计划和地区计划(ABIs)的数量。

给听话的孩子更多的糖果

按动机理论来讲,一旦从长期约束中解放出来,即使不是获得完全解放,地方议会也将会变得更具创新精神和事业心,并且一般会成为更好的服务提供者。这非但不是放弃绩效管理的原因,而恰恰正相反。2001年白皮书(para. 3.12)承认,如同控制措施、计划和行动过多一样,还存在着过多交叉的绩效衡量框架。费思·博德曼(Faith Boardman)在担任朗伯斯区行政长官的第一天就发现(表13.4),"这些问题积累起来的影响会成为一种过重的负担,造成衡量方法混淆和失去对有待优先考虑问题的工作重心"。

此外,该白皮书虽然保证(paras 3.13—3.15)以后会变,但很明显,对退步者来说不会变。应该在地方公共服务协议的基础上,为所有地方服务制定一个更加一致和完整的绩效衡量制度。

在与地方政府和其他股东的合作中,我们的目的在于使某种框架就位,该框架包括:
- 集中在国家公共服务协议确定的优先领域上的规定标准;
- 可以据以评定每个规定标准执行情况的清楚的准则。

将按照这些标准,通过检查和综合绩效评估评定所有当局。如果地方议会未能提供服务,就会要求它们纠正错误。在必要的情况下,政府将采取决定性的调整措施。

这些明显建立在最佳价值经验和大量与地方无任何关系的人员(检查员、审计员、公务员和部长们)所作判断之上的综合评估,将成为"政府绩效框架的基石",为政府、地方议会和公众提供"有关每个议会的清楚的绩效介绍"(para. 3.17),或提供一个单独的、其实是表面而更可能是有害的称号,这就取决于你的看法了。所有地方议会都将被划分为4类:高效执行者、奋进者、滑行者和低效执行者,都将得到或得不到各种"额外的自由"作为回报,见表17.7。

表 17.7 高效者、低效者、奋进者和滑行者

> 综合绩效评估:在其第二个任期内,工党政府试图制定一个更加一致和完整的绩效衡量制度,按照该制度,所有议会将被划分为4类。那些属于较高类别的议会将获得"额外自由"作为奖励,这些自由将超过或高于向所有地方议会许诺缩小的干预范围。
> - 高效者:在政府优先服务领域的高效(教育、社会公益服务、运输),无效率低劣服务,有可证明的能力进行改进。
>   可能获得的额外自由:减少对非教育拨款的围护;摆脱上限威胁的自由;使用罚款收入的更多自由;进一步减少计划要求;减少对资本投资的围护。
> - 奋进者:非一流执行者,但有业经证实的改进能力。
>   可能获得的额外自由:"轻微的"检查方式;对最佳价值检查计划有更多酌处权;在高效领域有更多的经营自由。
> - 滑行者:非一流执行者,业经证实的改进能力有限或没有。
>   可能获得的额外自由:像其他议会一样,通过他们的地方公共服务协议得到自由,另外还有对力量薄弱地区"能力培植"的支持;在效率强的领域内进行经营的更多自由。
> - 低效者:始终处于绩效程度范围的底部,业经证实的改进能力有限或没有。
>   可能获得的额外自由:不多,而有许多解决共同或服务弱点的其他监督和干涉措施,包括将职责转让给其他的提供者以及将议会交由政府指定的行政人员管理。

它们的详细内容和分类所使用的语言,都引人注意地显示出对首相"中央和地方政府间合作"提法的中心观点,首相在其2001年白皮书的序言中曾再三提到它(强调了我们的观点)。这种合作显然是父母间的合作,虽然为时已晚,但父母还是努力想改

英国地方政府

正多年来对孩子的专制虐待,而且他们敢肯定,只要他们一眼照顾不到,自己任性的十几岁的孩子就会出现严重的行为不端。在孩子父母的眼里,把孩子当作大人对待不合适,可以采用使孩子们互斗、坐收渔人之利的方法控制他们,比如给拍马屁的一些甜头而对其他的则斥诸猛烈的威胁。

这种"甜头"也是有指导性的,具有管理制度的贬抑性质,地方议会就是按照这种制度进行管理的:在花它们自己的罚款收入或相互买卖服务,以及决定按什么比率向自己的居民和投票人征税等方面没有裁量权。2001年白皮书的财政部分(Part II)阐明,以下方面不会有大的改变:

● 为地方收益支出提供资金时所要保持的中央和地方平衡,需要中央出资至少占3/4;

● 部长们保留他们税收和支出的上限权力;

● 营业税继续作为国税;

● 议会从地方税附加形式中筹集财政收入的权利。

在白皮书之前,部长们用来形容给予高效地方议会额外自由和灵活性的"奖励"的措辞是"挣得自治",它在白皮书本身中没有起突出作用,但是,却使我们回想起我们在第2章中有关"部分自治"的讨论。在我们的政体中,地方当局永远不会是自治的或是中央政府的平等伙伴;最近对严格限制的"自由"所作的让步,只不过强调了这种关系在本质上的不平衡。

结论:顾客至上

细心的读者可能已经注意到了,"公民"这个词在本章的大约三分之一部分后,已经完全消失了。所介绍的这些变革和计划,一直都是有关我们称之为地方政府服务职责和我们与地方议会间纯粹的服务用户和消费者的关系。为了保持该题目的连续性,我们直接从撒切尔/梅杰保守党政府的新公共管理改革推进到新工党"现代化议程"的那些部分,该议程采纳、改变了这些计划,而在有些情况下则否决了它们。这些否决的重要性在于,确认了布莱尔政府对待提供服务的态度与其前任之间存在的某些明显的不连续性,正如马丁(Martin,1999b)所认同的:

- 它明显是针对一个跨领域议程的,比如在犯罪和社会性排外领域;
- 存在着一种更加主动和务实的决策方式,它更具有实验性而且注重基于证据的政策;
- 在政策制定上,既由于其对提供服务的新方法持开放态度而更冒风险,又由于较大程度地依靠对新计划的试验和评价而有较少的风险。

就像我们在序言中所指出的那样,一个更进一步的变化是工党的现代化议程包含了一个主要的附加政府因素——民主复兴计划,它是针对我们作为公民同时也是消费者身份的。这就是第18章的主题。

进一步阅读指南

有一些关于保守党政府强制性竞争投标和其他受市场驱动政策的有用的评价,其中几个评价(Stewart and Stoker, eds, 1995 和 Leach, Davis et al., 1996)使我们得以提到我们已故的地方政府研究院的同事基恩·沃尔什(Kieron Walsh),人们无论是在学术方面还是在个人情感上,都仍然非常怀念他。霍顿和法纳姆(Horton and Farnham, 1999)对新公共管理做了深入研究。博伊恩(Boyne,1999)详细叙述了从强制性竞争投标到最佳价值计划的过渡情况,而负责领导试验评审小组的马丁(Martin, 2000)已经对最佳价值计划作出了一个良好的初期全面评述。通过有关地方当

英国地方政府

局的一系列的咨询文件、法案和顾问指导,工党的现代化议程可能得到了最充分的贯彻,所有内容都可以在运输、地方政府和地区部的网址上找到。斯托克的文章(Stoker,1999b)对该议程进行了有用的综合。如同其全名所暗示的,阿特金森和维尔克斯—希格(Atkinson and Wilks-Heeg,2000)的书为本章和其他章中的几个话题提供了有意思的观点。

第 18 章
民主复兴？

～～～～～～～～～～～～～～～～～～～～～～～～

引言：被忽视的政治职能

在第 6 章中，我们曾提到，正发生于我们的市政厅和郡政府大楼日常政治管理中的变化有着如此大的重要性，而且从根本上结束了以前长期的做法，因此，或许可以说这些变化构成了一次小规模的革命。这些变化中的核心是行政的地方政府的新结构和程序，即直接选举的市长、内阁、议会委员、议会机构、观察和审查委员会、标准委员会等。在这 21 世纪开始的年代内，人们正在为所有这一切进行着争论、咨询、表决、说明和调整，同时，工党现代化议程的"民主复兴"部分正在通过立法和制度而形成。在 2001/02 年度内，革命正在向前发展，其最终的影响尚不得而知，所以我们为标题加上了问号。因此，本章必然成为一种对这些改革所做的盘点式的简短描述。总之，这些改革并非全部与政治管理有关，它们主要影响到地方政府的政治职能而不是其服务职能。

我们认为，在 20 世纪 80 年代和 90 年代汹涌的管理变革浪潮中，这种政治职能相对被忽视了。然而，还是有一些例外。特别是保守党的一位大臣迈克尔·赫塞尔廷，他对自己所观察到的议会古旧和低效率的政治过程进行现代化改造很感兴趣，并且在 20 世

英国地方政府

纪90年代早期,采取了我们随后展开的措施。但是这位大臣的同事中却很少有人和他一样对此抱有热情,因此只能由其他人重拾改革的指挥棒——上院地方民主委员会,以及其后的对手工党和它的领导人托尼·布莱尔。当然,最终只有工党感兴趣的内容才会产生影响。本章大体简述这个以民主复兴而为人们共知的演变与时断时续的进步过程。

民主复兴的先行者——市长直选倡导者和实验主义者

20世纪90年代伊始,伴随着一位新首相约翰·梅杰和新环境大臣迈克尔·赫塞尔廷的到来,他们对撒切尔夫人的领导进行的挑战导致了首相的更换。赫塞尔廷先生上任伊始,立刻对地方政府系统发动了一次大规模的检查,检查主要针对财政、结构和内部管理。财政检查的目的,是要尽可能从速而又避免引起尴尬地取消人头税(见第10章)。结构检查的目的是要推广单一当局,尽管在英格兰没有什么类似的事会像政府开始所计划的那样,涉及范围如此广泛(见第5章)。但对迈克尔·赫塞尔廷来说,内部管理的目的是,设置单独的行政官和最好是选举产生的市长。

他想要提出有关英国地方政府行政管理的根本性问题,而威蒂考伯委员会曾将这些问题弃于停滞不前的状态。他对委员会制的"英国模式"提出疑问,按照这种制度,政策是由选举出的议会与有委托权的委员会而非独立当局公开、共同制定的,并且听取作为一个整体供职于议会的政府官员的意见;这与传统的文官系统不同,那里只有多数党及其领导层参与制定政策。因此,他在1991年的咨询文件《英格兰地方当局的内部管理》(DoE,1991b)中,提出了一系列的替代模式,这些模式大部分是用某种形式的执行官,无论是选举出的还是单独任命的,包括直接选举产生的市长,来代替委员会制,从而使议会中执行和代表性的作用分离开(Wilson and Game,1998,pp. 332—4)。

地方政府对这位大臣咨询文件的反应冷淡。决策过程的任何"精简"没能打动地方议员们,这也是事先预料得到的,因为这种精简会导致当选议员数量的减少,而且人们明显不十分清楚这些替代模式的实际应用。所以,政府下一步的行动是设立了一个部门的工作组,该工作组在1993年编写了一份题名为《地方领导和代表:发挥潜力》的报告(DoE,1993),这里所说的潜力是指议员们的潜力(Wilson and Game,1998,pp. 335—6)。地方议员们的作用应该得到加强,他们还应该得到更多的支持、更好的锻炼以及更适当的酬报。议会应当检查它们的内部管理安排,而且至少要考虑那些更激进的模式,政府应积极鼓励多种模式的试点工作。

在迈克尔·赫塞尔廷的掌握之下,环境部工作组的报告可能已经介绍了某些有用的实验,而中央和地方政府也同样可以从这些实验中吸取经验。但是到报告得以公布时,即使他的继任环境大臣迈克尔·霍华德(Michael Howard)也已经转瞬离任了,而且环境部的兴趣也已经大减,但其他部门却受到了很大的激励。

学术界的斯托克(Stoker)和沃尔曼(Wolman,1991,1992)吸收了美国的经验并且宣称,这样的市长在英国可以为建立一个更加有活力和影响力的地方政府,发挥焦点和推动力的作用。他们认为这样的市长制度可以造就出一个立场鲜明的市长形象,公众能够认同这样的市长并使其担负责任。斯托克还是独立的地方民主委员会委员之一,其1995年的报告提倡设立一个以直选市长为首的独立的行政机关:

> 我们认为要重振地方民主,就要求将**议会**和**行政机关**分开,二者在公众的思想中要明确区分。行政机关应该从投票箱中取得自己的民主合法性。(para. 4.3,黑体为原文所加)

该建议是为了公开攻击英国地方政府的主要弱点。我们认为参与选举的人数少的原因如下:公民对地方政治和领导

英国地方政府

层的无知;决定所承担的正式和非正式责任之间的差距;党派过多参与地方选举;议员在管理上花费的时间过多,在代表和检查上花的时间不够。(para. 4.4)

有许多模式可供地方政府内直接选举的行政体制使用。我们建议的模式是,在其中,领导人/市长负责当局的管理并且任命其高级官员,但只要议会还控制着预算和政策计划,就要服从于议会。领导人/市长必须与议会就物力进行协商从而得到对总政策的批准。(para. 4.9)

两派改革者的争论正在进行,两派都赞同政权分离,但是其中一派强烈支持以某一个人即一位直选市长为首的一个单独行政机关,而由环境部工作组代表的另一派则倾向于多样性和实验。汤沃思(Tanworth)的亨特(Hunt)勋爵无疑是一位实验主义者。他曾担任有影响的上议院各党派中央和地方政府关系特别委员会主席(1996),该委员会曾一度对地方政府在20世纪80—90年代所遭受的权力被削弱持强烈的批评态度(Wilson and Game, 1998, pp. 114—15)。在1997年初,亨特勋爵提出了《地方政府(实验性计划)议案》,旨在实行他所在的特别委员会的主要建议之一。

正如环境部工作组所倡议的那样,该议案将允许地方当局向国务大臣提出申请,以获准进行8年的替代性决策体制和计划的试点工作,以便在作出决定时能够更有效、负责和透明。试点工作还应包括规定当局成员仔细检查与新计划有关的所有职责的履行情况,而且国务大臣将发出一个暂时修改现行立法的命令,使已经获得批准的方案继续执行。

数项可能的计划提出了,每项计划可以通过多种不同的方式实行:

- 一个正式的一党顾问委员会向当局提供总体建议;
- 一个一党执行委员会负责当局的某些决定和整体战略;
- 一个领导成员制度将责任委托给单个议员;
- 一种内阁制,将领导成员的行政责任与他们所在的执行委员会共同履行的其他责任结合起来；
- 一位直接或间接选举的常务市长，负有可以委托给领导成员或一个市长任命的内阁的行政责任。

在工党领导人为该党1997年的声明做最后润色的同时，亨特勋爵提出的议案似乎密切反映出该党自己对从实验中学习的价值的看法(p. 34)：

> 我们应鼓励地方政府进行民主革新，包括对城市中选出的市长应拥有行政权力的想法进行试点。

但结局令人不快；当新工党的现代化议程正在形成时，实验主义者们却将很快变为市长直选倡导者。

新工党的态度——照我们的方式现代化，否则承担一切后果！

政府就职数周后，新工党对地方政府的态度变得明朗了。正如第9章中(图9.2)所形容的，它是一种大棒加胡萝卜的做法，或者更确切地说是胡萝卜加大棒的做法(Game, 2000)。在副首相和环境大臣约翰·普雷斯科特(John Prescott)的带领下，部长们从一开始就热心于强调，他们对建立一个强有力的、民主选举的地方政府的真正认识和责任。在工党领导下，情况会与议会在保守党领导下所遭受的限制和排斥非常不同。在多年缺失维生素A之后，又会有胡萝卜了，其表现形式就是我们在第17章中所遇到的"自由和灵活性"，但它们就像民众选举的中央政府中的部长们一样，将决定着事情会如何变化，以及如果议会试图用某些人在保守党时期曾经尝试过的方法阻止变革的话会发生什么。在发放胡萝卜之前，变革终将会发生，这是因为，正如新政府六个咨询性绿皮书之一所详细说明的那样，地方政府当前管理和绩效的几个方面

英国地方政府

是令人无法容忍的。

地方选举参与者数量过低,反映出人民对地方民主的普遍冷漠;议员们努力工作,但没有效果;委员会在细节上花时间过多而在基本问题上花的时间又不够;议员们对其地方选民来说没有代表性。

这显然是中央集权主义者片面的批评。例如,没有几个中立的观察家会提名国会作为现代性、效率或生产率的模范。下院议员们和部长们虽说平均比地方议员们略微年轻,但在其他许多方面,当然也包括他们的性别平衡方面,甚至更缺乏对其选举人的社会经济代表性。而且,正像我们在2001年6月所看到的那样,那些选举人也并没有真正地正在街上投他们的票,但他们是统治者,而且得由他们来发号施令。

他们下令,地方政府必须按照他们的议程现代化,这个议程是关于:

一个有关**民主复兴**的激进计划,使地方当局直接与其大众接洽。当局应该能够向大众提供**有远见的领导**,同时与其他机构、公司和组织进行合作,保证通过这些手段为所有人提供**最佳价值服务**,以及一个以**最高行为准则**为特点的地方政府系统。(DETR,1986,黑体为我们所加)

对此议程反应积极的地方议会将挣得与政府合作工作的权利,以实现政府使英国"现代化"的命令。甚至可能还会有更富实质性的"胡萝卜",其形式为放松某些财政控制和行动上的更大自由,但如同首相所强调的,"大棒"也是交易的一个同样重要的组成部分:

当议会表现出它们可以拥护这个变革议程,并且可以习惯于在其地方现代化过程中发挥作用时,那么它们就会发现,自己的地位和权力得到了提高。但是假如你不愿意或不能够按照这个现代化议程工作,那么政府将不得不寻找其他的合

民主复兴? 第18章

作伙伴接替你的任务。

对建立民主选举的地方政府的承诺,在当时是个有保留的承诺。被认为失败的或不顺从的地方议会,会被剥夺基本权力,而后将这些权力移交给非选举的企业或志愿组织。与其说其影响像一根木头棒,倒不如说更像一根炸药棒。

民主复兴

"现代化"这个词的意思到现在该清楚了,它现在是指新工党在其1998年咨询文件(DETR, 1998b-f)以及随后的一份白皮书《现代地方政府:与人民保持联系》(1998a)中所提出的所有地方政府的改革目录。该目录将包括略述于第17章中的服务改进方案:最佳价值、明灯议会、地方公共服务协议以及合作工作方式(见第8章)、电子政务、财政改革和打着"民主复兴"旗号的个别建议。

民主复兴是集合标题,是关于当议会要对本地大众有效实行和提供"有远见的领导"时,人们认为有必要进行的根本变革。更明确地说,正如第一份咨询文件《地方政府现代化:地方民主与地区领导》(DETR, 1998b, para. 2.3)中所详细说明的那样,有必要:

- 使地方选举安排现代化,以提高地方议会的责任性和促进人们参与地方选举;
- 为地方议会听取当地大众意见以及使大众参与决策、政策规划和审查寻找新方法;
- 研究议会工作的新方法,使地方议会具有更清晰的行政管理体制;
- 加强议会作为其地方委员会领导者的作用。

我们将逐一涉及这些政策的各部分。

英国地方政府

选举——比例代表制只意味着程序改革

政府从一开始就表明,选举方式的"现代化"并不意味着选举改革学会所支持的那种选举改革,或我们在第 11 章中所讨论过的改革。尽管它所声称的对地方政府当前状态的担心,是针对大批议会被一党所控制的现象而言的,其实只要实行任何形式的比例代表制(PR),就可以在很大程度上消除这种现象,可是,这种选举改革却实际上被排除在外,甚至没有讨论的余地。在批评有人所称的任何选举改革形式都没有经过公开发表时,第一份咨询文件宣告道:

> 政府认为,改变投票制度不是解决地方政府当前软弱状态的灵丹妙药。(para. 3.47)

这似乎是一种越来越刚愎自用的态度,因为此时 3 个地方议会、欧洲议会和大伦敦议会的选举都已经采取了比例代表制。但在目前,为现代化所要考虑的唯一安排只是地方选举更技术性的方面:
- 选民登记;
- 投票站数量和地点;
- 选举日期;
- 投票时间;
- 缺席投票和邮寄投票;
- 电话和电子投票。

在工党 1997 年有关年度选举的声明中,有一个有争议的建议,或者,引用其准确的文字就是"每个地方应每年选举一定比例的地方议员"。这个值得称赞的意向就是要通过使选举人每年对地方议会和议员的表现做出结论,来提高他们的责任性。但要通过提高选举频率来减少投票人对选举的冷漠,这似乎有些奇怪,且

民主复兴？ 第 18 章

不说英国某些人口稀少地区的年度选举所造成的行政管理困难，之后，这个保证就没有再出现在 2001 年声明中。

关于程序改革建议，许多当局一经获得批准，就立刻准备好、愿意而且有能力进行试点。建议提交给了内政部的一个工作组，这个工作组用了长达两年的时间完成了其总结报告，其深思熟虑的主要结果形成了《2000 年人民代表权法》中的三项规定：流动登记，自动邮寄投票和地方选举试点。流动登记使搬家的人可以按月登记他们的新住址，而不用等到下个十月份中指定的某一天。自动邮寄投票指，在北爱尔兰之外任何人都可以不用说明原因就能得到选票。第三，在 2000 年地方选举中，挑选出的地方当局获准试用新的投票方法。

新安排试点的主要类型包括：
- 选举完全通过邮寄投票完成；
- 提前投票，有一个或更多的投票站在投票日之前开放；
- 流动投票站和区外投票站——例如在超市中投票；
- 电子投票和计数，使用安装在投票站内的机器。

我们在第 11 章中提出过（同时参见 Game, 2000a），只是全部邮寄选票方式才明显增加了投票人数，此外加上各种电子投票方式，在 2002 年试点的第二阶段中占据了突出的地位。但是，政府使投票变得更容易和更方便的成见并不合每个人的胃口，如果你凑巧住在一个政治上可靠或无望的行政区，这些措施中没有哪一种措施会对克服投票的障碍因素起到多少作用。如果你正巧认为现在的地方政府受中央政府的约束太紧，造成你们当地的议会发挥的作用有限，那么，无论是哪个党来管理，也不会对你的生活有什么大的影响，这些措施也同样不能使你变得热心起来。我们要表明的是，我们不持后者的观点，但是我们乐于借用政府自己在驳回选举改革时的说法：我们认为，选举人数的增加不是解决地方政府当前软弱状态的灵丹妙药。投票人数少只是问题的一个症状，而不是问题本身。

英国地方政府

要更多地倾听而不要只是听见？

民主复兴的第二部分要求，地方议会要为听取当地大众意见并使当地人民参与决策、政策规划和审查"寻找新方法"。在承认"许多当局"已经开始为使当地大众定期参与当局的决策而制定新计划的同时，政府的看法是，即使是最好的当局也应该进一步发展，使得它们自己的最佳做法成为规范。至于现代化议程的其余部分，不寄希望于地方当局能够自己改进，而是需要法令的支持。

因此，在贯彻最佳价值计划的《1999年地方政府法》中，纳入了一项地方当局的法定责任，即应听取服务用户、地方纳税人和工商业界的意见。此外，在认识到不同的咨询方式可能适合于制定某些政策或战略的不同阶段后，政府制定了某些计划供认真思考：

1. 通过以下方式征求公民意见：

- 公民评审委员会——由12到16位公民组成"有代表性的"小组，一般用3到5天时间深入考虑某个问题，仔细检查证据，反复询问专家证人并提出建议；

- 中心小组/调查小组/公民会议——不同规模的特别小组最后或定期开会，针对某一特别问题、服务或困难发表经慎重考虑的意见；

- 协商性民意调查——比公民评审委员会规模更大且在统计上更具有代表性，以"初始期间"和"态度改变"民意测验开始和结束，在对书面和口头证据进行扩大讨论之后再进行后者。

2. 通过以下方式使公民直接参与决策：

- 常设公民小组——在统计上有代表性的居民例样，被某一议会用做常备咨询小组；

- 社区/用户集团论坛——用于考虑影响本社区或感兴趣地区的政策或建议，这些政策或建议可能涉及某些委托权和委托预算；
- 地方公民表决——强制性的或建议性的。

3. 通过以下方式提高公民的监督和检查作用：
- 质询小组/公众检查委员会——居民委员会，有权向主要地方议员和官员索取文件和证据；
- 直接服务检查委员会。

4. 通过以下方式使当局对外开放：
- 地方议会会议上的公众质询时间；
- 议会委员会增选；
- 试行可选择的开会时间和地点；
- 地方议会决策的转移/地方化。

这些想法对地方政府来说并非是全新的，即使是，也是极少数。我们在第3章中（表3.3）指出，甚至在工党政府上台前，某些地方的某些当局已经在使用这些方式中的大部分方式了，而且其中的几种差不多已经成了标准做法：服务用户和街道论坛，地方议会会议上的公众问答时间。有四分之一的当局也要求拥有互动性的网站，而这时，大多数部长们对电子政务的兴趣还没有发展到超过要战胜千年虫的程度。

所以，这个清单更加有意思的一个特点是，它在几个地方都明确表示，承认我们与地方议会的关系不仅局限于我们作为服务消费者的关系，而且我们还是公民。我们的作用不仅仅是作为投票人，我们还要在议会的行政和服务职能中发挥作用，而它们对我们所负的责任，也超出了单单为我们提供服务和即时回复我们对服务的投诉的程度。这种作用的区别是至关重要的。顾客对某项服务所关心的是，服务是否"适合他们"，而当顾客停止使用服务时，他们对服务的兴趣也停止了。这是一个问题的两个方面。公民所关心的是该项服务是否是"恰当的、阶段性的"。即使公民不再使用或从未使用过某种服务，公民可能仍然会对这种服务感兴趣，发表见解，而且有发表这些意见的权利。

确实，哈洛的公民至少有五项权利，在区自治会的公民宪章中，对这些权利有清楚的说明(摘自 Stewart，2000，pp. 260—1)(框 18.1)。

框 18.1 哈洛市明灯议会的公民宪章

哈洛公民的权利：
- 发表意见；
- 接近当局和那些当局的代言人；
- 了解情况；
- 得到公正、公平的对待；
- 积极参与地方社区的管理。

与地方议会为寻求公众协商的新方法所给予的重视相比，相对而言，对公民权或民主活动进行的革新受到了忽视，但也有例外，在整个 20 世纪 90 年代中，约翰·斯图尔特(John Stewart, 1995c，1996b，1997，1999)定期提供了这方面的文件资料：几个地方当局和卫生当局召集了公民评审委员会；莱斯特市(Leicester)为研究预算支出优先项目，成立了公民小组；斯特灵市(Stirling)成立了新颖的 60 人公民大会，以代表各种不同的社区利益；诺丁汉郡是组织了社区远景活动的数个当局之一；沃尔索尔市用一种称为制度调整(System Alignment)的办法，召集股东召开为期两天的会议，讨论社区安全以及雇员和用户的参与问题。

地方公民表决活动也开始崭露头角，这比为选举市长而要求进行的公民表决要早许多。对涉及某个主要当局职责的事项或有关该地区直接效益的问题，有关的公民表决一直都会得到批准。但是近年来，公民表决已经趋向于受到数量和题目上的限制，比如威尔士的酒吧星期天营业问题、转让地方当局学校和住房总量问题。而后，在 1999 年 2 月，米尔顿凯恩斯(Milton Keynes)市议会举行了声势浩大的公民表决，以决定该市即将出台的预算和家庭税。它为居民们提供了三种选择：税率增加 15%、9.8% 或 5%，同时伴随着相应增加的服务或储蓄一揽子计划。参加表决的人数超过了44%,而上一次地方选举的数字是26%,有占决定性相对多数的46%的人选择了增税9.8%,该地方议会宣布自己有责任执行这个选择。

在2001年2月,布里斯托尔市和克罗伊登市也步米尔顿凯恩斯市后尘进行了公民表决,但结果相差甚远。与三种少量增税选择中的任一种选择相比,布里斯托尔市大多数选民的首选是,投票赞成完全冻结税收,他们要求议会削减大约450万英镑主要针对教育的支出。而克罗伊登市的居民选择了向他们提供的最低限度增税,但是承租人投票赞成冻结房租。我们曾在第10章结尾处提到,具有约束力的家庭税公民表决已经开始登上财政改革的议程,这三次公民表决尝试性地介入了直接民主,将引起人们相当大的而不是小的兴趣,因为,由于达到了表面上"鼓舞人心的"30%—40%的邮寄投票人数,它们突出体现了与普遍提高选民参与程度有关的某些关键问题。

现实情况是,即使实行了免费投邮、免费电话和互联网回复等办法,本应参加所有这三次家庭税公民表决的大多数人,还是选择了不参加表决。无疑,这些弃权者中的许多人正是那些最依靠议会服务的人。顺便提一句,布里斯托尔市的议会服务支出,现在将被迫再削减12万英镑用来支付公民表决的费用。参加投票的方法有很多种,而且没有一种是免费的,但是问题没有得到解决:那么怎么办呢?我们介绍的所有那些不同的办法,确实扩大了决策基础了吗?行动和效益不是一回事。就像处境艰难的志愿组织常常感觉到的那样,我们会被淹没在各种参与办法中。但是对某些人口来说,政策带来的影响可能是最小的,就算议会的意图再良好,也会很易于增加现有的各种社会排外现象和缺陷。

所有这些保留意见都不是要对参与投票的许多价值和益处提出疑问,或者是要对政策提出批评,但在承认公民权在我们地方政府中的重要性上,这些政策至少已经晚了。这些政策确实直接将我们引导到了民主复兴的以下部分,即政府的行政管理和行政领

英国地方政府

导。所有迹象表明,我们大多数人并非真要比现在更积极地"接触"我们的地方议会。当然,我们似乎也没有到非要放弃地方代议民主制的现有形式的程度。我们是不是更愿意拥有一个更有力、更具体、更人格化的地方领导形式呢?

选举产生的市长——几乎还没有找到

民主复兴的第三个也是影响最深远的要求,涉及使地方议会的工作方式现代化,特别是要脱离传统的委员会制,这种委员会制是"在一个多世纪以前,为一个已经过去了的时代而设的……根本不能成为建立现代地方政府的基础"。我们在第6章中略述了政府对各种委员会及其管理的批评,也谈到了对它们的纠正办法:使地方议员们的行政和代表的身份分开,并建立一个最好以直接选出的强有力的市长为首的行政机关。

仅在几个月的时间内,这份咨询文件的意见已经在立法方面得到了强有力的支持。赞同地方议会对多种行政管理方式进行试点的实验主义者们,已经变成了强烈的直选市长倡导者。当改革达到了白皮书的阶段时,正如我们在第6章中看到的那样,英格兰和威尔士所有的地方当局都被要求要从所建议的三个模式中挑选一个,其中两个是建立在直接选举市长基础上的。它们当然是自由选择了第三个模式——一位间接选举的领导人和内阁。即使如此,如果地方议员们感觉忽视或误解了选民自己的选择,当5%的本地选举人提出请求或是国务大臣进行可能的干预时,地方当局还可能会被迫举行一次有关市长的公民表决。

继1998年7月概述了三个模式的白皮书之后,这三个模式经进一步解释,于1999年初被包括进一份法案草案中,即地方政府(组织和标准)法案,同样包括进该法案的还有那个要求,即要求每个地方议会与其本地公众就"哪种地方管理新方式最适于其所需要的领导"进行协商。由地方议会自行决定所使用的协商方法，而且范围自然很大：协商性公民表决、民意测验、自填问卷、公开会议、主要小组。但不论使用哪种方法，地方议会必须提供某种说明信息，以一种平衡的、想来应该是无偏见的方式提出三种模式中每种的优点和可能的缺点，如表18.1。

表18.1 赞同和反对的三种行政模式

新选择1：间接选举领导人和内阁
您将如同现在这样去投票站选举你们城市的地方议员，再由这些议员选出（而且，如果以后对他们的表现不满意的话，还可以再把他们选下去）几个资深议员组成一个内阁，并且选出一个议员作为地方议会领导人。大多数现有的服务委员会都将取消。议会领导人和内阁负责共同作出重大的议会决定，其余的议员将对他们进行检查和监督。每一位内阁成员都要担负管理某项议会服务的责任，比如教育、住房或社会公益服务，而且还要对向该市人民提供的服务以及其他的议员负责任。
喜欢这种制度的人说：它加速了决策过程而且提高了责任性，同时，使内阁成员在地方上成为众所周知的人物；它保留了对权力运用的重大检查和平衡作用；非内阁成员将有更多时间来代表自己的行政区。
不喜欢这种制度的人说：这是糊弄，和现在的制度没有多少不一样；人们不会再感兴趣或参与；作决定时不会像有一位常务市长那样快。

新选择2：直接选举市长和内阁
这种新制度将取消大多数议会委员会，并将这些委员会的大部分权力转移到市长手里，市长由所有选民每四年一次选举产生。将由地方议员组成的小型内阁协助市长，每一位议员负责一个主要的服务领域，其他的议员将发挥检查的作用，检查市长和内阁的决定并代表自己的选民。
喜欢这种制度的人说：立场鲜明的市长会使公众恢复对地方议会的兴趣；做决定时会更快、更负责。
不喜欢这种制度的人说：它赋予市长的权力过多，要到4年才能免去他的职务；其他议员不能起到强有力的决策作用；因为参与的人太少，可能导致作出的决定差和缺乏责任性；对提高人民的兴趣或参与程度没有保证。

新选择3：直接选举市长和议会管理人
同新选择2一样，将由人民直接选举一位市长。但按照这种模式，该议会将任命一位议会管理人，而且也可能会任命其他的正职官员对服务进行日常管理。

英国地方政府

(续表)

> 喜欢这种制度的人说:它具有第二种选择的优势,但是如果没有内阁,做决定可能会更快;只要两个人负责决策,这样更容易让公众知道由谁负责任。
> 不喜欢这种制度的人说:它赋予两个人的权力过多,其中一个还是非选举产生的,两个人都不对议员直接负责;它是反民主的,而且对权力没有起到什么检查和平衡作用;关着门作出的决定太多,决定不是在公开的内阁会议上作出的。

对此类信息的紧急需要程度在一次有关公众对市长的态度的调查中得到了证实,这是在2001年夏季举行的第一次政府委托的调查。一家独立市场调查公司IFF,在10个大城市中各进行了大约1100次电话调查。之所以选择这些城市,在某种程度上是因为这些城市提出的新地方议会章程有不同之处,它们是利物浦、布里斯托尔、伯明翰、普利茅斯、德比、牛津、哈罗、威斯敏斯特、米德尔斯伯勒和普雷斯顿。到进行调查时,行政管理改革和市长们的话题已经被人们讨论了三年多了。在IFF的全部样本中,仅仅有1/4(26%)的人记得曾经"听说或看到过有关决策的不同方式的信息"。超过1/3的例样(34%)承认,不太明白或完全不明白地方议会不同的决策方式,这本身就是反对后面这种主张的有力论据,有些人主张,地方政府还没有破产,为什么要试图调整它。它也为开展公民权教育提供了充分理由,自2002年8月开始,公民权教育将成为国家规定课程中的必修部分。

尽管他们对这些问题认识肤浅,但差不多所有被IFF问到的人,都愿意说出自己的优先选择,而且从表18.2中可以看出,有3/4的人支持类似于市长/内阁的某种模式。虽然实际提出的问题生硬、费解而且有意不提到"市长们",但在接受调查的大多数当局中,人们的反应却有着一种不可否认的一致性,唯有伦敦的威斯敏斯特行政区,有超过1/4的回答者赞同继续实行地方议员选举领导人的现行制度。在当年晚些时候,这个观点在单一当局有关市长的公民表决中反映出来,这次公民表决是拥护市长/内阁形式政府的最早的一次。

表 18.2　2001 年公众对直接选举市长的态度

问:假定[地方议会名称]的工作是为了使大多数决定由以一个主要议员为首的一小部分人作出,而且他们的决定要受到整个地方议会的检查,如果是这样的话,你是否觉得在本市每个人都可以投票的一次选举中,应该选择这个主要议员?	(%)
所有 10 个城市——平均值	75
最"拥护市长选举的"——米德尔斯伯勒	86
最不"拥护市长选举的"——威斯敏斯特	62
其他强烈"拥护市长选举的"组:	
18—24 岁	79
社会经济组 DE(体力劳动者)	80
妇女	79
其他不太强烈"拥护市长选举的"组:	
60 岁以上	70
社会经济组 AB(高/中层管理人员、专业人员)	66
男人	71
问:一位直接选举的市长将有权代表议会作出决定。再由许多议员检查本议会的服务和政策是否可以满足当地人民的需要。了解了这种情况,你在多大程度上会赞同还是反对与这种情况有关的每种说法?	非常赞同+赞同 (%)
如果[地方议会名称]有一位选举的市长将会…	
…意味着有人能为整个地区讲好话	78
…意味着通常可以搞明白出了问题该由谁负责	66
…干事情更容易	65
…使地方政治活动更有意思	58
…赋予一个人的权力太多	46
…意味着地方议员的发言权太少了	35
…意味着家庭税会增加	33
…意味着像学校和废物收集这样的地方服务会变得更差	12
问:与地方议员选举相比,你认为自己会更可能或更不可能参加[地方议会名称]市长选举的投票?	
更可能 31%　　更不可能 13%　　没有区别 54%	

来源:运输、地方政府和地区部:《公众对直接选举市长的态度》(2001)。

英国地方政府

与其他的调查一样,较年轻的年龄组最赞同变革,他们也恰好是那些最不倾向于参加地方选举投票的人,以及那些最不可能记得曾经看到过任何有关信息的人。在社会经济方面上,也可以看到相同的特点:那些可以被假定为对题目考虑最多的人,正是对直接选举市长的想法最不喜欢的人;最怀疑直接选举的单独一组,正是那些高级管理人员和专业人员,其中只有59%的人赞同。

一旦确认由公众决定的一位主要地方议员就是直接选举的市长时,回答者就被问到他们是否赞同有关一位直选市长可能带来的影响或效果的一系列意见。与支持大众选举原则显著一致的是,多数人认为将产生"积极的"效果。大约2/3或更多的人承认,一位直接选举的市长会为整个地区讲好话,在出现问题时是责任的焦点,而且便于做事。

对那些希望市长们会立刻、显著地促进参加地方选举人数的人来说,来自运输、地方政府和地区部调查的证据显然是合格的。在所有回答者中,有不到一半的人认为他们"很有可能"真会在市长选举中"去投票",在10个当局中,只在威斯敏斯特和米德尔斯伯勒两个当局中甚至有三分之一的回答者说他们"很有可能"这样做。各处的大多数人认为,这种选举不会有什么不同的结果,正如我们在第5章中特别提到的,大伦敦地区就是这种情况,它的选举在宣传方面登峰造极,但是只有三分之一的选民参加了投票,赞成或反对肯·利文斯通。

如果说一般是公众赞同选举产生的市长,即使不是明智之举的话,而那些会最快和最直接受到这个问题影响的现有地方议员们,则一直是与此相反的。我们在第6章中曾提到(表6.3),采用"过渡方式"的大多数地方议会是如何选择领导人/内阁模式的变体的,而且一旦就位,这些新体制和过程就可以被用作又一个论据来反对进行任何进一步的变革。但是在某些情况下,地方议会与本地大众进行的协商能够使它们相信拥护选举市长的观点非常强烈,所以它们应该按照《2000年地方政府法》举行一次全面的有关市长的公民表决。

第一次有约束力的(与协商性的相反)公民表决是在英格兰最北面的城市(特威德河畔)贝里克举行,这次公民表决是在这个不大的选区的5%选民提出请求成功后举行的。恰逢2001年6月大选,投票率达到了较高的64%,但只有超过四分之一的人拥护直接选举市长的建议。此后,在2001年中还举行了15次公民表决:两次在伦敦的行政区(路易斯翰姆、哈罗),四次在大城市中心区(唐克斯特、柯克利斯、桑德兰、北泰恩赛德),三次在单一当局(哈特尔普尔、米德尔斯伯勒、布赖顿和霍伍),六次在非大城市行政区(切尔滕纳姆、格洛斯特、沃特福德、塞奇菲尔德、里德迪驰、达勒姆),大部分是通过邮寄投票举行的;即使如此,也只是在北泰恩赛德和米德尔斯伯勒投票人数超过了1/3。在6次表决中,地方议会有关市长的建议得到了拥护。因此,下述议会准备在大伦敦当局之后,于2002年5月举行这个国家中第一次市长选举,这些地方议会包括:唐克斯特、哈特尔普尔、路易斯翰姆、米德尔斯伯勒、北泰恩赛德、沃特福德。在这6个议会中,截至目前,米德尔斯伯勒84%的市长选举支持率是最高的,这主要得益于围绕着雷·马龙(Ray Mallon)的一次竞选活动,马龙是一个被停职的资深警察,拥有一大批当地的支持者,他是作为"人民候选人"参加竞选的。

在使立法有力倾向于选举市长模式后,政府还是难免对结果表示失望,正如《马太福音》所言,挑选出的人太少了。人们特别关注的是,在进行市长选举城市的名单上没有任何真正的主要城市,这些城市本可以作为其他城市的行为榜样。所以,部长们开始认真审查某些像伯明翰和布拉德福这样的大城市的当局,查看一下它们是否曾经公正地征求和解释当地民意,或者是否有理由进行干预,并要求它们举行有约束力的公民表决。继续实行一种意在加强地方政府发言权和自主权的政策,会是一种不适宜的做法。

无论有没有市长,行政的地方政府还是在2001年开始,扎根

英国地方政府

于英格兰几乎所有较小型的区自治会中。决策过程和机构发生了根本变化,只要看一下你自己当局的网站就可以证实这一点。你现在可以按照日期和决策者找到列出的有关重大决定的完整记录,决策者包括:内阁集体、单个内阁成员或一个正职官员,另外还可以找到证实报告和一份今后计划,其中包括即将作出并交议会考虑的"重要决定"。你还可以去看内阁开会,因为,地方政府部长惠蒂(Whitty)勋爵在2000年7月向上议院保证过:"如果某项决定将会对地方产生任何重大影响,那么所涉及的全体选民应该可以对这项决定施加影响。这就是说这项决定必须公开作出。"所有这些决定都应该经过议会非行政议员进行全面评述和详细审查,这在第12章中介绍过。正如已经强调过的,有效的审查是有效的行政政府不可缺少的要素;至少可以这样说,对这两个平行发展过程的观察和跟踪,应该能够证明是有教育作用的。

地区领导和福利建设

我们不是特意要这样做的,而是因为本章这个最后小节的原因,因此,这本书又将我们直接带回到我们在第1章中开始的地方。由于政府的民主复兴计划的第四种要素涉及加强地方议会的地区领导作用,所以1998年7月的白皮书《现代地方政府:与人民保持联系》对其思想做了详细的说明:

> 地区领导是现代地方政府作用的核心。地方议会是被置于最佳位置的组织,可以对其局部地区和大众的需要和需优先考虑的问题进行全面的总结,以及领导工作以全面满足那些需要和需优先考虑的问题(para. 8.1——为方便起见,原印刷格式经作者修改过)。

这里所说明的意图是,为了提出立法"以赋予地方议会一种

发展本地区经济、社会和福利环境的职责并且加强议会缔结合作关系的权力"(para. 8.8——黑体为我们所加)。这种新职责所要达到的效果就是,要将"议会作为本地区的当选领导者应谋取本地区福利和可持续发展的作用"载入法律(para. 8.10——为方便起见,原文语法经作者修改过)。

政府似乎曾一度惧怕打开装有各种可能的潘多拉盒子,并将所提出的新职责从1999年3月公布的法案草案中删除了,但是主要由于地方政府协会的一些有效的游说活动,这个新职责又作为一项权力在最终的法案中重新露面,并且成为《2000年地方政府法》的第一部分。

总之,对地方政府的地区领导作用以及新福利权力的肯定,具有重要的实质意义、历史意义和象征意义。我们在本书的整个最后部分中已经表明,地方当局的服务和行政职能之间总是存在着一种紧张状态,因为它们既是服务提供者又是本地区和大众的当选政府,而后者有着更大的潜在作用。我们在第2章讨论"地方政府"时提到过,这种更大的潜在作用一直存在。克拉克和斯图尔特提供了某些例证(Clark and Stewart, 2000, p. 127):

> 地方当局已经开展运动来反对关闭地方的车站或医院。面对[20世纪80年代]正在增长的失业率,在没有得到明确的授权之前,地方当局在经济发展中创立了一种职能。

但现实情况是,地方当局的整个组织和管理一直是受服务提供责任驱动的,而且地方当局所遵守的限制越权的法定框架意味着,地方当局在进一步发展福利的过程中,在发展范围上受到了严重的制约。《2000年地方政府法》对向地方当局提供一个新法律框架起到了一些作用。

存在限制是不可避免的。这个新权力并非正好等于其他大多数欧洲国家地方当局所拥有的"一般权限",其中最重要的一点是,该权力不能用于筹款。尽管如此,该法中所附的某些指导在措

英国地方政府

辞上,至少在表面上听起来是肯定和宏大的。一个当局可以采取的具体行动包括产生支出,提供工作人员、货物和服务,缔结合作协议以及为其他机关如卫生当局履行职责。人们期待这些行动将集中在革新和政策领域内的联合行动上,而以前对这些行动内容,地方议会必须核实自己是否有具体的权力:

- 解决社会排外问题;
- 减少卫生不平等;
- 促进邻近地区复兴;
- 提高本地区环境质量。

结论——混合要旨

本书到此结束对读者是有吸引力的,结尾大意乐观,与开头类似。但不幸的是,所有有关新机构、新权力和机会的讨论,不得不与保留和改进了的控制机制放在一起,2001年的白皮书就是以它们为主的。这个白皮书是政府对其第二个任期的意图的公开表达,我们在第17章中曾论及该白皮书,因为它适合放在第17章中。它的题目《强有力的地方领导——优质的公共服务》结果是搞颠倒了,令人误解。它的焦点集中在如何在政治和管理上最有效地使地方议会为优质服务作出定义。我们在本章中要谈的民主复兴议程只是顺便提到了而已。

混合要旨中最生动的可能要属所提出的新综合绩效评估,它将当局分为高效者、低效者、奋进者和滑行者。撇开所提出的这些方法论问题不谈,要想知道地方议员和投票人会怎么理解这些有如雨伞标签似的称号一定很难,难道投票人怀着兴奋的心情赶到投票站,就是为了选举一个被告知是"滑行者"的人做议会代表吗?他们能明白为什么要为生活在一个"低效"当局之下而受到更多的惩罚吗?他们是否会被激励得更积极地参与选举,以至于推荐自己竞选某个甚至连自己的地方税率都不能自由决定的机关？不太可能吧！

我们经常向我们的学生们强调，保持好平衡很重要。无疑，自从我们写完本书第一版后，中央和地方政府间关系的气氛已经出现了很大的改善。此外，如果没有一个强有力中央政府的领导，许多目前正在发生着的、真正积极和激励性的变化是不会形成的。但是，我们也必须记住我们起步的基线以及行进的方向。在20世纪的最后四分之一时间内，英国地方当局逐渐变成了欧洲国家中受中央政府限制最严的地方当局。在自称为支持地方分权的政府5年之后，大多数客观的观察家会说，它现在仍然是这样的政府，而且，2001年白皮书的详细内容也证明了这个判断，而不是否定它。

进一步阅读指南

两种杂志的特刊都是很好的起点，特别是对于有关民主复兴的内容，以及现代化议程其他方面的内容：《地方政府研究》，25：4（Winter 1999）和《地方管理》，26：3（Winter 2000）。欲了解全部情况，正文中所提到的所有咨询性文件和白皮书在运输、地方政府和地区部的网址上都有。托尼·布莱尔的小册子（1998）当然值得一看：虽然小册子可能不是他亲自写的，但作为一位首相，将自己的名字借给他人去做与地方政府有关的任何事情还是少见的。格里·斯托克（Garry Stoker, e.g. 1998）是学术界最主要的提倡者，概括地说是提倡民主复兴，具体而言是提倡市长选举；他的学术和"通俗"著作都值得关注。他还是合作发起的"新地方政府网络"的主席，该网络也同样是有力的直选市长倡导者，其网址保存着对市长选举所进行的公民表决的有用的记录。劳和扬（Rao and Young, 1999）合著的有关复兴地方民主的一章，是一个观点丰富

 英国地方政府

的资料宝库。普拉切特和威尔逊主编的书(Pratchett and Wilson, 1996)中有几篇文章与此相关,而在金和斯托克主编的书(King and Stoker, 1996)中可以找到更加理论化的观点。

参考文献

Abdela, L. (1989) *Women With X Appeal: Women Politicians in Britain Today* (London: Optima).
Alexander, A. (1982) *The Politics of Local Government in the United Kingdom* (Harlow: Longman).
Allen, H. J. B. (1990) *Cultivating the Grass Roots: Why Local Government Matters* (The Hague: International Union of Local Authorities).
Armstrong, H. (1999) 'The Key Themes of Democratic Renewal', *Local Government Studies*, 25: 4, pp 19–25.
Ashdown, P. (2001) *The Ashdown Diaries, Vol. II: 1997–1999* (Harmondsworth: Penguin).
Atkinson, H. and Wilks-Heeg, S. (2000) *Local Government from Thatcher to Blair: The Politics of Creative Autonomy* (Oxford: Blackwell).
Audit Commission (1988) *The Competitive Council* (London: HMSO).
Audit Commission (1997) *Representing the People* (Abingdon: Audit Commission).
Audit Commission (2000) *Seeing is Believing: How the Audit Commission Will Carry Out Best Value Inspections in England* (Abingdon: Audit Commission).
Audit Commission (2001a) *To Whom Much is Given: New Ways of Working for Councillors Following Political Restructuring* (Abingdon: Audit Commission).
Audit Commission (2001b) *Local Authority Performance Indicators: Environmental Services in England, 1999–2000* (Abingdon: Audit Commission).
Baggott, R. (1995) *Pressure Groups Today* (Manchester: Manchester University Press).
Bailey, S. and Paddison, R. (eds) (1988) *The Reform of Local Government Finance in Britain* (London: Routledge).
Bains, M. (Chairman) (1972) *The New Local Authorities: Management and Structure* (London: HMSO).
Barnes, M., Harrison, S., Mort, M., Shardlow, P. and Wistow, G. (1999) 'The New Management of Community Care: User Groups, Citizenship and Co-Production', in Stoker, G. (ed.) *The New Management of British Local Governance*, pp. 112–27.
Barron, J., Crawley, G. and Wood, T. (1987) *Married to the Council? The Private Costs of Public Service* (Bristol: Bristol Polytechnic).
Barron, J., Crawley, G. and Wood, T. (1991) *Councillors in Crisis* (London: Macmillan).
Benyon, J. and Edwards, A. (1999) 'Community Governance of Crime Control', in G. Stoker (ed.), *The New Management of British Local Governance*, pp. 145–67.
Bishop, J. and Hoggett, P. (1986) *Organizing Around Enthusiasms: Mutual Aid in Leisure* (London: Comedia).
Blair, T. (1998) *Leading the Way: A New Vision for Local Government* (London: Institute for Public Policy Research).
Blais, A. and Carty, R. J. (1990) 'Does Proportional Representation Foster Election Turnout?', *European Journal of Political Research*, 18, pp. 167–81.
Bogdanor, V. (1988) *Against the Overmighty State: A Future for Local Government in Britain* (London: Federal Trust for Education and Research).

Bogdanor, V. (2001) 'Constitutional Reform', in A. Seldon (ed.), *The Blair Effect: The Blair Government 1997–2001*, (London: Little, Brown), pp. 139–56.
Boyle, Sir L. (1986) 'In Recommendation of Widdicombe', *Local Government Studies*, 12:6, pp. 33–9.
Boyne, G. (1999) 'Introduction: Processes, Performance and Best Value in Local Government', *Local Government Studies*, 25:2, pp 1–5.
Boyne, G. (ed.) (1999) *Managing Local Services: From CCT to Best Value* (London: Frank Cass).
Boyne, G. (2000) 'External Regulation and Best Value in Local Government', *Public Money and Management*, 20:3, pp 7–12.
Boyne, G. et al. (1995) *Local Government Reform: A Review of the Process in Scotland and Wales* (London: LGC/Joseph Rowntree Foundation).
Brooke, R. (1989) *Managing the Enabling Authority* (Harlow: Longman).
Budge, L, Brand, J., Margolis, M. and Smith, A. L. M. (1972) *Political Stratification and Democracy* (London: Macmillan).
Burns, D., Hambleton, R. and Hoggett, P. (1994) *The Politics of Decentralisation. Revitalising Local Democracy* (London: Macmillan).
Butler, D., Adonis, A. and Travers, T. (1994) *Failure in British Government: The Politics of the Poll Tax* (Oxford: Oxford University Press).
Byrne, T. (1994) *Local Government in Britain*, 6th edn (Harmondsworth: Penguin).
Byrne, T. (2000) *Local Government in Britain: Everyone's Guide to How It All Works*, 7th edn (Harmondsworth: Penguin).
Cabinet Office (1998a) *Quangos: Opening The Doors* (London: HMSO).
Cabinet Office (1998b) *Service First: The New Charter Programme* (London: HMSO).
Cabinet Office (1999) *Modernising Government*, Cm 4310 (London: HMSO).
Challis, P. (2000) *Local Government Finance* (London: LGIU).
Chandler, J. A. (ed.) (1993) *Local Government in Liberal Democracies* (London: Routledge).
Chartered Institute of Public Finance and Accountancy (CIPFA) (2001) *Local Government Comparative Statistics, 2000* (London: CIPFA).
Clarke, M. and Stewart, J. (1988) *The Enabling Council* (Luton: LGTB).
Clarke, M. and Stewart, J. (1991) *The Choices for Local Government for the 1990s and Beyond* (Harlow: Longman).
Clarke, M. and Stewart, J. (2000) 'Community Leadership', *Local Governance*, 26:3, pp. 127–33.
Cochrane, A. (1993a) *Whatever Happened to Local Government?* (Buckingham: Open University Press).
Cochrane, A. (1993b) 'Local Government', in R. Maidment and G. Thompson (eds), *Managing the United Kingdom* (London: Sage).
Cochrane, A. (1996) 'From Theories to Practices: Looking for Local Democracy in Britain', in D. King and G. Stoker (eds), *Rethinking Local Democracy*.
Cockburn, C. (1977) *The Local State* (London: Pluto).
Commission for Local Democracy (CLD) (1995) *Taking Charge: The Rebirth of Local Democracy* (London: Municipal Journal Books).
Copus, C. (1998) 'The Councillor: Representing a Locality and the Party Group', *Local Governance*, 24:3, pp. 215–24.
Copus, C. (1999) 'The Party Group: A Barrier to Democratic Renewal', *Local Government Studies*, 25:3, pp. 76–97.
Copus, C. (2001) *It's My Party: The Role of the Group in Executive Arrangements* (London: LGA Publications).
Corina, L. (1974) 'Elected Representatives in a Party System: A Typology', *Policy and Politics*, 3:1, pp. 69–87.

Coulson, A. (1998) 'Town, Parish and Community Councils: The Potential for Democracy and Decentralisation', *Local Governance*, 24: 4, pp. 245–48.

Council of European Municipalities and Regions (CEMR) (2000) *Women in Local Politics in the European Union* (Brussels: CEMR).

Cousins, P. (1976) 'Voluntary Organisations and Local Government in Three South London Boroughs', *Public Administration*, 54: 1, pp. 63–83.

Crossman, R. (1977) *The Diaries of a Cabinet Minister, Vol. 3: Secretary of State for Social Services* (London: Hamish Hamilton and Jonathan Cape).

D'Arcy, M. and MacLean, R. (2000) *Nightmare! The Race to Become London's Mayor* (London: Politico's).

Davis, H. (1996) 'Quangos and Local Government: A Changing World', *Local Government Studies*, 22: 2, pp. 1–7, Special Issue on Quangos.

Dearlove, J. (1973) *The Politics of Policy in Local Government* (Cambridge: Cambridge University Press).

Dearlove, J. (1979) *The Reorganisation of British Local Government* (Cambridge: Cambridge University Press).

Democratic Audit (1994) *Ego Trip: Extra-Governmental Organisations in the United Kingdom and their Accountability* (London: The Charter 88 Trust).

Department for Education and Employment (DfEE) (2000) *Daycare Trust: A Survey of Early Years Development and Childcare Partnerships* (London: DfEE).

Department of the Environment (DoE) (1981) *Alternatives to Domestic Rates*, Cmnd 8449 (London: HMSO).

Department of the Environment (DoE) (1983) *Streamlining the Cities*, Cmnd 9063 (London: HMSO).

Department of the Environment (DoE) (1986) *Paying for Local Government*, Cmnd 9714 (London: HMSO).

Department of the Environment (DoE) (1991a) *The Structure of Local Government in England* (London, HMSO).

Department of the Environment (DoE) (1991b) *The Internal Management of Local Authorities in England* (London: HMSO).

Department of the Environment (DoE) (1993) *Community Leadership and Representation: Unlocking the Potential*, Report of the Working Party on the Internal Management of Local Authorities in England (London: HMSO).

Department of the Environment, Transport and the Regions (DETR) (1998a) *Modern Local Government: In Touch with the People* (London: DETR).

Department of the Environment, Transport and the Regions (DETR) (1998b) *Modernising Local Government: Local Democracy and Community Leadership* (London: DETR).

Department of the Environment, Transport and the Regions (DETR) (1998c) *Improving Local Services Through Best Value* (London: DETR).

Department of the Environment, Transport and the Regions (DETR) (1998d) *A New Ethical Framework* (London: DETR).

Department of the Environment, Transport and the Regions (DETR) (1998e) *Capital Finance* (London: DETR).

Department of the Environment, Transport and the Regions (DETR) (1998f) *Improving Financial Accountability* (London: DETR).

Department of the Environment, Transport and the Regions (DETR) (1999) *Local Leadership, Local Choice* (London: DETR).

Department of the Environment, Transport and the Regions (DETR) (2001) *Improving Local Public Services: Final Evaluation of the Best Value Pilot Programme* (London: DETR).

Department for Transport, Local Government and the Regions (DTLR) (2001a) *Strong Local Leadership – Quality Public Services* (London: DTLR).

 英国地方政府

Department for Transport, Local Government and the Regions (DTLR) (2001b) *Public Attitudes to Directly Elected Mayors* (London: DTLR).
Doig, A. (1984) *Corruption and Misconduct in Contemporary British Politics* (Harmondsworth: Penguin).
Doogan, K. (1999) 'The Contracting-Out of Local Government Services: Its Impact on Jobs, Conditions of Service and Labour Markets', in G. Stoker (ed.) *The New Management of British Local Governance*, pp. 62–78.
Duffield, C. (2000) 'Red Book Reviews', *Local Government Chronicle*, 15 December, p. 12.
Dunleavy, P. (1980) *Urban Political Analysis* (London: Macmillan).
Dunleavy, P. and Rhodes, R. A. W. (1983) 'Beyond Whitehall', in H. Drucker *et al.* (eds), *Developments in British Politics* (London: Macmillan).
Dunleavy, P. and Rhodes, R. A. W. (1985) 'Government Beyond Whitehall', in H. Drucker *et al.* (eds), *Developments in British Politics 2* (London: Macmillan).
Dynes, M. and Walker, D. (1996) *The Times Guide to the New British State* (London: Times Books).
Elcock, H. (1989) 'The Changing Management of Local Government', in I. Taylor and C. Popham (eds), *An Introduction to Public Sector Management* (London: Unwin Hyman).
Elcock, H. (1991) *Local Government* (London: Methuen).
Elcock, H. (1994) *Local Government: Policy and Management in Local Authorities*, 3rd edn (London: Routledge).
Elcock, H., Jordan, C. and Midwinter, A. (1989) *Budgeting in Local Government: Managing the Margins* (Harlow: Longman).
Ellwood, S., Nutley, S., Tricker, M. and Waterston, P. (1992) *Parish and Town Councils in England: A Survey* (London: HMSO).
Ennals, K, and O'Brien, J. (1990) *The Enabling Role of Local Authorities* (London: Public Finance Foundation).
European Union, Committee of the Regions (1999a) *Voter Turnout at Regional and Local Elections in the EU, 1990–1999* (Brussels: European Union).
European Union, Committee of the Regions (1999b) *The Proportion of Women Members in Regional and Local Parliaments and Assemblies in the EU* (Brussels: European Union).
European Union, Committee of the Regions (1999c) *Regional and Local Democracy in the European Union* (Brussels: European Union).
Evans, M. (1997) 'Political Participation' in Dunleavy, P. *et al.*, *Developments in British Politics 5* (Basingstoke: Macmillan), pp. 110–25.
Fanning, P. (2000) 'Pipeline to prosperity', *Local Government Chronicle*, 28 April 2000, pp. 22–3.
Farnham, D. (1999) 'Human Resources Management and Employment Relations', in S. Horton and D. Farnham (eds), *Public Management in Britain*, pp. 107–27.
Farnham, D. and Horton, S. (1999) 'Managing Public and Private Organisations', in S. Horton and D. Farnham (eds), *Public Management in Britain*, pp. 26–45.
Fenney, R. (2000) *Essential Local Government 2000* (London: LGC Information).
Flynn, N., Leach, S. and Vielba, C. (1985) *Abolition or Reform? The GLC and the Metropolitan County Councils* (London: Allen & Unwin).
Forsyth, M. (1982) 'Winners in the Contracting Game', *Local Government Chronicle*, 10 September.
Fox, P. and Leach, S. (1999) *Officers and Members in the New Democratic Structures: A Research Report* (London: LGIU).
Fox, P. and Leach, S. (1999) 'What about the Officers?', *Municipal Journal*, 9–15 July.

参考文献

Freedland, J. (1998) *Bring Home the Revolution: The Case for a British Republic* (London: Fourth Estate).
Game, C. (1991a) 'How Local are Local Elections?', *Social Studies Review*, 6:5, pp. 202–7.
Game, C. (1991b) 'County Chronicles: A Collective Appreciation', *Local Government Policy Making*, 18:2.
Game, C. (1997) 'Unprecedented in Local Government Terms – The Local Government Commission's Public Consultation Programme', *Public Administration*, 75:1, pp. 67–96.
Game, C. (2000a) 'Local Government Modernisation: Much More Than Just Elected Mayors', in S. Lancaster (ed.), *Developments in Politics: An Annual Review, Vol. 11* (Ormskirk: Causeway Press), pp. 125–52.
Game, C. (2000b) 'Changes in Voting Arrangements: A Distinctly Non-Radical Programme of Democratic Renewal', *Local Governance*, 26:3, pp. 135–49.
Game, C. (2001) 'Britain's Changing and Unchanging Electoral Systems' in S. Lancaster (ed.), *Developments in Politics: An Annual Review, Vol. 12* (Ormskirk: Causeway Press), pp. 49–75.
Game, C. and Leach, S. (1993) *Councillor Recruitment and Turnover: An Approaching Precipice?* (Luton: LGMB).
Game, C. and Leach, S. (1995) *The Role of Political Parties in Local Democracy, CLD Report No 11* (London: Commission for Local Democracy/Municipal Journal Books).
Game, C. and Leach, S. (1996) 'Political Parties and Local Democracy', in L. Pratchett and D. Wilson (eds), *Local Democracy and Local Government*, pp. 127–49.
Gasson, C. (1992) 'Freedom at a Cost', *Local Government Chronicle*, 4 December.
Gaster, L. and Deakin, N. (1998) 'Local Government and the Voluntary Sector: Who Needs Whom – Why and What For?', *Proceedings of the 3rd International Conference of the International Society for Third-Sector Research*, Geneva, Switzerland, pp. 1–27.
Gibson, J. (1990) *The Politics and Economics of the Poll Tax: Mrs Thatcher's Downfall* (West Midlands: EMAS Ltd).
Goldsmith, M. (1986a) *Essays on the Future of Local Government* (Wakefield: West Yorkshire Metropolitan County Council).
Goldsmith, M. (1986b) 'Managing the Periphery in a Period of Fiscal Stress', in M. Goldsmith (ed.), *New Research in Central–Local Relations* (Aldershot: Gower).
Goldsmith, M. (ed.) (1986c) *New Research in Central–Local Relations* (Aldershot: Gower).
Goldsmith, M. and Newton, K. (1986a) 'Central–Local Government Relations: A Bibliographical Study', *Public Administration*, 64:1, pp. 102–8.
Goldsmith, M. and Newton, K. (1986b) 'Local Government Abroad', in Widdicombe (1986e), pp. 132–58.
Goss, S. (1988) *Local Labour and Local Government* (Edinburgh: Edinburgh University Press).
Goss, S. (2001) *Making Local Governance Work* (Basingstoke: Palgrave).
Goss, S. and Corrigan, P. (1999) *Starting to Modernise: Developing New Roles for Council Members* (London: New Local Government Network/Joseph Rowntree Foundation).
Gray, A. and Jenkins, W. (1998), 'The Management of Central Government Services', in B. Jones *et al.*, *Politics UK*, 3rd edn (London: Prentice Hall) pp. 348–66.
Gray, A. and Jenkins, W. (1999) 'Democratic Renewal in Local Government: Continuity and Change'. *Local Government Studies*, 25:4, pp. 26–45.

· *423* ·

Gray, C. (1994) *Government Beyond the Centre* (London: Macmillan).
Green, D. (1981) *Power and Party in an English City* (London: Allen & Unwin).
Greenwood, J., Pyper, R and Wilson, D. (2002) *New Public Administration in Britain* (London: Routledge).
Griffith, J. A. C. (1966) *Central Departments and Local Authorities* (London: Allen & Unwin).
Griffiths, D. (1992) 'Strategic and Service Management – The Kirklees Experiment', *Local Government Studies*, 18: 3, pp. 240–8.
Gyford, J. (1984) *Local Politics in Britain*, 2nd edn (London: Croom Helm).
Gyford, J. (1991) *Citizens, Consumers and Councils* (London: Macmillan).
Gyford, J., Leach, S. and Game, C. (1989) *The Changing Politics of Local Government* (London: Unwin Hyman).
Hall, W. and Weir, S. (1996a) *The Untouchables: Power and Accountability in the Quango State*, Democratic Audit Paper No. 8 (University of Essex: The Scarman Trust and Human Rights Centre).
Hall, W. and Weir, S. (1996b) 'Rise of the Quangocracy', *Local Government Chronicle*, 30 August, p. 12.
Hambleton, R. (1998) *Local Government Political Management Arrangements: An International Perspective* (Edinburgh: Scottish Office Central Research Unit).
Hambleton, R. (2000) *The Council Manager Model* (London: IDeA).
Hampton, W. (1970) *Democracy and Community* (London: Oxford University Press).
Hazell, R. (2001) *Unfinished Business: Implementing Labour's Constitutional Reform Agenda for the Second Term* (London: The Constitution Unit).
Heald, D. and Geaughan, N. (1999) 'The Private Financing of Public Infrastructure', in G. Stoker (ed.) *The New Management of British Local Governance*, pp. 222–36.
Hebbert, M. and Travers, T. (eds) (1988) *The London Government Handbook* (London: Cassell).
Heclo, H. (1969) 'The Councillor's Job', *Public Administration*, 47: 2, pp. 185–202.
Hedley, R. (1991) 'First Principles – The Reorganisation of New Zealand Local Government', *Local Government Chronicle*, 11 January, p. 18.
Hennessy, P. (1990) *Whitehall*, rev. edn (London: Fontana).
Hill, D. (1974) *Democratic Theory and Local Government* (London: Allen & Unwin).
Hollis, G. et al. (1990) *Alternatives to the Community Charge* (York: Joseph Rowntree Trust/Coopers and Lybrand Deloitte).
Hollis, P. (1987) *Ladies Elect: Women in English Local Government, 1865–1914* (Oxford: Oxford University Press).
Holtby, W. (1936) *South Riding* (London: Collins).
Horton, S. and Farnham, D. (eds) (1999) *Public Management in Britain* (Basingstoke: Macmillan).
Houlihan, B. (1988) *Housing Policy and Central-Local Government Relations* (Aldershot: Avebury).
House of Commons (2001) *Select Committee on Public Administration Fifth Report, 2000/01: Mapping the Quango State* (London: HMSO).
House of Lords (1996) *Select Committee on Relations Between Central and Local Government, Vols I–III* (London: HMSO).
Improvement and Development Agency (IDeA) (2001) *A Councillor's Guide* (London: IDeA).
International Institute for Democracy and Electoral Assistance (IDEA) (2001) *Voter Turnout from 1945 to Date* (Sweden: Strömsberg).

参考文献

Jenkins, S. (1995) *Accountable to None: The Tory Nationalisation of Britain* (London: Hamish Hamilton).
Jennings, R. E. (1982) 'The Changing Representational Roles of Local Councillors in England', *Local Government Studies*, 8: 4, pp. 67–86.
John, P. (1997) 'Local Governance', in P. Dunleavy et al. (eds) *Developments in British Politics 5* (Basingstoke: Macmillan), pp. 253–76.
John, P. (2001) *Local Governance in Western Europe* (London: Sage).
John, P. and Cole, A. (2000) 'Political Leadership in the New Urban Governance: Britain and France Compared', in L. Pratchett (ed.), *Renewing Local Democracy?*, pp. 98–115.
Jones, G. (1969) *Borough Politics* (London: Macmillan).
Jones, G. (1973) 'The Functions and Organisation of Councillors', *Public Administration*, 51, pp. 135–46.
Jones, G. (1975) 'Varieties of Local Politics', *Local Government Studies*, 1: 2, pp. 17–32.
Jones, G. (1997) *The New Local Government Agenda* (Hemel Hempstead: ICSA Publishing).
Jones, G. and Stewart, J. (1992) 'Selected not Elected', *Local Government Chronicle*, 13 November, p. 15.
Jones, G. and Stewart, J. (1993) 'Different Domains', *Local Government Chronicle*, 8 April, p. 15.
Jones, G. and Travers, T. (1996) 'Central Government Perceptions of Local Government', in L. Pratchett and D. Wilson (eds), *Local Democracy and Local Government*, pp. 84–105.
Keith-Lucas, B. and Richards, P. (1978) *A History of Local Government in the Twentieth Century* (London: Allen & Unwin).
Kent CC/Price Waterhouse (1992) *Facing the Challenge: Making Strategic Management Work* (Kent CC).
King, D. and Stoker, G. (eds) (1996) *Rethinking Local Democracy* (Basingstoke: Macmillan).
Labour Party (1995) *Renewing Democracy, Rebuilding Communities* (London: Labour Party Publications).
Labour Party (1997) *New Labour – Because Britain Deserves Better* (London: Labour Party Publications).
Labour Party (2001) *Ambitions for Britain – Labour's Manifesto 2001* (London: The Labour Party).
Laffin, M. (1986) *Professionalism and Policy: The Role of the Professions in the Central-Local Relationship* (Aldershot: Gower).
Lansley, S., Goss, S. and Wolmar, C. (1991) *Councils in Conflict: The Rise and Fall of the Municipal Left* (London: Macmillan).
Layfield Committee (1976) *Report of the Committee of Enquiry into Local Government Finance*, Cmnd 6543 (London: HMSO).
Leach, R. and Percy-Smith, J. (2001) *Local Governance in Britain* (Basingstoke: Palgrave).
Leach, S. (1995) 'The Strange Case of the Local Government Review', in J. Stewart and G. Stoker (eds), *Local Government in the 1990s*, pp. 49–68.
Leach, S. (1999) 'Introducing Cabinets into British Local Government', *Parliamentary Affairs*, 52: 1, pp. 77–93.
Leach, S. (2001) *Starting to Modernise: Balancing Good Government and Open Decision Making* (London: New Local Government Network).
Leach, S., Davis. H. et al. (1996) *Enabling or Disabling Local Government: Choices for the Future* (Buckingham: Open University Press).

Leach, S. and Game, C. (1989) *Co-operation and Conflict: Politics in the Hung Counties*, Common Voice Research Study, No. 1 (London: Common Voice).

Leach, S. and Game, C. (1992) 'Local Government: The Decline of the One-Party State', in G. Smyth (ed.), *Refreshing the Parts: Electoral Reform and British Politics* (London: Lawrence & Wishart).

Leach, S. and Game, C. (2000) *Hung Authorities, Elected Mayors and Cabinet Government: Political Behaviour Under Proportional Representation* (York: Joseph Rowntree Foundation).

Leach, S. and Pratchett, L. (1996) *The Management of Balanced Authorities* (Luton: LGMB).

Leach, S. and Stewart, J. (1990) *Political Leadership in Local Government* (Luton: LGMB).

Leach, S. and Stewart, J. (1992a) *The Politics of Hung Authorities* (London: Macmillan).

Leach, S. and Stewart, M. (1992b) *Local Government: Its Role and Function* (York: Joseph Rowntree Foundation).

Leach, S. and Wilson, D. (1998) 'Voluntary Groups and Local Authorities: Rethinking the Relationship', *Local Government Studies*, 24: 1, pp. 1-18.

Leach, S. and Wilson, D. (2000) *Local Political Leadership* (Bristol: Policy Press).

Leach, S. and Wingfield, M. (1999) 'Public Participation and the Democratic Renewal Agenda: Prioritisation or Marginalisation?', *Local Government Studies*, 25: 4, pp 46-59.

Leach, S. et al. (1987) *The Impact of Abolition on Metropolitan Government* (Birmingham: INLOGOV).

Leach, S. et al. (1992) *After Abolition: The Operation of the Post-1986 Metropolitan Government System in England* (Birmingham: INLOGOV).

Leach, S. et al. (1994) *The Changing Organisation and Management of Local Government* (London: Macmillan).

Lee, J. (1963) *Social Leaders and Public Persons* (London: Oxford University Press).

Leigh, I. (2000) *Law, Politics and Local Democracy* (Oxford: Oxford University Press).

Livingstone, K. (1987) *If Voting Changed Anything, They'd Abolish It* (London: Collins).

Local Government Association (LGA) (2000a) *Real Role for Members - The Role of Non-executive Members in the New Structures* (London: LGA).

Local Government Association (LGA) (2000b) *A Role for All Members - The Council Meeting* (London: LGA).

Local Government Association (LGA) (2001) *Representing the People: Democracy and Diversity* (London: LGA).

Local Government Information Unit (LGIU) (1993) *The LGIU Guide to Local Government Finance* (London: LGIU).

Local Government Management Board (LGMB) (1993) *Fitness for Purpose: Shaping New Patterns of Organisation and Management* (Luton: LGMB).

Local Government Management Board (LGMB) (1998) *First National Census: Survey of Local Authority Councillors in England and Wales in 1997* (London: LGMB).

Loughlin, J. (2001) *Subnational Democracy in the European Union: Challenges and Opportunities* (Oxford: Oxford University Press).

Loughlin, M. (1996a) *Legality and Locality: The Role of Law in Central-Local Relations* (Oxford: Clarendon Press).

Loughlin, M. (1996b) 'Understanding Central–Local Government Relations', *Public Policy and Administration*, 11:2, pp. 48–65.
Loughlin, M., Gelfand, M. and Young, K. (eds) (1985) *Half a Century of Municipal Decline, 1935–1985* (London: Allen & Unwin).
Lowndes, V. (1996) 'Locality and Community: Choices for Local Government', in S. Leach, H. Davis *et al.*, *Enabling or Disabling Local Government*, pp. 71–85.
Lowndes, V. (1999a) 'Management Change in Local Governance', in G. Stoker (ed.) *The New Management of British Local Governance*, pp. 22–39.
Lowndes, V. (1999b) 'Rebuilding Trust in Central/local Relations: Policy or Passion?', *Local Government Studies*, 25:4, pp. 117–37.
Lowndes, V. and Stoker, G. (1992) 'An Evaluation of Neighbourhood Decentralisation Part 2: Staff and Councillor Perspectives', *Policy and Politics*, 20:2, pp. 143–52.
Lowndes, V. *et al.* (1998a) *Enhancing Public Participation in Local Government* (London: DETR).
Lowndes, V. *et al.* (1998b) *Modern Local Government: Guidance on Enhancing Public Participation* (London: DETR).
Lowndes, V. *et al.* (2001) 'Trends in Public Participation: Part 1 – Local Government Perspectives', *Public Administration*, 79:1, pp. 205–22.
Lynn, J. and Jay, A. (1983) *Yes, Minister: The Diaries of a Cabinet Minister, Vol. 3 – The Challenge* (London: BBC).
McConnell, A. (1999) *The Politics and Policy of Local Taxation in Britain* (Wirral: Tudor).
McIntosh, N. (Chairman) (1999) *Commission on Local Government and the Scottish Parliament*, Report (Edinburgh: Scottish Executive).
Macrory, P. (Chairman) (1970) *Review Body on Local Government in Northern Ireland*, Report, Cmnd 540 (NI) (HMSO: Belfast).
Maloney, W., Smith, G. and Stoker, G. (2000) 'Social Capital and Urban Governance: Adding a More Contextualised 'Top-down' Perspective', *Political Studies*, 48:4, pp. 802–20.
Marsh, D. (ed.) (1998) *Comparing Policy Networks* (Buckingham: Open University Press).
Marsh, D. and Rhodes, R.A.W. (eds) (1992) *Policy Networks in British Government* (Oxford: Oxford University Press).
Martin, S. (1999a) 'Picking Winners or Piloting Best Value? An Analysis of English Best Value Bids', *Local Government Studies*, 25:2, pp. 53–67.
Martin, S. (1999b) 'Best Value' – paper delivered at Local and Regional Government Research Unit Seminar, DETR, 26 November.
Martin, S. (2000) 'Implementing 'Best Value': Local Public Services in Transition', *Public Administration*, 78:1, pp. 209–27.
Maud, Sir John (Chairman) (1967a) *Committee on the Management of Local Government, Vol. 1: Report* (London: HMSO).
Maud, Sir John (Chairman) (1967b) *Committee on the Management of Local Government, Research Volume 5: Local Government Administration in England and Wales* (London: HMSO).
Midwinter, A. (1995) *Local Government in Scotland: Reform or Decline?* (London: Macmillan).
Midwinter, A. and McGarvey, N. (1999) 'Developing Best Value in Scotland: Concepts and Contradictions', *Local Government Studies*, 25:2, pp 87–101.
Miller, W. (1988) *Irrelevant Elections? The Quality of Local Democracy in Britain* (Oxford: Clarendon Press).

Milton Keynes Liberal Democrats (1995) *Quangos in Milton Keynes* (Milton Keynes: Liberal Democrats publication).
Moran, M. (1989) *Politics and Society in Britain* (London: Macmillan).
Newton, K. (1976) *Second City Politics: Democratic Processes and Decision-Making in Birmingham* (Oxford: Oxford University Press).
Newton, K. and Karran, T. (1985) *The Politics of Local Expenditure* (London: Macmillan).
Nolan, Lord (Chairman) (1997) *Committee on Standards in Public Life: Report on Local Government* (London: HMSO).
Norton, A. (1994) *International Handbook of Local and Regional Government: A Comparative Analysis of Advanced Democracies* (Aldershot: Edward Elgar).
Oakland, J. (1989) *Total Quality Management* (London: Butterworth Heinemann).
O'Leary, B. (2001) 'The Belfast Agreement and the Labour Government', in A. Seldon (ed.), *The Blair Effect: The Blair Government 1997–2001* (London: Little, Brown), pp. 449–87.
Paddison, R. and Bailey, S. (eds) (1988) *Local Government Reform: International Perspectives* (London: Routledge).
Painter, C. and Isaac-Henry, K. (1999) 'Managing Local Public Services', in S. Horton and D. Farnham (eds), *Public Management in Britain*, pp. 162–79.
Pateman, C. (1970) *Participation and Democratic Theory* (Cambridge: Cambridge University Press).
Paterson, I. V. (Chairman) (1973) *The New Scottish Local Authorities: Organisation and Management Structures* (Edinburgh: Scottish Development Department).
Perri 6 et al. (1999) *Governing in the Round* (London: DEMOS).
Poole, K. P. and Keith-Lucas, B. (1994) *Parish Government 1894–1994* (London: National Association of Local Councils).
Pratchett, L. (2000) 'The Inherently Unethical Nature of Public Service Ethics', in R.A. Chapman (ed.), *Ethics in Public Service for the New Millennium* (Aldershot: Ashgate).
Pratchett, L. (ed.) (2000) *Renewing Local Democracy? The Modernisation Agenda in British Local Government* (London: Frank Cass).
Pratchett, L. and Wilson, D. (eds) (1996) *Local Democracy and Local Government* (London: Macmillan).
Pratchett, L. and Wingfield, M. (1996) 'The Demise of the Public Sector Ethos', in L. Pratchett and D. Wilson (eds), *Local Democracy and Local Government*, pp. 106–26..
Prior, D. (1995) 'Citizens' Charters', in J. Stewart and G. Stoker (eds), *Local Government in the 1990s*, pp. 86–103.
Rallings, C. and Thrasher, M. (annual) *Local Elections Handbook* (London: LGC Communications).
Rallings, C. and Thrasher, M. (1991) 'Local Elections: The Changing Scene', *Social Studies Review*, 5:4, pp. 163–6.
Rallings, C. and Thrasher, M. (1997) *Local Elections in Britain* (London: Routledge).
Rallings, C. and Thrasher, M. (1999) 'An Audit of Local Democracy in Britain: The Evidence from Local Elections' *Parliamentary Affairs*, 52: 1, pp 58–76.
Rallings, C. and Thrasher, M. (2000) *Turnout at Local Elections: Influences on Levels of Local Registration and Electoral Participation* (London: DETR).
Rallings, C. and Thrasher, M. (2001a) 'Every Which Way You Lose', *Local Government Chronicle*, 15 June, p. 17.

Rallings, C. and Thrasher, M. (2001b) 'Aspects of Voting at the Local and General Elections, 2001', paper presented at the Elections, Parties and Polls Conference, University of Sussex, September.
Ranson, S. et al. (1999) 'The New Management and Governance of Education', in G. Stoker (ed.), *The New Management of British Local Governance*, pp. 97–111.
Rao, N. (1994) *The Making and Unmaking of Local Self-Government* (Aldershot: Dartmouth).
Rao, N. and Young, K. (1999) 'Revitalising Local Democracy', in R. Jowell, J. Curtice, A. Park and K. Thomson (eds), *British Social Attitudes: the 16th Report – Who Shares New Labour Values?* (Aldershot: Ashgate), pp. 45–63.
Redcliffe-Maud, Lord (Chairman) (1969) *Royal Commission on Local Government in England 1966–1969, Vol. I Report*, Cmnd 4040 (London: HMSO).
Redlich, J. and Hirst, F. W. (1958) *The History of Local Government in England*, rev. edn (London: Macmillan).
Rhodes, G. (1970) *The Government of London: the Struggle for Reform* (London: Weidenfeld & Nicolson).
Rhodes, R. A. W. (1979) 'Research into Central–Local Relations in Britain: A Framework for Analysis', unpublished paper, Department of Government, Essex University.
Rhodes, R. A. W. (1986a) *The National World of Local Government* (London: Allen & Unwin).
Rhodes, R. A. W. (1986b) *Power Dependence, Policy Communities and Intergovernmental Networks*, Essex Papers in Politics and Government, No. 30 (University of Essex).
Rhodes, R. A. W. (1988) *Beyond Westminster and Whitehall* (London: Allen & Unwin).
Rhodes, R. A. W. (1991) 'Now Nobody Understands the System: The Changing Face of Local Government', in P. Norton (ed.), *New Directions in British Politics?* (Aldershot: Edward Elgar), pp. 83–112.
Rhodes, R. A. W. (1992) 'Local Government Finance', in D. Marsh and R. A. W. Rhodes (eds), *Implementing Thatcherite Policies* (Milton Keynes: Open University Press).
Rhodes, R. A. W. (1997) *Understanding Governance: Policy Networks, Governance, Reflexivity and Accountability* (Buckingham: Open University Press).
Rhodes, R. A. W. (1999a) 'Foreword: Governance and Networks' in G. Stoker (ed.), *The New Management of British Local Governance*, pp. xii–xxvi.
Rhodes, R. A. W. (1999b) *Control and Power in Central–Local Government Relations*, 2nd edn (Aldershot: Ashgate).
Ridley, N. (1988) *The Local Right* (London: Centre for Policy Studies).
Robinson, D. (Chairman) (1977) *Remuneration of Councillors: Vol I: Report; Vol II: The Surveys of Councillors and Local Authorities*, Cmnd 7010 (London: HMSO).
Robson, W. (1954) *The Development of Local Government*, 3rd edn (London: Allen & Unwin).
Saunders, P. (1980) *Urban Politics: A Sociological Interpretation* (Harmondsworth: Penguin).
Seitz, R. (1998) *Over Here* (London: Phoenix).
Sharpe, L. J. (1970) 'Theories and Values of Local Government, *Political Studies*, 18: 2, pp. 153–74.
Skelcher, C. (1992) *Managing for Service Quality* (Harlow: Longman).
Skelcher, C. (1998) *The Appointed State* (Buckingham: Open University Press).

Skelcher, C. and Davis, H. (1995) *Opening the Board-Room Door: The Membership of Local Appointed Bodies* (London: LGC Communications/ Joseph Rowntree Foundation).
Skelcher, C. and Davis, H. (1996) 'Understanding the New Magistracy: A Study of Characteristics and Attitudes', *Local Government Studies*, 22:2, pp. 8–21.
Skelcher, C. et al. (2000) *Advance of the Quango State* (London: Local Government Information Unit).
Smith, B. C. (1985) *Decentralization: The Territorial Dimension of the State* (London: Allen & Unwin).
Smith, P. (1999) 'Countdown to the Relaunch of Clause Zero', *Local Government Chronicle*, 8 January, p. 8.
Snape, S. (ed.) (2000) 'Special Issue on Local Government Modernisation', *Local Governance*, 26:3.
Snape, S., Leach, S. et al. (2000) *New Forms of Political Management Arrangements* (London: IDeA/DETR).
Stanyer, J. (1999) 'Something Old, Something New', in G. Stoker (ed.), *The New Management of British Local Governance*, pp. 237–48.
Stewart J. (1990) 'The Role of Councillors in the Management of the Authority', *Local Government Studies*, 16:4, pp. 25–36.
Stewart, J. (1995a) 'The Internal Management of Local Authorities', in J. Stewart and G. Stoker (eds), *Local Government in the 1990s*, pp. 69–85.
Stewart, J. (1995b) 'A Future for Local Authorities as Community Government', in J. Stewart and G. Stoker (eds) *Local Government in the 1990s*, pp. 249–67.
Stewart, J. (1995c) *Innovation in Democratic Practice* (University of Birmingham: INLOGOV).
Stewart, J. (1996a) *Local Government Today: An Observer's View* (Luton: LGMB).
Stewart, J. (1996b) *Further Innovation in Democratic Practice* (University of Birmingham: School of Public Policy).
Stewart, J. (1997) *More Innovation in Democratic Practice* (University of Birmingham: School of Public Policy).
Stewart, J. (1999) *From Innovation in Democratic Practice Towards a Deliberative Democracy* (University of Birmingham: School of Public Policy).
Stewart, J. (2000), *The Nature of British Local Government* (Basingstoke: Macmillan).
Stewart, J. and Game, C. (1991) *Local Democracy – Representation and Elections* (Luton: LGMB).
Stewart, J. and Stoker, G. (eds) (1995) *Local Government in the 1990s* (London: Macmillan).
Stoker, G. (1990) 'Government Beyond Whitehall' in P. Dunleavy et al. (eds), *Developments in British Politics 3* (London: Macmillan).
Stoker, G. (1991) *The Politics of Local Government*, 2nd edn (London: Macmillan).
Stoker, G. (1996) 'Understanding Central–Local Relations: A Reply to Martin Loughlin', *Public Policy and Administration*, 11:3, pp. 84–5.
Stoker, G. (1998) Democratic Renewal: Issues for Local Government (London: LGMB).
Stoker, G. (ed.) (1999a) *The New Management of British Local Governance* (Basingstoke: Macmillan).
Stoker, G. (1999b) *Remaking Local Democracy: Lessons from New Labour's Reform Strategy*, University of Manchester, Department of Government Golden Anniversary, September.

Stoker, G. (ed.) (2000) *The New Politics of British Local Governance* (Basingstoke: Macmillan).
Stoker, G. (2001) *Money Talks: Creating a Dialogue Between Taxpayers and Local Government* (London: New Local Government Network).
Stoker, G. and Brindley, T. (1985) 'Asian Politics and Housing Renewal', *Policy and Politics*, 13:3, pp. 281–303.
Stoker, G. and Wilson, D. (1986) 'Intra-Organizational Politics in Local Authorities', *Public Administration*, 64:3, pp. 285–302.
Stoker, G. and Wilson, D. (1991) 'The Lost World of British Local Pressure Groups', *Public Policy and Administration*, 6:2, pp. 20–34.
Stoker, G. and Wolman, H. (1991) *A Different Way of Doing Business – the Example of the US Mayor* (Luton: LGMB).
Stoker, G. and Wolman, H. (1992) 'Drawing Lessons from US Experience: An Elected Mayor for British Local Government', *Public Administration*, 70:2, pp. 241–67.
Taylor, B. and Thompson, K. (1999) *Scotland and Wales: Nations Again?* (Cardiff: University of Wales Press).
Taylor, M. and Wheeler, P. (2001) *In Defence of Councillors* (London: IDeA).
Travers, T. et al. (1993) *The Impact of Population Size on Local Authority Costs and Effectiveness* (York: Joseph Rowntree Foundation).
Vize, R. (1994) 'Northern Ireland: The Acceptable Face of Quangos', *Local Government Chronicle*, 25 November, pp. 16–17.
Walsh, K. (1995) 'Competition and Public Service Delivery', in J. Stewart and G. Stoker (eds), *Local Government in the 1990s*, pp. 28–48.
Walsh, K. (1996) 'The Role of the Market and the Growth of Competition', in S. Leach, H. Davis et al. (eds), *Enabling or Disabling Local Government*, pp. 59–70.
Weaver, M. (2001) 'Housing Transfers: The Issue Explained', www.society.guardian.co.uk/housing.
Weir, S. (1995) 'Quangos: Questions of Democratic Accountability', *Parliamentary Affairs*, 48:2, pp. 306–22.
Weir, S. and Beetham, D. (1999) *Political Power and Democratic Control in Britain: The Democratic Audit of Great Britain* (London: Routledge).
Weir, S. and Hall, W. (eds) (1994) *EGO TRIP: Extra-governmental Organisations in the UK and their Accountability*, Democratic Audit Paper, No. 2 (University of Essex: Human Rights Centre).
Welsh Office (1993) *Local Government in Wales: A Charter for the Future* (London: HMSO).
Wheatley, Lord (Chairman) (1969) *Royal Commission on Local Government in Scotland*, Report, Cmnd 4150 (Edinburgh: HMSO).
Widdicombe, D. (Chairman) (1986a) *The Conduct of Local Authority Business: Report of the Committee of Inquiry into the Conduct of Local Authority Business*, Cmnd 9797 (London: HMSO).
Widdicombe, D. (Chairman) (1986b) *Research Volume I – The Political Organisation of Local Authorities* (by S. Leach, C. Game, J. Gyford and A. Midwinter), Cmnd 9798 (London: HMSO).
Widdicombe, D. (Chairman) (1986c) *Research Volume II – The Local Government Councillor*, Cmnd 9799 (London: HMSO).
Widdicombe, D. (Chairman) (1986d) *Research Volume III – The Local Government Elector*, Cmnd 9800 (London: HMSO).
Widdicombe, D. (Chairman) (1986e) *Research Volume IV – Aspects of Local Democracy*, Cmnd 9801 (London: HMSO).

Willis, J. (1990) 'David Bookbinder: Behind the Mythology', *Local Government Chronicle*, 12 January, pp. 24–5.

Wilson, D. (1995) 'Quangos in the Skeletal State', *Parliamentary Affairs*, 48:2, pp. 181–91.

Wilson, D. (1996a) 'Structural Solutions for Local Government: An Exercise in Chasing Shadows?', *Parliamentary Affairs*, 49:3, pp. 441–54.

Wilson, D. (1996b) 'The Local Government Commission: Examining the Consultative Process', *Public Administration*, 74:2, pp. 199–220.

Wilson, D. (1998) 'From Local Government to Local Governance: Re-Casting British Local Democracy', *Democratization*, 5:1, pp. 90–115.

Wilson, D. (1999) 'Exploring the Limits of Public Participation in Local Government', *Parliamentary Affairs*, 52:2, pp. 246–59.

Wilson, D. and Game, C. (1994) *Local Government in the United Kingdom*, 1st edn (London: Macmillan).

Wilson, D. and Game, C. (1998) *Local Government in the United Kingdom*, 2nd edn (London: Macmillan).

Wistow, C. et al. (1992) 'From Providing to Enabling: Local Authorities and the Mixed Economy of Social Care', *Public Administration*, 70:1, pp. 24–45.

Wood, B. (1976) *The Process of Local Government Reform, 1966–74* (London: Allen & Unwin).

Wynn Davies, R. (1996) 'Club-wielding Power', *Local Government Chronicle*, 13 December.

Young, K. (1986a) 'Party Politics in Local Government: An Historical Perspective', in Widdicombe (1986e) (London: HMSO).

Young, K. (1986b) 'The Justification for Local Government', in M. Goldsmith (ed.), *Essays on the Future of Local Government* (Wakefield: West Yorkshire Metropolitan County Council), pp. 8–20.

Young, K. (ed.) (1989) *New Directions for County Government* (London: ACC).

Young, K. and Mills, L. (1983) *Managing the Post-Industrial City* (London: Heinemann).

Young, K. and Rao, N. (1997) *Local Government Since 1945* (Oxford: Blackwell).